Andrea Röpke

2018 Jahrbuch rechte Gewalt

Chronik des Hasses

Hintergründe, Analysen und
die Ereignisse 2017

Die Jahreschronik wurde zusammengestellt
von Sebastian Heidelberger

Redaktionsschluss:
1. November 2017

Besuchen Sie uns im Internet:
www.knaur.de

FSC
www.fsc.org
MIX
Papier aus ver-
antwortungsvollen
Quellen
FSC® C083411

Originalausgabe Januar 2018
Knaur Taschenbuch
© 2018 Knaur Verlag
Ein Imprint der Verlagsgruppe Droemer Knaur GmbH & Co. KG, München
Alle Rechte vorbehalten. Das Werk darf – auch teilweise – nur mit
Genehmigung des Verlags wiedergegeben werden.
Redaktion: Nadine Lipp
Covergestaltung: Büro Jorge Schmidt
Satz: Adobe InDesign im Verlag
Druck und Bindung: CPI books GmbH, Leck
ISBN 978-3-426-78913-1

5 4 3 2 1

Inhalt

Einleitung

Im Jahr 2017 sind es nicht mehr die Bilder von lichterloh brennenden Flüchtlingseinrichtungen und einem wütenden Mob auf den Straßen, die den Hass in Deutschland symbolisieren. Im Jahr 2017 machen rechte Verschwörerkreise mitten in der Gesellschaft von sich reden.

Staatsdiener sollen Anschläge und Attentate geplant haben, lauten die Meldungen. Geheime Zellen von Bundeswehroffizieren und Polizisten horten für den Fall eines Umsturzes Waffen und Munition. In kurzen zeitlichen Abständen enttarnt das Bundeskriminalamt 2017 die Gruppe um Oberleutnant Franco A. aus Offenbach sowie die »Nordkreuz«-Chatgruppe aus Mecklenburg-Vorpommern, zu der ein Rechtsanwalt, Reserveoffiziere und Polizisten zählen. Akteure beider konspirativer Zellen sind miteinander verbunden. Dass es weitere ähnliche Gruppierungen geben könnte, ist wahrscheinlich.

Im Dezember 2016 wurde Nino K. auf einer Baustelle in Dresden verhaftet. Die sächsische Generalstaatsanwaltschaft wirft ihm vor, Ende September einen selbst gebauten Sprengsatz vor die Wohnungstür des Imams in der Fatih-Camii-Moschee im Dresdener Stadtteil Cotta gelegt zu haben. Die Familie blieb unverletzt. Anschließend zündete ein weiterer Sprengsatz auf dem Congresszentrum. Dort sollte am 3. Oktober zu Ehren des Tags der deutschen Einheit ein Empfang des damaligen Bundespräsidenten Joachim Gauck stattfinden. Der 31-jährige mutmaßliche Täter trat im Juli 2015 bei Pegida auf.

»Reichsbürger« sind seit 2016 für den Tod eines Polizisten

und mehrerer Verletzter verantwortlich. 15 000 dieser politischen Verschwörungstheoretiker soll es inzwischen geben, doch erst im Dezember 2016, also zwei Monate nach den tödlichen Schüssen eines »Reichsbürgers« in Bayern, stufte das Bundesamt für Verfassungsschutz sie als staatsfeindliche Bewegung ein. Die Warnung kommt spät und halbherzig. Denn der Inlandsgeheimdienst sieht nur einen Bruchteil der »Reichsbürger« als rechtsextrem an. Dass es sich dabei um eine politische Verharmlosung handelt, zeigt ein Hintergrundartikel in diesem »Jahrbuch« eindrücklich auf.

Die Ämter des Verfassungsschutzes versagten bereits im Hinblick auf die Verbrechen des »Nationalsozialistischen Untergrunds« (NSU) rigoros. Doch auch der Umgang mit vermeintlich unpolitischen Hooligans scheint skandalös. Gruppen wie die »Faust des Ostens« aus Dresden, Standarte Bremen oder Inferno Cottbus verbreiteten nicht nur in den Fankurven Angst, sondern auch im vorpolitischen Raum. Weitestgehend unbeachtet konnten sich Neonazis mit dynamischen und gewaltaffinen Subkulturen wie Hooligans, Teilen des Kampfsports bis hin ins kriminelle Spektrum der Rockerszene vermischen. Brotherhood, La Familia oder Riot waren bisher Begriffe, die nicht mit Rechtsextremismus in Verbindung gebracht wurden. Die Milieus aber verbünden sich, rekrutieren Nachwuchs und werden zu einer unberechenbaren politischen Größe, wie sich bereits beim Aufmarsch von über 5000 Anhängern 2014 in Köln zeigte. Kampfbereitschaft, Maskulinität und Nationalismus stellen Bindeglieder dar. Neonazis rekrutieren Hooligans, diese wiederum bilden Neonazis im Kampfsport aus. Rockergangs bieten Männern mit nationalistischer Ideologie eine Heimat. Frühzeitige Aufklärung und Prävention im Hinblick auf diese Phänomene ist insbesondere bei Jugendlichen überfällig.

211-mal wurden Flüchtlingsunterkünfte in den ersten neun Monaten des Jahres 2017 angegriffen, meistens von Neonazis.

Im Vorjahr waren es 921 Attacken auf Heime und ihre Bewohner, die registriert wurden. 93 Prozent der Taten waren rechtsradikal motiviert. Der Trend ist rückläufig, weil es weniger Einrichtungen gibt und kaum noch neue bezogen werden. Doch Ressentiments, Ablehnung und Übergriffe gegen Migranten und Geflüchtete reißen in Deutschland nicht ab. Entwarnung kann nicht gegeben werden, im Gegenteil, die Hintergrundanalysen und -berichte dieses »Jahrbuchs« zeigen, warum. Ein Schwerpunkt dieses Buches liegt darin, die Drahtzieher, Strategen und Profiteure des Hasses zu enttarnen. »Es reicht nicht, die Symptome rassistischer Gewalt zu bekämpfen, solange nicht die Ursachen innerhalb der Gesellschaft bekämpft werden«, warnt der Soziologe Matthias Quent, Direktor des Instituts für Demokratie und Zivilgesellschaft in Jena. Noch immer geschehen durchschnittlich fünf rechte Gewalttaten pro Tag. Das gesellschaftliche Klima ist vergiftet. »Das Gefährliche ist die zunehmende Akzeptanz rassistischen Gedankenguts über das rechte Spektrum hinaus«, warnt der Geschäftsführer von Pro Asyl, Günter Burkhardt.

Die Explosion rassistischer Gewalt um die Jahre 2015 und 2016 ist im Nachhinein betrachtet weniger spontan verlaufen als zunächst angenommen. Sie war vor allem dort stark zu verorten, wo Neonazis und Rechte sich verankert hatten. Szene-Profis, darunter zahlreiche Frauen, mischten sich unter bürgerliche Antiasylinitiativen und heizten die Stimmung mit an. Soziale Unruhe wurde auch im Netz geschürt.

Die autoritäre Revolte findet in der Mitte der Gesellschaft statt, warnen Experten wie Andreas Speit und Volker Weiß. Mit einem von der »Neuen Rechten« inszenierten »Kulturkampf« geht nicht nur die Ablehnung moderner und liberaler Werte einher, sondern auch Gewalt. Gewalt und »Wehrhaftigkeit« gelten nicht nur als grundlegende Bestandteile neonazistischer Ideolo-

gie, sondern spielen auch bei Organisationen wie der »Identitären Bewegung« eine Rolle. Aggressive Eskalation von rechts
findet dort statt, wo Protagonisten versuchen, gesellschaftliche
Räume zu erobern. Wichtiges Sprachrohr des Hasses wurde ab
2014 Pegida, deren Ableger sowie Hunderte von Antiasylinitiativen. Sie profitierten vom Zulauf aus den Communitys von Spät-
aussiedlern, Waffenlobbyisten, Burschenschaften, völkischen
Kreisen oder christlichen Fundamentalisten.

Nutznießer des gesellschaftlichen Rechtsrucks ist in Deutschland die Partei Alternative für Deutschland (AfD). Ihr gelang in
wenigen Jahren der Einzug in 14 von 16 Landesparlamenten
und schließlich 2017 auch in den Bundestag. Ein breit aufge-
stelltes Zusammenwirken zwischen Teilen von Pegida, Antiasylinitiativen, »Identitärer Bewegung«, Islamhassern, Szene-
Medien, »Neuer Rechten« und anderer Gruppen im außerparla-
mentarischen Spektrum ermöglichte es der AfD, mit Hass und
rassistischer Gewalt nicht unmittelbar in Verbindung gebracht
zu werden. Inzwischen verstecken sich Rassisten und völkische
Nationalisten in der AfD nicht mehr. Nach der erfolgreichen
Bundestagswahl im Oktober 2017 wird im eigenen Stall aus-
gekehrt: Politische Schwächlinge und Wendehälse weichen
vor der harten Linie des innerparteilichen Machtzentrums um
Alexander Gauland und anderen. Kritiker des extremen Höcke-
Flügels werden kaltgestellt. Die AfD lässt endgültig die Maske
fallen.

Rassismus gewinnt weltweit an Boden, er hat das Potenzial, gesellschaftlichen Unfrieden massiv zu erhöhen. Auch wenn der
2016 ins US-amerikanische Präsidentenamt gewählte Donald
Trump nahezu infantil sagt: »Rassismus ist böse« – die Politik
seiner Regierung ist rassistisch. Terrorgefahr rechtfertigt keinesfalls die Abwertung von Menschen. Pseudowissenschaftliche Vorstellungen von »Rasse«, verbal verschleiert als »Volks-

körper« oder »fremdes Genmaterial«, ziehen gefährliche politische Schlussfolgerungen wie den gesellschaftlichen Ausschluss bestimmter Menschengruppen nach sich. Es wäre ein wichtiges Signal demokratischer Politik, den Begriff »Rasse« aus Artikel 3 des Grundgesetzes zu streichen. Das Deutsche Institut für Menschenrechte fordert, alle die Gesetze umzuformulieren, in denen auf die »Rasse« von Menschen Bezug genommen wird. Allerdings ist zur Änderung des Grundgesetzes eine Zweidrittelmehrheit im Bundestag und im Bundesrat erforderlich. Klare Kante gegen Rassismus zeichnet sich durch solche und ähnliche Initiativen aus.

Trump ist ein Meister kalkulierter Tabubrüche. Europäische Rechtspopulisten beherrschen diese Strategie ebenfalls bestens. Teile der AfD betreiben eine völkisch-nationalistische Diskurserweiterung und gesellschaftliche Entgrenzung bis hin zur brachialen Gewalt. Im »Jahrbuch rechte Gewalt« sollen Parallelen dieser gefährlichen internationalen Entwicklung anhand von Beispielen deutlich werden. Wessen Geistes Kinder auch in der AfD zu finden sind, zeigen nicht zuletzt geheime Chatprotokolle des damaligen mecklenburg-vorpommerischen Landtagsabgeordneten Holger Arppe, die im Herbst 2017 publik wurden. Im August 2015 schrieb der Rostocker Stadtrat Arppe an Parteikollegen: »Wir müssen ganz friedlich und überlegt vorgehen, uns ggf. anpassen und dem Gegner Honig ums Maul schmieren aber wenn wir endlich soweit sind, dann stellen wir sie alle an die Wand. (…) Grube ausheben, alle rein und Löschkalk oben rauf«, er ergänzt: »Da muss man einfach ausrasten und erstmal das ganze rotgrüne Geschmeiß aufs Schafott schicken. Und dann das Fallbeil hoch und runter, dass die Schwarte kracht!«

Sechs Millionen Wähler votierten für die AfD, im Bundesland Sachsen, aber auch in einigen Kommunen schaffte sie es, stärkste Kraft zu werden. Eines der reichsten Länder der Erde mit knapp über 80 Millionen Einwohnern hat sich wegen

890 000 Geflohener in Rage und Gewalt treiben lassen. Was passiert in Deutschland, wenn die Wirtschaft nicht mehr boomt, wenn wirklich eine Krise droht? »Das Zuwanderungsland Deutschland ist verkommen zu einem Land, in dem Demokratie- und Verfassungsfeindlichkeit größte Zustimmung erhält«, schreibt Michael Lühmann vom Göttinger Institut für Demokratieforschung. Schonungslos nutzen Intolerante die Toleranz einer liberalen Gesellschaft aus. Dabei empfahl schon der berühmte Schriftsteller Umberto Eco: »Um tolerant zu sein, muss man die Grenzen dessen, was nicht tolerierbar ist, festlegen.«

Das Verstörende an rechter Gewalt ist die Banalität, mit der sie jederzeit und überall auftreten kann. Der Zustand einer Gesellschaft spiegelt sich wider, wenn sie auch dort stattfindet, wo ansonsten friedliche Dialoge und Gespräche ausgetauscht werden. 2017 war es die Frankfurter Buchmesse. Am 13. Oktober wurde der 74-jährige Musikverleger Achim Bergmann am Buchstand der Wochenzeitung *Junge Freiheit* niedergeschlagen, weil er Kritik an den Rechten geäußert hatte. Der Inhaber des aus der Protestbewegung der 1960- und 1970er-Jahre gegründeten Musiklabels Trikont hörte über Lautsprecher im Vorübergehen, wie der Chefredakteur der *Jungen Freiheit* das neue Buch »Kulturbruch 68 – Die linke Revolte und ihre Folgen« von Karlheinz Weißmann, einem der Vordenker der »Neuen Rechten«, vorstellte. Die politische 1968er-Generation und ihre Zeit der Aufklärung zählen zu den ideologischen Hauptangriffszielen des antiliberalen, reaktionären Kulturkampfes der Rechten.

Bergmann, der die Zeit aktiv miterlebt hatte, reagierte auf Weißmanns Behauptung: »Intoleranz, übrigens auch eine Folge von 68« mit dem lauten Einwurf: »Du redest Scheiße.« Daraufhin setzte sich ein Mann aus dem Zuhörerraum der *Jungen Freiheit* in Bewegung und schlug Bergmann mit einem Boxhieb ins Gesicht. »Das war ein Profi«, sagt der Verleger, der ein Schädel-

Hirn-Trauma erlitten hatte, später in einem Video auf Youtube. Keiner der rund 30 Zuschauer habe reagiert, sagt Achim Bergmann, das sei das Schlimmste gewesen. »Der war so selbstsicher, dass man es kaum fassen konnte.«

Martin Sellner, Sprecher der »Identitären Bewegung«, betont bei seiner Rede am dritten Jahrestag von Pegida in Dresden 2017: »… bevor sie das Volk ausgetauscht haben, werden wir unsere Politiker austauschen, das versprech ich Ihnen. Wir holen uns zurück, was uns gehört. Stück für Stück, Haus für Haus. Buchmesse für Buchmesse.«

Mit Blick auf die Meinungsfreiheit hatte der Börsenverein des deutschen Buchhandels, als Veranstalter der Frankfurter Buchmesse, Anmeldungen neurechter und völkisch-nationalistischer Publikationen und Verlage zugelassen. Einen Tag nach dem Angriff in Frankfurt protestierten Antifaschisten bei einer angekündigten Veranstaltung des Verlags Antaios von Götz Kubitschek gegen den Auftritt des völkischen AfD-Poltikers Björn Höcke. Antaios gilt als »Hausverlag« der extrem rechten »Identitären Bewegung«, Höcke ist ein Freund von Kubitschek. Es folgten Schubsereien und Beleidigungen zwischen den Kontrahenten. Die geplante Lesung zweier führender Aktivisten der »Identitären Bewegung« wurde abgesagt.

Aus Protest, auch gegen den nächtlichen Diebstahl von Büchern eines rechten Verlages, veröffentlicht die Dresdener Buchhändlerin Susanne Dagen kurz darauf die »Charta 2017«. Darin beklagt sie die Aufforderung des Börsenvereins zur »aktiven Auseinandersetzung« mit den Veranstaltungen rechter bis extrem rechter Verlage auf der Buchmesse. Die Charta unterzeichnen prominente Autoren wie Jörg Friedrich, Matthias Matussek, Cora Stephan und Uwe Tellkamp. Susanne Dagen, vielfach geehrt, gab vor einigen Monaten in den Medien an, mit Pegida zu sympathisieren. Den Verantwortlichen der Buchmesse wirft sie vor, sich zu stark gegen »Andersdenkende« positioniert zu haben. Sie sieht »unsere Gesellschaft nicht mehr weit von einer Gesinnungsdiktatur entfernt«. Außer Acht bleibt, dass genau diese »Andersdenkenden« es waren, die bereits Tage zuvor auf der Frankfurter Buchmesse permanent provozierten, die Stimmung aufheizten, um ein größtmögliches Spektakel mit Außenwirkung zu erzielen. »Die Charta sitzt einem unter rechten Wutbürgern häufig zu beobachtenden Missverständnis auf: Sie äußern ihre Meinung – und empören sich dann darüber, dass andere Menschen etwas dagegen sagen«, kontert die *tageszeitung* und fügt hinzu: »Nun ist aber in einer liberalen Gesellschaft nur die freie Äußerung der eigenen Meinung garantiert, nicht aber, auch noch allgemeinen Applaus für sie zu bekommen.«

Der Politikwissenschaftler Fabian Jellonnek war bei den Tumulten um die rechten Verlage dabei, er hat beobachtet und fotografiert und als Autor des Fachportals »blick nach rechts« über die Eskalation berichtet. »Als die Organisatoren der Frankfurter Buchmesse der *Jungen Freiheit,* dem Verlag Antaios, der Zeitschrift *Sezession* und Weiteren den Zugang gewährten, hätten sie auch auf deren Anhänger-Netzwerk vorbereitet sein müssen«, warnt Jellonnek und weist darauf hin, dass zum Zeitpunkt der Tumulte auch bekannte Neonazis in der Nähe waren: so zum Beispiel einer der umtriebigsten Nachwuchs-NPDler und Aktivist des »Antikapitalistischen Kollektivs« (AKK) Maximilian Reich sowie der Betreiber der Neonazi-Kleidungsmarke »Ansgar Aryan«, Patrick Schröder. (Über Schröder, den Veranstalter eines der größten Rechtsrock-Events im thüringischen Themar, wird in diesem Buch ausführlich berichtet.)

Nichtregierungsorganisationen (NGOs) wie die Amadeu Antonio Stiftung zählen gemeinsam mit Journalisten 192 durch Rechte getötete Menschen seit 1990. Terrorforscher Daniel Köhler, Direktor des »German Institute on Radicalization and Deradicalization Studies« (GIRDS) im kanadischen Calgary, hat seit 1963 92 rechtsterroristische Gruppen und Einzelpersonen in Deutschland gezählt. Eine mehr als erschreckende Bilanz. Das Phänomen »Einsamer-Wolf-Terrorist« ist auf dramatische Weise virulent, betont der Bonner Politikwissenschaftler Dr. Florian Hartleb in einem Artikel für die Gewerkschaft der Polizei. Die Bezeichnung »Lone-Wolf-Terrorism« wurde von US-Behörden eingeführt und popularisiert, erklärt er. Der Begriff geht zurück auf den militanten weißen Rassisten Alex Curtis, der Ende der 1990er-Jahre Gleichgesinnten empfahl, ganz auf sich gestellt Anschläge zu begehen. Diese Täter seien keine Rudelführer, eher Underdogs, die unauffällig inmitten der Gesellschaft leben, bevor sie plötzlich zuschlagen. Der Einsame-Wolf-Terrorismus stehe »in begrifflicher Verwandtschaft« mit dem Konzept des führerlosen Widerstands (Leaderless Resistance), bei dem die Anschlagsplanung durch kleine, unabhängig voneinander agierende Zellen durchgeführt wird.

Hartleb nennt als dramatischstes Beispiel für die Einsame-Wolf-Theorie den Rechtsterroristen Anders Behring Breivik aus Norwegen. Der 32-Jährige tötete am 22. Juli 2011 zunächst mit einer Autobombe im Regierungsviertel von Oslo acht Menschen und richtete wenige Stunden später, als Polizist verkleidet, auf der kleinen Insel Utøya ein Massaker unter rund 500 sozial und politisch engagierten Menschen an. 69 wurden getötet, 33 verletzt. Hartleb betont, den »starken politischen Hintergrund« dieses Terrorismus, die Tat könne daher nicht als Amoklauf abgetan werden. Breivik genießt Vorbildcharakter in Teilen der neonazistischen Szene, dabei passt der Norweger nicht in das klassische Schema. Er ist kein Antisemit, sieht in Hitler einen »schlimmen Massenmörder«, hegt überhaupt eine Ablehnung des Nationalsozialismus. Dafür teilt er die Feindbilder von Rechtsextremisten: Multikulturalismus und Islamismus.

Amoklauf oder Rechtsterror? Bei rechten Tätern scheinen die behördlichen Einschätzungen eher zum Amoklauf als zum Terrorakt zu tendieren. So auch im Fall von David Ali Sonboly. Der 18-jährige Deutsch-Iraner erschoss am 22. Juli 2016, dem Jahrestag des norwegischen Massakers, Armela Segashi, Can Leyla, Chousein Daitzik, Dijamant Zabergja, Guiliano Josef Kollmann, Janos Roberto Rafael, Sabine Sulaj, Selcuk Kilic und Sevda Dag im Olympia-Einkaufszentrum in München. Offiziell galten diese Morde zunächst als nichtpolitischer Amoklauf, der Täter als psychisch labiler Rächer. Die Staatsanwaltschaft München, das Landeskriminalamt und die Staatsregierung vertraten die Auffassung, der Schüler habe nach Mobbingattacken aus »privaten beziehungsweise psychopathischen Gründen« gehandelt. Der Fall wurde zu den Akten gelegt.

Im Oktober 2017 aber kommen drei von der Fachstelle für Demokratie der bayerischen Landeshauptstadt beauftragte Gutachter unabhängig voneinander zu einem anderen Ergebnis. Die Sozialwissenschaftler Dr. Matthias Quent, Prof. Dr. Christoph Kopke und der Politikwissenschaftler Dr. Florian Hartleb stufen die neun Morde als politisch motivierte Kriminalität ein und fordern dazu auf, die von Sonboly Getöteten als Opfer rechter Gewalt anzuerkennen. Denn alle Opfer hatten einen Migrationshintergrund. Sonboly hatte ein festes extrem rechtes Weltbild und sei stolz darauf gewesen, ein »Arier« zu sein. Sein Hass fokussierte sich auf Türken, Albaner und Bosnier.

Die Gutachter kritisieren auch die polizeiliche Fixierung auf Mobbing als Auslöser der Tat. Sie betonen, dass David Sonboly nach dem Wechsel an eine neue Schule sogar Klassensprecher wurde. Das Geschehen könne »als Akt eines allein handelnden Terroristen« bezeichnet werden, heißt es im Gutachten des Direktors des Jenaer Instituts für Demokratie und Zivilgesellschaft, Matthias Quent. Sein Kollege Hartleb bezeichnet Sonboly als Rechtsterroristen der Kategorie »Einsamer Wolf«. Aus der Sicht von Bayerns Innenminister Joachim Herrmann kann Sonboly kein Rechtsterrorist sein, weil bei ihm kein Parteiausweis gefunden wurde, er niemals einer extrem rechten Organisation angehört habe. Hartleb kontert in seiner Studie, dass es bei islamistischen Einzeltätern für eine Einstufung als »Terrorist« hingegen schon genüge, »wenn der Gewalttäter ein IS-Symbol im Zimmer oder auf dem Rucksack hat«. Nach Ansicht des Experten gehe die Argumentation, man müsse bei rechtsterroristischen Verbrechen eine Partei- oder Kameradschaftszugehörigkeit nachweisen, »von dem stark antiquierten Verständnis aus«, im virtuell geprägten Zeitalter sei ein »Einsamer-Wolf-Terrorismus« nicht mehr zeitgemäß.

Auch der Lieferant der Tatwaffe von München, Philipp K. aus Hessen, bot Waffen im Darknet an, grüßte mit Heil Hitler und sprach von »Niggeraffen« und »Türkenratten«. Während des noch laufenden Prozesses gegen den 32-Jährigen vor dem Landgericht München werden die in einem geschlossenen Waffenforum geführten Chatverläufe ausgewertet. Die Staatsanwaltschaft wirft Philipp K. fahrlässige Tötung in neun Fällen und illegalen Waffenhandel vor. K. gibt zu, dem Schüler die Glock 17 samt Munition für fast 4500 Euro verkauft zu haben. Die beiden trafen sich zweimal in Marburg. Der Austausch in dem Waffenchat des Darknet war rege, auch ein Fahnder des Zollkriminalamtes in Frankfurt mischte sich darunter. Bereits 2015 hatte er sogar Kontakt zum späteren Mordschützen. Bei der Aufklärung des Falls bleibt die wichtige Frage, ob es weitere Mitwisser gab. Zeugen behaupten das. Der Beschuldigte Philipp K. leugnet, Täterwissen zu haben. Die Familien der Opfer und deren Anwälte glauben ihm nicht.

Im Mai 2017 erhob die Staatsanwaltschaft Frankfurt am Main Anklage gegen John Ausonius wegen Mordes. Der Schwede mit deutsch-schweizerischen Wurzeln ist in seinem Heimatland als »Lasermann« bekannt geworden, da er ein Gewehr mit Laserzielvorrichtung benutzte. Seine Opfer waren Einwanderer, acht überlebten die Schüsse schwerverletzt, der iranische Student Jimmy Ranjbar aber wurde von Ausonius aus nächster Nähe getötet. 1994 verurteilte ein schwedisches Gericht den Rassisten zu lebenslanger Haft, 2016 wurde er ausgeliefert. Ausonius, dessen Mutter aus Deutschland stammt, wird zudem vorgeworfen, 1992 in Frankfurt am Main die 68-jährige Jüdin Blanka Zmigrod mit einem Kopfschuss getötet zu haben. In einem Interview sagte er 2015, seine Taten würden Flüchtlinge »abschrecken und so dazu beitragen, dass weniger von ihnen nach Schweden kommen«. Den Mord an der Frankfurterin Zmigrod 1992 streitet John Ausonius ab, zu den anderen Taten bekannte er sich erst im Jahr 2000. Im selben Jahr erkor der britische Ableger des internationalen Neonazi-Netzwerks »Blood & Honour« den »Lasermann« in seinem Field Manual (Feldhandbuch) als Vorbild für das Modell des »führerlosen Widerstands«.

Nach über vier Jahren geht der Terrorprozess gegen den NSU vor dem Landgericht in München allmählich zu Ende. Die Plädoyers der Generalbundesanwaltschaft wurden gehalten. Im November 2017 sind die Nebenklage-Vertreter an der Reihe, auch Angehörige der Opfer werden sich äußern. Die Generalbundesanwaltschaft fordert für die Hauptangeklagte Beate Zschäpe lebenslange Haft mit anschließender Sicherungsverwahrung. Ihre vier Mitangeklagten sollen viele Jahre ins Gefängnis. Das harte Vorgehen der Anklagebehörde aus Karlsruhe kann aber nicht darüber hinwegtäuschen, dass viele Fragen im NSU-Komplex unbeantwortet geblieben sind. Die meisten Angehörigen der zehn vom NSU Ermordeten glauben nach wie vor nicht an eine zufällige Auswahl ihrer Familienmitglieder als Opfer. Nach aktuellem Stand sollen sich über 40 V-Leute im Umfeld des 1998 abgetauchten Kern-Trios des NSU aufgehalten haben. Doch was sie wirklich wussten, und vor allem, welche Informationen sie genau an die Behörden weitergegeben haben, wird nicht offengelegt. Trotz gegenteiliger Erkenntnisse sprachen die obersten Ankläger deutsche Behörden von jeder Verantwortung am NSU-Terror frei. Das ist ein Fehler, durch den der Prozess für viele an Glaubwürdigkeit verliert. »Die Bundesanwaltschaft hat im NSU-Verfahren Staatsschutz im umfassenden Sinne betrieben – also auch Schutz vor einer zu weit gehenden Aufklärung und einer damit sicherlich einhergehenden Beschädigung des Verfassungsschutzes«, fasst Nebenklage-Vertreter Stephan Kuhn die Kritik gegenüber Spiegel Online zusammen.

Das »Jahrbuch rechte Gewalt« will denen Aufmerksamkeit zuteilwerden lassen, die in Angst leben in diesem Land. Opfer rechter Gewalt sollten nicht abgeschoben werden, es gibt eine gesellschaftliche Verantwortung, der es sich zu stellen gilt. Der Dialog mit den Opfern, nicht mit den Tätern, ist vorrangig und macht die Qualität einer Gesellschaft aus, in der alle sich wohlfühlen. Für die Aufklärung gewaltbereiter Strukturen ist investigative journalistische Recherche notwendig. Das stört die Rechten. Lautstark fordern sie die Fairness ein, die sie anderen nicht gewähren. Wichtiger als ihr Gezeter ist aber die Frage: Was verschweigen sie?

Andrea Röpke

»Das Privileg, mit Rechten zu reden,
haben ohnehin nur noch die Lebenden.«
Oliver Preuss, Sozialpädagoge

Zur Jahreschronik – Entstehung und Auswahlkriterien

Der Zeitraum der Chronik schließt an das 2107 erschienene »Jahrbuch« an, sie umfasst Taten zwischen dem 1. Oktober 2016 und dem 30. September 2017. Die Jahreschronik rechter Gewalttaten erhebt keinen Anspruch auf Vollständigkeit.

Da es in Deutschland immer noch kein einheitliches Monitoring rechter Gewalt gibt, haben wir, wie im letzten Buch, gezielt mit Opferberatungsstellen und zivilgesellschaftlichen Institutionen zusammengearbeitet und uns nicht allein auf die Angaben der Verfassungsschutz- und Polizeibehörden verlassen. Bundes- und Landeskriminalämter liefern in ihren Veröffentlichungen nur Statistiken, keine Fallbeschreibungen. Auch in den Beantwortungen parlamentarischer Anfragen zur rechten Gewalt werden vorrangig nur Zahlen widergespiegelt, nicht die genauen Vorfälle. Opferberatungsstellen und zivilgesellschaftliche Institutionen liefern hingegen kurze Tatbeschreibungen zu den Fällen, und auf Nachfrage auch Begründungen für die Aufnahme in ihre Dokumentationen.

In einigen Bundesländern gibt es akribische Sammlungen von engagierten Personen. In anderen Regionen, wo es keine zivilgesellschaftliche Opferhilfe gibt, die rechte Gewalt dokumentiert, entstehen Lücken. So sammelt in Nordrhein-Westfalen nur die Opferberatung Rheinland Fälle rechter Gewalt in einer öffentlichen Chronik, auch für Hamburg gibt es keine öffentliche Chronik und in Niedersachsen gibt es erst seit Mai 2017 eine Beratungsstelle. Deshalb fordert der »Verband der Beratungsstellen für Betroffene rechter, rassistischer und antisemitischer Gewalt e.V.« im Jahr 2017: »Ein belastbares bundesweites Monitoring ist unabdingbar, um dem Problem die notwendige Aufmerksamkeit zu verschaffen, die Betroffenen in der Öffentlichkeit sichtbar zu machen und um ihnen eine Stimme zu verleihen.«

Erfahrungsgemäß zeigen zivilgesellschaftlich organisierte Stellen genau die Sensibilisierung und Sorgfaltspflicht im Umgang mit Opfern rechter Aggression, an der es bei Polizeidienststellen oftmals mangelt. Rechts motivierte Gewalttaten werden oft genug nicht als solche anerkannt. Polizeibeamte stellen zum Beispiel die Aussage von Tätern, nicht aus rassistischen Gründen gehandelt zu haben, wenig infrage und neigen dazu, ihren politischen Hintergrund nicht auszuleuchten. Institutioneller Rassismus ist auch bei der Polizei, beim Verfassungsschutz und in der Justiz anzutreffen.

Der Rechtsruck der deutschen Gesellschaft lässt uns befürchten, dass sich die gesamte Problematik rechte Gewalt nicht verbessern, sondern eher verschlechtern wird. Die Dunkelziffer derjenigen, die Angriffe aus Angst nicht geltend machen möchten, könnte steigen. Der Einfluss von AfD-Politikern in Fachausschüssen oder bei Haushaltsdebatten wird die Arbeit zivilgesellschaftlicher Institutionen und Opferberatungsstellen mit Sicherheit erschweren. Auch offene Kritik aus den Reihen von Präventions- und Beratungsstellen wird es womöglich weniger geben, da viele durch die finanzielle Abhängigkeit um ihre Existenz fürchten müssen.

Tatsächlich zeigt sich vorläufig, dass die sehr hohen Zahlen rechter Gewalttaten aus dem Jahr 2016 eher rückläufig sind. Da es jedoch kein einheitliches bundesweites Monitoring gibt, viele Fälle nachgemeldet werden und wir eben auch Lücken in vielen Regionen haben, bleibt diese Aussage unter Vorbehalt. Ein Grund für die sinkenden Fallzahlen könnte der Rückgang von rassistischen Demonstrationen und Veranstaltungen sein, in deren Umfeld 2016 zahlreiche Angriffe stattfanden. Zudem kam es in der jüngsten Vergangenheit oft im Vorfeld der Eröffnung von Flüchtlingsunterkünften zu Brandanschlägen oder Übergriffen auf ehrenamtliche Helfer. Mit der rückläufigen Zahl ankommender Geflüchteter nehmen auch diese Vorfälle ab. Opferberatungsstellen geben zudem an, dass die mediale Aufmerksamkeit für das Thema rechte Gewalt, das im Jahr 2016 zeitweise ganz oben auf der Agenda stand, nicht mehr vorhanden ist. Eine Folge könnte sein, dass nicht mehr so genau hingeschaut wird. Auffällig ist der weiterhin hohe Anteil von rassistisch motivierten Angriffen. Rassismus ist ein allgemeingesellschaftliches Problem. Viele Angriffe finden unter Jugendlichen statt, das ist auffällig.

Rund 20 Prozent der Bevölkerung hegen Vorurteile und Ressentiments gegen Migranten, Juden, Homosexuelle, Muslime, Punks oder Obdachlose. Solange rassistische Einstellungen weit verbreitet sind und es einen Zusammenhang zwischen den gesellschaftlichen Verhältnissen und der Entwicklung von Vorurteilen gegenüber Minderheiten gibt, bleibt die Gefahr eines erneuten Anstiegs der Gewalt. Die AfD setzt nach der »Flüchtlingswelle« auf das Thema Anti-Islam, diese Fokussierung – sowie weitere islamistische Anschläge hierzulande – könnte zu einer Eskalation gegen Muslime führen.

Bedingt durch den Redaktionsschluss Anfang November 2017 entstehen im letzten Dokumentationsquartal Lücken, wir hoffen dennoch einen wichtigen Eindruck der Vorfälle vermitteln zu können.

Folgende Kriterien waren bei der Erstellung der Chronik entscheidend: Körperverletzungen, herausragende Bedrohungsfälle (wie Übergriffe gegen Kinder oder das Eindringen in geschlossene Räume), Steinwürfe auf Menschen oder bewohnte Gebäude, bei denen Menschen hätten verletzt werden können, versuchte Brandanschläge auf bewohnte oder unbewohnte Gebäude, Übergriffe auf Journalisten, die über das normale Maß an Einschüchterungsversuchen hinausgehen sowie außergewöhnliche Verdachtsfälle wie die Schüsse auf die Wohnung einer türkischen Familie in Moers. Nicht aufgeführt werden konnten die Verwüstung von Friedhöfen oder Gedenkstätten, das Zeigen von Nazi-Symbolen und verbotenen Gruppen, Anschläge mit Buttersäure oder absichtliche Beschädigungen von Gebäuden sowie verbale Bedrohungen. Diese Vorfälle sind keine harmlosen Handlungen, ihre Dokumentation würde jedoch den Rahmen dieses Buches übersteigen.

Über gut gemeinte Verbesserungsvorschläge, Kritik oder Korrekturen freuen wir uns.

Sebastian Heidelberger

In der Jahreschronik werden folgende Abkürzungen der Bundesländer verwendet:

BB Brandenburg
BE Berlin
BW Baden-Württemberg
BY Bayern
HB Bremen
HE Hessen
HH Hamburg
MV Mecklenburg-Vorpommern
NI Niedersachsen
NW Nordrhein-Westfalen
RP Rheinland-Pfalz
SH Schleswig-Holstein
SL Saarland
SN Sachsen
ST Sachsen-Anhalt
TH Thüringen

Chronik Oktober 2016

01.10. Jüterbog (BB) Ein 21-Jähriger aus Jüterbog wirft zwei Molotow-Cocktails auf eine Unterkunft für minderjährige, unbegleitete Geflüchtete. Ein Mitarbeiter der Einrichtung bemerkt das Feuer und löscht den Brand. Die Bewohnerinnen und Bewohner bleiben unverletzt, stehen aber unter Schock. Den Sicherheitsbehörden ist der Täter als »Mitläufer in der rechtsextremen Szene« bekannt. Nach dessen Festnahme im November kommt dieser zunächst nicht in Untersuchungshaft. Erst im Februar 2017 entscheidet das Landgericht, dass er wegen versuchten Mordes sowie bestehender Fluchtgefahr ins Gefängnis muss.

01.10. Dortmund (NW) In einem Nachtexpress-Bus ruft eine Gruppe rassistische Parolen. Es kommt laut Polizei erst zu einer verbalen und dann zu einer körperlichen Auseinandersetzung mit einer Gruppe von »Menschen mit Migrationshintergrund«. Die Täter können unerkannt flüchten. Drei Zeugen erleiden leichte Verletzungen.

01.10. Lensahn (SH) Es kommt zu einer Körperverletzung gegen einen geflüchteten Menschen. Laut der Beantwortung einer parlamentarischen Anfrage ist dieser Vorfall eine politisch rechts motivierte Straftat.

01.10. Burg (ST) Drei etwa 14-jährige Jugendliche, bekleidet mit »Yakuza«-Klamotten, sprechen auf der Straße einen 18-jährigen Schüler auf seinen »Refugees Welcome«-Pullover an und besprühen ihn anschließend mit Reizgas.

01.10. Waren (MV) Am Rande einer rechten Demonstration posiert eine Gruppe Neonazis mit Schlagstöcken vor einem Szenetreffpunkt. Einer von ihnen will mit einem Baseballschläger bewaffnet auf Menschen losgehen, die gegen die rechte Versammlung protestieren. Er wird von der Polizei überwältigt, sein Schläger wird einbehalten.

01.10. Hagenow (MV) Zwei Männer beschimpfen zwei junge Syrer und greifen sie an. Später kommt ein dritter Angreifer hinzu. Die Opferberatungsstelle »Lobbi MV« bewertet diesen Vorfall als rassistisch motiviert. An den beiden darauffolgenden Tagen kommt es zu weiteren rassistischen Angriffen gegen die Betroffenen. Die Täter setzen dabei unter anderem Messer ein.

02.10. Berlin-Friedrichshain (BE) Ein 26-jähriger Mann beleidigt einen 28-Jährigen in der Nähe des Ostbahnhofs rassistisch und schlägt mit einer Flasche auf ihn ein. Das Opfer wird durch den Angriff verletzt.

02.10. Berlin-Lichtenberg (BE) Ein 41-jähriger Fahrgast beleidigt einen 34-jährigen Taxifahrer rassistisch und schlägt ihn.

02.10. Remscheid (NW) Ein Unbekannter schießt ein Projektil durch das Zeltdach der DITIB-Gemeinde. Zwei Frauen werden dadurch leicht verletzt.

02.10. Moers (NW) Ein Unbekannter schießt mit einer Waffe auf das Fenster einer fünfköpfigen türkischen Familie. Monate zuvor war bereits schon einmal scharf auf das Fenster geschossen worden. Die Polizei ermittelt wegen versuchter Tötung gegen unbekannt. Zwei Monate später wird erneut auf das Fenster der Familie geschossen. Der Familienvater kritisiert das Verhalten der Polizei mit den Worten: »Statt uns zu verdächtigen, sollte uns die Polizei schützen.« Die Mutter sagt gegenüber der Lokalpresse: »Wir haben einen Feind, aber wir wissen nicht, wer es ist.« Die »Mobile Beratung gegen Rechtsextremismus NRW« dokumentiert diesen Fall, da sie ein rassistisches Tatmotiv für möglich hält.

02.10. Oschersleben (ST) Eine Gruppe Vermummter greift am Bahnhof einen 16- und einen 23-jährigen Syrer an. Einer der

Betroffenen wird dabei leicht verletzt. Die beiden Syrer werfen ihre Fahrräder in Richtung der Angreifer und fliehen zum örtlichen Polizeikommissariat. Die Polizei ermittelt am Tatort einen 15-, einen 16- und einen 22-Jährigen, die behaupten, die »Ausländer« hätten unvermittelt mit Fahrrädern nach ihnen geworfen. Die Opferberatungsstelle »Mobile Beratung für Opfer rechter Gewalt« bewertet diesen Vorfall als rechte Tat.

02.10. Neubrandenburg (MV) Ein Unbekannter legt Feuer an der Tür einer siebenköpfigen syrischen Familie. Die Polizei rettet zwölf Menschen aus dem Haus. Laut polizeilicher Ermittlungen ist ein »fremdenfeindlicher Hintergrund« der Tat sehr wahrscheinlich. Die Amadeu Antonio Stiftung und Pro Asyl werten diesen Vorfall als flüchtlingsfeindlich.

03.10. Hamburg-Farmsen (HH) Ein 20-jähriger Mann sucht den Streit mit drei jungen Geflüchteten vor einer Unterkunft. Er zückt ein Messer und sticht auf einen 18-jährigen Geflüchteten ein und verletzt einen weiteren, der eingreifen will. Der 18-jährige Betroffene muss notoperiert werden und kommt auf die Intensivstation. Eine Woche später kann die Polizei den Tatverdächtigen festnehmen. Die Amadeu Antonio Stiftung und Pro Asyl werten diesen Vorfall als flüchtlingsfeindlich. Die Staatsanwaltschaft teilt mit, dass es in der Ermittlungsakte um ein mögliches fremdenfeindliches Motiv ging. Das Landgericht verurteilt den Täter wegen versuchten Totschlags und zweifacher gefährlicher Körperverletzung zu einer Jugendstrafe von drei Jahren und sechs Monaten. Das Gericht trifft im Urteil keinerlei Feststellungen zu einem fremdenfeindlichen Motiv. In der Begründung heißt es, dass der Angeklagte aus »nicht näher bekannten Gründen eine körperliche Auseinandersetzung mit den ihm unbekannten männlichen Zeugen suchte«. Weder im sozialen Umfeld des Angeklagten noch in der Wohnung seien Anhaltspunkte für dessen »Ausländerfeindlichkeit« gefunden worden.

03.10. Rostock (MV) Ein Unbekannter beleidigt eine Frau rassistisch und greift sie an. Er tritt ihr gegen die Hüfte und verletzt sie.

04.10. Burg (ST) Eine Gruppe älterer Kinder beleidigt ein sieben-, ein zehn- und ein zwölfjähriges Kind rassistisch auf einem Spielplatz. Sie fordern sie dazu auf, Deutschland zu verlassen. Einer aus der Angreifer-Gruppe wirft einen faustgroßen Stein in das Gesicht der Zwölfjährigen. Die attackierten Kinder versuchen zu fliehen. Dabei wird der Siebenjährige vom Fahrrad geschubst und schlägt mit dem Kopf auf einem Metallzaun auf. Einer der Angreifer tritt ihm in den Bauch. Umstehende Erwachsene intervenieren nicht, sondern lachen mit den Angreifern mit. Ein Mann gibt ihnen zudem Tipps für Falschbeschuldigungen. Die Zwölfjährige muss mit Kopfschmerzen, Schwindel und Übelkeit stationär im Krankenhaus behandelt werden.

04.10. Hamburg-Bahrenfeld (HH) Ein unbekannter Mann bedroht einen Menschen mit einem Messer. Die Polizei geht von einer politisch rechts motivierten Tat aus.

05.10. Berlin-Wedding (BE) Ein Unbekannter beleidigt einen 35-jährigen Geflüchteten rassistisch und schlägt ihn.

06.10. Berlin-Neukölln (BE) Am S-Bahnhof Hermannstraße beleidigt ein unbekannter Mann einen 17-jährigen Geflüchteten rassistisch und schlägt ihn.

06.10. Sebnitz (SN) An einer Bushaltestelle greifen mehrere Jugendliche drei Kinder aus Syrien im Alter zwischen fünf und elf Jahren an. Sie schlagen ihre Opfer und bedrohen sie mit einem Messer. Während und nach der Tat rufen sie rechte Parolen.

06.10. Merseburg (ST) Am Abend klingeln zwei Männer an der Wohnungstür eines 44-jährigen Liberianers. Als dieser öffnet, schlagen sie mit einem Teleskopschlagstock und einem Schlagring zu, und dringen in die Wohnung ein. Die 47-jährige Lebensgefährtin, die zu Hilfe kommt, wird ebenfalls geschlagen.

Auch der fünfjährige Enkel wird verletzt. Dann verlassen die Angreifer die Wohnung. Während die Polizei vor Ort Zeugen befragt, kehren die zwei alkoholisierten Täter zurück. Ein 63-Jähriger und ein 47-Jähriger, die sich den Beamten gegenüber rassistisch äußern, werden festgenommen. Der Betroffene muss ambulant, die Frau und das Kind stationär im Krankenhaus behandelt werden. Bei einer polizeilichen Vernehmung gibt der 63-Jährige an, er habe den »Afrikaner« wegen zu lauter Musik zur Rede stellen wollen.

07.10. Berlin-Neukölln (BE) Eine Personengruppe beleidigt einen 27-jährigen Mann auf der Sonnenallee rassistisch. Das Opfer wird geschlagen, getreten und verletzt.

07.10. Bautzen (SN) Bei einer rechten Demonstration schlägt ein Teilnehmer einem Journalisten dessen Kamera ins Gesicht. Nach der Demonstration versuchen rund 30 Teilnehmer durch eine Polizeiabsperrung zu brechen und auf gegen sie protestierende Menschen loszugehen. Die Polizei kann die Rechten stoppen.

08.10. Berlin-Steglitz (BE) Ein unbekannter Mann schlägt einer Frau in den Bauch. Die Motivation für seine Tat soll laut der Opferberatungsstelle »ReachOut« eine rassistische Kampagne in den sozialen Medien gewesen sein.

08.10. Sankt Augustin (NW) Es kommt zu einer gefährlichen Körperverletzung gegen einen Geflüchteten. Laut der Beantwortung einer parlamentarischen Anfrage ist dieser Vorfall eine politisch rechts motivierte Straftat.

08.10. Magdeburg (ST) Nach einer Neonazi-Demonstration in Roßlau greift ein vermummter Teilnehmer am Bahnhof einen Passanten an. Er versetzt ihm einen heftigen Kopfstoß. Polizisten greifen ein, setzen Reizgas ein und können einen 32-jährigen Tatverdächtigen festnehmen.

09.10. Bochum (NW) Ein unbekannter Mann setzt Reizgas gegen drei Kinder im Alter von zwei, zehn und elf Jahren ein, die in einer Unterkunft für Geflüchtete wohnen. Zuvor soll es Streit zwischen ihnen und dem Mann gegeben haben. Der Mann habe sich vermutlich durch das Lachen der Kinder »provoziert gefühlt«. Die Kinder werden durch den Angriff leicht verletzt. Die »Opferberatung Rheinland« bewertet diesen Vorfall als rechte Tat.

09.10. Halle (ST) Eine vierköpfige Gruppe ruft rassistische Parolen und bewirft mehrere Männer mit dunkler Hautfarbe mit Flaschen. Die Betroffenen werfen mit Flaschen zurück. Zeugen alarmieren die Polizei. Als diese eintrifft, kann sie nur noch einen Mann ermitteln, der jede Beteiligung abstreitet.

09.10. Halle (ST) Zwei Unbekannte pöbeln zwei Syrer im Alter von 21 und 26 Jahren auf dem Marktplatz an. Sie fragen, ob sie »Deutsch sprechen«, und werfen mit Glasflaschen. Es kommen weitere Männer hinzu, die die beiden Syrer umzingeln und schlagen. Die Betroffenen müssen im Krankenhaus behandelt werden. Der Staatsschutz ermittelt.

10.10. Klingberg (SH) Ein Haus, das als Unterkunft für geflüchtete Menschen dienen soll, wird in Brand gesteckt. In der Vergangenheit war es bereits als Unterkunft für Asylsuchende genutzt worden. Die Amadeu Antonio Stiftung und Pro Asyl werten diesen Vorfall als flüchtlingsfeindlich.

11.10. Jeersdorf (NI) Ein Unbekannter wirft einen Stein durch die Scheibe einer Geflüchtetenunterkunft. Die Amadeu Antonio Stiftung und Pro Asyl werten diesen Vorfall als flüchtlingsfeindlich.

12.10. Berlin-Kreuzberg (BE) Kurz nach Mitternacht beleidigen zwei Insassen eines Transporters einen neben ihnen Fahrrad fahrenden 31-jährigen Mann rassistisch. Sie bespucken ihn. Kurz darauf schlagen sie ihn nieder und treten, auch als dieser bereits am Boden liegt, auf ihn ein. Das Opfer wird verletzt.

12.10. Berlin-Friedrichshain (BE) Ein 26-jähriger Mann reißt einen 27-Jährigen von seinem Fahrrad, verletzt ihn und zeigt den Hitlergruß.

13.10. **Berlin-Pankow (BE)** Ein unbekannter Mann schlägt eine 26-jährige Frau aus rassistischer Motivation und drückt sie gegen eine Wand. Als Zeugen eingreifen, flüchtet er.

13.10. **Traunstein (BY)** Zwei junge Männer attackieren zwei jugendliche Geflüchtete in einem Bus. Einer der Angreifer zeigt ein tätowiertes Hakenkreuz auf seinem rechten Oberarm. Ein 16-jähriger Zeuge versucht die Anfeindungen zu unterbinden und wird daraufhin ebenfalls angegriffen. Als der Busfahrer die beiden Männer dazu auffordert, dies zu unterlassen, schlagen die Angreifer beim Aussteigen dem 16-Jährigen mit der Faust gegen den Kiefer.

13.10. **Hamburg-St. Pauli (HH)** Ein unbekannter Mann schlägt eine Person, zeigt den Hitlergruß und ruft »Heil Hitler«.

13.10. **Rostock (MV)** Eine angetrunkene Person beschimpft an einer Bushaltestelle eine junge Frau und einen jungen Mann, weil sie sich auf Arabisch unterhalten. Der Betrunkene bedroht die Frau. Als sich ihr Begleiter schützend vor sie stellt, schlägt der Angreifer ihm ins Gesicht. Die zuständige Staatsanwaltschaft stellt die Ermittlungen ein, da kein öffentliches Interesse bestehe.

14.10. **Berlin-Marzahn (BE)** Drei Kontrolleure halten vier Jugendliche auf einem S-Bahnhof an. Einer der Kontrolleure beleidigt zwei Jugendliche rassistisch und droht ihnen. Ein Jugendlicher wird an seiner Kleidung gezogen und gestoßen. Ein Zeuge, der eingreifen will, wird bedroht.

14.10. **Berlin-Wedding (BE)** Ein 28-jähriger Mann beleidigt einen 32-Jährigen rassistisch und stößt ihn.

15.10. **Leck (SH)** Die Polizei ermittelt wegen eines schweren Raubüberfalls auf einen geflüchteten Menschen. Laut der Beantwortung einer parlamentarischen Anfrage ist dieser Vorfall eine politisch rechts motivierte Straftat.

15.10. **Oschersleben (ST)** Ein Jugendlicher beleidigt am Busbahnhof drei Menschen mit dunkler Hautfarbe rassistisch. Dann schlägt er einem von ihnen mit einer Glasflasche gegen den Kopf. Die Polizei kann vor Ort einen alkoholisierten Tatverdächtigen ermitteln.

15.10. Quedlinburg (ST) Eine Gruppe Jugendlicher pöbelt zwei minderjährige Geflüchtete am Bahnhof rassistisch an. Es kommen weitere Personen hinzu. Ein Erwachsener schlägt einem 15-jährigen Geflüchteten unvermittelt ins Gesicht und tritt ihn. Sein 17-jähriger Freund, der ihm zu Hilfe kommen will, wird zu Boden geschubst, geschlagen, getreten und mit einem Messer bedroht. Die Betroffenen können fliehen.

15.10. Sottrum (NI) Es kommt zu einer Körperverletzung gegen einen geflüchteten Menschen. Laut der Beantwortung einer parlamentarischen Anfrage ist dieser Vorfall eine politisch rechts motivierte Straftat.

15.10. Wismar (MV) Mehrere Personen werfen Steine auf eine Unterkunft für Wohnungslose, in der auch Geflüchtete untergebracht sind. Sie beschädigen unter anderem die Fensterscheibe eines Zimmers, in dem sich zwei Menschen aufhalten. Niemand wird durch den Angriff verletzt.

16.10. Berlin-Hellersdorf (BE) Neonazis bedrohen zwei Besucher eines von Geflüchteten betriebenen Lokals und werfen mit einer Bierflasche nach ihnen.

16.10. Berlin-Marzahn (BE) Ein 45-jähriger Mann beleidigt eine unbekannte Frau rassistisch. Drei Männer, die der Frau helfen wollen, werden von dem Täter geschlagen.

16.10. Cottbus (BB) Drei Syrer gehen während einer Feier in einer Diskothek vor die Tür. Als sie das Gebäude wieder betreten wollen, hindert sie ein Mann daran. Er sagt, dass sie aus Syrien kämen und dorthin zurückgehen sollten. Dann schlägt er einem der drei mit der Faust ins Gesicht und tritt ihm mit dem Knie in den Unterleib. Auch als der Betroffene bereits am Boden liegt, tritt er auf ihn ein. Die beiden anderen Männer können fliehen.

16.10. Stuttgart (BW) Ein 26-jähriger Mann beleidigt in der Nacht einen 19-jährigen Geflüchteten rassistisch in der Innenstadt. Er schlägt ihn grundlos und verletzt ihn dadurch.

16.10. Nürnberg (BY) Im Anschluss an eine Neonazi-Kundgebung greifen fünf Teilnehmer einen Gegendemonstranten am Hauptbahnhof mit einer Glasflasche an. Das Opfer wird verletzt.

16.10. Alsfeld (HE) Sieben junge Männer dringen in der Nacht in eine Unterkunft für geflüchtete Menschen ein. Sie randalieren und verletzen einen Bewohner leicht. Dieser Vorfall wird von der Opferberatungsstelle »Response Hessen« als rechte Tat bewertet.

16.10. Schloss Holte-Stukenbrock (NW) In der Nacht beleidigen zwei unbekannte Männer einen Geflüchteten auf einem öffentlichen Fest rassistisch. Dann gehen sie auf ihn zu und sprühen ihm eine unbekannte Flüssigkeit in die Augen.

16.10. Weißenfels (ST) In einer Diskothek beleidigen fünf Personen einen 40-jährigen Mann rassistisch. Vor dem Gebäude schlagen sie ihm dann mit den Fäusten ins Gesicht. Einem 38-jährigen Mann, der intervenieren will, schlägt ein Angreifer eine Flasche an den Kopf.

18.10. Berlin-Tiergarten (BE) Ein 44-jähriger Mann beleidigt einen 49-Jährigen rassistisch und stößt ihn.

18.10. Burg (ST) Ein Jugendlicher schießt mit einer Softair-Pistole aus dem Fenster auf ein Mehrfamilienhaus und trifft eine 47-jährige Syrerin. Die Polizei geht von einer politisch rechts motivierten Tat aus.

18.10. Hamburg-Hamm (HH) Ein unbekannter Mann tritt einem Menschen in den Bauch, bewirft ihn mit einer Bierflasche und äußert sich »fremdenfeindlich«. Die Polizei geht von einer politisch rechts motivierten Tat aus.

18.10. Barsinghausen (NI) Die Polizei ermittelt wegen einer Sprengstoffexplosion an einer Geflüchtetenunterkunft. Laut der

Beantwortung einer parlamentarischen Anfrage ist dieser Vorfall eine politisch rechts motivierte Straftat.

19.10. Stadtallendorf (HE) Ein unbekannter Mann beleidigt eine 23-jährige Frau rassistisch in der Bahn. Beim Aussteigen bedroht er sie mit einem Messer und kündigt an, sie zu finden und zu töten.

19.10. Rostock (MV) Ein Jugendlicher beschimpft an der Schule einen jüngeren Geflüchteten. Nach der Schule greifen mehrere Jugendliche den Jungen an einer Haltestelle an und beleidigen ihn rassistisch. Sie brechen ihm einen Finger.

20.10. Ennepetal (NW) Ein 79-Jähriger beschimpft zwei jugendliche Geflüchtete rassistisch. Er versucht gezielt mit einem Springmesser in das Gesicht des einen zu stechen. Der 17-Jährige kann dieser Attacke ausweichen.

20.10. Naunhof (SN) Eine unbekannte Person beleidigt auf dem Parkplatz eines Supermarktes eine Gruppe alternativ aussehender Jugendlicher rassistisch und schlägt einem von ihnen ins Gesicht.

20.10. Erfurt (TH) Rechte Jugendliche verteilen bei einer Kinderfreizeit Neonazi-Informationsmaterial. Sie bedrohen syrische und kurdische Kinder rassistisch und werden handgreiflich. Ein Kind wird dabei verletzt.

21.10. Rheine (NW) Ein Unbekannter schießt in der Nacht drei Löcher in die Scheibe einer Geflüchtetenunterkunft.

21.10. Dresden (SN) Mehrere Männer attackieren in der S-Bahn einen Mann aus Marokko und verletzen ihn. Mitreisende greifen ein und können den Übergriff stoppen.

21.10. Halle (ST) Zwei Unbekannte pöbeln einen 23-Jährigen am Bahnsteig des Bahnhofs wegen seines alternativen Aussehens an. Sie beschimpfen ihn sexistisch und homophob. Dann versperren sie ihm den Zutritt zum Zug und versuchen eine Zigarette auf seiner Stirn auszudrücken.

22.10. Wesel (NW) Unbekannte verüben einen Brandanschlag auf eine Moschee. Der Brandsatz prallt von der Hausfassade ab und kann gelöscht werden. In der oberen Etage des Gebäudes wohnt der Imam der Gemeinde.

22.10. Hamminkeln (NW) Eine Gruppe Männer greift einen 27-jährigen Geflüchteten an. Sie schlagen ihn bewusstlos und verletzen ihn schwer. Es ist der dritte Angriff dieser Art innerhalb eines Jahres im Ort. Die »Opferberatung Rheinland« wertet diesen Vorfall als rechte Tat.

22.10. Lünen (NW) Unbekannte schießen Stahlkugeln durch die Fensterscheibe einer Geflüchtetenunterkunft. Zum Tatzeitpunkt befinden sich vier Bewohner im Raum.

23.10. Berlin-Tempelhof (BE) Ein 29-jähriger Mann beleidigt ein sechsjähriges Kind rassistisch und wirft eine Flasche nach ihm, sie verfehlt das Kind nur knapp.

23.10. Berlin-Treptow (BE) Mehrere Männer greifen aus rassistischer Motivation einen Bewohner einer Geflüchtetenunterkunft an. Sie schlagen ihn mit einer Glasflasche und verletzen ihn.

23.10. Schwedt (Oder) (BB) Ein Mann verfolgt eine Geflüchtete, die sich vom Bahnhof auf dem Weg nach Hause befindet, über eine Stunde lang. Die Frau kann den Verfolger nicht abschütteln. Dann beschimpft und bedroht der Mann sie, anschließend stößt er sie auf die Straße in den fließenden Verkehr.

23.10. Dortmund (NW) Zwei Rechtsradikale, eine Frau und ein Mann, blenden Zivilpolizisten in ihrem Auto mit einer Stroboskoplampe. Als die Beamten aussteigen, werden sie massiv beleidigt. Die Neonazis versuchen zu fliehen. Bei ihrer Festnahme leisten beide Widerstand und versuchen, die Beamten zu schlagen und zu treten.

23.10. Lübeck (SH) Fünf Rechtsradikale versuchen an einer Tankstelle einen Antifaschisten mit einem Messer anzugreifen. Sie treten gegen das Auto des Mannes und flüchten dann mit ihrem Pkw.

23.10. Görlitz (SN) Ein 31-jähriger Mann ruft rechte Parolen auf der Straße. Er greift zwei junge Geflüchtete mit einem Schirm an und versucht einen Gullydeckel aus der Verankerung zu reißen. Einen Passanten, der ihn beruhigen will, greift er ebenfalls an und verletzt ihn leicht.

24.10. **Berlin-Treptow (BE)** Mehrere Männer greifen aus rassistischer Motivation einen Bewohner einer Geflüchtetenunterkunft an. Sie schlagen ihn mit einer Glasflasche und verletzen ihn. Dies ist der zweite Vorfall dieser Art innerhalb von zwei Tagen.

24.10. **Dresden (SN)** Drei aus Eritrea stammende junge Frauen und ein junger Mann aus Syrien steigen aus der Straßenbahn aus. Zwei Unbekannte folgen ihnen und rufen rechte Parolen. Sie bedrohen die vier und greifen sie an. Sie zerren eine Frau zu Boden und schlagen auf sie ein. Die drei anderen Betroffenen können fliehen. Der Staatsschutz ermittelt.

25.10. **Riesa (SN)** In der Regionalbahn greifen mehrere Männer einen Inder an. Sie zwingen ihn dazu, den Hitlergruß zu zeigen, beleidigen und schlagen ihn. Die Angreifer selbst zeigen ebenfalls den Hitlergruß.

25.10. **Döbeln (SN)** Ein 56-jähriger Mann zündet in einem Mehrfamilienhaus, in dem er selbst wohnt, den Kinderwagen einer syrischen Familie an. Der Täter bezeichnet sich als »Reichsbürger«. Elf Bewohner des Hauses, darunter ein Kleinkind, kommen mit Verdacht auf Rauchgasvergiftung in ein Krankenhaus.

25.10. **Weimar (TH)** Eine 18-Jährige beschimpft drei Männer in einer Regionalbahn massiv rassistisch. Ein Mann, der die Frau zur Rede stellen will, wird von einem Begleiter dieser Frau mit einer Glasflasche beworfen. Gegen die Frau wird wegen Volksverhetzung und gegen ihre Begleiter wegen versuchter gefährlicher Körperverletzung ermittelt.

26.10. **Meißen (SN)** Am Nachmittag beschädigt ein 31-jähriger Mann Fahrräder in einem Hausflur. Die Räder gehören syrischen Nachbarn. Als diese ihn daraufhin ansprechen, holt der Mann ein Schwert aus seiner Wohnung und verletzt einen der

beiden Syrer an der Hand. Die alarmierte Polizei stellt das De-
korationsschwert mit einer 40 Zentimeter langen stumpfen
Klinge sicher. Die Opferberatungsstelle »RAA Sachsen« bewertet diesen Vorfall als rechte Tat.

27.10. Duisburg (NW) Ein unbekannter Mann schubst eine Frau
aus der Straßenbahn und tritt nach ihr. Vor diesem Angriff beschimpft der Täter die Frau rassistisch.

27.10. Ueckermünde (MV) Mehrere Personen beleidigen am
Abend jugendliche Geflüchtete und provozieren sie. Wenige
Minuten später schlagen zwei der Täter auf die Jugendlichen
ein. Drei Betroffene klagen über Schmerzen am Kopf und am
Oberkörper.

28.10. Emmerting (BY) Es kommt zu einer Körperverletzung gegen einen Geflüchteten. Laut der Beantwortung einer parlamentarischen Anfrage ist dieser Vorfall eine politisch rechts motivierte Straftat.

29.10. Berlin-Kreuzberg (BE) Ein unbekannter Mann schlägt in
einem Lokal aus antisemitischer Motivation einen Mann, der
sich in Begleitung seiner Frau befindet. Er verletzt das Opfer.
Augenzeugen greifen nicht ein.

29.10. Meiningen (TH) Vier Männer und eine Frau im Alter von
27 bis 45 Jahren greifen in der Nacht einen 19-jährigen Geflüchteten an. Das Opfer wird verletzt.

30.10. Kyritz (BB) Ein betrunkener Patient greift in einem Krankenhaus einen Arzt aus Venezuela an, weil er sich von ihm nicht
behandeln lassen will. Der Arzt wird dadurch leicht verletzt.
Das Krankenhauspersonal kann den Mann überwältigen und er
kommt in Polizeigewahrsam.

30.10. Cottbus (BB) Am Rande einer Geburtstagsfeier in einem
Jugendclub äußert sich ein junger Mann rassistisch und leugnet
den Holocaust. Einem Gast, der ihm widerspricht und mit ihm
diskutiert, versetzt er unvermittelt einen Kopfstoß. Der Betroffene wird dadurch im Gesicht verletzt.

30.10. Anklam (MV) In den Abendstunden beleidigt ein Mann einen Jugendlichen rassistisch. Kurz darauf tritt der Täter ihm in den Bauch und schlägt auf ihn ein. Der Jugendliche erleidet durch den Angriff leichte Verletzungen.

31.10. Spremberg (BB) Zwei Rechte greifen einen 22-jährigen Syrer aus rassistischer Motivation an.

Die »Neue Rechte«, die »Identitäre Bewegung« und das Motto »Gewalt herrscht«

Hinter grellgelb gestrichenen Mauern versammelten sich Mitte Februar 2017 Anhänger des »Instituts für Staatspolitik« (IfS) zur »17. Winterakademie«. Das Denkzentrum der Rechten lud zum Thema »Politische Gewalt« in die Gaststätte Zum Schäfchen. Draußen vor dem Lokal protestierte in Sichtnähe ein antifaschistisches Bündnis unter dem Motto: »IfS dichtmachen! Neue Rechte alt aussehen lassen!«

Das »Institut für Staatspolitik« ist beheimatet auf dem im Saalekreis gelegenen Rittergut Schnellroda, dem Anwesen von Götz Kubitschek und Ellen Kubitschek, genannt Kositza. Im Jahr 2000 war das IfS von einer Gruppe Rechtsintellektueller um Kubitschek und dem niedersächsischen Gymnasiallehrer Karlheinz Weißmann gegründet worden. Das alte Gemäuer in Schnellroda ist mit seinen zahlreichen Veranstaltungen zum rechten Bildungs- und Schulungszentrum geworden, begehrt bei der »Identitären Bewegung«, bei Burschenschaften, beim AfD-Nachwuchs und auch bei Neonazis. Es nimmt bedeutenden Einfluss auf die Entwicklung des rechten bis extrem rechten Spektrums.

Götz Kubitschek ist Ideenlieferant und Gallionsfigur einer Szene, in der es viel um Widerstand und Gewaltdiskurse geht. Die *tageszeitung (taz)* nennt ihn den »Paten der rechten Revolte«. Er wurde in Ravensburg geboren, studierte Germanistik, Geografie und Philosophie. Der 47-Jährige ist verheiratet mit der 1973 in Offenbach am Main geborenen Publizistin Ellen Kositza. Bis etwa 2015 wirkten seine elitären Denkzirkel eher im Hintergrund ohne besonderes öffentliches Interesse. Seit Beginn des Massenprotestes der »Patriotischen Europäer gegen die Islamisierung des Abendlandes« (Pegida) wurden ihre Ideen und ideologischen Vorgaben auch auf die Straße getragen. Kubitschek selbst trat mehrfach als Redner bei Pegida in Dresden auf, und auch bei dem radikaleren Ableger Legida in Leipzig. Die vermeintlich harmlosen »Spaziergänge« von Legida sorgten für Aufsehen, wenn im Umfeld die Gewalt eskalierte.

»Ideologische Vordenker und Einheizer« wie Götz Kubitschek, Jürgen Elsässer und Co. »treiben die Entgrenzung der rechten Spektren weiter voran«, warnt der Hamburger Journalist und Szene-Kenner Andreas Speit. Die propagierte Abgrenzung der »Neuen Rechten« zum Neonazi-Lager weicht auf. Die »Neue Rechte« trat an, um Positionen zu modernisieren und moderater zu formulieren. Ihre Begriffe und Argumentationsketten hat das radikaler auftretende Spektrum längst übernommen, so wird zum Beispiel das Wort Rasse durch Ethnie ersetzt. Die »Neue Rechte« konzentrierte sich auf Strategien im vorpolitischen Raum und weniger um Parteipolitik.

Heute, 50 Jahre nach den ersten neurechten Bemühungen, ist die AfD eine ihnen ideologisch nahestehende Partei, die unterstützt wird. Eine breite heterogene Bewegung von rechts hat sich so etablieren können. Scham oder Scheu gegenüber einer offenen Zusammenarbeit sind längst gesunken. AfD-Politiker meiden Interviewanfragen von extremen Zeitschriften wie der *Zuerst* nicht oder stellen ehemalige NPD-Akteure als Mitarbeiter ein. Speit weist auf solche Verbindungen hin. Er bezeichnet die angebliche Trennung von Neuer und Alter Rechten als

»Blendwerk«. Tatsächlich seien die Spektren sich näher, als sie vorgeben.

Wer Handlungsmuster, Rhetorik und Ideologie von AfD oder »Identitärer Bewegung Deutschland« begreifen will, sollte sich mit der sogenannten Neuen Rechten auseinandersetzen. Diese »Neue Rechte« definiert der freie Journalist und Historiker Lucius Teidelbaum aus Tübingen folgendermaßen: »Unter dem Label Neue Rechte wird versucht, das politische Spektrum um das ›Institut für Staatspolitik‹, die *Junge Freiheit* und die ›Bibliothek des Konservatismus‹ einzugrenzen. Letztlich wird die Überwindung der multikulturellen, liberalen Demokratie angestrebt.« Der schwierige Begriff, so Teidelbaum, meine in der Forschung »eine spezifische Strömung innerhalb der extremen Rechten, die sich vor allem auf ein Bündel von antidemokratischen Vordenkern aus der Weimarer Republik bezieht«. Diese wurden nach 1945 von dem sich selbst als »Faschisten« bezeichnenden Historiker Armin Mohler (1920–2003) nachträglich zu einer ideologischen Strömung namens »Konservative Revolution« gebündelt. Damit sollte eine scheinbar durch den Nationalsozialismus nicht belastete Traditionslinie des völkischen Nationalismus aufgezeigt werden. Doch in Anbetracht der Verstrickung vieler dieser antidemokratischen Vordenker mit dem Nationalsozialismus entpuppt sie sich als Konstrukt. Als prominentes Beispiel gilt der »Kronjurist des Dritten Reiches«, Carl Schmitt.

Selbst wenn die konservativen Revolutionäre nicht alle unmittelbar am NS-Regime beteiligt waren, so bereiteten sie ihm doch durch ihren Kampf gegen die Weimarer Demokratie den Weg. Deren inhaltliche Gemeinsamkeiten jenseits ihrer Ablehnung des gesellschaftlichen Liberalismus und der Demokratie waren eher gering. Obwohl die »Konservative Revolution« eher als ein nachträgliches Konstrukt durch Mohler denn als historische Realität zu verstehen ist, bezieht sich heute ein wichtiger Teil des Spektrums auf den Begriff und seine Protagonisten.

Die beiden wichtigsten Magnete der »Neuen Rechten«, das »Institut für Staatspolitik« in Schnellroda und die Wochenzeitung *Junge Freiheit,* gehen inzwischen getrennte Wege. Während das Blatt in den 1990er-Jahren unverhohlen warb: »Jedes Abo eine Konservative Revolution«, spricht Chefredakteur Dieter Stein heute abwertend von einem »Phantombegriff«. Er bezeichnet sich als »Konservativen«. Doch seine Zeitung bezieht sich bis heute auf die Schriften Carl Schmitts.

Ein Flügel der »Neuen Rechten« gruppiert sich um Götz Kubitschek, um sein »Institut für Staatspolitik«, das Hausblatt *Sezession* und den Verlag namens Antaios. Bündnispartner sind vor allem der sogenannte Höcke-Flügel innerhalb der AfD, auf Anklang stoßen sie sowohl bei Pegida als auch im völkisch geprägten Neonazi-Milieu. Kubitschek sympathisiert deutlich mit Freund Höcke, obgleich der mit der »Alternative für Deutschland« eher auf die parlamentarische Karte setzt. Der Thüringer Höcke warnt aber auch: »Für mich ist die AfD die letzte evolutionäre Chance für dieses Volk. Unsere Substanz wird aufgezehrt in allen Bereichen.«

Wieder eine Aussage voller Andeutungen. Will Höcke sagen: Sollte der parlamentarische Weg (»evolutionäre Chance«) versperrt sein, wird es dann Zeit für eine andere Option, mutmaßlich eine »revolutionäre«? Gewiss übt der pragmatischere Teil der »Neuen Rechten« um die *Junge Freiheit* großen Einfluss auf die AfD aus, doch auffälliger deutet sich eine mutmaßliche Teilhabe Kubitscheks und seiner Mitstreiter an der Radikalisierung der einstigen Anti-Euro-Partei unter ihrem Gründer Bernd Lucke an.

Mitnichten ist die »Neue Rechte« so harmlos, wie sie sich darstellt. Die Heroisierung von Gewalt und Bürgerkriegsrhetorik verbindet sich mit Männlichkeitsbildern und birgt starkes Eskalationspotenzial. Der nationalrevolutionäre Flügel der »Neuen Rechten« träumt von einem »Volksaufstand« und wird dabei in weiten Teilen von Protagonisten der antiislamistischen Szene unterstützt. Der Gedanke des selbstlosen Opfers für die Nation, der im Nationalismus fest verankert ist, kann zu Gewalt führen. Manchem reichen Pathos von Kampf und Sieg nicht mehr. Die kulturelle Rückeroberung (Reconquista) wird auch auf der Straße geführt. Fäden werden in viele Richtungen, auch international, gezogen.

Das Konzept des Ethnopluralismus, das den szenetypischen Rassismus weniger offensichtlich machen soll, wird auch von der US-amerikanischen »Alt-Right«-Bewegung, die hinter Präsident Donald Trump steht, übernommen. Ziel dieser bis weit ins konservative Lager verästelten Organisation ist es, die »weiße Rasse« wie auch ihre »Kultur« rein zu halten. Die »Alternative Right« war 2008 von Richard Spencer gegründet worden, der acht Jahre später eine Rede mit »Hail Trump« startete, worauf einer seiner Anhänger sofort den Arm zum Hitlergruß reckte. Das eng mit dem »Institut für Staatspolitik« und den »Identitären« verwobene Internetportal »Blaue Narzisse« erkor Spencer zum »Metapolitiker des Jahres«.

Götz Kubitschek gilt als einer der Hauptakteure der »Neuen Rechten« in Deutschland, das bestätigt auch Matthias Quent. Der Leiter des Jenaer »Instituts für Demokratie und Zivilgesellschaft« erklärte gegenüber dem Mitteldeutschen Rundfunk (MDR): »Die Neue Rechte ist eine Denkströmung der extremen Rechten, die sich Ende der 1960er-Jahre gegründet hat in Reaktion und auch in Adaption auf die Neue Linke. Das heißt eine Neuerfindung gewissermaßen der Rechtsaußen-Positionen und -Ideologien unter Bezug auf rechtskonservative, deutschnationale Gruppen in der Weimarer Republik, die sich aber gegen die Weimarer Republik gestellt haben. Es sind also im Grunde demokratiefeindliche, antiegalitäre, antiliberale Akteure, die aber eine modernisierte Ideologie der Ungleichwertigkeit politisch probieren umzusetzen, die also nicht mehr mit Konzepten der Rasse arbeiten, sondern zum Beispiel mit Identität, mit Kultur oder dergleichen.« Diesem Spektrum, das sich eher geistig verorten lassen möchte, ist es gelungen, wenig mit rechter Gewalt in Zusammenhang gebracht zu werden.

Doch ein Blick hinter die Kulissen lohnt sich. Denn die Rhetorik des Widerstandes, Parolen gegen »Volksverräter« und »Lügenpresse«, Tausende unzufriedene Wutbürger haben Ideologen wie Götz Kubitschek auf die Bühnen der Straßenbewegung gelockt. »Sie sehen sich im Aufwind«, erklärt Fachjournalist Andreas Speit Kubitscheks Schritt »von der Meta- zur Realpolitik«. Theorien und Ideen der »Neuen Rechten« finden im Rahmen von Flüchtlings- und Asylproblematik großen Widerhall. Zusätzlich vergiften Einheizer das gesellschaftliche Klima weiter. In seinem 2007 erschienenen Buch »Provokation« nutzte Kubitschek den Begriff »Vorbürgerkrieg«. Das folgende Zitat daraus kann als Bekenntnis verstanden werden: »Wenn wir Deutschen zu zivilisiert für die Notwendigkeiten des Vorbürgerkriegs bleiben, ist die Auseinandersetzung bereits entschieden: ›Nur Barbaren können sich verteidigen.‹« Der Autor schildert seine Ansichten zum »Kampf um die Vorherrschaft im eigenen Raum«.

Debatten, Gespräche und Diskussionen werden als zu zivilisiertes Mittel in der Phase eines »Vorbürgerkriegs« abgelehnt, diese Mittel seien »aufgebraucht«. Ende 2015 fragte Kubitschek, Oberleutnant der Reserve, seine Pegida-Anhänger in Dresden, ob sie zu »zivilem Ungehorsam« bereit seien, er halte es für »notwendig«, gegen die »konkrete Staatswirklichkeit« zu handeln. Zudem nahmen Aggression und Straftaten im Umfeld der Massenaufmärsche zu, allein 2015 zählten die Behörden 255 rechte Straftaten im Zusammenhang mit der »Gida«-Bewegung. Im Kontext des politischen Zusammenwirkens mit rassistischer Straßenbewegung, Neonazis, rechten Hooligans und »Identitären« erscheint die »Neue Rechte« in einem anderen Licht.

Bereits im Februar 2010 warfen Götz Kubitschek und Ellen Kositza einen Blick auf die Straße, als sie sich am Neonazi-Gedenken zum 65. Jahrestag der Bombenangriffe auf Dresden beteiligten. Unter Federführung der NPD-nahen »Jungen Landsmannschaft Ostdeutschland« versuchten über 5000 Rechtsextremisten aufzumarschieren, wurden aber bereits am Bahnhof durch Blockaden aufgehalten. Wütend Parolen rufend, standen sie eingepfercht auf dem Vorplatz. Mitgebrüllt hat auch einer, der ebenso wie Kubitschek ungern mit Neonazis in Verbindung gebracht werden möchte: Björn Höcke, Thüringer Landeschef der AfD.

Schnellroda, Februar 2017. Sensen und andere ländliche Gerätschaften zieren die Wand des Veranstaltungssaals im Gasthof. Der Name des 200-Seelen-Dorfes ist zum Markenzeichen einer Strömung geworden, die den Ort als nationale Scholle, »Ideologie-Tankstelle« oder »Kraftzentrum« vereinnahmt. Einige der auf dem Videokanal Youtube hochgeladenen Clips des »Kanals Schnellroda« zeigen das Geschehen hinter verschlossenen Türen recht deutlich. Für die »Winterakademie 2017« ist ein Holzpult aufgestellt worden. Die Logos des Verlags Antaios, der Zeitschrift *Sezession* und des »Instituts für Staatspolitik« sind zu sehen. Als Redner wurde das Who's who der rechtsintellektuellen Szene geladen: Dr. Marc Jongen von der AfD, Dr. Erik Lehnert, Hausphilosoph des Instituts, der Wortführer der extrem rechten »Identitären Bewegung« Martin Sellner aus Wien sowie der Schriftsteller und PR-Berater der AfD, Thor Kunkel.

Bei Alternativ-Cola und intensiven Gesprächen über das Lieblingsthema der »Neuen Rechten«, die philosophische Staatslehre, sprich Metapolitik, bleiben die Männer fast ausschließlich unter sich. Weibliche Teilnehmerinnen bilden die Ausnahme. Die weiße Mainstream-Kultur sei entmannt und unterwürfig, lautet eine der rassistisch-provokanten Thesen von Jack Donovan, vorgetragen in Schnellroda. Der US-Amerikaner, Schriftsteller und Bodybuilder, ist Stargast der »Winterakademie 2017«. »Violence is Golden«, diese Parole prangt auf dem braunen Shirt des Redners. Jack Donovans Rhetorik strotzt vor Kraftausdrücken. Der Amerikaner, Jahrgang 1974, tritt morgens gegen neun Uhr ans Rednerpult.

Donovan stellt nicht nur äußerlich einen totalen Gegenentwurf zum vorherrschenden Scheitel- und Schmissträgerlook in der Gaststätte Zum Schäfchen dar: glatzköpfig, auffällig tätowiert, muskelbepackt. Er wirkt wie ein Fremdkörper in dieser vornehmlich antimodern ausgerichteten Umgebung. Der bekennende Homosexuelle distanzierte sich von der Schwulenbewegung – als deren Vertreter hätte er es wohl kaum nach Schnellroda geschafft. Im Schäfchen stellt er sein neuestes Werk mit dem Titel: »Der Weg der Männer« vor, auf Deutsch erschienen im Antaios Verlag.

Der US-Rechte, der der »Alt-Right«-Bewegung zugerechnet wird, inszeniert sich als archaischer Vertreter einer Idee, die auf Verehrung von Barbarentum, Kriminalität und heidnischem Kult basiert. Will der braungebrannte US-Amerikaner vordergründig auch nicht in die Veranstaltung passen, ist er in rechten Kreisen doch längst Kult. Die Menge schmächtiger Brillenträger feiert ihn und damit die Idealisierung des Gewalttriebs, gepaart mit einem heroischen Männlichkeitsbild. Feindbilder stellen Frauen und, so paradox es klingen mag, auch Homosexuelle dar. Nicht zuletzt mit der Einladung eines rassistischen Hardliners wie Jack Donovan bröckelt die Fassade des »Instituts für Staatspolitik« als vermeintlich konservativer Einrichtung gewaltig.

Donovans Buch zu lesen stellt für den Hamburger Historiker Volker Weiß eine Zumutung dar, daraus macht er im eigenen Werk »Die autoritäre Revolte« keinen Hehl. Weiß schreibt, die Herausgabe von »Der Weg der Männer« durch den Verlag Antaios entlarve das Milieu »als von primitivsten Begehrlichkeiten getrieben«. Doch der Reiz Donovans für ein sich selbst als »konservativ« definierendes Milieu liege vor allem in der anthropologischen Argumentation: Natur statt Kultur, Kampf statt Zivilisation. Die scheinbar zugrunde liegende Schwäche für ein neues Barbarentum wird in dem neurechten Verlag als »Reconquista maskuliner Ideale« gepriesen.

Der Begriff Reconquista steht für Rückeroberung, anders als im historischen Kontext soll er hier als Kampf um politische Ideale verstanden werden. »Sie alle führen als Identitäre in ihrer Angst vor dem Nicht-Identischen einen wahren Feldzug gegen jede Form der Verunsicherung eines festen Geschlechterschicksals«, erklärt Weiß. Im Fall der »Neuen Rechten« sei der Wunsch »nach ungebrochener Klarheit ebenso deutlich wie verräterisch«.

»Gewalt herrscht« ist Donovans zentrale Botschaft, auch an diesem winterlichen Morgen in Sachsen-Anhalt. Gewalt sei »das vorherrschende Prinzip und die grundlegende Funktion der Männlichkeit« und jede »neue Ordnung«, jedes »neue Zeitalter der Menschheit« werde durch »schöpferische Gewalt« bestimmt. An die Kameraden gerichtet, fordert er: »Wir können Stärke innerhalb unserer eigenen Kreise kultivieren, indem wir einander Stärke abverlangen.« Fordern deutsche Neonazis noch die Bildung nationaler »Kampfgemeinschaften«, so redet Donovan weitaus moderner von »Gangs«, die ihre Stärke beim Zusammenbruch der bestehenden Zivilisation beweisen könnten. Körperkult und Machogehabe halten unaufhaltsam Einzug.

Im historischen Faschismus war die ästhetische Inszenierung des Körpers ein zentrales Element. Geometrisch geordnete Marschkörper von SA, SS und Wehrmacht priesen höchste Selbstdisziplin und Härte. Akt-Skulpturen von Staatskünstlern wie den Bildhauern Arno Breker oder Joseph Thorak zeigten panzerartige Körper in Siegerposen oder beim stolzen Besiegtwerden. Propagandafilme, unter anderem von Leni Riefenstahl, inszenierten ein Trugbild vermeintlich unbesiegbarer arischer Krieger und Kriegerinnen.

Bereits 2013 forderte Götz Kubitschek stärkere Führungspersönlichkeiten, suchte nach »Desperados«. Längst verlassen die sich intellektuell Gerierenden die Studierzimmer und trainieren Kampfkunst und Angriffssport. Vom »stolzen Mannestum« schwadronierten bereits die völkisch-nationalistischen Erzieher der 2009 verbotenen »Heimattreuen Deutschen Jugend« (HDJ), dessen ideologischer Ursprung im Soldatentum zu finden sei. Auch Bjorn Höcke, der so gerne Tabus bricht, wählte ähnlich klingende Worte auf dem AfD-Parteitag Ende 2015: »Wir müssen unsere Männlichkeit wiederentdecken. Denn nur wenn wir unsere Männlichkeit wiederentdecken, werden wir mannhaft. Und nur wenn wir mannhaft werden, werden wir wehrhaft, und wir müssen wehrhaft werden.«

Kubitscheks Ehefrau Ellen Kositza bespricht Jack Donovans Buch in einem Videoclip des »Kanals Schnellroda« bei Youtube. Es sei kein Buch für Männerrechtler, sagt sie, vor heimischen Bücherregalen, im Wohnzimmer sitzend. Es gehe Donovan vielmehr darum, dass Männer wieder in der Lage sein sollten, ihr Revier abzustecken. »In der heutigen Zeit blöke die Herde nach Designern, nach Künstlern, nach Schwätzern, die nicht mehr könnten, als lustig, witzig und hübsch zu sein«, so die Mutter von sieben Kindern. Kraft, Mut, Ehre und Kompetenz dagegen seien vier der »Männertugenden« nach Donovan. »Einem Geheimtipp gleich« mögen Gefährten sich dieses Buch einander zustecken, gibt sie verschwörerisch die Botschaft eines anderen rechten Rezensenten weiter.

In den eigenen Reihen ist Kubitschek nicht unumstritten. Die zunächst bestehende enge Kooperation mit Dieter Stein von der Wochenzeitung *Junge Freiheit* ist längst Vergangenheit. Karlheinz Weißmann verließ das »Institut für Staatspolitik«, er kritisierte Ende 2015 »die dauernden Alleingänge« Kubitscheks, seine notorische Unzuverlässigkeit, wenn es um Absprachen ging und die permanente Grenzüberschreitung, etwa im Hinblick auf die »Faschisten des 21. Jahrhunderts«. Kubitscheks Institut als auch Steins Wochenzeitung gelten als Unterstützer verschiedener Strömungen der AfD.

Götz Kubitschek scheut nicht Ausflüge in radikaleres Milieu. Mit *Compact*-Chefredakteur Elsässer initiierte er die Vernetzungs-Organisation: »Ein Prozent für unser Land«. Die Idee dahinter: Es würde reichen, wenn nur ein Prozent der Deutschen dabei mitmache, die Flüchtlingsströme aufzuhalten. Die rechte NGO soll Lobbyarbeit leisten, um eine »wirkmächtige Gegenbewegung« aufzubauen, so die Propaganda. Vermutlich verbirgt sich aber hinter »Ein Prozent« eine Finanzierungsplattform, die per Spendenaufrufe Gelder sammelt, um das selbsternannte Widerstands-Milieu aus dem Umfeld von Pegida und sogenannten Wutbürgern zu kanalisieren. »Ein Prozent« nimmt sich mehr Bewegungsfreiheit als die Basis der »Neuen Rechten«, scheut auch nicht die Kontaktaufnahme durch Aktive der Neonazi-Szene. So protegierten sich die »Ein Prozent«-Initiative und der »Freundeskreis Thüringen/Niedersachsen« gegenseitig bei der Agitation gegen Flüchtlinge. Dieser »Freundeskreis« gerät 2017 ins Visier der Strafverfolgungsbehörden. Gegen sechs Personen wird unter anderem wegen des Verdachts der Bildung bewaffneter Banden ermittelt. Auch der Göttinger Nachwuchs-Politiker der AfD, Lars Steinke, arbeitete mit dem neonazistischen »Freundeskreis Thüringen/Niedersachsen« zusammen, dennoch wird Steinke Anfang Juli zum Landesvorsitzenden der »Jungen Alternative« gewählt.

Etwa 150 Kilometer entfernt von Schnellroda in einem renovierten Pfarrhaus im idyllischen Dorf Bornhagen lebt der Thüringer AfD-Chef Björn Höcke. Mit ihm fühlt sich der 47-jährige Kubitschek nach eigenen Angaben seit 15 Jahren eng verbunden. Die gemeinsamen Gespräche über »die richtige Politik für Deutschland« seien »der Faden unserer Freundschaft«, sagte er dem Nachrichtenmagazin *Der Spiegel*. Höcke behauptet außerdem, er empfange sein »geistiges Manna« in Schnellroda.

Ins Ballhaus Watzke in Dresden reisten am 17. Januar 2017 Höcke und Kubitschek an. Die Jugendorganisation der AfD hatte in die »Hauptstadt der Bewegung« geladen, 600 Gäste folgten. Für den Saalschutz sorgte ein »Pegida«-Organisator, das *Compact*-Magazin organisierte einen Livestream. Bundesweit bekannt wurde die Veranstaltung dann durch Höckes sogenannte Brandrede. Über das Berliner Mahnmal für die ermordeten Juden Europas sagte er jenen folgenschweren Satz: »Wir Deutschen, also unser Volk, sind das einzige Volk der Welt, das sich ein Denkmal der Schande in das Herz seiner Hauptstadt gepflanzt hat.« Die Doppeldeutigkeit seiner Aussage dürfte dem Gymnasiallehrer für Geschichte und Sport bewusst gewesen sein. Sie konnte bedeuten, dass es sich um ein »Denkmal zur Erinnerung an eine Schande« handelt. Andererseits und genauso aber konnte damit ein »schändliches Denkmal« gemeint sein.

Demagogie und doppeldeutige Provokationen gehören längst zur Rhetorik der AfD. Empörung, Schlagzeilen und öffentliche Aufmerksamkeit sind Kalkül, die Erweiterung des Sagbaren in Deutschland das Ziel. Aber Höcke sprach in Dresden auch von »dämlicher Bewältigungspolitik« und forderte eine erinnerungspolitische Wende um 180 Grad. »Wir brauchen keine toten Riten mehr in diesem Land«, sondern »eine lebendige Erinnerungskultur« für die »großartigen Leistungen der Altvorderen«, so der AfD-Mann. Nur einen Tag danach setzte Götz Kubitschek im Magazin *Sezession* nach, wetterte gegen eine »wirkmächtige erinnerungs- und geschichtspolitische Deutungsmacht«. Kubitschek motzt: »Keine andere Nation hat dem negativen Anteil seiner Geschichte im Herzen seiner Hauptstadt den zentralen Erinnerungsort zugeteilt.«

So entfernt voneinander sind »Neue« und »Alte Rechte« nicht: Auch die neonazistische NPD fordert in ihrem Parteiprogramm längst, dem »staatlich verordneten Schuldkult« eine Absage zu erteilen. Die Ideologen der »Neuen Rechten« formulieren es vorsichtiger. Doch es klingt nach Relativierung, wenn der Nationalsozialismus nur noch als »negativer Anteil deutscher Geschichte« bezeichnet wird. Höckes Rede war kein Ausrutscher, kein sich in Rage gesprochenes Missverständnis. Denn der Kubitschek-Freund empfahl der AfD auch den Weg einer fundamentaloppositionellen Bewegungspartei, diese Forderung unterstrich er in Dresden mit einer Art Kampf-Appell: »Ich weise dieser Partei einen langen und entbehrungsreichen Weg. Aber es ist der einzige Weg, der zu einem vollständigen Sieg führt, und dieses Land braucht einen vollständigen Sieg der AfD und deshalb will ich diesen Weg – und nur diesen Weg – mit euch gehen.« Dieser Teil der Rede ging in den Medienberichten unter.

Extrem Rechte experimentieren seit Jahren mit diversen Aktionsformen. Neu scheint, dass Anhänger völkisch-nationalistischer Gruppen sich an Agitprop und subversiven Aktionen beteiligen. So gelang es nicht nur der AfD, konservative, reaktionäre Kräfte zu binden, sondern vor allem der sogenannten Kubitschek-Jugend. Die »Identitäre Bewegung Deutschland«

(IBD) trifft mit ihrer Rebellion gegen die Moderne den Nerv junger Aktivisten. Sie kommen aus Familien, die zu inzwischen verbotenen Strukturen wie der »Wiking Jugend«, der »Heimattreuen Deutschen Jugend« (HDJ) oder zu bündischen Gruppen gehörten. Die IBD versteht sich selbst als Kern einer gegenkulturellen Bewegung konträr dem Mainstream – zugleich aber vermarktet sie sich und offenbart eine Gier nach Aufmerksamkeit in den Medien ohnegleichen. Dies widerspricht der von ihr zugleich gewünschten Entwicklung einer eigensinnigen authentischen »patriotischen Bewegung«.

Star dieser Nachwuchs-Szene ist Kubitscheks politischer Ziehsohn Martin Sellner aus Wien, Gründungsmitglied der »Identitären Bewegung Österreich«. »Reconquista oder Gefängnis« heißt eine von Sellners Losungen, mit der er bei den Anhängern punktet. Mit viel Pathos tritt er auch bei der »Winterakademie« Anfang 2017 in Schnellroda auf und referiert in breitem Wiener Dialekt. Er ist Jahrgang 1989, trägt einen schwarzen Rollkragenpullover, eine schwarze Brille und eine moderne Haartolle, die ihm leicht ins Gesicht fällt. Viele der »Identitären« tragen Vollbart und fast immer politische Botschaften auf ihren Shirts. Ihre Rhetorik ist geschliffen.

Sellner bezeichnet sich als »Ibster«, das bedeutet so viel wie: identitärer Hipster. Er hat ein eigenes Modelabel namens »Phalanx Europa«, dessen T-Shirts zeigen einschlägige Motive wie Porträts des deutschen Offiziers Ernst Jünger, von Samuraikämpfern oder Martin Heidegger, Sellners Lieblingsphilosophen. Der junge Mann ist omnipräsent bei Twitter, Facebook oder Youtube, der Shootingstar der identitären Szene, auch hierzulande. All die Videoclips, die ihn, durch Straßen laufend, irgendwie busy zeigen, dabei fortwährend redend, werden Tausende Male aufgerufen und angeschaut. Sellner ist ein Held des Monologs.

Zu Beginn seines Vortrags bei der »Winterakademie« in

Schnellroda stellt der Philosophiestudent eine Frage und gibt sogleich die Antwort darauf:»Ist Gewalt eine Antwort?« Er sagt:»Ja.« Fraglich sei nur, so Sellner, auf welche Frage Gewalt die richtige Antwort sei. Rhetorik à la Sellner. Er liebt diese überlegenen Spielchen. Gewaltlosigkeit sei keinesfalls mit Wehrlosigkeit gleichzusetzen.»Ich war der einzige FPÖ-Wähler an der Schule«, sagte Sellner dem österreichischen Magazin *Profil,* er wuchs in Baden bei Wien als Sohn eines Arztes und einer Englischlehrerin auf. Politisch sozialisiert habe er sich laut *Profil* durch Rechtsrockbands,»bei Treffen mit rechten Kadern in den Wiener Kellern des nationalen Widerstands vertiefte er seinen Nationalismus«. Noch 2009 bewegte sich der »Identitäre« im politischen Umfeld von Österreichs bekanntestem Neonazi, Gottfried Küssel. Sellner selbst spricht von einer »überschwänglichen pubertären Phase«.

Martin Sellner ist inzwischen Vollzeitaktivist: Das Studium liegt auf Eis, Sellner investiert viel Zeit für die »Identitären«. Finanziert wird er von derzeit 58 Sympathisanten, die ihm über ein Online-Spendenportal monatlich 414 Dollar überweisen«, heißt es in *Profil.* In Schnellroda stößt seine Rede auf viel Zuspruch – die »Identitäre Bewegung« verkörpert eine der größten Hoffnungen der »Neuen Rechten«.

Dafür, dass diese Bewegung ungefähr so viele Mitglieder hat wie ein kleinstädtischer Schützenverein, genießt sie sehr viel Aufmerksamkeit, schrieb die *Huffington Post* 2017 süffisant. *Die Zeit* betitelte die Bewegung als »Scheinriesen«. 400 »Fördermitglieder« wollen die »Identitären« eigenen Angaben zufolge in der Bundesrepublik haben. In Österreich zählen Experten wie Karl Öllinger rund 200 Anhänger zum inneren Kern. Inzwischen sei es gelungen, über das Burschenschaftsmilieu hinaus Anhänger zu rekrutieren, erklärt der Grünen-Politiker. Bei der »Identitären Bewegung Österreich« (IBÖ) handelt es sich, dem renommierten »Dokumentationsarchiv des österreichischen Widerstands« zufolge, »um eine rechtsextreme Jugendorganisation mit vielfältigen faschistischen Anklängen in Theorie, Ästhetik, Rhetorik und Stil«.

Im französischen Stammland, dem Sitz der »Identitären Generation«, gibt es bereits über 2000 Anhänger. 2003 entstand dort zunächst der »Bloc Identitaire – Le mouvement social européen«, die Gründung soll von früheren Mitgliedern von »Unité Radicale« (Radikale Einheit) vorangetrieben worden sein. Diese rassistische Organisation war 2002 verboten worden, einer ihrer Anhänger hatte versucht, einen Anschlag auf den damaligen Staatspräsidenten Jacques Chirac zu verüben. Migrantenfeindlichkeit, kombiniert mit regionalen, nationalen und europäischen Einstellungen, bildete den Themenschwerpunkt.

2012 entstand dann die »Génération Identitaire«, das französische Vorbild der ersten deutschen »Identitären«, die sich im selben Jahr zunächst auf die Veröffentlichung von Videoclips konzentrierten, ab 2013 aber zu Aktionen und Provokationen übergingen. Mit einer »Déclaration de guerre« (»Kriegserklärung« bei der deutschen IB) gegen Multikulturalismus und die 1968er-Generation sowie der stundenlangen Besetzung des Dachs einer Moschee im westfranzösischen Poitiers gewann die »Génération Identitaire« an Popularität in Europa.

Den Begriff »Identität« griffen bereits auch Teile der NPD und des neonazistischen »Freien Netzes« zum Beispiel in Sachsen auf. 2011 gab es in Geithain eine Kundgebung mit dem Titel »Tag der Identität«. Tatsächlich orientierten sich moderne Vordenker der »Alten Rechten« bereits seit etwa 2003 an der neofaschistischen italienischen »Casa Pound«-Bewegung, noch vor der »Neuen Rechten« rezipierten sie ihre Entwicklung und Ideen. »Die Identitären führen einen Kulturkampf von rechts um Begriffe, Symbole und Bilder«, beschreibt das *Antifaschistische Infoblatt* (AIB) aus Berlin deren egozentrische Performance.

Auch die »Identitären« sind bemüht, nicht mit Nationalsozialismus und Neonazis in Verbindung gebracht zu werden, was ihnen immer weniger gelingt. Die Initiative »Netz gegen Nazis« – ein Projekt der Amadeu Antonio Stiftung, die sich gegen Rechtsextremismus engagiert – wertet die »Identitären« als »aktivste rechtsextreme Jugendbewegung in Deutschland«. Nachdem einige Bundesländer die Organisation bereits seit Jahren von ihrem Geheimdienst überwachen lassen, klinkte sich das Bundesamt für Verfassungsschutz erst 2016 ein. Anders als zuvor die schwarzgekleideten »Autonomen Nationalisten«, deren Black Blocks bei Aufmärschen durch Krawall und Aggression auf sich aufmerksam machten, kommen die »Identitären« weitaus unauffälliger daher. Ihre Forderung nach »Ethnopluralismus« zeigt, dass Reizwörter vermieden werden sollen. Die Idee dahinter ist ein Rassismus ohne Rassen. Mit ihrem antiliberalen Konzept knüpften sie schon bald an die Theoriebildung der »Neuen Rechten« an. Noch vor Pegida in Dresden fokussierten sie ihre Aktionen auf eine antimuslimische Ausrichtung. Sie setzten der pathetischen »Volkstod«-Kampagne der NPD ein weniger martialisch klingendes Motto entgegen: »Der große Austausch«. Beide Strömungen meinen jedoch das Gleiche: In apologetischer Manier wird unterstellt, die Regierung unter Bundeskanzlerin Angela Merkel wolle durch massenhafte Migration nach Europa die eigene deutsche Bevölkerung ersetzen.

Subversionspolitik und Diskurserweiterung sind Mittel und Ziel auch der »Identitären«. Vordenker Sellner und seine Mitstreiter nehmen Anleihen bei linksradikaler Stadtguerilla, zitieren Herbert Marcuse und entwenden Schlagworte aus der Berichterstattung über die »Rote Armee Fraktion« (RAF). So schreibt Sellner im Juni 2017 bei *Sezession:* »Die fieberhafte Stimmung, die 2015/2016 herrschte, hat sich gelegt. Zwei ›deutsche Herbste‹ sind ohne wesentliche Akte des Widerstands an uns vorbeigezogen. Der Zauber des Aufbruchs ist verflogen.« Und dann resümiert der 29-Jährige:»Derzeit haben wir keine revolutionäre Lage.«»Der massive»Vorstoß in die Mitte« der Gesellschaft stagniere, doch die»Stellung« werde gehalten. Mit martialischen Bildern, Actionromantik und Militärjargon beschreibt der Wiener die Situation, wie sie sich ihm darstellt. Es müsse sich nun auf folgende Punkte konzentriert werden:»Nadelstichartige, provokante Aktionen, neue Medien und Ausbau der Strukturen sind das Gebot der Stunde.« Ein gesellschaftlicher Rechtsruck ohne bekennende Rechte birgt anscheinend intern ähnliche Probleme wie ein Rassismus ohne stolze Rassisten.

Mit verschwurbelten Worten prahlt Sellner mit der Taktik: »Führte bisher die ›Republikflucht‹ zum Schuss in den Rücken durch die Mauerwächter, so bieten sich jetzt zugewucherte Schleichwege hinaus. Vom *Cicero* über *Achgut* bis hin zur JF (*Junge Freiheit,* AR) findet über viele Pfade ein reger Ideenschmuggel ins Zentrum der Meinungsmacht statt.« Worauf Sellner anspielt: Blogs wie»Tichys Einblick« oder»Achse des Guten« *(Achgut)* gelten als Übergangsmedien, die eine Brücke nach rechts bilden. Einer der *Achgut*-Mitbegründer distanzierte sich 2015 und bestätigte:»Die Autoren mit dem großen Verständnis für AfD, Pegida und Co. sind eindeutig in der Überzahl, verfassen mit großem Eifer Artikel und werden durch zahlreiche Leserkommentare dabei angefeuert.«

Andere Organe sind in den Augen von Kritikern gesellschaftlich anerkannter als *Sezession, Blaue Narzisse* oder *Junge Freiheit,* teilen jedoch zum Teil deren politische Agenda, auf der Grünen- und SPD-Bashing oder Feindseligkeit gegenüber Muslimen steht. Das Magazin *Cicero* soll ein Instrument sein,»um im Mainstream neurechte Ideologien an den Mann zu bringen«, wie Aram Lintzel 2016 in einer Kolumne für die *tageszeitung* kolportierte. Auch die Publizistin Liane Bednarz wirft dem einst konservativen, debattenfreudigen Blatt im selben Jahr vor, einen »ausgeprägten Rechtsdrift« absolviert zu haben. Kritiker bemerken demnach, in Texten werde Kriminalität auffällig ethnisiert. Rechtsoffene Blog-Betreiber und Autoren wie Henryk M. Broder fungieren gar als Türöffner für Rassismus und Ausgrenzung. Voller Freude registriert »Identitären«-Wortführer Sellner nicht wenige »Emigranten im Innern«, die »sehnsüchtig« die Neu-Rechten um deren »Freiheit« beneiden würden.

Anfang Februar 2017 gerät Martin Sellner ungewollt in die Medien. In einer Wiener U-Bahn fühlte er sich bedrängt und gab mehrere Schüsse ab. Zwei Vermummte hätten ihn angegriffen und ihm die mitgeführte Schreckschusspistole entrissen, behauptete er später. Gegen den österreichischen »Identitären« wurde ein vorläufiges Waffenverbot ausgesprochen, die Ermittlungen laufen in beide Richtungen, berichtet die Zeitung *Der Standard*. Via Twitter hatte Sellner bereits 2016 ansteigende Waffenkäufe so kommentiert: »Gottseidank hab ich schon ne Waffe gekauft, bevor der Asylwahn begonnen hat. Dürfte schwer sein, jetzt noch was gutes zu bekommen.«

Im Juni 2017 bedrohten Anhänger des »Identitären«-Ablegers »Kontrakultur« Studierende in der Mensa der Martin-Luther-Universität in Halle. Die herbeigerufene Polizei beschlagnahmte bei ihnen Quarzhandschuhe und ein Messer. Halle gilt als eines der Zentren von »Identitären« und von »Kontrakultur«. In der Adam-Kuckhoff-Straße der zweitgrößten Stadt Sachsen-Anhalts planen sie ein »patriotisches Hausprojekt« im Steintor-Campus mit Freizeitveranstaltungen und Buchabenden. Einschüchterungsversuche häufen sich. Einige der aktiven »Identitären« haben bereits Erfahrungen in weitaus radikaleren rechten Kreisen gesammelt.

Mario Müller ist einer von ihnen. Müller studiert in Halle Politik und Geschichte, in der Vergangenheit gehörte er den militanten »Autonomen Nationalisten« in Niedersachsen an, seine Aktionsgruppe war zeitweilig eine der berüchtigtsten. 2010 hatte er einen Totschläger, bestehend aus einem Socken und einem 200 Gramm schweren Metallstück, gegen die Stirn eines Jugendlichen geschleudert. Ein Gericht verurteilte ihn 2013 zu einer mehrmonatigen Bewährungsstrafe.

Permanent wähnen sich die »Identitären« vom »Feind« umgeben, steigern sich in Verschwörungsideologien. In einem der veröffentlichten Texte zum »Umgang mit Polizei und Geheimdiensten« heißt es: »Da die gesetzgebende Gewalt in der BRD unkontrolliert ist, gelang es kleinen Gruppen von Stalinisten diese Gewalt zu unterwandern. (…) Weil der Feind die nationalistische Opposition mit allen drei zusammengefaßten Gewalten verfolgt, muss bei jeder Gelegenheit von den Oppositionsgruppen abgewogen werden, ob von unserer Seite aus Maßnahmen eingeleitet werden sollen, die geeignet sind das Regime zu destabilisieren.«

Der Kampf gegen »das System« kann auch zu unkalkulierter Gewalt führen, wie sich im Mai 2017 zeigt. Bei dem Versuch, in das Bundesjustizministerium in Berlin einzudringen, dort auf das Dach zu klettern und Transparente zu entrollen, werden die Aktivisten der »Identitären Bewegung« gestoppt. Die Polizei verhindert die Aktion. Rund 50 »Identitäre« sind vor Ort, sie entzünden Bengalos. Einige von ihnen sind als Soldaten der »Nationalen Volksarmee« (NVA) der DDR verkleidet. Nach dem gescheiterten Versuch, auf das Dach zu gelangen, blockieren die extrem Rechten den Bürgersteig. Sie skandieren Parolen wie »Maas muss weg« oder »Festung Europa, macht die Grenzen dicht!«.

Diese Aktion ist nicht die erste ihrer Art, nachdem 2016 bereits kurzzeitig das Brandenburger Tor geentert und die CDU-Parteizentrale blockiert worden war. Neben Angela Merkel gilt

Heiko Maas als politische Hauptreizfigur. Der sozialdemokratische Justizminister positionierte sich immer wieder gegen rechts, bezeichnet die AfD zum Beispiel als »in Teilen verfassungswidrig«. Insbesondere ein von ihm initiiertes neues Gesetz, mit dem soziale Netzwerke wie Facebook oder Youtube künftig gezwungen werden, strafbare Inhalte rascher als bisher zu löschen, stößt auf breiten Widerstand. Diesen Unmut versuchen sich die »Identitären« zunutze zu machen.

Bei der Provokation vor dem Justizministerium erfolgen Platzverweise, Beamte tragen Mitglieder weg. »Es ging sehr turbulent zu«, erinnert sich der Einsatzleiter der Polizei gegenüber der *Welt.* Die Behörden ermitteln wegen Widerstand gegen Vollstreckungsbeamte. Dann wird ein weiterer Vorfall bekannt: Jannik Brämer, Mitglied im Berliner Landesvorstand der AfD-Jugend »Junge Alternative«, soll bei dem Versuch, mit dem Transporter der »Identitären« wegzufahren, fast einen Zivilpolizisten angefahren haben. Brämer wurde zunächst per Haftbefehl wegen Fluchtgefahr und Verdacht auf gefährliche Körperverletzung gesucht. Wie zu erwarten, war kurze Zeit später ein Video online, auch eine Mail wurde verbreitet. Der Gesuchte ließ verlauten: »Um weiteren Schaden von der Jungen Alternative, aufgrund des gegen mich laufenden Ermittlungsverfahrens, abzuwenden, trete ich mit sofortiger Wirkung von meinem Amt als Schatzmeister der Jungen Alternative Berlin zurück.« Später meldete er sich per Videobotschaft bei den Fans der »Identitären«: »Hallo, liebe Zuschauer, mein Name ist Jannik Brämer.« Er las kurz aus einem Ermittlungsprotokoll vor und relativierte den Vorfall. Zu den Tatvorwürfen nimmt er keine Stellung, sondern mache »Gebrauch vom Grundrecht auf Schweigen«.

Eine große Demonstration der »Identitären Bewegung« am 17. Juni 2017 in Berlin führt nach antifaschistischen Blockaden zu Auseinandersetzungen von Teilen der rund 800 extrem Rechten mit der Polizei. Die setzt Druck- und Pfefferspray ein. Fachjournalisten entdecken bekannte Neonazis aus den Reihen der NPD-Jugendorganisation »Junge Nationaldemokraten« unter den »Identitären«.

Im Jahr 2017 fordern die »Identitären« die engagierte Zivilgesellschaft immer mehr heraus.

Die Operation »Defend Europe« läuft im Juli 2017 an. Der Plan der »Identitären« aus mehreren europäischen Ländern lautet, mit einem eigens gecharterten Schiff an Libyens Küste die Grenzen nach Europa symbolisch abzuschotten. Flüchtlingsboote, von der nordafrikanischen Küste kommend, sollen bei dem Versuch, nach Italien zu gelangen, aufgehalten werden. »Defend Europe« lautet der Name dieser unsozialen Mission, der vor allem eines gelingt: Unruhe zu stiften. Die etwa ein Dutzend auf dem Mittelmeer eingesetzten zivilgesellschaftlichen Rettungsorganisationen (NGOs), die Schiffbrüchige einsammeln, werden von den »Identitären« als »Schlepper« denunziert, ihnen wird von rechts der humanitäre Anspruch abgegolten. Mit blanken Unterstellungen soll gegen wohltätige NGOs auf dem Mittelmeer eine Debatte losgetreten werden, die zu Diffamierung humanitärer Arbeit für Flüchtlinge führt.

Nicht ohne Erfolg. Hilfsorganisationen werden ohne Beweise kriminalisiert, ihre humanistische Arbeit wird in einigen europäischen Ländern von konservativen Medien infrage gestellt. Tatsächlich sind in der Bundesrepublik Angriffe und Drohungen gegen Menschen, die sich in der Flüchtlingshilfe engagieren, längst rapide angestiegen. Bis November 2016 verzeichnete das Bundeskriminalamt 127 rechte Straftaten gegen Helfer. Es brennen nicht nur Aufnahmestellen, sondern die Unterstützerszene soll mit Gewalt eingeschüchtert werden. Statistisch gesehen gab es bis November 2016 jeden dritten Tag einen derartigen Übergriff.

»Wir werden alles tun, um Defend Europe zum Erfolg zu

machen«, verkündet Blogger Martin Sellner am 16. Juli 2017 per Video noch aus seiner Studentenbude in Wien, er steht kurz vor der Abreise. Mit viel Mediengetöse erringen er und seine Mitstreiter maximale Aufmerksamkeit. Die Organisation setzt gezielt auf Symbolpolitik. Neben der regulären Crew des gecharterten Schiffes »C-Star« sollen einige »Identitäre« und ein Berichterstatter von »Ein Prozent für das Land« in Sizilien an Bord gehen und in Richtung libysche Gewässer fahren.

Der rechte Wahnwitz: Sie propagieren, mit einem einzigen Schiff den über 1700 Kilometer langen Küstenabschnitt vor ›afrikanischen Eindringlingen‹ nach Europa abzusichern. Eigentlich hätte die Aktion als Aufschneiderei abgetan werden können, wären da nicht die sozialen Medien. Viele Tausend Follower in mehreren europäischen Ländern und Nordamerika folgten der Inszenierung der »Identitären«, schon bevor die überhaupt die »C-Star« bestiegen hatten. Der Zeitpunkt wenige Wochen vor der Bundestagswahl war geschickt gewählt, die Flüchtlingszahlen waren bereits rückläufig. Doch das Thema wurde am Kochen gehalten. Brüssel hatte sich mit dreistelligen Millionenbeträgen ein härteres Vorgehen afrikanischer Staaten gegen Migranten und Schleuser erkauft. Letztere weichen inzwischen auf gefährlichere Routen aus, Fliehende riskieren noch mehr. Der »Identitären Bewegung« geht es um den Mediencoup.

Vorab warben bereits Anhänger in der Bundesrepublik unter dem zynisch klingenden Motto »Grenzen schützen – Leben retten« mit regionalen Aktionen um Spenden. In der Hansestadt Bremen zum Beispiel wurde das berühmte »Becks«-Schiff, der Dreimaster Alexander von Humboldt, heimlich besetzt, Transparente entrollt, fotografiert und ins Netz gestellt. Unzählige Kurzaktionen allein für Twitter, WhatsApp oder Youtube finden statt. Öffentliches Interesse und die Spendenbereitschaft aus der Bevölkerung an der Operation »Defend Europe« steigen.

Zwischen zwei kurzen Atempausen berichtet der aufgekratzte Wiener noch vom bevorstehenden Kurzbesuch beim politischen Ziehvater Kubitschek in Schnellroda und verspricht, er wolle aber auch schauen,»sicher und heil« wieder nach Hause zu kommen. Wenige Tage später ist er in Catania auf Sizilien und steht schon wieder vor laufenden Kameras. Reuters sei schon dagewesen, jetzt das dänische Fernsehen, berichtet Sellner seinen Fans zu Hause. Er gebe fünf bis sieben Pressegespräche am Tag und er sei ganz schön geschlaucht. Zwischen 10 000- und 100 000-mal werden seine Clips im Internet aufgerufen. »Das Bild ist das Wichtigste«, sagte er mal dem österreichischen Magazin *Profil* und ergänzte:»Die Schlagzeile ist realer als die Aktion. Das hat Greenpeace schon lange verstanden – und wir jetzt auch.«

Die»Identitäre Bewegung« inszeniert eine Art Kriegseinsatz gegen Menschen auf der Flucht, die nichts haben außer dem nackten Leben. Die Aktiven posten, was das Zeug hält. Tausende Interessierte verfolgen per Videochannel, Twitter oder Facebook den Verlauf der makabren Realityshow. Per Facebook-Account von»Defend Europe« wird schon am 17. Juli mit dem Foto eines NGO-Schiffes auf Sizilien provoziert:»The Vos Hestia, ship of ›save the children‹ is now in Catania. The days of their unwatched doings are over.« Zwei Tage später twittert der deutsche Simon Kaupert, der für»Ein Prozent« dabei sein will:»Bald wird die C-Star für Recht und Ordnung im Mittelmeer sorgen!«

Die rechten Medienprofis zeichnen ein Bild, als wenn es jetzt losgehe. Doch es wird noch dauern, bis sich die extrem rechte Crew überhaupt auf dem Meer befindet. Das von ihnen gecharterte Boot, die»C-Star«, dümpelt in Wahrheit noch über 1000 Seemeilen entfernt von Sizilien vor dem Suez-Kanal. Das verschweigen die»Identitären«. Doch die Funksignale des Transponders an Bord verraten den Standort. Die»C-Star«, ein

40 Meter langes, 1975 erbautes, ehemaliges finnisches Marineschiff, hatte am 8. Juli ihren Heimathafen Dschibuti verlassen und ankert vor Adabiya im Suezkanal, berichten britische Fachmedien. Es gäbe Schwierigkeiten mit den Behörden, räumen die »Identitären« daraufhin kleinlaut ein.

Am 27. Juli dann ein erneuter Rückschlag. »Tagesschau online« meldet, dass das Schiff nun von den türkischen Behörden auf Zypern festgesetzt worden sei. Neun Besatzungsmitglieder wurden festgenommen. Es werde überprüft, ob sich an Bord befindliche Männer mit falschen Pässen als Seeleute ausgegeben hätten. An Bord waren demnach auch 20 Männer aus Sri Lanka, die nicht zur Crew gehörten. Fünf von ihnen beantragten in Nordzypern Asyl. Es heißt, sie hätten Geld für die Überfahrt von Dschibuti nach Italien gezahlt. Die rechte Mission als Schleppertour?

Die Aktivisten von »Defend Europe« stellen es auf Twitter so dar, als wenn die 20 angehenden Seeleute an Bord einen »kostenpflichtigen Trainingseinsatz« absolviert hätten. Sie seien dann auf Zypern, so behaupten die »Identitären«, von einer namentlich nicht bekannten Nichtregierungsorganisation bestochen worden, Asylanträge zu stellen, und hätten dann »urplötzlich Vorwürfe gegen den Kapitän und die restliche Mannschaft der ›C-Star‹ erhoben«. Fake News oder Wahrheit? Hauptsache, die rechte Mission ist in aller Munde.

Über 200 000 Euro von rund 3500 Spendern sollen die »Identitären« bis Mitte August 2017 per Crowdfunding-Kampagne (»Kickstarter«) zusammenbekommen haben, berichtet die Zeitung *Der Freitag*. Nachdem Finanzanbieter wie PayPal ihnen die Konten einfroren und das Geld zurücküberwiesen, wechselten sie zur Crowdfunding-Plattform weSearchr – sie wird von einem US-amerikanischen »Alt-Right«-Aktivisten betrieben. 80 000 US-Dollar soll das Schiff kosten, schrieben »Identitäre« bei Facebook. Was sie nicht posten, ist, dass das Schiff unter mongolischer Flagge fährt und der Reederei C Vessels im britischen Cardiff gehört. Diese Reederei ging 2012 aus marinen »Sicherheitsfirmen« hervor, die an der ostafrikanischen Küste operieren. Hinter der Firma steht der Schwede Sven Tomas Egerstrom, berichtet die britische NGO »Hope not Hate«. Die »Identitären« um Sellner hatten erklärt, falls es zu Zwischenfällen kommen würde, hätten sie auch »Sicherheitsleute« an Bord. Dabei soll es sich um Ukrainer handeln. Recherchen von »Hope not Hate« ergeben, dass Egerstrom Anteilseigner einer Firma namens »Sea Marshals Risk Management« ist, diese bietet »bewaffnete Sicherheitsteams« an – die unter anderem aus ukrainischen Seeleuten bestehen. Die Hamburger *taz* warnt: »Sollte die C-Vessel-Crew aus solchen ›bewaffneten Teams‹ bestehen, das Eskalationspotenzial in der Gemengelage aus Schleppern, Küstenwächtern, EU-Marine, NGO- und Flüchtlingsbooten wäre enorm.«

Allein 2016 ertranken etwa 5000 Frauen, Männer und Kinder bei dem Versuch, nach Europa zu gelangen, im Massengrab Mittelmeer. Bis Juni 2017 waren es bereits 2300 Menschen. Es sei irrsinnig, wenn nicht gar gefährlich, Parolen wie »Identität« und »Verteidigung« zu nutzen, während Menschen, die vor Hunger und Krieg fliehen, unsere Küste erreichen, sagt Catanias Bürgermeister dem Nachrichtenmagazin *Der Spiegel*. Und weiter: »Catania ist eine Stadt, die Menschen empfangen möchte, nicht abweisen. Wir brauchen hier keine Hass-Veranstaltungen.«

Doch nicht alle in Italien denken so. Der Druck auf das südeuropäische Land wächst, Wahlen stehen an. Rechtspopulistische Parteien in ganz Europa fordern seit Langem, Flüchtlinge zurück nach Libyen zu bringen. Es scheint, als wenn die Stimmung kippt, kaum hat die »C-Star« libysche Gewässer erreicht. Sie beobachtet und verfolgt die ersten NGO-Schiffe. Anfang

August 2017 wird das Schiff der NGO »Jugend rettet« von den italienischen Behörden beschlagnahmt. Die »Juventa« hat in Seenot geratene Flüchtlinge eingesammelt und nach Lampedusa gebracht, ihnen wird jetzt vorgeworfen, die Menschen seien gar nicht in Lebensgefahr gewesen und sie hätten »Beihilfe beim illegalen Grenzübertritt« geleistet. Rechte hatten sie anscheinend angeschwärzt und dem zuständigen Staatsanwalt angeblich belastendes Bildmaterial zugespielt.

In zahlreichen europäischen Medien häufen sich die Zweifel an der Integrität von Hilfsorganisationen auf dem Mittelmeer. »Jugend rettet« und weitere stehen nun im Verdacht, mit Menschenschmugglern unter einer Decke zu stecken. »Nichts davon ist richtig«, sagt Pauline Schmidt, Sprecherin von »Jugend rettet«. »Und nichts davon wird durch die Fotos bewiesen.« Die Sprecherin von »Jugend rettet« sagt: »Wir halten uns bei unseren Einsätzen immer zu 100 Prozent an die Anweisungen der Seenotleitstelle.« Die zivile Seenotrettung ist in Gefahr. »Zivile Retter, die sich an das Völkerrecht halten, stören«, sagt Ruben Neubauer, Pressesprecher und Crew-Mitglied von »Sea-Watch« dem *Neuen Deutschland*. Gerüchte und haltlose Anspielungen werden zum Nährboden nicht nur für Rassisten. Neubauer hegt zudem eine sehr reale Sorge, denn Rettungseinsätze auf dem Meer seien kompliziert und gefährlich. »Wenn die ›C-Star‹ auftaucht und mitmischt«, erklärt er, dann könnte die Gefahr bestehen, dass »sie Mist bauen und Menschen zu Tode kommen«.

Während sich die vom deutschen Verfassungsschutz beobachteten extrem rechten Blockierer gegenüber Medien Mitte August 2017 damit brüsten, bereits afrikanische Flüchtlinge aufgehalten zu haben und über gute Kontakte zur libyschen Küstenwache zu verfügen, sehen sich die ersten lebensrettenden NGOs wie »Ärzte ohne Grenzen« und »SeaEye« genötigt, sich aus der Region zurückzuziehen. Das vom Bürgerkrieg geschüttelte nordafrikanische Land hat gedroht, das eigene Einsatzgebiet auf internationale Gewässer auszuweiten, Schüsse sind auf Helferboote abgegeben worden. Aufgrund dessen und weiterer Zwischenfälle erklären einige NGOs, ihre Arbeit auf dem Mittelmeer vorübergehend einzustellen.

Italienische Zeitungen vermelden, dass der engagierte Journalist Andrea Palladino, der die Kontakte der Rechten zu den Ermittlungsbehörden seines Landes öffentlich gemacht hatte, von einem »Identitären« aus Italien eine Drohung »im Mafia-style« erhalten habe.

Das Ziel scheint erreicht: Die Kubitschek-Jugend gilt nicht mehr nur als hip, sondern in den Augen ihrer Fans als fest entschlossene Tatgemeinschaft, die mit allen Mitteln zur Verteidigung der »Festung Europa« antritt. Am 17. August 2017 erklären sie die erste Mission von »Defend Europe« für beendet. Probleme habe ihnen vor allem die Tatsache bereitet, so Sellner, dass sie mangels Handyempfang auf dem Meer »phasenweise von der Außenwelt abgeschnitten« waren. Der Albtraum eines jeden »Identitären«.

»Defend Europe« stellt trotz aller Pannen eine Mahnung dar. Die Aktionen der »Identitären Bewegung« treffen den Nerv einer sich verändernden Gesellschaft. Wenn extrem Rechte gegen »Boots-Invasoren« aus Afrika hetzen, die Europa angeblich bedrohen, dann werden ihnen kaum zivilgesellschaftliche Grenzen gezeigt. Vom Rufmord gegen Lebensretter auf dem Mittelmeer bleibt etwas hängen. Nachhaltige gesellschaftliche Präventionskonzepte gegen den gefährlichen Aktivismus von rechts fehlen. Im Gegenteil: Noch nie stand den Rechten eine derartige Medienvielfalt zur Verfügung, die sie clever zu nutzen wissen. Die Szene feiert. »Berühmte Politiker« wie die damalige AfD-Chefin Frauke Petry hätten »die Zweckmäßigkeit« ihres Handelns anerkannt. Nach seiner Rückkehr wird Robert Timm, einer der »mutigen Jungs und Mädels« der »C-Star«, bei

Pegida in Dresden begeistert begrüßt. Der bärtige Berliner prahlt in seiner Rede:»Nichts, aber auch gar nichts« sei für die »Identitären« mehr unmöglich,»das sollten auch unsere Gegner inzwischen begriffen haben.«»Wir sehen uns als Leute, denen es um eines, um politische Macht, geht, wir machen das Ganze nicht zum Spaß«, betonte Martin Sellner bereits während der mehrtägigen »Winterakademie« des »Instituts für Staatspolitik« Anfang 2017 in Schnellroda. Der Titel seines Vortrages lautete »Gewaltloser Widerstand«. Das bedeute aber nicht,»dass wir uns nicht wehren können und wollen, wenn es so weit kommt«. Glaubwürdige Wehrhaftigkeit, sei es durch Box- oder Kampfsporttraining, hätte ihnen den Respekt vieler anderer Gruppen, wie der Hooligans, eingebracht, so Sellner. Grundsätzlich aber müsse der Gegner sich gezwungen fühlen,»aufzugeben oder gewalttätig« zu werden. Einer wie Sellner lehnt Gewalt nicht aus ethischen Gründen ab, sondern nur, weil Gewaltlosigkeit »strategisch sinnvoll« ist.

Chronik November 2016

01.11. Berlin-Reinickendorf (BE) Ein 57-jähriger Mann beleidigt eine 25-jährige Frau und einen 22-jährigen Mann rassistisch und bedroht sie mit einem Elektroschocker.

01.11. Bautzen (SN) Die Facebook-Gruppe »Bürgerbewegung Bautzen« verbreitet Gerüchte über vermeintliche Anschlagspläne von Geflüchteten. Am selben Abend bedrohen acht Männer zwei Frauen und drei Geflüchtete am Kornmarkt. Sie halten pistolenähnliche Gegenstände in der Hand. Später am Abend greift eine zehn- bis 15-köpfige Gruppe zwei Geflüchtete mit Steinen an, weil es zuvor eine Auseinandersetzung zwischen einem Geflüchteten und einem Deutschen gegeben haben soll. Kurz nach Mitternacht wird dann ein Geflüchteter mit einer Schreckschusswaffe bedroht. Die Täter werden der rechten Szene zugeordnet.

01.11. Riesa (SN) Zwei Unbekannte schlagen mit einem Stock, der etwa ein Meter lang ist, das Fenster einer Geflüchtetenunterkunft ein. In dem Zimmer halten sich Menschen auf, darunter auch kleine Kinder, die einen Schock erleiden.

02.11. Löbau (SN) Ein 35-Jähriger bedroht am Neumarkt zwei 18-jährige Afghanen mit einem Messer und beleidigt sie. Einer der Betroffenen kann die Situation mit seinem Mobiltelefon filmen. Die Opferberatungsstelle »RAA Sachsen« bewertet diesen Vorfall als rechte Tat.

02.11. Greifswald (MV) Ein 29-jähriger »Reichsbürger« attackiert bei einer Verkehrskontrolle zwei Polizisten mit Reizgas. Der Mann, der per Haftbefehl gesucht wird, flieht mit Unterstützung seiner Mutter im Auto vor der Polizei.

03.11. **Braunsbedra (ST)** Drei Männer schlagen und treten einen 20-jährigen Syrer, der mit dem Fahrrad unterwegs ist. Die Amadeu Antonio Stiftung und Pro Asyl werten diesen Vorfall als flüchtlingsfeindlich.

04.11. **Spremberg (BB)** Eine fünfköpfige Personengruppe pöbelt einen 18-jährigen Geflüchteten an. Sie stellen sich ihm in den Weg, beleidigen, bespucken und schubsen ihn. Dann schlagen sie auf ihn ein und bringen ihn zu Boden. Die Täter treten auf den Kopf des am Boden liegenden Jugendlichen ein. Erst als sich Anwohner nähern, lassen sie von ihm ab und flüchten. Der Haupttäter ist als neonazistischer Gewalttäter bekannt.

04.11. **Hennigsdorf (BB)** Auf dem Rathausplatz beschimpft ein 17-Jähriger einen 16-Jährigen rassistisch und tritt ihm gegen das Knie. Dann holt der Angreifer einen Helfer hinzu und sie schlagen gemeinsam auf den Jugendlichen und einen Begleiter ein.

04.11. **Groß Schönebeck (BB)** In der Nähe des Bahnhofs beschimpfen mehrere Täter ein zwölfjähriges Kind rassistisch und greifen es körperlich an.

04.11. **Rheinsberg (BB)** Nahe einer Oberschule greifen mehrere Täter einen 13- und einen 15-jährigen Russen körperlich an. Die Opferberatungsstelle »Opferperspektive« bewertet diesen Vorfall als rechte Tat.

04.11. **Heidenau (SN)** Eine Gruppe von rund 30 Männern pöbelt vor einem Supermarkt einen 18-jährigen Afghanen und seine drei Begleiter an. Als der junge Mann den Markt wieder verlässt, schlägt ihm eine Person mit der Faust ins Gesicht. Der 18-Jährige flüchtet in eine Wohnung und verlässt diese zwei Stunden später in Begleitung von fünf Männern aus Afghanistan. Auf der Straße treffen sie erneut auf die Gruppe der Angreifer, die einen der Afghanen treten und schlagen. Die Opferberatungsstelle »RAA Sachsen« bewertet diesen Vorfall als rechte Tat.

05.11. Berlin-Charlottenburg (BE) Ein 30- und ein 27-jähriger Mann beleidigen einen 42-Jährigen rassistisch, bedrohen ihn und treten auf ihn ein.

05.11. Magdeburg (ST) In der Nähe des Domplatzes beschimpfen Teilnehmer einer Neonazi-Demonstration eine Gruppe Gegendemonstranten. Ein Rechtsradikaler rennt auf einen Gegendemonstranten los. Der Betroffene kann den Angriff abwehren. Die Polizei beendet eine weitere Eskalation.

06.11. Naumburg (ST) Eine Gruppe Fans des Fußballvereins »Lok Leipzig« beleidigen den Grünen-Politiker Jürgen Kasek, der für seinen Einsatz gegen Rassismus bekannt ist. Sie versuchen, ihn körperlich anzugreifen, und werfen ihm eine Plastikflasche an den Kopf. Polizeibeamte können den Übergriff beenden und drängen den Politiker aus dem Zug, da sie nicht für seine Sicherheit garantieren könnten.

06.11. Hamburg-St. Pauli (HH) Ein Unbekannter schlägt auf den Unterarm eines Menschen ein und bezeichnet ihn als »Transe«. Die Polizei geht von einer politisch rechts motivierten Tat aus.

08.11. Chemnitz (SN) Unbekannte verüben in der Nacht einen Sprengstoffanschlag auf eine alternative Kneipe. Eine Person, die sich zum Tatzeitpunkt im Gebäude befindet, berichtet von einem grellen roten Blitz, einem ohrenbetäubenden Knall und einer spürbaren Druckwelle. Die Explosion schleudert eine Schaufensterscheibe samt Rahmen auf den Fußweg.

09.11. Berlin-Charlottenburg (BE) Ein unbekannter Mann beleidigt einen Ladenbesitzer antisemitisch und greift ihn an.

10.11. Berlin-Köpenick (BE) Aus einer Personengruppe heraus wird ein Geflüchteter aus rassistischer Motivation auf die Gleise gestoßen. Der Mann klettert aus dem Gleisbett und wird auf dem Weg nach Hause von derselben Gruppe verprügelt und ausgeraubt.

10.11. Leipzig (SN) Eine Person greift einen Menschen auf der Straße mit Reizgas an. Laut der Beantwortung einer parlamentarischen Anfrage ist dieser Vorfall eine politisch rechts motivierte Straftat.

11.11. Dortmund (NW) Ein 20-Jähriger beleidigt einen 18-Jährigen rassistisch und greift ihn körperlich an. Mitarbeiter der Bahn können den Mann überwältigen. Er ist wegen Volksverhetzung, Landfriedensbruch und mehreren Gewaltdelikten polizeibekannt.

12.11. Brandenburg an der Havel (BB) Drei mutmaßlich rechte Fußballfans greifen einen alternativ aussehenden Jugendlichen an, der an einer Fußgängerampel steht. Sie schlagen ihn zu Boden und treten auf ihn ein. Die Opferberatungsstelle »Opferperspektive« bewertet diesen Vorfall als rechte Tat.

12.11. Göttingen (NI) Fünf Neonazis greifen in der Innenstadt zwei Antifaschisten mit Metallketten und Stangen an. Einer der Angreifer soll ein Messer bei sich geführt haben. Die beiden Opfer werden verletzt und müssen mit dem Rettungswagen ins Krankenhaus gebracht werden.

14.11. Bad Kissingen (BY) Ein 28-jähriger Mann, der stark alkoholisiert vor einer Kneipe liegt und sich übergibt, reagiert aggressiv auf eintreffende Rettungssanitäter. Die Polizei nimmt ihn mit auf die Wache. Dort beleidigt er die anwesenden Polizisten und gibt mehrmals laut zu verstehen, dass er »Reichsbürger« sei. Dann versucht er, einen Beamten zu schlagen und einem anderen ins Bein zu beißen.

14.11. Dortmund (NW) Ein unbekannter Mann beschimpft einen 26-jährigen Iraker und greift ihn an. Eine weitere unbekannte Person stachelt den Täter aus einiger Entfernung durch Zurufe an. Durch Schläge ins Gesicht wird das Opfer so schwer verletzt, dass es im Krankenhaus behandelt werden muss. Die »Opferberatung Rheinland« bewertet diesen Vorfall als rechte Tat.

14.11. Magdeburg (ST) In der Nacht schlagen drei Unbekannte die Scheibe eines Solariums ein, das einem Syrer gehört. Sie bringen einen Sprengsatz zur Explosion und lösen ein Feuer aus. Wegen der Rauchentwicklung müssen 33 Anwohnerinnen und Anwohner evakuiert werden. An der Häuserwand stellt die Polizei ein frisch gemaltes rotes Hakenkreuz sowie den Schriftzug »Raus« fest. Das Geschäft wird durch den Brand komplett zerstört.

14.11. Dessau-Roßlau (ST) Drei Unbekannte greifen einen 17-jährigen Syrer auf der Straße körperlich an. Die Amadeu Antonio Stiftung und Pro Asyl werten diesen Vorfall als flüchtlingsfeindlich.

15.11. Ulm (BW) Ein Mann greift eine Person am Bahnhof körperlich an. Ein 29-jähriger Tatverdächtiger wird vorläufig festgenommen. Die Opferberatungsstelle »Leuchtlinie« geht von einem rechten Tatmotiv aus.

16.11. Berlin-Treptow (BE) Am Abend greift ein Unbekannter im Park einen Mann aus rassistischer Motivation mit einem Messer an und verletzt ihn.

16.11. Löbau (SN) In einer Diskothek feinden sieben rechte Männer zwei junge Geflüchtete an. Nachdem diese die Disco verlassen haben, jagen die Rechten die beiden durch die Stadt.

17.11. Cottbus (BB) Ein unbekannter Mann lauert einem jungen Linken auf einem Parkplatz auf. Er tritt ihn und schlägt ihm mehrmals mit einem Fahrradschloss gegen den Kopf. Der Angegriffene erleidet Kopfverletzungen, die stationär im Krankenhaus behandelt werden müssen.

17.11. Pfedelbach (BW) Ein Unbekannter setzt ein Gebäude in Brand, das als Geflüchtetenunterkunft dienen soll.

17.11. Oschersleben (ST) Unbekannte verüben einen Brandanschlag auf eine Villa, in der bis vor Kurzem Geflüchtete untergebracht waren. Die Amadeu Antonio Stiftung und Pro Asyl werten diesen Vorfall als flüchtlingsfeindlich.

17.11. Ilmenau (TH) Mehrere Personen greifen in einem Studierendenclub einen marokkanischen Studenten an. Sie beschimpfen ihn rassistisch, schlagen und treten ihn, auch als er bereits am Boden liegt. Blutend verlässt der junge Mann den Club und wird draußen von den Angreifern mit Flaschen beworfen. Er muss im Krankenhaus behandelt werden.

17.11. Hamburg-St. Georg (HH) Eine Frau beleidigt eine andere Frau und schlägt ihr mit der Faust an den Kopf, weil die Betroffene ein Kopftuch trägt.

18.11. Berlin-Köpenick (BE) In einem Park verprügelt ein Unbekannter aus rassistischer Motivation einen jungen Geflüchteten.

18.11. Guben (BB) Zwei Männer schlagen am Bahnhof auf zwei Geflüchtete ein. Sie bringen die beiden zu Boden und treten auf sie ein. Dann rauben sie ihnen Jacken, Ausweise, Mobiltelefone und Bargeld. Die Opferberatungsstelle »Opferperspektive« bewertet diesen Vorfall als rechte Tat.

18.11. Jena (TH) Ein 36-jähriger Mann attackiert einen 17-jährigen Syrer mit einem Rüsthaken. Der Betroffene kann den Schlag gegen den Kopf abwehren, wird jedoch dabei verletzt. Das Beratungsteam Mobit bewertet diesen Vorfall als rechte Tat.

18.11. Stralsund (MV) Eine Personengruppe beleidigt in der Innenstadt vier minderjährige Geflüchtete rassistisch und provoziert sie. Zwei Männer lösen sich aus der Gruppe und schubsen und bedrängen die Jugendlichen. Ein Teil der Personengruppe folgt ihnen dabei. Die Jugendlichen können nur fliehen, indem sie sich stark wehren, und müssen anschließend im Krankenhaus behandelt werden.

19.11. Cottbus (BB) Vor dem Spiel »FC Energie Cottbus« gegen »SV Babelsberg 03« greifen rechte Cottbus-Anhänger Fans der gegnerischen Mannschaft an. Sie beschießen sie mit Pyrotechnik. Vor dem Spiel waren im Stadtgebiet antisemitische, homophobe und neonazistische Graffiti aufgetaucht, die an den Verein und seine linksalternativen Fans gerichtet waren.

19.11. Cottbus (BB) Nach dem Spiel »FC Energie Cottbus« gegen »SV Babelsberg 03« beleidigt ein Neonazi einen Journalisten, schlägt ihm ins Gesicht und tritt ihn. Ein weiterer Neonazi schüttet dem Betroffenen Bier ins Gesicht. Dann beleidigen und treten sie den Mann gemeinsam. Sie versuchen, ihn festzuhalten, dem Pressevertreter gelingt die Flucht. Der anwesende Sicherheitsdienst greift erst nach mehrfacher Aufforderung ein.

19.11. **Wesseling (NW)** An einer Ampel kommt es zu einem Streit zwischen zwei Fußgängern und einem Autofahrer. Auslöser sollen rassistische Parolen und Beleidigungen der an der Ampel stehenden Männer gewesen sein. Einer der beiden zieht eine Waffe und schießt dem Autofahrer ins Bein. Die Täter flüchten. In Tatortnähe werden ein 34- und ein 37-jähriger Mann festgenommen. Das Opfer muss notoperiert werden.

19.11. **Bautzen (SN)** In der Nacht bedrohen mehrere vermummte Rechte einen Linken. Am Theaterplatz jagen ihm dann drei Männer hinterher. Die Polizei begleitet den Betroffenen daraufhin mit einem Streifenwagen nach Hause. Trotzdem verfolgen ihn weiterhin drei Autos mit insgesamt rund zwölf rechten Insassen. Erst als die Polizei eines der Autos kontrolliert, lassen sie von dem Mann ab.

19.11. **Ilmenau (TH)** Bei einem Waldspaziergang begegnet ein Pärchen mit zwei großen Hunden einer 50-Jährigen mit einem kleinen Hund. Die ältere Frau bittet das Paar darum, ihre Hunde an die Leine zu nehmen. Der Mann beschimpft sie aufgrund ihres slawischen Akzents. Er schlägt mit der Hundeleine auf die zum Schutz erhobenen Arme der Frau sowie auf ihren Oberkörper ein. Dann entreißt er ihr das Mobiltelefon und wirft es in den Wald.

19.11. **Hamburg-Eimsbüttel (HH)** Ein Mann sagt in einem Lokal, dass man »alle Juden vergasen müsse«, und schlägt einem Mann mit der Faust ins Gesicht.

20.11. **Trittau (SH)** Die Polizei ermittelt wegen »Herbeiführen einer Brandgefahr« an einer Geflüchtetenunterkunft. Laut der Beantwortung einer parlamentarischen Anfrage ist dieser Vorfall eine politisch rechts motivierte Straftat.

20.11. Dresden (SN) Nach einem Fußballspiel zwischen »Dynamo Dresden« und »Greuther Fürth« kommt es zu zwei Angriffen am Hauptbahnhof. Ein 30-Jähriger schlägt einen 25-jährigen Iraker und ein 48-Jähriger schlägt einen 30-jährigen Pakistaner. Die Opferberatungsstelle »RAA Sachsen« bewertet diese Vorfälle als rechte Taten.

21.11. Bad Kleinen (MV) Eine Person beschimpft einen Mann aus Syrien rassistisch und stößt ihn zu Boden. Als das Opfer versucht, den Täter und sein Fahrzeug zu fotografieren, kommt er mit einem Schlagstock zurück und zwingt das Opfer dazu, die Aufnahmen zu löschen.

24.11. Berlin-Neukölln (BE) In einem Park beleidigt ein unbekannter Mann einen Jungen rassistisch und schlägt ihn. Eine Frau greift ein. Der Junge kann fliehen.

24.11. Berlin-Neukölln (BE) Eine 18-jährige Rollstuhlfahrerin beobachtet im Park, wie ein Mann einen Jungen aus rassistischer Motivation angreift. Sie greift ein und wird daraufhin ebenfalls vom Täter attackiert. Dieser äußert ihr gegenüber extrem rechte Parolen, er schlägt die Frau und verletzt sie dadurch.

24.11. Baesweiler (NW) In der Nacht zünden Unbekannte eine Turnhalle an, die als Notunterkunft für Geflüchtete genutzt wurde. Zum Tatzeitpunkt wohnen keine Menschen mehr darin.

26.11. Berlin-Prenzlauer Berg (BE) Drei unbekannte Männer greifen aus rassistischer Motivation einen 17-jährigen Jugendlichen an. Sie treten auf das Opfer ein, auch als dieses bereits am Boden liegt. Einer der Täter zeigt den Hitlergruß.

27.11. Berlin-Reinickendorf (BE) Der Mitarbeiter einer Sicherheitsfirma schlägt und tritt vor einer Flüchtlingsunterkunft einen 28-jährigen Geflüchteten. Der Betroffene wird schwer verletzt. Die Opferberatungsstelle »ReachOut« bewertet diesen Vorfall als rechte Tat.

27.11. Bad Doberan (MV) In einer Diskothek greifen Neonazis Personen an, die sie der linken Szene zuordnen. Drei Rechte attackieren einen jungen Mann und verletzen ihn, wenig später schlägt ein Neonazi eine junge Frau.

28.11. Cottbus (BB) Mehrere Rechte beleidigen eine junge Frau und einen jungen Mann, die sie der linken Szene zuordnen. Dann greifen sie die Betroffenen körperlich an.

28.11. Cottbus (BB) An der Stadthalle beleidigt ein Rechter einen russischen Mann und greift ihn körperlich an. Die Opferberatungsstelle»Opferperspektive« bewertet den Vorfall als rechte Tat.

29.11. Rheinsberg (BB) In der Nähe des Schlosses beschimpft ein Rechter einen 15-Jährigen und schlägt ihn.

30.11. Gotha (TH) Drei stark alkoholisierte Männer pöbeln Anwohner an und bedrohen sie auf aggressive Weise. Sie schlagen auf parkende Autos ein und rufen neonazistische Parolen.

»... diese dreckigen Kanaken wegsprengen.«
Der Wehrhahn-Prozess

Zuweilen werden Tatverdächtige, die sich zu sehr in Sicherheit wiegen, leichtsinnig. Denen habe er es »mal richtig gezeigt«, prahlte der Häftling der Justizvollzugsanstalt Castrop-Rauxel, der 2014 wegen einer nichtbezahlten Rechnung einsaß. Detailreich soll er einem Mitgefangenen erzählt haben, wie er eine Bombe gebaut hatte.

Der Inhaftierte gab mit einer Tat an, die viele Jahre zuvor, im Jahr 2000, für bundesweites Entsetzen gesorgt hatte und unschuldige Menschen traf. Er war damals als Verdächtiger damit in Verbindung gebracht geworden, doch die Beweise reichten nicht aus. Der Zellengenosse, dem sich der Mann 14 Jahre später anvertraute, gab die Informationen weiter. So steht einer der größten Bombenanschläge der deutschen Geschichte vor der Aufklärung. Der mutmaßliche Täter ist ein Neonazi. Bis Ende des Jahres 2017 soll der Prozess gegen den Beschuldigten Ralf S. aus Ratingen beginnen.

Am 27. Juli 2000 um 15.03 Uhr detoniert am Düsseldorfer S-Bahnhof Wehrhahn eine mit Sprengstoff befüllte Granate am Bahnhofszugang Ackerstraße. Metallsplitter fliegen bis zu hundert Meter weit. Zehn Personen werden zum Teil schwer verletzt, einer Schwangeren schlägt ein Metallsplitter in den Bauch, sie verliert ihr ungeborenes Kind. Ihr Ehemann erleidet schwerste Bauchverletzungen, schwebt tagelang in Lebensgefahr. Die Opfer stammen aus Osteuropa, sechs von ihnen sind Juden, vier sind russlanddeutsche Spätaussiedler. Alle besuchen einen Sprachkurs der Wirtschafts- und Sprachschule Welling in den Räumen der Bildungseinrichtung ASG unweit des S-Bahnhofs Wehrhahn im Stadtteil Flingern.

Angesichts der Opfer wird nicht ausgeschlossen, dass die Tat einen extrem rechten und fremdenfeindlichen Hintergrund haben könnte. Zuständige Politiker reagieren eilig: Fritz Behrens, damaliger NRW-Innenminister der SPD ruft nach dem Anschlag zu einer »Wehrübung der aufrechten Demokraten« auf. Otto Schily, Bundesinnenminister, spricht vom »Verdacht eines fremdenfeindlichen Hintergrunds«, sein grüner Kabinettskollege Joschka Fischer sieht »Ausländerhass« als »wahrscheinlichsten Hintergrund«. Bündnisse gegen rechts werden geschlossen.

Als wenig später, am 2. Oktober 2000 auch noch die Jüdische Synagoge in Düsseldorf zum Ziel eines Brandanschlags wird, appelliert Bundeskanzler Gerhard Schröder an die Bevölkerung, ein Zeichen gegen Antisemitismus zu setzen, und ruft den »Aufstand der Anständigen« aus. Obgleich zwei Männer mit Migrationshintergrund als Tatverantwortliche festgenommen werden, ist die Lawine in Gang gebracht. Wegschauen soll nicht mehr sein. Tausende beteiligen sich an Lichterketten und Demonstrationen.

Für die Verantwortlichen der eingesetzten »Ermittlungskommission Acker« (EK Acker) gestaltete sich der Anschlag umfangreicher, auch ein islamistisches Motiv oder Verbindungen zur Organisierten Kriminalität in Osteuropa standen zeitweise im Fokus der Recherchen. Ein »verrückter Einzeltäter« wurde ebenso wenig ausgeschlossen. Die Beamten befragten 1400 Personen, sammelten 340 Beweise, verfolgten mehr als 330 Spuren – alle jedoch verliefen im Sande. Anfangs stellte sich nicht nur den Fahndern die Frage, ob die Opfer zufällig getroffen wurden, doch schon bald wurde vermutet, der Täter habe Sichtkontakt gehabt und den Sprengsatz daher relativ genau fernzünden können. Der mit TNT befüllte Sprengkörper soll kurz vor der Detonation in einer Plastiktüte an einem Geländer befestigt worden sein. Anders als etwa nach dem Nagelbombenanschlag 2004 in der Kölner Keupstraße, für das der »Nationalsozialistische Untergrund« (NSU) verantwortlich gemacht wird, wurden im Jahr 2000 in Düsseldorf Hinweise auf extrem rechte Täter durchaus ernst genommen. Doch hartnäckig genug wurden diese Spuren nicht verfolgt. Denn der Mann, der Anfang 2017 festgenommen wird, heißt Ralf S., ist ein ortsbekannter Neonazi und wurde bereits seit Beginn der Ermittlungen als Verdächtiger geführt. Security-Unternehmer Ralf S. unterhielt ein Ladengeschäft ganz in der Nähe des Tatorts.

Der Vorwurf lautet auf versuchten Mord in zwölf Fällen, gefährliche Körperverletzung sowie die Herbeiführung einer Sprengstoffexplosion. Der zuständige Düsseldorfer Oberstaatsanwalt Ralf Herrenbrück wirft S. neben der Verwendung eines gemeingefährlichen Mittels auch Heimtücke und niedrige Beweggründe wegen seiner fremdenfeindlichen Motivation bei Tatbegehung vor.

Am Morgen des 1. Februar 2017 sendeten die Nachrichten-Apps der Medienhäuser eine Push-Nachricht nach der anderen auf Smartphones im ganzen Land: »Polizei nimmt mutmaßlichen Wehrhahn-Bomber fest«. Oder: »Wehrhahn-Anschlag: Verdächtiger nach fast 17 Jahren gefasst«.

Fast 17 Jahre nach der Explosion in Düsseldorf stand das Sondereinsatzkommando der Polizei vor der Wohnung von Ralf S. in Ratingen. Bis dahin war es jedoch ein weiter Weg. Die durch den Bericht des Zellennachbarn 2014 in Gang gesetzte,

neue »Ermittlungskommission Furche« brauchte noch drei
Jahre, um eine »Indizienkette« zu bilden, wie die Polizei es formuliert. Denn Ralf S. bestreitet die Vorwürfe. Es dauerte, bis
ausreichend Beweise für einen Haftbefehl gegen den 50-Jäh-
rigen vorlagen. Am Abend des 31. Januar war es so weit. Der
Düsseldorfer Oberstaatsanwalt Ralf Herrenbrück erklärte einen
Tag später, Telekommunikationsüberwachungen seit November 2016 hätten »Treffer« hervorgebracht, es gäbe ein Geständnis über einen Dritten sowie belastende Ankündigungen der
Tat.

Im Sommer 2017 sind Herrenbrücks Ermittler noch dabei,
zahlreiche Asservate auszuwerten, darunter über 290 000 Fotos.
Auch trauen sich so viele Jahre nach der blutigen Tat im Jahr
2000 Zeuginnen erstmals, Aussagen zu Ralf S. zu machen.
Zwei Ex-Partnerinnen berichten von Gewalt, Stalking-ähnli-
chem Verhalten oder Drohungen. S. bleibt bisher dabei, er sei es
nicht gewesen.

Oberstaatsanwalt Herrenbrück sieht dem Prozess dennoch
gelassen entgegen:»Wenn jemand sagt: Ich werde die dreckigen
Kanaken am Bahnhof wegsprengen – und S. nannte die Sprachschüler Kanaken –, dann ist das eine Ankündigung.« Die Zeuginnen gaben den Ermittlern zu Protokoll, S. habe es so gesagt.
»Wenn sich diese Ankündigung hinsichtlich der Opfergruppe,
des Tatorts und des Modus Operandi anschließend tatsächlich
so ereignet, dann ist die kriminalistische Wahrscheinlichkeit,
dass ein anderer diese Tat begangen hat, extrem gering«, erklärt
Herrenbrück. Die Betonung liege, so der Chefankläger, auf dem
Wörtchen »wegsprengen«.

Leider sei es, so der Ermittler, 2000 aus verschiedenen Gründen zu einer aus heutiger Sicht unzutreffenden Bewertung eines
wohl wichtigen Vorfalls aus dem Jahr 1999 gekommen. Denn
der mutmaßliche Anlass für das Verbrechen wurde anscheinend
von den Verantwortlichen der Sprachschule selbst und darauf-

hin vom damaligen polizeilichen Sachbearbeiter als nicht bedeutsam eingeschätzt. Der Vorfall fand etwa ein halbes Jahr vor dem Anschlag statt. Er betraf die Sprachschule Welling. Damals belagerten zwei Neonazis in schweren Ledermänteln Tag für Tag den Zugang zur Bildungseinrichtung im Stadtteil Flingern, in der die Sprachschüler Unterricht erhielten. Die Männer stellten sich mit ihren Hunden frühmorgens und in der großen Pause provokativ neben dem Rolltor auf und versuchten die Neuankömmlinge, die an ihnen vorbeigehen mussten, durch ihre Anwesenheit einzuschüchtern. Zwei Lehrerinnen beobachteten die Szenerie mehrmals. Zeugen wollen auch gesehen haben, wie die Neonazis in dem nahe gelegenen Militaria-Laden von Ralf S. verschwanden. Irgendwann jedoch nahmen die erwachsenen Schüler diese Drohkulisse nicht mehr hin und stellten sich gemeinsam in Sichtweite der »Spannmänner« mit verschränkten Armen in einem Fenster der Schule auf. Sie demonstrierten Stärke. Die Typen in Springerstiefeln verschwanden. Die Anklage geht nun davon aus, dass die extrem rechte Szene – und damit auch Ralf S. – den Rückzug damals als Blamage empfand. S. habe den »Kanaken« in »seinem« Stadtteil den Kampf erklärt, er wolle das »Vertreiben« der Kameraden nicht hinnehmen, wird vermutet. Nach dem Vorfall wurden auffällig viele Flugblätter und rechte Aufkleber verteilt, es wurde versucht, Hetze zu betreiben. Bis die Bombe detonierte.

Eine Sprachlehrerin hatte nach der Explosion Ende Juli 2000 auf einen möglichen Zusammenhang mit dem zurückliegenden Vorfall hingewiesen. Doch den Beamten der eingerichteten »Ermittlungskommission Acker« war der zeitliche Abstand von mehreren Monaten damals anscheinend zu groß. »Eine Fehlbewertung«, so der Oberstaatsanwalt heute, Vorwürfe macht er niemandem.

Antifaschistische Beobachter der braunen Szene in Düsseldorf hatten früh auf den Neonazi Ralf S. als möglichen Täter hingewiesen und den politischen Hintergrund offengelegt, in dem sich der Security-Mann bewegte. Der Mann war im Stadtteil Flingern bekannt »wie ein bunter Hund«. Über den regionalen Anführer Sven Skoda erhielt Ralf S. Anschluss an die »Kameradschaft Düsseldorf«. Mit ihm hatte Ralf S. einen wichtigen Freund in der Szene. Skoda war einer der Betreiber des »Nationalen Infotelefons Rheinland« und wurde nach und nach zu einem der einflussreichsten Wortführer der Region, ein beliebter Redner und Einheizer bei zahlreichen Aufmärschen. Die beiden wohnten nur wenige Hundert Meter voneinander entfernt. In seinem Ladengeschäft für Militärbedarf im Stadtteil Flingern verhökerte Ralf S. auch Rechtsrock-CDs. Neonazis gingen bei ihm aus und ein. Wenn der »Sheriff von Flingern« mit seinen Hunden durch den Stadtteil patrouillierte und Drogenspritzen aufsammelte, informierte er danach sofort die Polizei. Er machte sich gern wichtig. Als Betreiber einer Sicherheitsdienstfirma meinte Ralf S. für Ordnung in seinem Stadtteil sorgen zu müssen. Sonderlich beliebt schien der »Sheriff« allerdings nicht gewesen zu sein, auch nicht bei den Kameraden.

Wie inzwischen bekannt wurde, erhielt der nordrhein-westfälische Verfassungsschutz bereits kurz nach der Tat den Hinweis, dass nur drei Tage nach dem Bombenanschlag auf die Sprachschüler 35 Düsseldorfer Neonazis ein Grillfest feierten. Dort wurde gesagt, der Anschlag sei Ralf S. zuzutrauen. Von dem geäußerten Verdacht der Kameraden erfuhr der Geheimdienst und angeblich sollen auch die polizeilichen Ermittler eingeweiht worden sein. Man sei aber davon ausgegangen, dass die Szene es selbst nicht so genau wisse. Zeitweilig arbeitete ein V-Mann des Geheimdienstes sogar als Sicherheitskraft für den Verdächtigen.

Im Rückblick könnten Bekannte bereits nach der Explosion

etwas gewusst oder zumindest geahnt haben. Doch sie schwiegen. Wohl aus Angst. Ralf S. galt als einer, der unangenehm werden konnte, der roh war, häufig log und Waffen liebte. Ralf S. ist ein kleiner, unauffälliger Mann mit leicht abstehenden Ohren, manchmal trug er einen dünnen Oberlippenbart. Er ist Legastheniker, aber in praktischen Dingen sehr geschickt. Im Jahr 2000 war er 35 Jahre alt und unterhielt in der Gerresheimer Straße das Ladengeschäft für »Polizei-Armee-Sicherheits-Zusatzausrüstungen«. Bevorzugt trug er Tarnklamotten, war Frühaufsteher und morgens immer mit den Hunden draußen. Er patrouillierte durch die Straßen seiner Wohngegend, ganz in der Nähe des Shops. Die Sicherheit am S-Bahnhof Wehrhahn war ihm wichtig. Vier Jahre lang diente Ralf S. bei der Bundeswehr und er wäre gerne dort geblieben, hatte aber wohl Schwierigkeiten mit Prüfungen. So schlug sich S. mit Security-Jobs und dem Verkauf von Sicherheits-Equipment durch.

Die rechtsradikale Partei DVU genoss damals seine Sympathie, viele Jahre später wird ein Eintrittsformular der Partei bei ihm zu Hause gefunden. Der Düsseldorfer DVU-Anführer galt zu der Zeit als tief vernetzt in der regionalen Neonazi-Szene. Das Partei-Sprachrohr, die *National-Zeitung / Deutsche Wochenzeitung,* agitierte offen gegen jüdische Einwanderung aus Osteuropa. Es ist klar, dass für S. Ausländer ein Feindbild waren. Viele in Düsseldorf wussten das.

Nicht zuletzt aufgrund der Nähe zwischen Tatort S-Bahnhof Wehrhahn und seinem einschlägigen Ladengeschäft in unmittelbarer Nähe und aufgrund von Hinweisen wurde die eingesetzte »Ermittlungskommission Acker« nach dem Anschlag auf Ralf S. aufmerksam. Noch vor Bildung der »EK Acker«, aber zwei Tage nach der Explosion hatten Beamte des polizeilichen Staatsschutzes in Düsseldorf am 29. Juli 2000 eine offenbar halbherzige und erfolglose Hausdurchsuchung bei ihm durchgeführt. Es habe sich dabei eher um einen »oberflächlichen Stubendurchgang« gehandelt, erinnerte sich der EK-Leiter Dietmar Wixfort später. Die scheinbar voreilige Aktion hatte zur Folge, dass es danach für die Beamten umso schwerer geworden sei, Durchsuchungen und Telekommunikationsüberwachungen gegen den Neonazi genehmigt zu bekommen, berichtet Wixfort viele Jahre später dem Parlamentarischen Untersuchungsausschuss des Landtags Nordrhein-Westfalen, der zur Klärung der Verbrechen des rechtsextremen NSU, aber auch zur Tat am S-Bahnhof Wehrhahn eingesetzt worden war.

Es gab weitere Versäumnisse und Unstimmigkeiten. Die antifaschistische Zeitung *Lotta* mutmaßt:»Vielleicht wäre es rückblickend ja schneller gegangen, wenn die ›EK Acker‹ recherchiert hätte, dass S. während seiner vierjährigen Bundeswehrzeit eine Sprengstoffausbildung genossen hatte und sich mit Sprengfallen auskannte.« Davon hätte auch der Militärische Abschirmdienst (MAD) wissen müssen. Ein Gutachten stellte bezüglich der Fertigung des Sprengsatzes eine »erhebliche Sachkunde« fest, auch »die beim Schweißen entstandenen Nähte« seien »fachmännisch bei 800 Grad gehärtet worden«.

Im Februar 2017 wussten die Ermittler, Ralf S. konnte fachmännisch schweißen und dass er auch ein passendes Gerät hatte. Es wurde zudem bekannt, dass er sich im Dezember 1999 eine anonyme Zweitwohnung in der Nähe gesucht hatte. Die Miete blieb er schuldig. Kurz nach dem Anschlag wurden die Räume nicht mehr genutzt und das Mietverhältnis beendet. Die Ermittler gehen davon aus, dass er in dieser konspirativen Wohnung die Zündvorrichtung gebaut haben könnte. Finanziell war Ralf S. am Ende, er hatte hohe Schulden. Der Strom war ihm bereits abgestellt worden. Ein Großauftrag wäre seine Rettung gewesen. Doch der stand aus. Für seine finanzielle Misere machte S. »die Ausländer« pauschal verantwortlich, erinnert sich ein Beamter, die würden vom Staat unterstützt werden und er nicht.

Kein Bekennerschreiben der regionalen Neonazi-Szene tauchte nach dem 27. Juli 2000 auf. Das hätte als Indiz für braunen Terror gegolten und Druck verliehen. Da kein Neonazi sich zum Anschlag bekannte, folgerten die Verantwortlichen – ähnlich wie bei der verhängnisvollen Fehleinschätzung im Fall der NSU-Morde –, es könne sich folglich nicht um einen rassistisch motivierten Anschlag von rechts handeln. 2001 schließlich schrieb die zuständige Staatsanwaltschaft in einem Zwischenbericht: Es herrsche »die Auffassung vor, wonach eine Begehung durch Neonazis als eher unwahrscheinlich anzusehen« sei.

Zwei Jahre nach dem Anschlag gab es keine »objektivierbaren Anhaltspunkte für eine Beteiligung« von S. Dieser sei »offenbar nicht in der Lage« gewesen, »ausgefallene Gegenstände aus dem Waffenbereich herzustellen oder auf Bestellung zu besorgen«. Auch kein anderer Verantwortlicher wurde gefunden. Die Tat blieb über 16 Jahre unaufgeklärt. Als Mahnung an womöglich unaufgeklärten Terror von rechts geisterte die Bombenexplosion von Düsseldorf in den folgenden Jahren immer mal wieder durch die Medien.

Dabei sollte dieser entsetzliche Anschlag in Düsseldorf eigentlich einen politischen Wendepunkt markieren: Niemand dürfe mehr gegenüber Rassismus und Antisemitismus wegschauen, hatte die politische Botschaft geheißen. Die tödlichen Brandstiftungen von Mölln und Solingen lagen Jahre zurück. Düsseldorf machte die braune Gefahr wieder sichtbar.

Zur Jahrtausendwende 1999/2000 herrschte eine hochexplosive Stimmung in der internationalen Neonazi-Szene. Der politische Flächenbrand, der in den 1990er-Jahren durch marodierende Skinheadgruppen getobt hatte, mit tödlichen Jagden auf Flüchtlinge und Obdachlose und mit brennenden Wohnhäusern, wurde allmählich durch professionellere, nicht minder gefährliche Untergrundpläne ersetzt. Neonazistische Terrorkonzepte des »führerlosen Widerstands« fanden längst Einzug in die Szene.

Was nur wenige wussten: Im Jahr 2000 richteten sich Uwe Mundlos, Beate Zschäpe und Uwe Böhnhardt in ihrem neuen Unterschlupf mitten im Wohngebiet der sächsischen Stadt Zwickau ein. Mit Unterstützung von Kameradschafts- und »Blood & Honour«-Aktivisten aus Thüringen und Sachsen bauten sie sich eine Tarnexistenz auf, radikalisierten sich von abgetauchten Neonazis zur Untergrundzelle NSU. Im September 2000 sollten Mundlos und Böhnhardt zum ersten Mal in Nürnberg morden, ihr Opfer war der Blumenhändler Enver Şimşek. Danach verlagerte der NSU einen Teil seiner Gewalttaten nach Nordrhein-Westfalen. Ende 2000 deponierten zwei Männer einen Sprengsatz in einem deutsch-iranischen Lebensmittelgeschäft in der Kölner Propsteigasse, der Anfang 2001 explodierte und die junge Tochter des Inhaberehepaars schwer im Gesicht verletzte. 2004 zog es die Rechtsterroristen erneut an den Rhein, in der Keupstraße detonierte eine zweite Bombe, diesmal waren noch mehr Menschen betroffen. Die Keupstraße ist ein lebendiges Zentrum gelebter internationaler Kultur – also ein Feindbild der Rechten. 2006 dann wurde Mehmet Kubaşik in der Dortmunder Mallinkrodtstraße heimtückisch hingerichtet. Sein Kiosk in der Nordstadt lag in unmittelbarer Nähe zum Neonazi-Treffpunkt »Deutscher Hof« und nicht weit von der Wohnung eines berüchtigten Neonazi-Anführers entfernt.

Bereits Mitte des Jahres 2000 war für die deutsche »Division« der damals militantesten europäischen Skinhead-Organisation »Blood & Honour« ein Verbot absehbar – es erfolgte im September 2000. Untergruppen des bewaffneten Arms von »Blood & Honour«, genannt »Combat 18«, bedrohten wie zum Beispiel in Schleswig-Holstein auch Politiker und Gewerkschafter. Der dieser Organisation nahestehende britische Neonazi David

Copeland hatte im April 1999 in London drei grausame Nagel-
bombenanschläge verübt, bei denen drei Menschen getötet und
viele weitere zum Teil schwer verletzt wurden. Die Detonatio-
nen fanden in Gegenden statt, in denen vorwiegend Zuwanderer, Schwarze oder Homosexuelle lebten. Es sollten möglichst
viele Menschen getroffen werden. Im Oktober 1999 richtete ein
Neonazi den engagierten schwedischen Gewerkschaftsaktivis-
ten Björn Söderberg kaltblütig hin. Die Szene hatte nicht nur
Feindbilder, sie bekämpfte sie auch mit Waffengewalt.
In der Bundesrepublik sorgte 1999 ein Anschlag in Saarbrücken für Aufregung. Wer die Bombe auf die Ausstellung »Verbrechen der Wehrmacht. 1940–1945« gelegt hat, ist bis heute
ungeklärt. In Berlin schändeten Unbekannte mehrmals das
Grab des verstorbenen Vorsitzenden des Zentralrats der Juden,
Heinz Galinski. Er galt in der Neonazi-Szene als herausragende
Reizfigur. Allein im Jahr 2000 verdoppelten sich die Funde von
Waffen, Munition und Sprengstoff im Vergleich zum Vorjahr.
48 Vorfälle wurden offiziell verzeichnet.

Düsseldorf, die nordrhein-westfälische Landeshauptstadt, galt
nicht als Hochburg des Rechtsextremismus. Doch es gab gefestigte militante und hierarchische Kameradschaftsstrukturen.
Warnungen vor dem Anschlag am S-Bahnhof Wehrhahn wurden nicht bekannt, dabei wimmelte es auch in Nordrhein-Westfalen von rechten Spitzeln im Dienste des Staates. Die Situation
verschärfte sich, als am 3. Juli 2000 sieben Mitglieder und
Freunde der Neonazi-Band »Reichswehr«, von einer Probe
kommend, zwei Männer, einen Griechen und einen Afghanen,
am S-Bahnhof Düsseldorf-Derendorf angriffen. Eines ihrer Opfer stießen sie auf die Gleise und traten es dort zusammen. Der
Vorfall fand bundesweit kaum Beachtung.
Für Entsetzen hatte kurz zuvor am 14. Juni 2000 die Ermordung von zwei Polizisten und einer Polizistin wiederum in

Nordrhein-Westfalen gesorgt. Innerhalb der Dortmunder Neonazi-Szene galt der Schütze Michael Berger, Waffennarr und
DVU-Anhänger, längst als tickende Zeitbombe. Die drei Beamten in Dortmund und Waltrop hatten keine Chance, eine Kollegin wurde schwer verletzt. Berger, der sich anschließend mit
Kopfschuss tötete, wurde in der Öffentlichkeit als schwermü-
tiger Psychopath und Einzelgänger dargestellt. Doch er hatte
intensive Kontakte, so war die militante »Kameradschaft Dortmund« nach der Tat stolz auf ihn und feierte die Morde mit einem eigenen Sticker: »3:1 für Deutschland«. Was bedeuten soll:
Drei tote Staatsdiener gegenüber einem toten Nationalisten.

Anfang Juli 2000 stürmten 15 Skinheads, auch aus Düsseldorf, eine Gedenkveranstaltung am Mahnmal für die Opfer des
KZ Kemna bei Wuppertal und prügelten auf friedliche Demonstranten ein, wie *Der Spiegel* berichtete. Fünf Tage zuvor sei
das Mahnmal bereits mit Hakenkreuzen beschmiert worden.
Drei junge Männer wurden unter anderem wegen Körperverletzung zu Jugendstrafen ohne Bewährung verurteilt.

Wie kam es zu dieser Militanz in Nordrhein-Westfalen? Der
Rückblick auf das Düsseldorfer Spektrum verdeutlicht, dass
sich zeitnah mit Organisationsverboten neue Neonazi-Strukturen bildeten. Als Reaktion auf das staatliche Aus für die
»Freiheitliche Deutsche Arbeiterpartei« (FAP) 1995 sammelten
sich jüngere Anhänger in Düsseldorf zunächst im Umfeld der
NPD-Jugendorganisation »Junge Nationaldemokraten«, um
dann etwa ab 1996 in der viertgrößten Stadt des Bundeslandes
als »Kameradschaft Düsseldorf« aufzutreten. Diese damals
neue Organisationsform diente wie vielerorts als Auffangbe-
cken radikaler Kräfte. Der Kern der Gruppe bestand aus etwa
zehn bis 15 Neonazis und Skinheads, zu größeren Aufmärschen
konnten bis zu 40 Aktivisten mobilisiert werden – keine große
Szene.

Mit dem jungen Sven Skoda übernahm nach und nach ein äußerst überzeugter Anhänger die Führung der Düsseldorfer »Freien Kräfte«. Zwischen Militaria-Händler Ralf S. und ihm entstand so etwas wie Freundschaft. Skoda, der kleine Mann mit der großen Stimmkraft, gilt bis heute als gewichtiges Sprachrohr innerhalb der westdeutschen Strukturen. Früh war er vom damaligen Anführer Christian Malcoci unter seine Fittiche genommen worden.

Schon als Abiturient in Flingern hatte Skoda aus der elterlichen Wohnung heraus die »Direkt- und Fax-Leitung« des »Nationalen Infotelefons Rheinland« (NIT Rheinland) betrieben, sie diente der Kooperation von Aktionen und zur Kontaktaufnahme mit Kameraden. Der junge Mann verfasste Texte für die Bandansagen des NIT Rheinland, die von Düsseldorf aus die bundesweite Neonazi-Szene mit Informationen und Terminen belieferte. Das Rheinland-Infotelefon für die »Deutschen Volksgenossen« gehörte zu den »meist abgehörten« bundesweit und hatte eine Bedeutung wie heute WhatsApp oder Twitter. So hieß es unter anderem in einem Text in Erinnerung an Adolf Hitlers Marsch auf die Feldherrnhalle 1923: »Damals hatten Adolf Hitler und seine Parteigenossen die Erhebung gegen das rote und reaktionäre Regime in Bayern gewagt. Der Aufstand der Widerstandskämpfer brach im Kugelhagel der bayrischen Staatspolizei zusammen (…) Ihr Opfer darf nicht umsonst gewesen sein. Der politische Kampf, den wir Jungen aufgenommen haben, ist kein Spiel!«

Der ehemalige Vorsitzende der NPD, Holger Apfel, bescheinigt Skoda in seinem Buch »Irrtum NPD« ein »fanatisches Wesen«. Der Szene-Spezialist nutzte Ende der 1990er-Jahre moderne Techniken, veröffentlichte im Internet etwa einen »Düsseldorfer Beobachter«. Skoda studierte Wirtschaftsinformatik an der deutschsprachigen Fachhochschule im niederländischen Venlo. 2006, zurück in Düsseldorf, organisierte Sven Skoda eine Demonstration. In den nächsten Jahren entwickelte sich der studierte Software-Spezialist zum gefragten Redner und äußersten Scharfmacher bei unzähligen Neonazi-Demonstrationen in bundesdeutschen Städten und Gemeinden. Skoda reiste quer durchs ganze Land, knüpfte Verbindungen. 2006 wurde ein extrem rechter Aufmarsch in Düsseldorf mit dem Wort »Bombenstimmung« beworben – eine provokative Anspielung auf den bis dato unaufgeklärten Anschlag.

Die Neonazi-Szene damals wie heute war durchsetzt mit Informanten von Polizei und Nachrichtendiensten. Ihr Einsatz, das hat sich besonders im Hinblick auf die NSU-Aufklärung gezeigt, konnte keines der Neonazi-Verbrechen verhindern. So auch in Nordrhein-Westfalen. Auch zur Aufklärung schwerer durch Neonazis begangener Verbrechen haben Spitzel wenig beigetragen. Im Gegenteil, nicht wenige der vom Staat eingekauften Neonazis waren in kriminelle Machenschaften verstrickt, ihre Rolle blieb undurchsichtig. Sebastian Seemann zum Beispiel, waffenbegeisterter Neonazi aus Lünen, flog 2007 als Informant des Landesamts für Verfassungsschutz auf. Er hatte enge Verbindungen in den Dortmunder Untergrund, zählte zu einer geheimen »Combat 18«-Untergrundzelle und pflegte freundschaftlichen Kontakt zum amoklaufenden Polizistenmörder Berger.

Seit 1989 baute ein »geheimer Mitarbeiter« des Amtes für Verfassungsschutz rechte Strukturen in Düsseldorf mit auf. Johann H. wurde bekannt, weil sein Gesicht dem Phantombild des mutmaßlichen Attentäters in der Kölner Probsteigasse zum Verwechseln ähnlich sah. Er blieb unbehelligt. Der Mann des Dienstes war in der Vergangenheit Mitglied im wehrsportähnlichen »Heimatschutzverband« (»Ausbildung, Survival, Kameradschaft«) in der FAP als auch im Umfeld der Kameradschaftsstrukturen aktiv. Über Spitzel im direkten Umfeld von Ralf S.

ist bisher wenig bekannt. Vor 2000 soll einer als Wachmann bei Ralf S. gejobbt haben. Sein Deckname war »Apollo«, über dem linken Ohr trug er ein »Blood & Honour«-Tattoo. André M. wurde als V-Mann vom Landesamt für Verfassungsschutz in Düsseldorf angeheuert, »Apollo« soll gegenüber seinem V-Mann-Führer behauptet haben, Täter aus Ostdeutschland hätten das Attentat am S-Bahnhof Wehrhahn begangen.

Die Wahl der Opfergruppe des Anschlags am S-Bahnhof Wehrhahn sprach von Anfang an dafür, dass der Attentäter einen ideologischen Hintergrund und ein klares Feindbild hatte. Es handelte sich um eine geschlossene Sprachschülergruppe, allesamt russische Aussiedler mit zum Teil jüdischem Hintergrund. Rund 620 000 Spätaussiedler aus der ehemaligen Sowjetunion sind im bevölkerungsstärksten Bundesland beheimatet. Bis zum Jahr 2000 waren unter den sogenannten Kontingentflüchtlingen über 33 300 jüdische Neubürger in Nordrhein-Westfalen. Grundlage für die Übersiedlung bestimmter Mengen von Menschen aus dem Osten war ein Beschluss der Innenministerkonferenz von 1991. Die rechtsradikale Deutsche Volksunion (DVU) wetterte bereits 1997 in ihrer *National-Zeitung:* »Unsere ›freieste Gesellschaft der deutschen Geschichte‹ ist hilflos gegen eine ausufernde Kriminalität. Scheinasylanten, Bürgerkriegsflüchtlinge, Kontingentflüchtlinge, De-facto-Flüchtlinge, illegale Ausländer entfremden uns Deutschland zunehmend und werden mit über 100 Milliarden Mark je Jahr aus unseren Steuergeldern finanziert.«

Auch DVU-Fan Ralf S. aus Düsseldorf fand in den Aussiedlern aus der ehemaligen Sowjetunion ein zentrales Feindbild, nannte sie »Kanaken«. Politikwissenschaftler Fabian Virchow von der Fachhochschule Düsseldorf weist darauf hin, dass Hetzpropaganda, auch antisemitisch geprägt, rechte Diskurse diktierte. Die Überfremdungs-Idee, wie sie damals vor allem in rechten »Leitmedien« wie der *National-Zeitung* gepusht wurde, fand Anklang. Feindbilder vom »Ostjuden« oder des »jüdischen Bolschewismus« verdeutlichten auch den Rückgriff auf die Hasspropaganda des historischen deutschen Faschismus, so Virchow. Für Michael Szentei-Heise von der Jüdischen Gemeinde in Düsseldorf entspricht der Angeklagte dem »klassischen Stereotyp eines Antisemiten«. Alexander Häusler, ebenfalls Wissenschaftler am »Forschungsschwerpunkt Rechtsextremismus/Neonazismus« der Düsseldorfer Fachhochschule, äußerte gegenüber der Hamburger Wochenzeitung *Die Zeit* die Kritik, wonach die Behörden 2000 die Militanz der Neonazi-Szene unterschätzt hätten. Häusler fordert Aufklärung darüber, ob der mutmaßliche Wehrhahn-Täter allein handelte oder Mitwisser hatte, »das sei eine Verpflichtung gegenüber den Opfern«.

Trotz aller Erkenntnisse bleibt der mutmaßliche Täter Ralf S. bisher ein Rätsel. Er schwärmte für die DVU und hatte Zugang zur militanten Neonazi-Szene. War Ralf S. tatsächlich der politische Einzelgänger, der in der Lage war, so einen Plan alleine durchzuziehen? Die Persönlichkeitsstruktur des Verdächtigen spreche aus Sicht des zuständigen Oberstaatsanwaltes Ralf Herrenbrück für eine Einzeltat. So habe S. innerhalb der extrem rechten Szene als unzuverlässig gegolten. Das Bild eines geltungs- und mitteilungsbedürftigen Mannes, der auch zur Gewalt neigt, vermitteln nicht nur seine beiden, intensiv betriebenen Facebook-Accounts, sondern auch ehemalige Partnerinnen.

Immer wieder suchte S. in den letzten Jahren die Öffentlichkeit. 2009 bot er sich als Sicherheitsberater zur Piratenabwehr auf den Weltmeeren an. Die Sendung »Abenteuer Wissen« des ZDF und weitere Medien präsentierten den ehemaligen Marinesoldaten in einem Beitrag über somalische Piratenangriffe als Berater und Trainer betroffener Schiffscrews. Es gefiel ihm, sich als »bekannter Sicherheitsexperte« und Buchautor zu vermarkten, der in seinen »Grundlagen zur Piratenabwehr unterschiedliche Übungsabläufe und Bordsicherheitsplanungen« erfasse. Bei Facebook nannte er sich »Sergant S.«. In Flecktarn-Montur zeigte er, wie sich ein einfaches Metallrohr zu einem gefährlichen Verteidigungsinstrument umwandeln lässt. In anderen Videoclips auf Youtube bewirbt »Sicherheitsberater S.« mit seiner Firma das eigene Bodyguardtrainings-Angebot, gibt Frauen Einweisungen zur Selbstverteidigung und feiert sich selbst als einen, der 2013 »einen Autoeinbrecher« in Ratingen dingfest gemacht habe. Wenige Wochen vor seiner Verhaftung Anfang 2017 kommentiert Ralf S. bei Facebook den tödlichen Anschlag auf den Weihnachtsmarkt in Berlin im Dezember 2016: »Den Opfern und Angehörigen vom Terrorangriff mittels LKW in Berlin alles Gute RIP und viel Kraft«.

Internet und soziale Netzwerke waren sein Medium. Auch privat verfasste S. zahlreiche Kommentare. Schrieb kryptische, schwer lesbare Hassbotschaften an ehemalige Partnerinnen. Prangerte an, dass ihm der Umgang mit seinen Kindern verweigert wurde. Der Mann stand unter Strom. Seine Ex-Freundin und Kollegin Corinna D. bezichtigte ihn öffentlich der Gewalt und des Diebstahls. Per Facebook beschimpften sich die ehemaligen Partner.

Kurz vor seiner Verhaftung im Februar 2017 hatte Corinna D. bei Facebook Andeutungen verbreitet, die vermuten lassen, sie könnte mehr über den Wehrhahn-Anschlag gewusst haben. Corinna D. ist Security-Frau und Detektivin, mit Ralf S. war sie drei Jahre liiert, sie lebten aber in verschiedenen Städten. Am 14. Januar, etwa zwei Wochen vor seiner Verhaftung, schrieb sie: »Also lieber Ex: Kümmer Dich doch bitte um Deine Angelegenheit (…) Schlimm genug Dich zu kennen und zu wissen das Du Menschen auf dem Gewissen hast.« Hatte er ihr vom Anschlag seinerzeit erzählt? Gab es doch Mitwisser?

Corinna D. ist politisch auf seiner Linie, teilt bei Facebook
Postings des Thüringer Neonazis Tommy Frenck, mag Pegida
NRW, hetzt gegen Ausländer, verhöhnt Flüchtlinge und
schwärmt für Lieder der nationalen Liedermacherin Annett.
Auffällig ist, dass sie sich gleich nach Wiederaufnahme der Ermittlungen im Wehrhahn-Komplex sehr dafür zu interessieren
schien. Immer wieder postete Corinna D. Hintergrundberichte
zum Stand der Ermittlungen. Ihre Botschaften klingen zum Teil
kryptisch. Auf die eigene Frage:»Was würdest du tun gäbe es
1 Tag keine Gesetze?«, antwortet sie im Januar 2015 bei Facebook:»Da heute nicht dieser Tag ist, behalte ich es lieber fuer
mich. Eines weiss ich allerdings die Welt wuerde sich freuen.«
Ein Jahr später macht Corinna D. öffentlich bei Facebook nach-
lesbar Andeutungen über möglicherweise ungesühnte Taten ihres Ex-Freundes aus Ratingen.»Es kann nicht sein das Leute
wegen Diebstahl, Nötigung, räuberischer Erpressung, Bedrohung, Leistungsbetrug, gefährlicher Körperverletzung usw. immer noch frei rumlaufen«, schreibt sie im sozialen Netzwerk
und setzt nach:»Dabei handelt es sich um eine Person die diese
Straftaten begangen hat und ihm passiert nichts.«

Die Düsseldorfer Anklagebehörde will sich nicht auf Corinna
D.'s Aussagen verlassen, ihre Aussagen werden als nicht unein-
geschränkt belastbar bewertet. Es wird sich dennoch zeigen, ob
Ralf S. sein Schweigen im Prozess durchhält. Im Gefängnis ist
es ihm nicht gelungen.

Co-Autor: Michael Klarmann

Chronik Dezember 2016

01.12. München (BY) Im Dezember greifen Unbekannte einen Geflüchteten an, beschimpfen ihn und schlagen auf ihn ein. Zum Schutz des Opfers wird das genaue Datum nicht öffentlich gemacht. Die Opferberatungsstelle »Before« bewertet diesen Vorfall als rechte Tat.

01.12. Cottbus (BB) Ein Rechter zündet ein Möbelstück vor der Tür einer Wohnung an, in der zuvor eine syrische Familie gelebt hat. Durch die Rauchentwicklung wird ein Bewohner verletzt und muss im Krankenhaus behandelt werden. Tatmotiv für die Brandstiftung ist Rassismus.

01.12. Altusried (BY) In der Silvesternacht bringt ein Unbekannter einen illegalen Böller aus Italien im Eingangsbereich einer Geflüchtetenunterkunft zur Explosion. Durch die Wucht der Detonation entsteht ein Sachschaden von 3000 Euro. Der Täter flieht mit einem Komplizen in einem Pkw.

02.12. Berlin-Köpenick (BE) Ein unbekannter Mann beleidigt einen 21-Jährigen beim Einsteigen in den Bus rassistisch und stößt ihn.

02.12. Frankfurt am Main (HE) Mehrere Personen zünden unter einer Brücke die Schlafplätze von sechs Obdachlosen an. Ein junger Mann erleidet Brandverletzungen beim Löschen des Feuers. Die Opfer stammen aus Rumänien. Für den »Förderverein Roma« sind rassistische Motive naheliegend.

02.12. Hamburg-Rahlstedt (HH) Ein Unbekannter schießt mit einer Schreckschusswaffe in der Nähe der zentralen Anlaufstelle für Flüchtlinge. Er ruft »Scheiß Kanaken, Dreckspack« und fährt mit seinem Fahrrad davon.

03.12. **Wittstock (BB)** Drei Rechte jagen einen Mann aus dem Gazastreifen und einen Ägypter durch die Straßen und rufen dabei rechte Parolen. Sie schlagen die beiden zusammen und verletzen sie. Bei der anschließenden Hausdurchsuchung bei den Beschuldigten werden Waffen und verfassungsfeindliches Material sichergestellt.

03.12. **Sternberg (MV)** Ein Mann beleidigt, bedrängt und schubst wiederholt Geflüchtete und beschädigt ihre Fahrräder.

04.12. **Dresden (SN)** Drei Männer sprechen einen 21-Jährigen auf der Straße nach seiner Herkunft an. Dann schlagen und treten sie auf ihn ein.

04.12. **Rostock (MV)** Zwei Personen beschimpfen zwei Männer rassistisch und bedrohen sie mit einer Glasflasche.

05.12. **Berlin-Wilmersdorf (BE)** Ein Schüler greift den Vater eines Mitschülers aus antiziganistischer Motivation an. Er bespuckt und schlägt den Mann.

05.12. **Gießen (HE)** Ein Unbekannter lehnt in der Nacht einen Autoreifen an den Eingangsbereich eines Dönerladens, übergießt ihn mit einer brennbaren Flüssigkeit und zündet ihn an. Der Reifen erlischt von selbst. Das »Demokratiezentrum Hessen« bewertet diesen Vorfall als rechte Tat.

06.12. **Neuruppin (BB)** In einem Linienbus verhindert ein Jugendlicher, dass ein Mann aus Tschetschenien neben ihm Platz nehmen kann. Zusammen mit seinen Freunden beleidigt der Jugendliche den Mann rassistisch und schubst ihn. Als der Betroffene in Begleitung seiner Kinder den Bus verlässt, schlagen ihm die Jugendlichen mit der Faust ins Gesicht. Als eines der Kinder eingreifen will, wird es von einem der Täter weggeschubst und leicht verletzt.

06.12. **Hemsbach (BW)** Zwei Unbekannte sprechen einen Geflüchteten an und schlagen ihm dann unvermittelt mehrfach mit der Faust ins Gesicht. Die Amadeu Antonio Stiftung und Pro Asyl werten diesen Vorfall als flüchtlingsfeindlich.

06.12. **Hohenmölsen (ST)** Zwei Unbekannte verfolgen einen 23-jährigen Mann aus Guinea-Bissau, beleidigen ihn rassistisch und werfen eine Glasflasche nach ihm. Wenig später schlagen sie ihn mit einem Schlagstock. Der Betroffene flüchtet und wird erneut mit einer Glasflasche beworfen, die ihn am Bein trifft. Die Angreifer verfolgen ihn weiter mit einem Auto. Der 23-Jährige kann entkommen und muss im Krankenhaus behandelt werden.

08.12. **Dresden (SN)** Eine Frau und zwei Männer sprechen einen Ägypter auf der Straße an. Dann attackieren sie ihn unvermittelt mit Schlägen. Als sich Passanten nähern, lassen sie von ihrem Opfer ab und flüchten. Die Opferberatungsstelle »RAA Sachsen« bewertet diesen Vorfall als rechte Tat.

08.12. **Hardegsen (NI)** Es kommt zu einer gefährlichen Körperverletzung gegen einen geflüchteten Menschen. Laut der Beantwortung einer parlamentarischen Anfrage ist dieser Vorfall eine politisch rechts motivierte Straftat.

09.12. **Dortmund (NW)** Zwei polizeibekannte Aktivisten der Neonazi-Szene beleidigen einen 35-Jährigen in einer Gaststätte. Dann greifen sie ihn körperlich an. Einer der Täter soll versucht haben, dem Opfer mit einem Glas ins Gesicht zu schlagen.

09.12. **Mühlenbarbek (SH)** Ein Radfahrer beleidigt zwei Geflüchtete, spuckt einem ins Gesicht und schubst beide zu Boden. Die Amadeu Antonio Stiftung und Pro Asyl werten diesen Vorfall als flüchtlingsfeindlich.

09.12. **Gera (TH)** Unbekannte verüben einen Sprengstoffanschlag auf den Briefkasten des Vereins »Akzeptanz! e.V.«, der sich für Geflüchtete einsetzt. Die Detonation ist bis in die Innenstadt zu hören.

10.12. **Berlin-Friedrichshain (BE)** Ein 35-jähriger Mann beleidigt einen 25-Jährigen rassistisch, stößt ihn und verletzt ihn mit einem Messer.

10.12. **Gransee (BB)** Ein betrunkener Fahrradfahrer bemerkt drei minderjährige Libanesen, steigt von seinem Rad und greift die Jungen an. Er schlägt einem von ihnen mit der Faust ins Gesicht. Ein weiterer Fahrradfahrer kommt hinzu und schlägt einen der Jugendlichen.

10.12. Dinslaken (NW) Unbekannte versuchen das Pförtnerhaus einer Notunterkunft für Geflüchtete und Wohnungslose mit Benzin anzuzünden.

10.12. Berggießhübel (SN) Kurz vor Mitternacht werfen Unbekannte einen 10x15 Zentimeter großen Stein in das Fenster einer Geflüchtetenunterkunft. In dem Zimmer halten sich zu diesem Zeitpunkt fünf Personen auf, die nicht verletzt werden.

10.12. Weißenfels (ST) In der Bahnhofshalle bewerfen Fußballfans drei Männer aus Eritrea mit vollen Bierdosen und beleidigen sie rassistisch. Die Betroffenen werden durch den Angriff verletzt, die Polizei kann zwei Tatverdächtige festnehmen.

11.12. Berlin-Kreuzberg (BE) Ein 29-jähriger Mann beleidigt drei 16-jährige Geflüchtete rassistisch, sprüht Reizgas und bedroht sie mit einem Elektroschocker.

11.12. Werther (NW) Ein Unbekannter löst die Radmuttern an dem Auto eines Mannes, der sich in der Werther Flüchtlingsinitiative engagiert. Auf der Autobahn löst sich das Vorderrad des Wagens und fällt ab. Zuvor war der Mann im Internet mehrfach durch Rechte beleidigt worden. Der Staatsschutz ermittelt.

11.12. Kiel (SH) Es kommt zu einer Körperverletzung gegen einen geflüchteten Menschen. Laut der Beantwortung einer parlamentarischen Anfrage ist dieser Vorfall eine politisch rechts motivierte Straftat.

11.12. Sömmerda (TH) Auf einem Konzert greift eine Gruppe Personen drei Geflüchtete an. Sie schlagen und treten zu. Der Sicherheitsdienst bringt die drei nach draußen, wo sie von einer 15-köpfigen Gruppe verfolgt werden, die volksverhetzende Parolen ruft. Einer der Betroffenen muss im Krankenhaus behandelt werden.

12.12. Berlin-Neukölln (BE) In der Nacht werfen Unbekannte ein mit Farbe gefülltes Glas durch die Fensterscheibe einer Wohnung. Dieser und weitere in derselben Nacht stattfindende Anschläge gelten politischen Gegnern einer örtlichen Neonazi-Gruppe. Unter anderem versuchen die unbekannten Täter ein linkes Kollektivcafé anzuzünden.

12.12. Bautzen (SN) Drei Unbekannte werfen in der Nacht Brandsätze auf das Grundstück einer Geflüchtetenunterkunft.

12.12. Gotha (TH) Vier Menschen halten zwei Personen auf. Sie rufen »Sieg Heil« und zeigen den Hitlergruß. Als einer der Angehaltenen weitergehen will, wird er zusammengeschlagen. Er trägt ein Hämatom und Schürfwunden im Gesicht davon.

13.12. Kornwestheim (BW) Ein 48-jähriger Mann pöbelt und beleidigt Menschen in der S-Bahn und am Bahnhof. Er greift einen Mann mit dunkler Hautfarbe körperlich an und wird daraufhin von der Polizei in Gewahrsam genommen. Die Opferberatungsstelle »Leuchtlinie« geht von einem rechten Tatmotiv aus.

13.12. München (BY) Es kommt zu einer gefährlichen Körperverletzung gegen einen Geflüchteten. Laut der Beantwortung einer parlamentarischen Anfrage ist dieser Vorfall eine politisch rechts motivierte Straftat.

13.12. Niedersachswerfen (TH) Ein Busfahrer und ein junger Geflüchteter geraten wegen des Wechselgeldes für den Fahrschein in Streit. Beim Verlassen des Busses spricht der junge Mann den Busfahrer erneut auf das Geld an. Dieser schlägt ihm daraufhin ins Gesicht. Der Geflüchtete erleidet eine Verletzung am Auge und muss im Krankenhaus behandelt werden. Gegen den Fahrer wird polizeilich ermittelt.

14.12. Berlin-Spandau (BE) In der Nacht beleidigt ein 39-jähriger Mann einen 20-Jährigen rassistisch und schlägt ihn.

14.12. Sömmerda (TH) Ein 21-jähriger polizeibekannter Mann greift zwei Geflüchtete verbal an. Dann schlägt er einem der

Betroffenen ins Gesicht. Zeugen greifen ein und können so weitere Attacken verhindern. Die Polizei ermittelt gegen den Täter wegen Körperverletzung. Die Opferberatungsstelle »ezra« bewertet diesen Vorfall als rechte Tat.

15.12. Berlin-Hellersdorf (BE) Ein Unbekannter beleidigt einen 28-Jährigen rassistisch und schlägt zu.

15.12. Schongau (BY) Ein Unbekannter beleidigt zwei junge Männer als »Scheiß Ausländer« und greift sie körperlich an.

16.12. Schwedt (Oder) (BB) Ein unbekannter Mann fragt einen Geflüchteten, woher er stamme, und zückt nach dessen Antwort einen messerähnlichen Gegenstand. Damit greift er den Betroffenen an und beschädigt seine Jacke.

16.12. Eichstätt (BY) Sechs junge Männer greifen mit Eisenstangen und Schlagringen bewaffnet drei junge Geflüchtete an. Die Täter können unerkannt flüchten. Zwei Betroffene müssen im Krankenhaus behandelt werden. Die Amadeu Antonio Stiftung und Pro Asyl werten diesen Vorfall als flüchtlingsfeindlich.

16.12. München (BY) Der Teilnehmer einer Pegida-Demonstration greift eine Gegendemonstrantin an und wirft sich auf die am Boden liegende Frau.

17.12. Altötting (BY) Am Abend pöbelt ein Mann eine Gruppe Geflüchteter an, die am Bahnsteig auf den Zug warten. Der Mann beleidigt die Gruppe, schlägt einem Geflüchteten mit der flachen Hand ins Gesicht und stößt ihn dann so, dass er ins Bahngleis fällt. Die Amadeu Antonio Stiftung und Pro Asyl werten diesen Vorfall als flüchtlingsfeindlich.

17.12. Düsseldorf (NW) Ein Unbekannter verübt einen Brandanschlag auf ein Hotel, das von einem indischen Ehepaar betrieben wird. Elf Menschen müssen von der Feuerwehr aus dem Gebäude gerettet werden. Eine Person springt in Panik aus dem ersten Stock und verletzt sich dabei schwer. In dem Gebäude waren zuvor Geflüchtete untergebracht. Rechte Aktivisten hatten in der Vergangenheit gegen die Unterbringungen protestiert.

Der Staatsschutz ermittelt. Ein rassistisches Tatmotiv wird nicht ausgeschlossen.

17.12. Bautzen (SN) Sechs Männer, die aufgrund ihrer Kleidung von Augenzeugen der rechten Szene zugeordnet werden, geraten in Streit mit sechs Geflüchteten. Auslöser soll zu laute Musik aus dem Mobiltelefon eines Geflüchteten gewesen sein. Es kommt zu einer tätlichen Auseinandersetzung zwischen den beiden Gruppen. Die Polizei erkennt keinen fremdenfeindlichen Hintergrund. Die Opferberatungsstelle »RAA Sachsen« bewertet diesen Vorfall als rechte Tat.

17.12. Sebnitz (SN) In der Nacht bedroht und attackiert ein Mann einen Syrer. Dieser erleidet leichte Verletzungen. Der Staatsschutz ermittelt. Die Opferberatungsstelle »RAA Sachsen« bewertet diesen Vorfall als rechte Tat.

17.12. Magdeburg (ST) Ein unbekannter Mann beleidigt einen 21-jährigen Studenten als »Kanake« und »Scheiß Ausländer«. Als sich der Student der Situation entziehen will, wird er verfolgt, geschubst und bespuckt.

17.12. Rostock (MV) Zwei junge Frauen beleidigen zwei jugendliche Geflüchtete und ihren 14-jährigen Begleiter rassistisch. Eine von ihnen ruft »Heil Hitler«. Dann schlägt eine der Frauen den Jugendlichen ins Gesicht und bricht einem dabei die Nase. Er muss im Krankenhaus behandelt werden.

18.12. Cottbus (BB) Vier Männer nähern sich einem Geflüchteten unweit des Weihnachtsmarktes. Sie beleidigen ihn rassistisch. Einer der Angreifer schlägt mit einem Teleskopschlagstock auf den Kopf des Mannes ein. Zwei Frauen versuchen, den Angriff zu beenden. Eine von ihnen wird daraufhin ebenfalls geschlagen. Der Geflüchtete kann sich in ein nahe gelegenes Café retten. Er erleidet schwere Verletzungen und muss stationär im Krankenhaus behandelt werden.

19.12. Berlin-Lichtenberg (BE) Eine Gruppe Menschen greift aus rassistischer Motivation einen 44-Jährigen und seinen 16-jährigen Sohn an. Der Junge wird durch einen Teleskopschlagstock am Kopf verletzt.

19.12. **Rostock (MV)** Mehrere Jugendliche beleidigen eine 13-Jährige mit den Worten »Scheiß Ausländer«. Sie ziehen sie an den Haaren und bringen sie zu Boden. Dabei schlägt sie mit dem Kopf auf einer Eisenstange auf. Die Angreifer treten auf das Mädchen, das am Boden liegt, ein. Die 13-Jährige wird verletzt und muss sich in ärztliche Behandlung begeben.

21.12. **Herne (NW)** Unbekannte zünden in der Nacht das Auto einer Familie an und hinterlassen ein islamfeindliches Graffito an der Hauswand. Das Feuer greift auf das Wohnhaus der Familie über, kann jedoch von der Feuerwehr gelöscht werden. Die Polizei vermutet ein »fremdenfeindliches Motiv«.

22.12. **Bochum (NW)** Ein Unbekannter versucht ein Gebäude in Brand zu stecken, das als Geflüchtetenunterkunft genutzt wurde. Das Feuer erlischt von selbst. Die Polizei findet am Tatort eine lange Lunte, die von draußen ins Gebäude führt, sowie eine beschädigte Gasleitung.

22.12. **Rostock (MV)** Eine Gruppe von mindestens zehn Neonazis greift ein alternatives Wohnprojekt an. Sie schlagen mit Eisenstangen auf die Eingangstür ein und versuchen, in die Räumlichkeiten einzudringen. Als dies nicht gelingt, ziehen sie sich zurück. Wenige Tage zuvor war eine Gruppe vermummter Rechter vor dem Gebäude aufgetaucht und hatte eine Antifa-Fahne verbrannt.

23.12. **Berlin-Neukölln (BE)** Am Abend wirft ein Unbekannter eine mit Teerfarbe gefüllte Flasche in ein Wohnungsfenster. In dem Zimmer dahinter halten sich zwei Erwachsene und zwei Kinder auf. Der Anschlag gilt einem Antifaschisten.

23.12. **Baesweiler (NW)** Ein 39-Jähriger spielt rechtslastige Musik in einem Bus ab. Er bedroht, laut Medienberichten, einen 27-jährigen Mann »mit Migrationshintergrund« mit einem Messer. Der Täter schlägt so heftig auf das Opfer ein, dass es gegen eine Fensterscheibe schleudert und diese zu Bruch geht. Dann tritt er auf den am Boden liegenden Mann ein. Als andere Fahrgäste einschreiten wollen, setzt der Täter Reizgas ein. Ein 15-jähriges Mädchen erleidet dadurch starke Augenreizungen. Der Angreifer flüchtet aus dem Bus, kann aber von der Polizei gefasst werden.

23.12. Neubrandenburg (MV) Die Polizei ermittelt wegen einer Körperverletzung, bei der ein Geflüchteter verletzt wird. Laut der Beantwortung einer parlamentarischen Anfrage ist dieser Vorfall eine politisch rechts motivierte Straftat.

24.12. Haldensleben (ST) Unbekannte werfen einen Brandsatz in den Waschraum einer Unterkunft für Geflüchtete. Das Feuer erlischt von selbst. Ein Zeuge bemerkt drei bis vier dunkel gekleidete Männer, die sich vom Tatort entfernen.

25.12. Spremberg (BB) Zwei Türsteher einer Diskothek halten mit dem Auto neben zwei Geflüchteten, die auf dem Heimweg sind. Die beiden hatten zuvor ohne Zwischenfälle die Disco besucht, in der die Türsteher arbeiten. Die Mitarbeiter steigen aus dem Auto, beleidigen und schlagen die beiden Geflüchteten. Der Angriff ist rassistisch motiviert.

25.12. Oberviechtach (BY) Mehrere Unbekannte werfen Steine gegen die Fenster einer Geflüchtetenunterkunft.

26.12. Eisenach (TH) Sechs vermummte Neonazis greifen drei junge Männer an, die auf dem Heimweg von einem Konzert sind. Einer der Angreifer zieht ein Messer, ein anderer ist mit Quarzhandschuhen bewaffnet. Drei Täter schlagen auf einen der Betroffenen ein. Dann flüchten sie unerkannt.

27.12. Berlin-Reinickendorf (BE) Drei Männer und zwei Frauen beleidigen aus antimuslimischer Motivation eine 27-jährige Frau. Sie reißen ihre Verschleierung herunter und stoßen sie.

28.12. Berlin-Reinickendorf (BE) Ein 47-jähriger Mann beleidigt einen 59-Jährigen rassistisch, schlägt und tritt ihn.

28.12. Ostenfeld (SH) Es kommt zu einer Körperverletzung gegen einen geflüchteten Menschen. Laut der Beantwortung einer parlamentarischen Anfrage ist dieser Vorfall eine politisch rechts motivierte Straftat.

29.12. Senftenberg (BB) Eine Personengruppe greift aus rassistischen Gründen einen 16-jährigen Syrer an. Die Polizei kann die Angreifer in der Nähe des Tatorts stellen. Einer von ihnen ist polizeibekannt und leistet bei seiner Festnahme Widerstand.

29.12. Prenzlau (BB) Mehrere Rechte beleidigen vor einem Supermarkt zwei junge Syrer rassistisch. Sie verfolgen die beiden und werfen mit einer Flasche nach ihnen. Die Betroffenen können vor den Tätern fliehen.

30.12. Freiburg (BW) Aus einer Gruppe von drei Personen werden mit einer Schreckschusspistole Böller auf eine Geflüchtetenunterkunft verschossen. Eine 37-jährige Bewohnerin wird dadurch leicht am Bein verletzt. Die Opferberatungsstelle »Leuchtlinie« geht von einem rechten Tatmotiv aus.

30.12. Bautzen (SN) Zehn Vermummte greifen auf dem Kornmarkt sieben Mitglieder der Linkspartei-Jugend an und jagen ihnen hinterher. Die Jugendlichen erleiden zum Teil schwere Verletzungen. Die Polizei spricht in einer Pressemitteilung von einer »Auseinandersetzung zwischen Jugendlichen«. Die Opferberatungsstelle »RAA Sachsen« bewertet diesen Vorfall hingegen als rechte Tat.

31.12. Hartmannsdorf (SN) Aus einer Gruppe von 15 Personen heraus werden zwei Afghanen in einer Diskothek geschlagen und getreten. Drei Personen, die den Männern zu Hilfe kommen wollen, werden ebenfalls angegriffen und verletzt. Die Opferberatungsstelle »RAA Sachsen« geht bei diesem Vorfall von einer rechten Tat aus.

Feindbild Presse.
Enthemmte Jagd auf Journalisten

Wir benehmen uns wie immer. Wie sich das gehört!«, feixt Jens Wilke, das Sprachrohr der Neonazi-Vereinigung »Freundeskreis Thüringen/Niedersachsen« (FKTN), am 1. April 2017 in die Kamera. Seit rund 20 Minuten berichtet der 41-Jährige per Videostream auf Facebook von einer spontanen Neonazi-Demonstration im niedersächsischen Friedland. Es dauert jedoch keine halbe Minute, bis er und seine Kameradinnen und Kameraden das eben Behauptete widerlegen und zeigen, was sie unter einem guten Benehmen in ihren Kreisen verstehen: Es beginnt eine Hetzjagd auf Journalisten.

Einer der Betroffenen ist der Fachjournalist Marian Ramaswamy. Er kennt die Neonazi-Szene in Südniedersachsen, hat im März 2017 detailliert über die Razzia gegen den extrem rechten »Freundeskreis« für das Fachportal »Störungsmelder« von *Zeit Online* berichtet. Seit Jahren dokumentiert der 27-Jährige Aktionen mit der Fotokamera und berichtet in Onlinemedien, Fachzeitungen oder beliefert den NDR. Auf Ramaswamys Fachwissen greifen Redaktionen gerne zurück. Den Neonazis scheint der ruhige junge Mann wegen seiner Hartnäckigkeit ein Dorn im Auge. »Es gibt eigentlich kaum eine rechte Veranstaltung, wo wir als Pressevertreter nicht angegangen werden«, so Ramaswamy. »Das fängt mit Bedrohungen und Beleidigungen an. Geht über Rempeleien oder einen ausgestreckten Ellenbogen, der in den Rippen landet. Bis hin zu gezielten Schlägen gegen die Kamera.«

Doch das, was am 1. April 2017 passiert, ist auch für ihn eine

neue Erfahrung in Sachen »Feindbild Presse«. Rund 100 Neonazis sind dem Aufruf des »Freundeskreises Thüringen/Nieder-
sachsen« zu einer Kundgebung unter dem Motto »Gemeinsam
für Deutschland« vor dem Hauptbahnhof in Göttingen gefolgt.
Sie stehen sich mit über 1000 Gegendemonstrantinnen und -de-
monstranten gegenüber. Marian Ramaswamy dokumentiert das
Geschehen mit seiner Kamera. Es sind mehrere Pressevertreter
vor Ort. Seine Fotos zeigen schwarz vermummte Menschen,
die Parolen brüllen. Ein »Refugees not welcome«-Transparent
wird entrollt. Kahlrasierte Männer recken den Stinkefinger.
Über den Köpfen der Teilnehmenden flattert eine schwarz-
weiß-rote Fahne mit dem Reichsadler der Nationalsozialisten.
»Nach nur einer Stunde haben die Neonazis dann ihre Sachen
gepackt und sind weiter ins 20 Kilometer entfernte Northeim
gereist«, erinnert sich Marian Ramaswamy.

Eine verbreitete rechte Strategie: Gibt es zu starken Protest
wie in Göttingen, dann wird in Nachbarorte ausgewichen. Beliebt sind Orte, in denen sich kaum zivilgesellschaftlicher Widerstand organisiert, dort versuchen die Neonazis Dominanz zu
zeigen. Ramaswamy berichtet: »In Northeim haben sie eine
spontane Demonstration angemeldet. Ich bin mit zwei Fotografen im Auto hinterhergefahren, um das Geschehen weiter auf-
zuzeigen, vor allem auch, weil es immer wieder am Rande zu
Gewalttätigkeiten kommt.«

Die Polizei hängt oft nach, Kompetenzen zwischen den
Kommunen müssen geklärt, Fahrzeugkolonnen umgelenkt werden. Dieses Mal kamen Journalisten und Beamte zeitgleich an.
Doch von Schutz konnte nicht die Rede sein. »Am Rande der
Demo in Northeim hat mich dann ein vermummter Neonazi von
einer Mauer geschubst und hat gegen mein Kameraobjektiv geschlagen. Vor den Augen der Polizei.« Doch das sei noch nicht
alles gewesen, erzählt Ramaswamy weiter.

25 extrem rechte Demonstranten wollten auch danach nicht

aufgeben, sie fuhren von Northeim ins 40 Kilometer südlich gelegene Friedland. Ein Katz-und-Maus-Spiel mit der Polizei. Die drei Fotografen hinterher. Fernsehteams und Vertreter von Medienagenturen waren nicht mehr dabei, eine Chance für Freie wie Ramaswamy, den Redaktionen Informationen und Bildmaterial anbieten zu können.

Als sie am Bahnhof in Friedland eintrafen, war die Lage unübersichtlicher als zuvor. Die Stimmung aggressiv.»Der Einsatzleiter der Polizei kam gleich auf uns zu und meinte, wir sollten Abstand halten. Wir haben dann aus der Entfernung Fotos gemacht«, sagt Ramaswamy. Was dann passiert, übertragen die Neonazis sogar live ins Internet.»Plötzlich rief jemand aus der Gruppe: Holt sie euch! Und alle Neonazis stürzten wie abgesprochen auf uns los. Die wollten uns wirklich verprügeln.« Auf dem Video ist zu sehen, wie die Neonazis die drei Fotografen unter Schreien, Drohungen und Beleidigungen mehrere Hundert Meter durch den Ort jagen. Am Ende steht nur noch ein Polizist zwischen Angreifern und Journalisten.

Marian Ramaswamy und seine beiden Kollegen können sich in einer Gaststätte in Sicherheit bringen. Beamte fixieren zwei der Angreifer am Boden, nehmen Personalien auf und erteilen Platzverweise.»Erst als ich zwei Stunden später zu Hause war, habe ich realisiert, was da gerade passiert ist. Das war wirklich knapp«, sagt Marian Ramaswamy.»Klar war der Angriff ein Riesenschreck, aber viel schockierender war dann zu merken, dass die Neonazis den Überfall auch noch ins Internet übertragen haben.« Das Video der Hetzjagd wurde laut dem Fachjournalisten über 50 000-mal angeklickt. Mittlerweile ist es aus dem Netz wieder verschwunden. Marian Ramaswamy hat Anzeige erstattet, die Ermittlungen der Polizei dauern an.

Der Vorfall im niedersächsischen Friedland ist kein Einzelfall. Er zeigt, wie enthemmt die extrem rechte Szene mit Medienvertretern umgeht, wenn es keinen Schutz durch Öffentlichkeit oder Polizei gibt. »Lügenpresse« ist nicht nur ein Schimpfwort, sondern auch eine Kampfansage. Es macht inzwischen keinen Unterschied mehr, ob Neonazis oder »Wutbürger« aufmarschieren, Angriffe gibt es fast allerorts. Pöbeleien jeglicher Art gegenüber Journalisten sind zu einer Art Volkssport von rechts geworden. Die Grenzen zur physischen Gewalt lösen sich auf, werden immer wieder auf erschreckende Weise überschritten.

In Dortmund war ein 43-jähriger Reporter 2015 nach einer Neonazi-Kundgebung von Maskierten verfolgt und mit einem Stein am Kopf verletzt worden. Zuvor waren im Internet Todesanzeigen von ihm und weiteren nordrhein-westfälischen Journalisten aufgetaucht. »In Liebe und Dankbarkeit nehmen wir fröhlich bald Abschied« oder »Bald ist es Zeit zu gehen« stand unter den Anzeigen, in denen die Medienschaffenden mit vollem Namen benannt wurden. Unterschrieben waren die Annoncen mit Neonazi-Parolen oder fiktiven Gruppen. Die polizeilichen Ermittlungen wurden im Juli 2016 ergebnislos eingestellt.

In Berlin beleidigte ein Angreifer den Kolumnisten des *Tagesspiegel* Helmut Schürmann als »linke Drecksau« und schlug ihn nieder. Am Rande eines MVgida-Aufzugs in Grevesmühlen wurde einem Reporter mit der Faust ins Gesicht geschlagen, er erkannte den Täter, einen bekannten Neonazi.

Berichte aus sächsischen Hochburgen rechter Gewalt sind Mitte 2017 weniger geworden, die wenigen Prozesse gegen die Täter interessieren nur mäßig. Für Lokalreporter sei es kein leichtes Berichterstattungsfeld gewesen, berichtet der *Deutschlandfunk*. Das Problem hat sich nicht erledigt, aber die Arbeit erzeuge bei manchen Mitarbeitern eine Mischung aus Überdruss und Erschöpfung. Beim MDR will man dagegen von einem »Abnutzungseffekt« bei der Berichterstattung über Gewalt von rechts nichts wissen.

Als im Oktober 2014 die »Patriotischen Europäer gegen die Islamisierung des Abendlandes« (Pegida) begannen, zu Tausenden auf die Straßen Dresdens zu gehen, war eine ihrer ständigen
Parolen: »Lügenpresse! Lügenpresse! Lügenpresse!« Die einfache Botschaft dieser Rufe lautet: Wer nicht unserer Meinung
ist, der lügt. Pegida-Organisator Lutz Bachmann trug während
einer der wöchentlichen Demonstrationen ein T-Shirt mit dem
Aufdruck: »Lügenpresse, halt die Fresse!« Bachmann selbst hat
eine langjährige kleinkriminelle Vergangenheit, gegenüber der
Bild-Zeitung kokettierte er damit, einst ein »Panzerknacker von
Dresden« gewesen zu sein. Da war ihm Öffentlichkeit recht.
Der Pegida-Frontmann und seine Mitstreiter sind Medien
grundsätzlich nicht abgeneigt, sie wollen nur die Regeln selbst
diktieren.

Sprachwissenschaftler aus Darmstadt kürten im Jahr 2015
den Begriff »Lügenpresse« zum »Unwort des Jahres«. In ihrer
Begründung schrieben sie: »Das Wort war bereits im Ersten
Weltkrieg ein zentraler Kampfbegriff und diente auch den Nationalsozialisten zur pauschalen Diffamierung unabhängiger Medien. Mit dem Ausdruck ›Lügenpresse‹ werden Medien pauschal diffamiert, weil sich die große Mehrheit ihrer Vertreter
bemüht, der gezielt geschürten Angst vor einer vermeintlichen
›Islamisierung des Abendlandes‹ eine sachliche Darstellung ge-
sellschaftspolitischer Themen und differenzierte Sichtweisen
entgegenzusetzen.« Die pauschale Verurteilung aller Medienvertreter sei eine Gefährdung der Demokratie und Pressefreiheit, so die Juroren.

»Die grundsätzliche Feindlichkeit der extremen Rechten gegenüber der großen Mehrheit der Medien ist kein neues Phänomen«, stellt Politikwissenschaftler Prof. Dr. Fabian Virchow
fest. Er ist Leiter des Forschungsschwerpunktes Rechtsextremismus und Neonazismus an der Hochschule Düsseldorf. Er
beobachtet und analysiert die Entwicklung der rechten Szene

auch in historischer Perspektive. Virchow sagt:»Die Verwendung des Begriffs ›Lügenpresse‹ gehört zur jüngeren Entwicklung. Die Begrifflichkeiten verändern sich über die Zeit, aber die Grundfiguren bleiben die gleichen.« Für die extreme Rechte ist es ganz simpel: Die Medien in Deutschland seien»volksfeindlich«, denn sie stehen nicht für die»wahren deutschen Interessen« ein, sondern für Pluralismus und mehrheitlich auch für multikulturelle Positionen. Nach dem Motto»Wer nicht für uns ist, ist gegen uns« sind sie damit Feinde der Volksgemeinschaft. Gewalt gegen solche»Volksfeinde« ist für die Szene weithin ein legitimes Mittel.

Presse als Feindbild hat in der Neonazi-Szene Tradition. Die Medien der jungen Bundesrepublik galten für sie als»fremdbestimmt« durch die alliierten Siegermächte, insbesondere die Amerikaner. Nach dem Ende des Zweiten Weltkrieges bis zur Gründung der Bundesrepublik Deutschland 1949 durften in Deutschland sogenannte»Lizenzzeitungen« tatsächlich nur mit Genehmigungen der Alliierten erscheinen. Lizenznehmer durfte nur werden, wer zwischen 1933 und 1945 nicht bei Medien des Dritten Reiches gearbeitet hatte. Ab 1949 konnte dann jedermann, der die Mittel dazu hatte, eine Zeitung gründen. Es gilt die im Grundgesetz, Artikel 5, festgeschriebene Pressefreiheit. Bürger sollen die Chance haben, ausreichend Informationen aller Couleur zu erhalten, die für die Bildung einer Meinung erforderlich sind.»Wenn Fachjournalisten wie wir Aufmärsche wie die in Niedersachsen am 1. April 2017 nicht beobachten«, sagt Marian Ramaswamy,»dann können Neonazis falsche Informationen streuen oder Zeitungen müssen sich ausschließlich auf die oft nichtssagenden und unausreichenden Pressemitteilungen der Polizei verlassen.«

Entsprechend der Meinung vieler Neonazis würden Medien in Deutschland staatlich verordneten Doktrinen gehorchen.

»Systemmedien« lautet das Schimpfwort. Strippenzieher im Hintergrund seien die Amerikaner, die Juden oder, verklausuliert ausgedrückt, das »Finanzkapital an der Ostküste der USA«, so die rechte Litanei. Diese würden die Redaktionen und deren Berichterstattung in Deutschland kontrollieren. Helfer säßen direkt in den Redaktionsstuben der »Lügenpresse«.

Die Neonazi-Zeitschrift *Volk in Bewegung* hat dieses weit verbreitete Feindbild vor über zehn Jahren in zwölf »Leitlinien Feindpresse« zusammengefasst: »Die Tätigkeit der sogenannten liberalen Presse ist Totengräberarbeit am deutschen Volk. (…) Die Hetzjournalisten der liberalen Presse mit ihrer tendenziösen ›Berichterstattung‹ stehen gegen die Lebensinteressen des deutschen Volkes und für die globalen Interessen der Fremdbestimmung. Sie stehen geistig im Lager des Todfeindes. Hetzjournalisten sind daher als das zu bezeichnen, was sie sind: Die Nachrichtenagenten der Fremdbestimmung.« Hetzjournalisten seien geistig-seelisch und körperlich minderwertige Menschen, heißt es weiter. Anstatt auf Zusammenarbeit oder Zuarbeit solle man auf den »Aufbau eigener nationaler Presse und Medien« setzen.

Nach Einschätzung des Politikwissenschaftlers Virchow gibt es in Bezug auf die Medien grundsätzlich zwei Strategien innerhalb der rechten Bewegung: »Einerseits gibt es die strikte Ablehnung einer Zusammenarbeit, wie etwa von *Volk in Bewegung* propagiert.« Sichtbar wird diese radikale Ablehnung, wenn Journalisten auf Demonstrationen versuchen, Neonazis zu interviewen, und diese sich abwenden oder Medienvertreter sogar angreifen. Stattdessen versuchen diese Kräfte, im »nationalen Lager« auf eigene Publikationen zu bauen. Von der Szene für die Szene. Eine Strategie, die in den letzten Jahren massiv aufgegangen zu sein scheint.

Zeitschriften wie *Zuerst* oder *NS Heute* kolportieren ausschließlich antidemokratische, nationalistische Einstellungsmuster. Virchow bestätigt, es gebe massive Bestrebungen, die eigene Pressearbeit zu professionalisieren. »Parteien wie die NPD hatten schon immer Pressesprecher und produzierten Pressemitteilungen, inzwischen sind auch digitale TV-Formate wie DS-TV hinzugekommen. Und in einigen Bundesländern, insbesondere Thüringen und Mecklenburg-Vorpommern, gibt die Partei seit vielen Jahren Regionalblätter heraus, die kostenfrei verteilt werden.«

Im Jahr 2009 hielt die NPD in einem »Leitfaden für Presse- und Öffentlichkeitsarbeit« fest: »Aufgrund der besonderen Situation der NPD im System der BRD kann man natürlich nicht erwarten, dass die Medien unserer Partei unvoreingenommen gegenübertreten. Wir werden es also in den seltensten Fällen schaffen, positiv in den Systemmedien wahrgenommen zu werden. Eher wird man damit rechnen müssen, in der politischen Auseinandersetzung totgeschwiegen zu werden. Trotzdem höhlt hier stetiger Tropfen den Stein.« Deren Prämisse lautet demnach: Jede Meldung, egal ob gut oder schlecht, ist eine Meldung.

Rechtspopulisten greifen längst Neonazi-Parolen auf und versuchen sie mehrheitsfähig zu machen. Ob bei Demonstrationen oder in den sozialen Netzwerken im Internet, die Medienfeindlichkeit nimmt zu. Dies ist das Ergebnis einer Studie des »European Centre for Press and Media Freedom« (ECPMF) aus dem Jahr 2017. Martin Hoffmann, Leiter der Untersuchung »Das Feindbild II – ›Lügenpresse‹ und Journalistische Selbstbehauptung«, fasst das Ergebnis seiner Arbeit so zusammen: »Der Großteil der Straftaten gegen Journalisten hat aktuell einen rechten Hintergrund. Diese Gewalt gegen Medienvertreter ist nicht neu, aber seit 2015 registrieren wir spürbar steigende Fallzahlen. Waren die Opfer früher vor allem Fachjournalisten und Lokalreporter, trifft es heute auch Medienvertreter, die bislang nicht im Visier der Rechten standen.«

Laut Hoffmann liegt dies vor allem an dem Erstarken der Pegida-Bewegung, mit Schwerpunkt in Sachsen.»Verstärkt durch die systematische Hetze von rechtspopulistischer Seite gegen die sogenannte Lügenpresse gilt nun jeder als Feind, der in der Öffentlichkeit erkennbar als Journalist tätig ist.« Beleidigungen, Bedrohungen und Hasszuschriften seien Alltag im Mediengeschäft. Journalisten müssten mit plötzlichen Gewaltausbrüchen rechnen.

Einer dieser Angriffe, die das ECPMF dokumentiert hat, ereignet sich im Januar 2017 in Erfurt. Ein Kamerateam des Mitteldeutschen Rundfunks (MDR) interviewt zwei geflüchtete Kinder vor einem Supermarkt. Sie berichten davon, wie sie hier im Sommer 2016 von Rassisten attackiert wurden. Wie real die Gefahr immer noch ist, erfährt das Kamerateam Minuten später am eigenen Leib. Eine Gruppe junger Männer wird aggressiv, als sie merken, dass eine Kamera in ihrer Nähe ist. Sie bedrohen den Kameramann und versuchen, ihm seine Kamera zu entreißen. Einer der Angreifer hält einen Schlagstock in der Hand. Den syrischen Redakteur des Teams beleidigen sie rassistisch und versuchen, auf ihn einzuschlagen. Der Betroffene ergreift die Flucht. Zwei Angreifer jagen ihm mehrere Hundert Meter weit hinterher. Der MDR-Redakteur kann sich in einem Supermarkt in Sicherheit bringen.

Doch warum kommt es in den letzten Jahren vermehrt zu solchen Übergriffen? Für Martin Hoffmann sind die Führungsfiguren der rechtspopulistischen Bewegung mit verantwortlich für die Zunahme rechter Gewalt.»Die Köpfe hinter Pegida, also Leute wie Lutz Bachmann oder Tatjana Festerling, die mit Begriffen wie ›Lügenpresse‹ agitieren, verurteilen solche Angriffe gegen Medienvertreter nicht. Sie heizen die Stimmung weiter mit an.«

Im Januar 2016 hatte die radikale Pegida-Mitbegründerin

Festerling auf einer Demonstration von Legida in Leipzig gerufen:»Wenn die Mehrheit der Bürger noch klar bei Verstand wäre, dann würden sie zu Mistgabeln greifen und diese volksverratenden, volksverhetzenden Eliten aus den Parlamenten, aus den Gerichten, aus den Kirchen und aus den Pressehäusern prügeln.«

Der MDR sowie drei weitere Sendeanstalten haben Anfang 2016 auf die zunehmenden Angriffe auf ihre Mitarbeiterinnen und Mitarbeiter reagiert.»Die Sender schätzen vor gefährlichen Drehterminen die Gefährdungslage für das Team ab«, berichtet Hoffmann aus seinen Gesprächen mit den Medienhäusern. »Rechnen sie mit Gewalt, wie bei Pegida-Demonstrationen, wird der Mitarbeiter eines Sicherheitsdienstes mitgeschickt. Dieser soll sich zwar nur unauffällig im Hintergrund aufhalten, notfalls aber eingreifen können.« Auch Sicherheitstrainings, die eigentlich Krisen- und Kriegsberichterstatter auf Auslandseinsätze vorbereiten sollen, werden nun auch für Inlandsreporter angeboten.

Martin Hoffmann bestätigt, dass nicht nur die Opfergruppe größer geworden ist, sondern auch die Tätergruppe: Die »Neue Rechte« erreicht mit ihrer Hetze gegen die »Lügenpresse« eine breitere Masse. Darum meinen nun auch Menschen mit einer bürgerlichen Fassade, sogenannte besorgte Bürger, Medienvertreter angreifen zu dürfen. Besonders gefährdet durch rechte Gewalt seien Journalisten mit einer Foto- oder Filmkamera. In drei Vierteln der untersuchten Fälle habe der Einsatz einer Kamera eine Rolle gespielt.»Viele Demonstrationsteilnehmer scheinen falsch über das Recht am eigenen Bild informiert zu sein. Journalisten dürfen auf einer öffentlichen Veranstaltung erst einmal grundsätzlich alles filmen und fotografieren. Ob eine Porträtaufnahme zulässig ist, müssen in wenigen Zweifelsfällen später Gerichte entscheiden.« Aber auch Polizisten seien oft nicht ausreichend geschult. Viele wüssten nicht, dass sie

Fotografen nicht zum Löschen von Bildern zwingen dürfen. Hoffmann gibt zu:»Polizisten und Journalisten sind bei Demonstrationen nun mal nicht die besten Freunde.« Die Interessen gehen da auseinander.

Wie frei Medienvertreter bei einem Polizeieinsatz berichten dürfen, hängt tatsächlich stark vom jeweiligen Einsatzleiter und weiteren Verantwortlichen der Polizei ab. Die vor Ort eingesetzten Beamten, oft junge Bereitschaftspolizisten, sind damit überfordert, »echte Presseausweise«, also solche von hauptberuflichen Journalisten, von denen zu unterscheiden, die sich jedermann im Internet kaufen kann. Zumindest für dieses Problem soll es ab 2018 eine Lösung geben: Auf Beschluss der Innenministerkonferenz soll wieder ein bundeseinheitlicher und anerkannter Presseausweis für hauptberufliche Medienvertreter eingeführt werden. Wie gut Journalisten vor Übergriffen geschützt werden und inwieweit ihre Arbeit bei Versammlungen ermöglicht wird, hängt aber weiterhin nicht zuletzt von der persönlichen Motivation verantwortlicher Beamter ab.

Martin Hoffmann, Leiter der Studie zur Medienfeindlichkeit, sieht die Pressefreiheit in Deutschland bedroht:»Das gilt insbesondere für freiberuflich arbeitende Kolleginnen und Kollegen. Die haben oft einfach weniger finanzielle Ressourcen und juristischen Beistand, wenn mal was passiert. Das ist dann eine Abwägung, riskiere ich meine Gesundheit und mein Kameraequipment? Aber das sind eben genau die Leute, die ausdauernd und hintergründig über die rechte Szene berichten. Die großen Medien berichten ja meist erst, wenn es schon brennt. Vorher halten die Fach- und Lokaljournalisten ihren Kopf hin. Wenn diese Kolleginnen und Kollegen wegen solcher Angriffe oder fehlender Unterstützung durch die Polizei nicht mehr über gefährliche Entwicklungen in unserer Gesellschaft berichten, dann haben wir ein ernsthaftes Problem in Deutschland.« Tatsächlich gibt es aber immer wieder rechte Veranstaltungen, vor allem in Sachsen und Thüringen, zu denen sich kaum noch Medienvertreter trauen. Wenn dort auch noch Ordnerdienste oder Wachposten aufgestellt werden, ist es fast unmöglich.

Hinzu kommt, dass parallel dazu die Diskussionskultur im Internet durch offenen Hass und Hetze immer mehr eingeschränkt wird: Ob in sozialen Netzwerken wie Facebook und Twitter oder in den Kommentarfunktionen von Sendern und Redaktionen. Im Internet verbreitet sich »hate speech« rasend schnell, anonym und im Minutentakt. »Shitstorm« heißt das neue Phänomen, bei dem eine lawinenartige Schmähkritik über einen einzelnen Journalisten oder ein Medium hereinprasselt. Meist zusammen mit Beleidigungen und Bedrohungen. Die Folgen dieser Entwicklung zeigte eine Umfrage des Medienmagazins *journalist* im Jahr 2016: Jede zweite Zeitungsredaktion schränkte die Kommentarfunktion ihres Angebots ein. Die Redaktionen kamen mit der Flut an rechten und strafrechtlich relevanten Kommentaren nicht zurecht. Der Aufwand für die Moderation solcher Reizthemen war schlicht nicht mehr zu bewältigen.

Von einer »Schere im Kopf« berichtet auch die Nichtregierungsorganisation »Reporter ohne Grenzen« (ROG). Journalistinnen und Journalisten überlegten sich einmal mehr, ob sie ein Thema aufgreifen sollen, das Anlass für Anfeindungen geben könnte. Sie fühlten sich in ihrer Berufsausübung eingeschränkt. Auf der Rangliste der Pressefreiheit belegt Deutschland Platz 16 und liegt damit im Mittelfeld der EU-Staaten. Neben den verbalen oder körperlichen Angriffen, die überwiegend von rechtspopulistischer und rechtsradikaler Seite kämen, sehen die »Reporter ohne Grenzen« ein Problem darin, wie die AfD mit Pressevertretern umgeht. Wiederholt hatte die Rechtsaußen-Partei entweder pauschal alle oder einzelne Journalisten von Veranstaltungen ausgeschlossen und damit antidemokratische Tendenzen offenbart. So musste zum Beispiel im Januar 2017 ein Reporter der *Sächsischen Zeitung* einen AfD-Parteitag verlassen. Ein Delegierter hatte den Antrag auf Ausschluss wegen angeblicher Hetzartikel gestellt. Ordner geleiteten den Journalisten unter dem Beifall der Versammlung aus dem Saal. Der »Deutsche Journalistenverband Sachsen« verurteilte diese Einschränkung der Pressefreiheit. Die Vorsitzende Ine Dippmann schreibt auf Twitter: »Missliebige Journalisten rauszuwerfen kommt einem Einschüchterungsversuch der Presse gleich. Das gehört sich in dieser Demokratie nicht.«

»Mit der Machtübernahme muss ein Gremium alle Journalisten überprüfen und sieben. Chefs sofort entlassen, volksfeindliche Medien verbieten« – diesen inzwischen berüchtigten Satz schrieb ein AfD-ler aus Sachsen-Anhalt in einem internen WhatsApp-Chat. Mitte Juni 2017 gelangte er an die Öffentlichkeit und machte die Einstellung mancher Mitglieder dieser Partei zur Pressefreiheit deutlich.

Die Otto-Brenner-Stiftung hat im Juli 2017 in einer Handreichung zum Thema »AfD und Medien« festgestellt: Die AfD befindet sich in einem Spannungsverhältnis zu den Medien. Nach Auffassung des Autors und Medienwissenschaftlers Bernd Gäbler lehne die AfD wie keine andere politische Bewegung zuvor die redaktionell geführten Medien ab, weil sie immer »das Volk« direkt ansprechen wolle. »Andererseits ist sie besonders darauf aus, in den Medien vorzukommen und präsent zu sein«, so Gäbler. »Aus dieser Hassliebe ergibt sich die doppelte Strategie, Medien als ›Lügen-‹, oder ›Lückenpresse‹ zu verdammen und sie zugleich instrumentalisieren zu wollen.«

Laut dem Medienwissenschaftler urteilt die Partei ganz generell über alle Medien: »Entweder berichten sie im Sinne der AfD oder sie lügen. Doch mit der fundamentalen Ablehnung der Medien geht zugleich ein geradezu verzweifeltes Buhlen und Werben um deren Gunst einher. Das historisch Neue und

Einzigartige scheint darin zu liegen, dass bisher keine Partei mit
bundesweiter Relevanz und breiter Präsenz in den Landtagen
einerseits das Leistungsprofil privater Medien und des öffent-
lich-rechtlichen Rundfunksystems so massiv und so grundsätzlich in Frage gestellt hat, wie die AfD dies tut. Andererseits
versucht die Partei zugleich, diese Medienangebote für ihre
Zwecke und Anliegen auszunutzen und gelegentlich auch zu instrumentalisieren.« Die Otto-Brenner-Stiftung fordert von den
Medien als Reaktion keinen »AfD-Journalismus«, sondern eine
solide Ausbildung, handwerkliche Fertigkeiten, journalistische
Kompetenz und intensive Beschäftigung mit Personen, Programm und Profil der Partei.

Marian Ramaswamy bereitet sich seit der Hetzjagd der Neonazis im April 2017 gezielter auf seine Recherchen vor: »Ich bin
jetzt immer mit mindestens einem weiteren Kollegen bei solchen Aktionen unterwegs. Wenn wir wissen, dass wenig Polizei
vor Ort ist, melden wir uns vorher bei den Beamten telefonisch
an. Ich passe jetzt einfach deutlich mehr auf, wo ich mich bewe-
ge und was um mich herum passiert.« In seiner Freiheit zu berichten, fühlt er sich eingeschränkt. Spätestens seit er am 1. Mai
2017 in Halle bei einer Neonazi-Demonstration fotografieren
will. Zusammen mit vier weiteren Fotografen will er durch eine
Polizeiabsperrung kommen, alle müssen sich ausweisen. Nur
Marian Ramaswamy wird von den Beamten nicht durchgelas-
sen, alle anderen dürfen passieren. Auf der Kundgebung der
Neonazis seien Teilnehmer, die ihn in der Vergangenheit bedroht hätten. Laut Polizei, lasse man ihn nicht näher an das Geschehen heran, um ihn zu schützen. »Das war maximal absurd«,
berichtet Ramaswamy wütend. »Dann hätten die Neonazis mit
ihren Bedrohungen und Angriffen ja Erfolg gehabt!« Er fordert:
»Die Aufgabe der Polizei wäre es gewesen, mich zu schützen
und nicht mich von der Arbeit abzuhalten. Erst nach einer hal-

ben Stunde Diskussion durfte ich dann weiter und Fotos machen. Das kann doch nicht sein.«

Der Deutsche Journalistenverband (DJV) hat 2015 auf die zunehmende Gewalt gegen Pressevertreter bei rechten Demonstrationen reagiert. Der Berufsverband startete die Online-Plattform: www.augenzeugen.info. Die Seite dokumentiert Berichte von Journalistinnen und Journalisten, die selbst Erfahrungen mit Übergriffen und Bedrohungen gemacht haben. So wird zum Beispiel die mühsame Arbeit einer Münchener Gruppe von Fotojournalisten um Anne Wild dargestellt. Sie haben sich zur Aufgabe gemacht, die Aktivitäten der Pegida-Bewegung in Bayern zu dokumentieren. Das waren bis Mitte 2017 rund 80 rechte Veranstaltungen. Sie fotografieren Übergriffe, Rempeleien, Drohgesten, aber auch den Schlag eines Polizisten gegen eine 18-jährige Gegendemonstrantin. Ohne ihre Bilder würde vieles untergehen. Durch die akribischen Langzeitdokumentation belegen Fachjournalisten gemeinsam immer wieder Verbindungen zwischen vermeintlich harmlosen Pegida-Teilnehmern, der AfD und Neonazis.

Hilfreich sei es, von solchen Übergriffen sofort per Twitter zu berichten, sagt Wild. Ihre Fotos zeigten im Herbst 2016 zum Beispiel, wie ein rechter Rapper ausflippte und auf Fotografen eintrat. Nach der Veröffentlichung erhielt sie einige Drohmails. Die 51-Jährige ist verärgert über Versuche, sie und ihre Kollegen als »Antifa-Fotografen« zu deklarieren. Alle ihr bekannten Fotografen aus diesem Umfeld arbeiteten journalistisch, berichtet sie bei www.augenzeugen.info, keiner liefere Bilder an einschlägige Angebote der Antifa. »Man ist nicht automatisch Antifa-Aktivist, wenn man Rechtsextremismus als Fachgebiet hat«, sagt die Fotografin. Besonders ärgerlich ist, wenn mitunter auch Journalisten diese Meinung über ihre Kollegen vertreten. Der Pressefreiheit erweisen sie damit einen Bärendienst.

Die Projektleiterin von www.augenzeugen.info, Anna-Maria

Wagner, fordert Medienvertreter dazu auf, sich beim DJV zu melden, wenn sie vor Ort durch Drohungen und Gewalt an der freien Berichterstattung gehindert werden.»Während der Hochphasen rechter und rechtsextremer Protestbewegungen konnten wir in einigen Städten geradezu ›No-go-Areas‹ für Journalisten beobachten. Die Politik schweigt oder nimmt diese Entwicklung nur achselzuckend zur Kenntnis. Appelle reichen deshalb nicht mehr aus.« Wagner ergänzt:»Wir glauben, dass diese Dokumentation der permanenten Verletzung der Pressefreiheit notwendig ist, um ein Umdenken bei Politik und Sicherheitskräften zu erreichen.« Die Pressefreiheit in Deutschland sei sonst in Gefahr. Da ist auch sie sich sicher.

Co-Autor: Sebastian Heidelberger

Chronik Januar 2017

01.01. Rheinsberg (BB) Eine Gruppe von Rechten beleidigt einen Jugendlichen aufgrund seiner Hautfarbe rassistisch. Der erwachsene Begleiter des Jugendlichen verteidigt ihn gegen diesen Angriff. Die Täter schlagen dem Erwachsenen ins Gesicht und stechen dem Jugendlichen ein Messer in den Unterbauch. Er erleidet eine circa vier Zentimeter tiefe Stichverletzung und muss mit einem Rettungswagen in ein Klinikum gebracht werden.

01.01. Meerane (SN) In der Silvesternacht beschimpfen mehrere Personen zwei junge Syrer in einer Parkanlage. Sie bedrängen sie und schlagen einem der beiden mit einem mit Glasflaschen gefüllten Rucksack auf den Kopf. Der Betroffene geht bewusstlos zu Boden und wird von den Tätern getreten. Dann verbrennen die Angreifer die Jacke des Mannes. Das Opfer muss im Krankenhaus behandelt werden.

01.01. Eilenburg (SN) Unbekannte schlagen einen 42-Jährigen nach einer Silvesterfeier in einem Jugendhaus zusammen. Der Mann wird bewusstlos und verletzt vor dem Gebäude aufgefunden und muss stationär im Krankenhaus behandelt werden. Laut dem Bündnis »Für ein weltoffenes und buntes Eilenburg« sind die Täter der rechten sowie der Hooligan-Szene zuzuordnen.

01.01. Güstrow (MV) In der Silvesternacht verübt ein Unbekannter einen Anschlag auf das soziokulturelle Zentrum »Villa Kunterbündnis«. Der Täter wirft einen Böller in den Eingangsbereich des Gebäudes. Die Detonation ist so heftig, dass eine dort stehende Person erheblich verletzt wird.

03.01. Nördlingen (BY) Eine 34-jährige Frau fährt mit ihrem Kleinwagen zu einer Geflüchtetenunterkunft. Aus dem fahrenden Auto schießt sie auf einen 33- und einen 21-jährigen Mann. Dabei ruft sie aus dem Fenster:»Ich bring dich um!« Sie bedroht weitere Menschen aus ihrem Fahrzeug heraus. Vor der eintreffenden Polizei flüchtet sie. Die Beamten nehmen die Frau an einer Ampel fest, beschlagnahmen zwei Messer und eine illegale Schreckschusswaffe, die Reizgas abfeuert.

03.01. Schwerin (MV) Der Bewohner eines Mehrfamilienhauses bedroht über einen längeren Zeitraum immer wieder eine syrische Familie, die ebenfalls im Haus wohnt. Er beleidigt die Familie wiederholt rassistisch. Als der Täter versucht, die Wohnungstür aufzubrechen, verlässt die Familie verängstigt das Haus und wohnt über Monate bei Verwandten.

04.01. Berlin-Spandau (BE) In einem U-Bahnhof belästigt ein Mann eine Frau, die ein Kopftuch trägt, sexuell. Er handelt aus antimuslimischer Motivation.

04.01. Göttingen (NI) Unbekannte rufen»Sieg Heil« und werfen einen Stein in das Fenster einer Geflüchtetenunterkunft.

05.01. Bad Lippspringe (NW) Unbekannte setzen im Keller einer Geflüchtetenunterkunft einen Kinderwagen und Stühle in Brand. Die Polizei schließt nach ersten Ermittlungen ein»fremdenfeindliches Motiv« nicht aus.

06.01. Weibersbrunn-Rohrbrunn (BY) Polizeibeamte stoppen auf der Autobahn A 3 einen Wagen, der als gestohlen gemeldet ist. Der 59-jährige Fahrer verweigert jegliche Kooperation. Laut Polizei gehört er offensichtlich zu den»Reichsbürgern«. Der 59-Jährige leistet bei seiner Festnahme Widerstand und versucht mehrfach, die Beamten zu treten und zu schlagen.

06.01. Schwandorf (BY) Unbekannte legen am Abend in einer Fabrikhalle Feuer. Diese wurde als Unterkunft für Geflüchtete genutzt. In der Nacht brennt es erneut in der Halle.

06.01. Moers (NW) Es kommt zu einer schweren Brandstiftung an einer Geflüchtetenunterkunft. Laut der Beantwortung einer parlamentarischen Anfrage ist dieser Vorfall eine politisch rechts motivierte Straftat.

06.01. Halle (ST) In einer Straßenbahn beleidigen mehrere Unbekannte einen Mann rassistisch. Sie sagen:»Du gehörst hier nicht her, raus aus Deutschland!«, und bedrängen ihn. Ein 27-jähriger Fahrgast fordert die Männer dazu auf, dies zu unterlassen. Als er am Marktplatz aussteigt, schlagen ihm zwei der Angreifer mit den Fäusten gegen den Kopf und treten ihn. Die Polizei kann einen 21-jährigen Tatverdächtigen ermitteln.

06.01. Weimar (TH) Ein Unbekannter beleidigt eine Schwangere aus Kenia im Supermarkt rassistisch und stößt ihr in den Rücken. Die Betroffene wird dabei leicht verletzt.

06.01. Güstrow (MV) Rechte greifen am Bahnhof vier Migranten an und verletzten sie. Mindestens ein Angreifer ruft dabei rassistische Parolen.

07.01. Demmin (MV) Ein Mann beleidigt in einem Supermarkt einen Kunden rassistisch. Dann schlägt er ihm mehrfach gegen den Kopf. Augenzeugen greifen ein und können weitere Schläge verhindern. Der Betroffene erleidet blutende Wunden durch den Angriff. Der Täter wird vor Ort von der Polizei gestellt. Das rassistische Motiv der Tat spielt in den nachfolgenden Ermittlungen keine Rolle.

07.01. Salzkotten (NW) Es kommt zu einer Körperverletzung gegen einen geflüchteten Menschen. Laut der Beantwortung einer parlamentarischen Anfrage ist dieser Vorfall eine politisch rechts motivierte Straftat.

08.01. Angermünde (BB) Unbekannte werfen in der Nacht einen mit einem Hakenkreuz versehenen Stein in das Fenster eines Wohnhauses. In dem Haus wohnt ein Arzt aus dem Libanon. Zudem zerstechen sie die Reifen zweier Fahrzeuge des Mannes.

08.01. Obergünzburg (BY) Es kommt zu einer gefährlichen Kör-

perverletzung gegen einen geflüchteten Menschen. Laut der Beantwortung einer parlamentarischen Anfrage ist dieser Vorfall
eine politisch rechts motivierte Straftat.

09.01. Aachen (NW) Zwei Männer attackieren zwei Besucher des
»Autonomen Zentrums« mit Teleskopschlagstöcken. Sie beschimpfen die Opfer als »Scheiß Zecken«.

09.01. Dresden (SN) Der Teilnehmer einer Pegida-Demonstration
schlägt einer Gegendemonstrantin, die lautstark ihren Protest
äußert, in den Bauch.

09.01. Magdala (TH) Ein stark alkoholisierter 18-jähriger Mann
schießt, vermutlich mit einer Schreckschusspistole, um sich
und wirft Gegenstände gegen Häuser und Autos. Gegen ihn
läuft ein Ermittlungsverfahren wegen Bedrohung, Verwendung
von Kennzeichen verfassungswidriger Organisationen und
Sachbeschädigung.

11.01. Hofheim in Unterfranken (BY) Eine Polizeistreife kontrolliert einen 59-jährigen »Reichsbürger« in seinem Auto. Er verweigert jegliche Kooperation und will sich mit Fantasieauswei-
sen und gefälschten Papieren ausweisen. Gegen den Mann liegt
bereits ein Haftbefehl wegen Nötigung vor. Bei seiner Festnahme leistet er Widerstand. Erst der Einsatz von Reizgas und weiteren Beamten können ihn dazu bringen, auszusteigen. Der
Mann wird aufgrund des offenen Haftbefehls in ein Gefängnis
gebracht.

12.01. Berlin-Pankow (BE) Ein Mann beleidigt in einem Einzel-
handelsgeschäft eine Frau rassistisch und schlägt sie.

12.01. Großostheim-Wenigumstadt (BY) Polizisten wollen einen
Haftbefehl wegen einer Verkehrsordnungswidrigkeit gegen einen 52-jährigen »Reichsbürger« vollstrecken. Am Hauseingang
greift der Mann die Beamten durch ein gekipptes Fenster mit
einem Schürhaken an. Ein Polizist wird dadurch leicht an der
Hand verletzt. Als Beamten Verstärkung anfordern, gibt der
52-Jährige auf und wird vor seinem Haus festgenommen.

12.01. Halle (ST) Ein Unbekannter rempelt an einer Haltestelle einen 27-jährigen Studenten aus dem Jemen an. Er beschimpft ihn als »Scheiß Ausländer«, folgt ihm in die Bahn und bespuckt ihn mit Essen. Als der 27-Jährige das Essen zurückwirft, schlägt er ihm mehrfach mit der Faust ins Gesicht. Der Angreifer bringt den Studenten zu Boden und würgt ihn. Passanten benachrichtigen die Polizei. Der Täter kann fliehen. Der Betroffene muss im Krankenhaus behandelt werden.

12.01. Ilmenau (TH) Ein Zwölf- und ein 16-Jähriger beschimpfen einen 15-Jährigen zunächst rassistisch. Dann zieht der 16-Jährige ein Messer und geht auf den 15-Jährigen los. Dieser kann die Attacke abwehren und bleibt unverletzt.

12.01. Parchim (MV) Eine Person attackiert einen jungen Mann aus Syrien in seiner Wohnung. Der Angreifer packt ihn am Hals und stößt ihn die Treppe hinunter. Die Opferberatungsstelle »Lobbi MV« wertet diesen Vorfall als rechte Tat.

13.01. Erfurt (TH) Während der Zugfahrt von Leipzig nach Erfurt kippt ein 61-jähriger Mann Bier über den Mitarbeiter des Bordrestaurants. Er ruft mehrfach nationalsozialistische Parolen.

13.01. Jena (TH) Es kommt zu einer Körperverletzung gegen einen geflüchteten Menschen. Laut der Beantwortung einer parlamentarischen Anfrage ist dieser Vorfall eine politisch rechts motivierte Straftat.

14.01. Berlin-Wedding (BE) Ein unbekannter Mann beleidigt beim Verlassen des U-Bahnhofs einen anderen Mann antimuslimisch. Er bedrängt ihn körperlich und bedroht ihn mit einem Messer. Anwesende BVG-Mitarbeiter sollen nicht eingegriffen haben.

14.01. Meiningen (TH) Am Abend zündet ein Unbekannter in einem Wohnblock, in dem viele Geflüchtete leben, zwei Kinderwagen im Treppenhaus an. Der Block muss evakuiert und der Brand von der Feuerwehr gelöscht werden.

15.01. Wurzen (SN) Unbekannte bedrohen und beleidigen vier Geflüchtete, die gemeinsam in einer Wohngemeinschaft wohnen. Die Angreifer werfen Fensterscheiben ein und einen Brandsatz in die Wohnung. Das »Operative Abwehrzentrum« ermittelt wegen schwerer Brandstiftung.

16.01. Neuruppin (BB) Ein Rechter beleidigt eine polnische Frau rassistisch und greift sie anschließend körperlich an.

16.01. Berlin-Köpenick (BE) Ein unbekannter Mann beleidigt eine 32-jährige Frau vor einem Supermarkt rassistisch. Er wirft ihr eine brennende Zigarette ins Gesicht.

16.01. Erfurt (TH) Eine Gruppe Männer greift ein Kamerateam des MDR an. Dann beleidigen sie einen anwesenden Journalisten und attackieren ihn mit einem Teleskopschlagstock. Der Mann kann dem Schlag ausweichen und rennt davon. Die Angreifer verfolgen ihn mehrere Hundert Meter weit, bis er sich in einen Supermarkt flüchten kann.

16.01. Erfurt (TH) Zwei Männer schlagen und treten einen Geflüchteten aus Syrien. Zwei Wochen später ermittelt die Polizei einen 22- und einen 30-Jährigen als Tatverdächtige. Die »Mobile Beratung in Thüringen« bewertet diesen Vorfall als rechte Tat.

16.01. Buxtehude (NI) Zwei Unbekannte sprechen im Stadtpark einen 16-Jährigen aus Syrien an und beleidigen ihn rassistisch. Dann schlagen sie unvermittelt auf ihn ein. Einer der Täter zieht ein Klappmesser und versucht, es dem Jungen in den Bauch zu stechen. Dieser kann den Angriff abwehren und flieht.

17.01. Leinefelde (TH) Ein älterer Herr beleidigt in einem Supermarkt eine schwangere Frau rassistisch. An der Kasse rammt er ihr seinen vollen Einkaufswagen in den Bauch und verlässt das Geschäft. Die Betroffene wird mit Schmerzen, Krämpfen und Blutungen in ein Krankenhaus gebracht. Zeugen greifen während des Vorfalls nicht ein und bieten der Schwangeren keine Hilfe an.

18.01. Bernau (BB) Ein Rechter rempelt einen minderjährigen Jungen aus Somalia im Bahnhof unvermittelt an. Als der Betroffene darauf mit Worten reagiert, schlägt der Täter ihm mit der Faust ins Gesicht.

18.01. Barnim (BB) Ein Unbekannter rempelt einen 17-jährigen Geflüchteten auf dem Bahnhofsplatz an und schlägt ihm dann mit der Faust ins Gesicht. Der Angreifer trägt eine Jacke mit der Aufschrift »Security«. Die Amadeu Antonio Stiftung und Pro Asyl werten diesen Vorfall als flüchtlingsfeindlich.

18.01. Blankensee (MV) Es kommt zu einer gefährlichen Körperverletzung gegen einen geflüchteten Menschen. Laut der Beantwortung einer parlamentarischen Anfrage ist dieser Vorfall eine politisch rechts motivierte Straftat.

18.01. Möllenbeck (MV) Ein männlicher Täter beleidigt einen Mann aus dem Iran rassistisch. Er bedroht und schlägt ihn.

19.01. Bremen-Vahr (HB) Zwei Jugendliche bedrängen und beleidigen eine 14-jährige Schülerin rassistisch. Sie fragen sie, warum »schwarze dumme Kinder« auf das Gymnasium gehen. Dann schubsen sie das Mädchen zu Boden und schlagen und treten auf sie ein.

19.01. Berlin-Pankow (BE) Zwei Männer, die an einer rassistischen Demonstration teilgenommen haben und der »Identitären Bewegung« nahestehen, greifen aus politischer Motivation eine Frau an.

19.01. Königs Wusterhausen (BB) Mehrere Täter beleidigen einen jungen Mann aus Syrien rassistisch und greifen ihn körperlich an.

19.01. Erfurt (TH) In der Nacht schießt ein Unbekannter mehrfach mit einer Luftdruckwaffe auf eine Geflüchtetenunterkunft. Menschen werden dadurch nicht verletzt. Eine Scheibe wird beschädigt.

19.01. Schwerin (MV) In einer Erstaufnahmestelle für geflüchtete Menschen beschimpft ein Mitarbeiter des Sicherheitsdienstes einen Bewohner rassistisch. Er drückt ihn gegen eine Wand und droht ihm mit Schlägen. Auch andere Bewohnerinnen und Bewohner hatten in der Vergangenheit ähnliche Probleme mit einzelnen Mitarbeitern des Sicherheitsunternehmens.

20.01. Neuenstein (BW) Ein 33- und ein 24-jähriger Mann stecken an mehreren Stellen eine noch unbewohnte Geflüchtetenunterkunft in Brand. Die Polizei kann die beiden Täter wenige Tage nach der Tat festnehmen. Sie gestehen die Brandstiftung. Die Polizei sieht Hinweise für ein »fremdenfeindliches« Tatmotiv.

21.01. Berlin-Marzahn (BE) An einer Bushaltestelle beleidigen vier Männer einen Geflüchteten rassistisch. Einer der Täter schlägt zu.

21.01. Berlin-Lichtenberg (BE) Ein unbekannter Mann beleidigt drei Mädchen antiziganistisch. Er schlägt eine von ihnen und bespuckt sie. Als Passanten eingreifen, entfernt sich der Täter.

21.01. Blexen (NI) Drei Männer beleidigen einen 28-jährigen Türken rassistisch und schubsen ihn. Ein 17-Jähriger, der dem Opfer helfen will, wird leicht verletzt. Ein hinzugerufener Polizeibeamter wird von einem der Täter attackiert.

22.01. Magdeburg (ST) Es kommt zu einer gefährlichen Körperverletzung gegen einen Geflüchteten. Laut der Beantwortung einer parlamentarischen Anfrage ist dieser Vorfall eine politisch rechts motivierte Straftat.

23.01. Berlin-Wedding (BE) Drei Jugendliche beleidigen einen 47-jährigen Mann rassistisch und werfen mit leeren Getränkedosen nach ihm. Einer der Jugendlichen tritt den Betroffenen und verletzt ihn dadurch.

23.01. Burg (ST) Am Abend schlagen drei Unbekannte unvermittelt auf einen 17-jährigen Afghanen ein. Sie bringen ihn zu Boden und treten auf ihn ein. Bevor sie flüchten, rufen sie »Verpiss dich, Ausländer«. Der Jugendliche muss im Krankenhaus behandelt werden.

27.01. Singen (BW) Drei Rechte pöbeln einen 18-jährigen Punker an, schlagen ihm mit der Faust ins Gesicht und versetzen ihm ein Kopfstoß.

28.01. Schwedt (BB) Drei unbekannte Männer hindern zwei jugendliche Geflüchtete an der Weiterfahrt mit ihren Fahrrädern. Dann treten sie gegen die Räder und schlagen einem der beiden eine Flasche an den Kopf. Der Geflüchtete wird dadurch verletzt.

28.01. Nienburg (NI) Am Rande eines rechten Aufmarsches attackieren Teilnehmer einen Journalisten.

28.01. Kahla (TH) Es kommt zu einer Körperverletzung gegen einen geflüchteten Menschen. Laut der Beantwortung einer parlamentarischen Anfrage ist dieser Vorfall eine politisch rechts motivierte Straftat.

29.01. Leipzig (SN) Eine Person greift einen Menschen aus rassistischer Motivation mit einem Gegenstand an und verletzt diesen dadurch leicht.

30.01. München (BY) Ein Unbekannter beleidigt im Bus eine Frau mit Kopftuch und schlägt ihr danach ins Gesicht. Die Opferberatungsstelle »Before« bewertet diesen Vorfall als rechte Tat.

30.01. Leipzig (SN) Am Hauptbahnhof werfen zwei junge Männer Böller auf einen am Boden liegenden Obdachlosen. Mindestens einer explodiert direkt vor dem Mann. Die Opferberatungsstelle »RAA Sachsen« bewertet diesen Vorfall als rechte Tat.

Juristische Aufarbeitung rechter Straftaten

NSU, OSS, FKD, FTL – in den letzten zwei Jahren kam niemand in der lokalen und überregionalen Presse an diesen Abkürzungen vorbei. Jede von ihnen steht für eine Gruppe oder ein Netzwerk von Neonazis, die schwerste Straftaten vorbereitet oder verübt haben. Dabei geht es um Mord, versuchten Mord, Sprengstoffbesitz, Körperverletzung und auch um die Bildung einer terroristischen oder kriminellen Vereinigung. Anfang 2016 kündigte der neue Generalbundesanwalt Peter Frank eine härtere Gangart gegen Rassisten und Neonazis an. Die Staatsanwaltschaft des Bundes in Karlsruhe wolle ein »Gegenfanal« setzen, um deutlich zu machen, dass »solche Straftaten als so schwerwiegend für das friedliche Zusammenleben« erachtet würden. Inzwischen lässt sich Bilanz ziehen. Das Urteil im Prozess um den »Nationalsozialistischen Untergrund« (NSU) wird 2017 nicht mehr erwartet, die Mitglieder der OSS (»Oldschool Society«) wurden 2016 zu mehrjährigen Haftstrafen verurteilt, die Prozesse gegen weitere Neonazi-Gruppierungen laufen noch. Vor dem Oberlandesgericht Dresden findet der Prozess gegen die »Gruppe Freital« (FTL) unter verschärften Sicherheitsvorkehrungen statt. Den sieben Männern und einer Frau werden unter anderem die Bildung einer terroristischen Vereinigung, versuchter Mord und die Herbeiführung von Sprengstoffexplosionen vorgeworfen. Oberflächlich betrachtet ergibt sich der Eindruck, die Justiz bemühe sich redlich, die Fehler der Vergangenheit nicht zu wiederholen und dem Vorwurf, auf dem rechten Auge blind zu sein, zu entgegnen. Bei genauerem Hinschauen hinsichtlich des speziellen Umgangs mit Neonazis als Straftätern ergibt sich jedoch ein anderes Bild.

Erfurt, Mai 2017

Nach 44 Verhandlungstagen werden zehn Mitglieder der Thüringer Neonazi-Szene vom Landgericht Erfurt wegen gefährlicher Körperverletzung zu teilweise mehr als drei Jahren Haft verurteilt. Vier der Angeklagten wurden aus Mangel an Beweisen für ihre Teilnahme an der Tat freigesprochen. Das Gericht sah es als erwiesen an, dass die verurteilten Angeklagten Gäste einer feiernden Kirmesgesellschaft des kleinen thüringischen Ortes Ballstädt in einer Nacht im Februar 2014 brutal überfallen und zusammengeschlagen hatten. Zuvor sei im örtlichen Wohnprojekt der rechten Szene von Unbekannten eine Fensterscheibe eingeschlagen worden. Die Bewohner und Sympathisanten des »Gelben Hauses« in Ballstädt wollten nach Ansicht des Gerichts Rache für die Attacke auf ihr Haus üben und bildeten ein Rollkommando für den Überfall auf die nur wenige Hundert Meter entfernt stattfindende Feier. Während des fast anderthalb Jahre andauernden Prozesses berichteten Medien, Blogs und Landesbehörden immer wieder über die Verstrickungen der Angeklagten in die organisierte militante Neonazi-Szene und zeigten die Unterstützung des vor dem Oberlandesgericht München angeklagten mutmaßlichen NSU-Unterstützers Ralf Wohlleben auf. Durch die Zulassung der Nebenklage wurden die Rechte der Geschädigten im Strafverfahren eindeutig verbessert. Dabei geht es nicht nur um Unterstützung bei der psychologischen Bewältigung der Tat und ihrer Folgen, denn aus Opfern werden Mitankläger, sondern auch um die Möglichkeit, durch Anträge und Befragung der Nebenklage-Anwälte den Prozess zu intensivieren. Nicht zuletzt durch die Opferaussagen wurde klar, dass ein politisches Ziel nach wie vor darin besteht, vom »Gelben Haus« in Ballstädt ausgehend eine rechte Hegemonialszene aufzubauen.

Verteidiger der Angeklagten versuchten gar den Angriff auf die Kirmesgesellschaft als »Gesprächsversuch« der Neonazis darzustellen, der dann vonseiten der Opfer eskaliert sei. Die Versuche von Anwälten der Verteidigung, Namen von Mitgliedern des lokalen Bündnisses gegen rechts herauszubekommen, scheiterten an der ständigen Intervention der Vertreter der Geschädigten.

Das Erfurter Gericht begründete seine Entscheidung, gegen die alle Verurteilten mittlerweile Revision beim Bundesgerichtshof eingelegt haben, damit, dass eine derart »brutale« und »feige Tat« ein »Angriff auf die Zivilgesellschaft« sei und das »planmäßige Vorgehen und die ungemeine Brutalität« der Tat keine geringere Strafe hätten nach sich ziehen können. Dass es sich um eine Tat von organisierten Neonazis handelte, deren Ursache auch aus deren politischer Ideologie entspringe und auch erst durch deren Vernetzung in eine gewaltbereite Szene ermöglicht wurde, wollte das Gericht weder aussprechen noch im gesamten Prozessverlauf thematisieren. Dass es dennoch durch die derart hohen Haftstrafen erkannte, wessen Geistes Kinder da vor ihnen sitzen – ohne es auszusprechen –, ist das eigentlich Problematische an diesem Verfahren.

Nach der Selbstenttarnung des »Nationalsozialistischen Untergrunds« (NSU) im November 2011, dem sich 2013 anschließenden Verfahren vor dem Oberlandesgericht München und der parallel verlaufenden parlamentarischen Aufarbeitung des Versagens von Behörden und Justiz in mehreren Untersuchungsausschüssen scheint kein Gericht mehr gewillt, sich in Prozessen gegen Täter aus der Neonazi-Szene dem Vorwurf auszusetzen, es würde zu milde urteilen. Dabei verkennen die Richter jedoch regelmäßig, dass zu einer Beurteilung der Tat nicht nur das am Ende stehende Urteil, sondern auch die Hintergründe und Motivationen gehören. Die werden sehr häufig entpolitisiert. Von einem »Fanal« kann dabei nicht die Rede sein. Um politischer Gewalt durch Neonazis adäquat zu begegnen, ist eine schonungslose Offenlegung der Zusammenhänge und Hintergründe unabdingbar. Auch eine Auseinandersetzung mit der Ideologie rechten Terrors ist unerlässlich, um Ähnliches zu verhindern. Die Gerichte scheint jedoch vorrangig die Sorge umzutreiben, es könne ihnen vorgeworfen werden, »Gesinnungsjustiz« zu üben.

Das Verfahren um den Überfall auf die Kirmesgesellschaft in Ballstädt steht symptomatisch für ein Scheitern der Justiz an der Aufarbeitung neonazistischer Gewalttaten. Dabei hatte der Thüringer Untersuchungsausschuss »Rechtsterrorismus und Behördenhandeln« in seinem 2014 veröffentlichten Abschlussbericht noch ausdrücklich gefordert, dass die Bewertung rechter Tatmotive in Prozessen mehr Beachtung finden solle. In den Entscheidungen der Richter, die von den Wünschen parlamentarischer Untersuchungsausschüsse unabhängig sind, findet das indes keinen Niederschlag. Wie ein roter Faden zieht sich ein Unwillen der Gerichte, menschenverachtende Ideologie als Tatmotivation, Verachtung von Nicht-Deutschen und Andersdenkenden, die Vernetzung der Täter in einer gewaltverherrlichenden und militanten Nazi-Szene zu untersuchen, durch die Verfahren und die daraus entstehenden Entscheidungen. Das sogenannte Ballstädt-Verfahren ist hierbei in »guter Gesellschaft«.

Potsdam, Februar 2017

Im brandenburgischen Nauen brannten sechs Männer eine Turnhalle nieder, die als Geflüchtetenunterkunft genutzt werden sollte. Als Rädelsführer galt ein NPD-Funktionär. Im Laufe der Hauptverhandlung vor dem Landgericht Potsdam hatte die Staatsanwaltschaft den Vorwurf der Bildung einer kriminellen Vereinigung fallen lassen. Das Gericht folgte der Staatsanwaltschaft, die argumentierte, dass dieser Straftatbestand juristisch sehr schwer zu beweisen sei. Daher habe man auch im Hinblick auf eine Revision verzichtet, darauf zu bestehen. Dennoch ergingen im Februar 2017 hohe Haftstrafen für die Angeklagten. Das Gericht in Brandenburg betonte, die Täter hätten bei ihren Vorhaben und Taten aus fremdenfeindlichen und rechtsextremistischen Motiven gehandelt. Dass es sich bei den Verurteilten um eine gefestigte Struktur handeln könnte, die mittels Straftaten, wie der angeklagten, eine politische Agenda verfolgten und dabei von einem Mitglied der damals noch verbotsbedrohten NPD getragen wurden, spielte für Gericht und Anklagebehörde keine Rolle mehr.

Koblenz, Mai 2017

Eine umfassende Verurteilung von 26 Mitgliedern des »Aktionsbüros Mittelrhein« wurde durch die Pensionierung des Vorsitzenden Richters des Landgerichts Koblenz verhindert. Das Gericht hatte es versäumt, einen Ergänzungsrichter hinzuzuziehen, und so den Abschluss des Verfahrens sehenden Auges aufs Spiel gesetzt. Auch die Politik reagierte nicht und schuf keine rechtliche Grundlage dafür, dass Richter auch über das Erreichen des Pensionierungsalters hinaus angefangene Verfahren zu Ende bringen können. Den Angeklagten wurde unter anderem vorgeworfen, am 19. Februar 2011 ein linkes Hausprojekt in Dresden sowie fortdauernd politische Gegner und Andersdenkende angegriffen und ausspioniert zu haben, um ein »Klima der Angst« zu schaffen und die »Errichtung eines Staates nach nationalsozialistischem Vorbild« anzustreben. Nach mehr als 300 Verhandlungstagen und vier Jahren Verhandlungsdauer verließen die meisten der Angeklagten das Gericht ohne Urteil.

Weimar, Mai 2017

Etwa zwei Jahre zuvor hatten etwa 40 Neonazis aus dem Umfeld der NPD-Jugendorganisation »Junge Nationalsozialisten« eine DGB-Kundgebung in Weimar überfallen. Sie verschafften sich unter Anwendung von körperlicher Gewalt Zugang zum Mikrofon und versuchten, die gewerkschaftliche Veranstaltung aggressiv zu übernehmen. Unter den Angegriffenen waren ältere Menschen. Der Oberbürgermeister versuchte sich dem Mob entgegenzustellen. Der Vorfall hatte bundesweit für Aufsehen gesorgt. Er wurde sogar in einem Urteil des Bundesverfassungsgerichts in Karlsruhe erwähnt. Mit aggressiven Übergriffen wie diesen begründeten die Richter unter anderem damals die Verfassungsfeindlichkeit der NPD, sahen jedoch von einem Verbot ab.

Obwohl mehrere Tatverdächtige noch am gleichen Tag polizeilich festgestellt werden konnten, dauerte es genau zwei Jahre, bis das Amtsgericht Weimar den Fall verhandelte. Angeklagt wurden lediglich die Jugendlichen und Heranwachsenden aus der Gruppe der gewaltsamen Störer. Sechs Männer im Alter von – im Jahr 2017 – 20 und 22 Jahren aus Sachsen und Hessen hatten sich nur wegen Verstoß gegen das Versammlungsgesetz zu verantworten. Ein älterer Mann, dem bei dem Angriff mit einer Fahnenstange in den Bauch gestoßen worden war, musste sich erst über eine Beschwerde bei der Generalstaatsanwaltschaft den Ermittlungsbehörden wieder ins Gedächtnis rufen. Die Staatsanwaltschaft hatte den Angriff auf ihn als nicht ermittelbar angesehen, obwohl mehrere Pressefotos den Angriff belegen konnten. Außer Acht ließ das Gericht anscheinend auch, dass bei einer gemeinschaftlich handelnden Gruppe der konkrete Tatausführende nicht benannt werden muss. Bedingung: Die Handlung muss von einem Gruppenwillen getragen werden.

Verhandelt wurde der Fall letztlich gar nicht, denn das Amtsgericht Weimar stellte das Verfahren gegen fünf erschienene Angeklagte gegen Zahlung von jeweils 100 Euro an den Geschädigten und ein Kinderhospiz ein.

Die»Mobile Beratung für Opfer rechter, rassistischer und antisemitischer Gewalt« in Thüringen (ezra) kritisierte:»Es ist nicht nur ein Schlag ins Gesicht der Menschen, die bei dem Angriff verletzt wurden, sondern auch ein Freifahrtschein, da die Nazis nach solchen Urteilen wissen, dass ihr Handeln kaum bis keine Konsequenzen hat.« Der Angriff hatte Angst verbreitet, verkam aber juristisch zur Lappalie. Das Gericht entledigte sich damit der Mühe einer Beweisaufnahme, der Problematisierung der hinter der Aktion stehenden politischen Agenda und sendete ein fatales Signal nach außen: Gewaltsames Dominanzgebaren kostet Neonazis nur ein Taschengeld. Hinsichtlich der weiteren Täter lehnte das Amtsgericht den Erlass von Strafbefehlen ab, da die Kundgebung ja nach dem Angriff fortgeführt werden konnte.

Dresden, Juni 2017

Verfahrensökonomie spielt auch im Prozess gegen die »Freie Kameradschaft Dresden« (FKD) seit Sommer 2017 vor dem Landgericht Dresden scheinbar die größte Rolle. Angeklagt sind derzeit zwei Mitglieder, die im Verdacht stehen, sich neben der Gründung einer kriminellen Vereinigung diverser Körperverletzungsdelikte und Landfriedensbrüche schuldig gemacht zu haben. Dabei schienen die Angeklagten an den meisten Übergriffen und Ausschreitungen teilgenommen zu haben, die von rechter Seite ab Sommer 2015 in Sachsen stattfanden: Heidenau, Connewitz, Pirna, Pegida-Aufmärsche, der Angriff auf das alternative Hausprojekt »Mangelwirtschaft« und auf das Dresdner Stadtfest. Die Generalstaatsanwaltschaft in der sächsischen Landeshauptstadt pocht auf eine schnelle Verurteilung und stößt dabei bei den Angeklagten, der Verteidigung und auch der Staatsschutzkammer des Landgerichts Dresden auf offene Ohren.

Schnell war man sich einig, dass bei einem Geständnis zwar mit einer bis zu vierjährigen Haftstrafe, aber einer kurzen Verhandlung zu rechnen sei. Dass dieser Deal nun aber wackelt, da die Angeklagten zwar einsilbig die Anklageschrift bestätigen, sich aber nicht sehr geläutert zeigen und die eigene Rolle zum Teil beschönigen. Sie scheinen auch wenig gewillt, darüber hinaus Angaben zu den Zielen der Kameradschaft und deren Mitgliedern zu machen. Ähnlich wie bei kriminellen Rockergangs gilt auch bei vielen militanten Neonazi-Gruppen letztlich die Omertà, das Gesetz des Schweigens.

Die sächsische Landtagsabgeordnete Kerstin Köditz kritisierte: »Der Deal mit den beiden Angeklagten ergibt dann Sinn, wenn diese vertiefte Einblicke in die militanten Netzwerke um die Freie Kameradschaft Dresden verschaffen würden. Stattdessen geben sie nur das zu, was ohnehin längst bekannt ist. Die Geschäftsgrundlage für eine Absprache ist somit eigentlich entfallen. Fragen der Prozessökonomie können keine Gründe für ihr Fortbestehen sein.« Die Aussagen des 19-jährigen Fliesenlegers und des mitangeklagten 27-jährigen Fahrradverkäufers wirkten wie einstudiert, mäkelten Beobachter. Andrea Hübler von der Opferberatung Sachsen zeigte sich gegenüber dem MDR enttäuscht. Ihrer Meinung nach würden die beiden Angeklagten den Eindruck erwecken wollen, bei der »Freien Kameradschaft Dresden« handele es sich »um die Freizeitgestaltung einer Jugendorganisation«, deren Mitglieder »sich hin und wieder zu einem Stammtisch« trafen.

Die Reaktion des Gerichts aber verwundert. Anstatt den Deal platzen zu lassen und sich in die Mühen einer umfassenden Beweisaufnahme zu begeben, versucht das Gericht derzeit, im Minimalprogramm auf eine Verurteilung hinzuarbeiten. Zeugen werden zum Großteil nicht vernommen, sondern deren Aussagen einfach verlesen, Polizeibeamte geben »Überblicke« von den Ermittlungen. Die Angeklagten weigern sich, die Fragen der Nebenklagevertreter, die die Opfer vertreten, zu beantworten. In der sächsischen Justiz offensichtlich alles kein Problem.

Wenige Kilometer weiter hebt sich jedoch das Oberlandesgericht (OLG) Dresden von diesem justiziellen Trauerspiel ab. Seit März 2017 wird dort das Verfahren gegen die militante »Gruppe Freital« verhandelt. Den sieben Männern und einer Frau wird vorgeworfen, eine terroristische Vereinigung gegründet und unter anderem mit dieser sich des versuchten Mordes an Geflüchteten durch Sprengstoffanschläge schuldig gemacht zu haben. Über zwei Dutzend Menschen waren davon betroffen, darunter Asylsuchende aus Eritrea und Syrien sowie Bewohner eines selbstverwalteten Hauses und Freitaler Lokalpolitiker. Der 4. Strafsenat des OLG Dresden bemüht sich dabei bislang, die Tatkomplexe, politischen Hintergründe und Vernetzungen der Angeklagten, unter anderem zur »Freien Kameradschaft

Dresden«, aufzuklären. Die Richter wirken bislang in den Augen von Beobachtern engagiert, aktenkundig und interessiert. Wohlgelitten ist dieses Verfahren in Sachsen jedoch nicht. So sollte es nach dem Willen der Generalstaatsanwaltschaft Dresden tatsächlich nur als versuchte gefährliche Körperverletzung vor dem Amtsgericht, also dem niedrigst möglichen Gericht, stattfinden. Als die Bundesanwaltschaft aus Karlsruhe sich des Verfahrens annahm, wurden die Vorwürfe als versuchter Mord angeklagt. »Herrn Frank sei Dank«, titelte die *taz* im April 2016 flapsig und Georg Löwisch kommentierte dazu: »Gefahr erkannt«, endlich habe einer verstanden, »dass Terrorismus immer auch eine Kommunikationsstrategie ist. Die Taten sollen über das Opfer hinaus Wirkung entfalten. Terroristen wollen zeigen, dass sie mächtig genug sind, bestimmte, politisch ausgewählte Ziele zu treffen. Dass sie sogar Beifall bekommen.« Im verschlüsselten gemeinsamen Chatroom schmiedeten sie Pläne und bezeichneten sich sogar selbst als »Terroristen«.

Doch offensichtlich hatte die heimische sächsische Justiz nicht wahrhaben wollen, wer mit Sprengstoffanschlägen gezielt Geflüchteten das Leben nehmen wollte: eine fest rassistisch durchideologisierte Gruppe von Neonazis. Recht deutlich benannte diesen Missstand der Dresdener Kriminalhauptkommissar Daniel M. in seiner Vernehmung vor dem Oberlandesgericht Ende Juni 2017. Er war mit den Ermittlungen betraut und kritisierte die sächsische Generalstaatsanwaltschaft, die kein sogenanntes Strukturermittlungsverfahren eingeleitet habe, obwohl doch der strukturelle Zusammenschluss der Neonazis »klar erkennbar« gewesen sei und die Ermittler immer wieder dazu angeregt hätten. In einem Strukturermittlungsverfahren geht es nicht nur um die Haupttäter, sondern auch um das rechte Geflecht von Unterstützern im Hintergrund. Ohne Begründung, so Daniel M., seien ihre Einschätzungen von der Generalstaatsanwaltschaft vom Tisch gewischt worden.

Alle diese genannten Verfahren haben eines gemeinsam: Fehler von Behörden und ihren Mitarbeitern sollen nicht thematisiert werden. So standen drei Polizisten nach Aussagen von Angeklagten in dem Verdacht, die »Gruppe Freital« mit internen Informationen versorgt zu haben. Es ging um die Frage, ob sie Dienstgeheimnisse an jene Neonazis verrieten, die die Kleinstadt Freital bei Dresden zwischen Juli und November 2015 mit einer Serie von Anschlägen terrorisierte. Ein Beamter der Leipziger Bereitschaftspolizei soll die mutmaßliche Terrorgruppe per WhatsApp gewarnt haben.

Obwohl eine Staatsanwältin bei der Vernehmung anwesend war und die Anschuldigungen mithörte, unternahm sie nichts. Die Generalstaatsanwaltschaft Dresden leitete dann scheinbar unwillig ein Ermittlungsverfahren gegen die beschuldigten Beamten ein – nachdem eine Nebenklagevertreterin Anzeige erstattete und Druck machte. Zwischenzeitlich sind alle Verfahren gegen die Polizeibeamten eingestellt. *Zeit Online* findet die Einstellungen »seltsam«. Denn, so das Nachrichtenportal, interessant sei, warum auch das letzte Verfahren gegen einen Beamten eingestellt wurde: Der Polizist schwieg einfach. Das genügte, denn Beweise gab es keine – die Handys, mit denen der Beamte und ein Neonazi der »Gruppe Freital« WhatsApp-Nachrichten ausgetauscht haben sollen, sind verschwunden. Das geht aus einer bislang unveröffentlichten Antwort der Landesregierung Sachsen auf eine Kleine Anfrage des Grünen-Abgeordneten Valentin Lippmann hervor. Keine Beweise, keine Anklage. Aber einen bitteren Beigeschmack hat die Angelegenheit.

Ähnliches Verhaltensmuster auch im Ballstädt-Verfahren. Im Prozess gegen den äußerst brutalen Überfall auf die Kirmesgesellschaft nahe Gotha war frühzeitig bekannt geworden, dass das Thüringer Amt für Verfassungsschutz an den Telefonen einiger beschuldigter Neonazis hing. Beamte zeichneten Gespräche auf, darunter auch die telefonische Verabredung untereinander zur Anreise nach Ballstädt in der Tatnacht. Doch nichts darüber fand sich in den Ermittlungsakten. Auf Aufforderungen des Landgerichts Erfurt, die Anordnungen der Telekommunikationsüberwachung und die Abhörprotokolle herauszugeben, reagierte der Verfassungsschutz in der Thüringer Landeshauptstadt überhaupt nicht. Erst nachdem zwei Nebenklagevertreter das Amt verklagten, rückte es die Unterlagen schließlich doch heraus. Ein makabrer Witz, denn die überreichten Akten waren unter Hinweis auf die Geheimhaltungsbedürftigkeit umfangreich geschwärzt – also kaum verwertbar.

Nachdem die Nebenklage wiederum dank anderer Ermittlungsakten den Inhalt der Schwärzungen mühselig in Kleinstarbeit in großem Umfang rekonstruieren konnte und damit die Argumentation des Verfassungsschutzes ad absurdum geführt hatte, wurden die vollständigen Unterlagen den Prozessbeteiligten doch noch zur Kenntnis gegeben. Eine Farce. Zwischenzeitlich waren mehr als zweieinhalb Jahre vergangen. Das zuständige Gericht indes blieb völlig untätig. Zwar stellte der Vorsitzende Richter in Aussicht, dass bei einer Verweigerung der Informationen durch den Verfassungsschutz Freisprüche gegen die Angeklagten möglich seien – dem Antrag der Nebenklage, die Unterlagen einfach im Amt für Verfassungsschutz zu beschlagnahmen, schenkte der Richter aber keine Beachtung. Offensichtlich fällt es Gerichten und Staatsanwaltschaft immer noch nicht leicht, Polizeibeamte und Behörden gleichermaßen zur Verantwortung zu ziehen, wie sie es bei anderen Verdächtigen tun.

Insbesondere die thüringischen und sächsischen Justizbehörden hätten aus eklatanten Fehlern der Vergangenheit lernen können und müssen. Verbote gegen militante Gruppen nützen wenig, wenn nicht lückenlos aufgeklärt und geahndet wird. Neonazis sind zumeist fanatische Überzeugungstäter, die sich nicht durch ein Verbot geläutert zeigen. Ähnlich wie bei kriminellen Rockergangs rücken an die Stelle inhaftierter Anführer flugs deren Stellvertreter. Untergrundideologien und -strategien, die nicht enttarnt und öffentlich gemacht wurden, werden weiter angewandt. Nicht nur Politik, Polizei oder Medien stehen hier in der Verantwortung, sondern maßgeblich auch die Justiz. Welche verheerenden Folgen Versäumnisse haben können, zeigen sich besonders auch in den beiden genannten neuen Bundesländern, Thüringen und Sachsen.

Ein nicht rechtzeitig ausgestellter Haftbefehl der Staatsanwaltschaft Gera zum Beispiel ermöglichte 1998 erst die Flucht von Uwe Böhnhardt und damit auch von Beate Zschäpe und Uwe Mundlos. Mithilfe der militanten Neonazi-Organisation »Blood & Honour« tauchte das Jenaer Trio in den Untergrund in Chemnitz und Zwickau ab. Eine Mordserie ohnegleichen begann, sowie Sprengstoffanschläge und Raubüberfälle. Trotz oder vielleicht auch wegen der über drei Dutzend eingesetzten V-Leute im Umfeld des NSU wurde die Terrorzelle 13 Jahre lang nicht gefasst und konnte aus dem Untergrund agieren. Die gleichen Netzwerke, die in der Illegalität mit ihr in Verbindung standen, unterstützen jetzt die NSU-Angeklagten während des Gerichtsverfahrens. Thüringer aus dem Umfeld von »Blood & Honour« organisieren Rechtsrockkonzerte, sammeln Spenden und fallen selbst wieder mit Waffen auf. Helfer des NSU erhalten Hilfe – unter anderem von Neonazi-Strukturen des »Gelben Hauses« in Ballstädt, dem kleinen Ort, in dem die Kirmesgesellschaft brutal überfallen wurde. Eine Nichtaufarbeitung militantester rechter Hintergründe erleichtert die Wiederbetätigung.

Ähnliches ist auch in Sachsen sichtbar geworden. Die äußerst gewaltbereite Kameradschaft »Sturm 34« mit ihren etwa 50 Anhängern und zahlreichen weiteren Sympathisanten wollte die Region Mittweida von Ausländern »säubern« und zur »national befreiten Zone« erklären. Etwa zwei Jahre lang konnten sie agieren, erst 2013 kam es letztinstanzlich zu Verurteilungen und der Einordnung als krimineller Vereinigung. Noch länger hatte ein Vorläufer, die Kameradschaft »Skinheads Sächsische Schweiz«, die Region um Pirna terrorisiert. Das riesige Geflecht Hunderter Personen wurde erst 2001 verboten. Es war selbst von Mitgliedern der 1994 verbotenen »Wiking Jugend« gegründet worden. Die SSS existierte trotz Verbotsverfügung noch bis etwa 2004 im Untergrund weiter. Anführer von damals sind heute wieder aktiv. Gefährliche Kontinuitäten, die im Justiz- und Polizeiapparat bekannt sein sollten.

Immer wieder gibt es auch Diskussionen, ob die Verschärfung bestimmter Straftatbestände oder die Änderungen von Strafzumessungsvorschriften nicht dazu dienen könnten, Taten, die ideologisch begründet sind, besser zu ahnden. Erfolge brachten diese Initiativen in der Praxis selten. Erst in der jüngeren Vergangenheit wurden die Grundsätze der Strafzumessung überarbeitet. Nunmehr haben Richter bei der Abwägung der Gesamtumstände der Tat insbesondere rassistische, fremdenfeindliche oder menschenverachtende Beweggründe und Ziele des Täters sowie die Gesinnung, die aus der Tat spricht, zu berücksichtigen.

Um diese Motivlagen im Urteil und damit in der Findung einer tat- und schuldangemessenen Strafe berücksichtigen zu können, müssen die Motive zur Überzeugung des Gerichts aber zunächst einmal feststehen. Im Zweifel hat das Gericht also Beweis darüber zu erheben, ob die Tat rassistisch, fremdenfeindlich oder menschenverachtend motiviert ausgeführt wurde und welche Gesinnung der Täter damit an den Tag legte. Wenn sich also ein Gericht einer solchen Beweiserhebung versperrt, wie zum Beispiel das Landgericht Erfurt, das im Ballstädt-Verfahren alle Beweisanträge der Nebenklage zu Verbindungen zum »Blood & Honor«-Netzwerk, zu Solidaritätsbekundungen für den Ange-

klagten im NSU-Verfahren Ralf Wohlleben oder Ähnlichem ab-
lehnte, kann die Motivation der Täter und ihre politische Agenda, aus der die Tat entspringt, keine Berücksichtigung finden.
Es mangelt weniger an gesetzlichen Möglichkeiten, rechte
Tatmotive zu berücksichtigen, denn an dem Willen, sich einer
aufwendigen Beweisaufnahme allein im Bereich der Strafzumessung zu widmen. Ob dies allein der Überlastung der Gerichte oder einer allgemeinen Befürchtung, Gesinnungsstraf-
recht zu üben, geschuldet ist, können nur Verantwortliche der
Justiz selbstkritisch reflektieren. Für Außenstehende scheint es
ein Konglomerat aus beidem zu sein. Es muss anerkannt werden: Rechter Terror ist Alltagsterror, er betrifft nicht nur die
Schwächsten der Gesellschaft, engagierte Menschen oder Lokalpolitiker, sondern er betrifft uns alle. Es entsteht jedoch immer wieder der Eindruck, im Schatten islamistischen Terrors
werde ihm nicht so viel Aufmerksamkeit zuteil.

Tatsächlich sieht der deutsche Justizalltag so aus, dass es unzählige Einzelfälle gibt, in denen Richter nicht erkennen wollen,
wenn es sich bei dem Fall, der ihnen zur Entscheidung vorliegt,
um eine rechtsmotivierte Tat handelt. Weil kein direkter Bezug
zum Nationalsozialismus oder zu Fremdenfeindlichkeit vorlie-
ge, verlieren sie sich in Ausflüchten, lehnen ab, sich im Ansatz
mit einer politischen Tatmotivation zu beschäftigen. Solchen
Sichtweisen kann man mit gesetzlichen Regelungen nicht begegnen. Das Recht ist nicht in der Lage, gesellschaftliche Probleme wie die Ignoranz von rechten Ideologien, deren Verharmlosung oder Etablierung in der Mitte der Gesellschaft zu lösen
oder aufzuhalten.
Wissenschaftler des Moses-Mendelssohn-Zentrums (MMZ)
in Potsdam überprüften im Auftrag des Landes Brandenburg die
dortigen Todesfälle durch rechte oder rassistische Gewalt. Sie
verdoppelten die Zahl der Fälle, die hätten erfasst werden müs-

sen. Auch die Arbeit von Justiz und Polizei wurde geprüft. »Insgesamt verdeutlichen die Ergebnisse des MMZ, dass bei nachweislich rechten Tätern den politischen Motiven durch Polizei, Staatsanwaltschaft und Gericht nicht oder nicht ausreichend nachgegangen wurde. Sie sind somit sukzessive entpolitisiert worden, und zwar von einer Instanz zur nächsten«, sagte Judith Porath von der »Opferperspektive« 2015 gegenüber *Amnesty Journal*. Ihr Kollege Joschka Fröschner ergänzt: »Grundsätzlich ist ein aktiveres polizeiliches Ermitteln gefragt, wie etwa in Großbritannien, wo es zunächst vor allem auf die Situationseinschätzung der Betroffenen ankommt.«

Dies ist eindeutig ein gesamtgesellschaftliches Problem, das in der Rechtsprechung nur seinen Niederschlag findet und auf anderen Ebenen als der Gesetzgebung angesprochen, reflektiert und bearbeitet werden sollte. Einige pragmatische Beispiele: Polizeibeamte sollten verinnerlichen, eine Person mit offensichtlichem Migrationshintergrund, die hilfesuchend in eine Polizeibehörde kommt, nicht zunächst einer erkennungsdienstlichen Behandlung zur Feststellung ihres Aufenthaltsstatus zu unterziehen, sondern ihr Anliegen prioritär zu behandeln.

Ebenso ungeeignet haben sich im Praxistest bisher besondere Arbeitsgruppen oder Aufbauorganisationen der Polizei gezeigt. Die in Thüringen nach Selbsttenttarnung des NSU eingerichtete »BAO Zesar« (Besondere Aufbauorganisation »Zentrale Ermittlungen und Strukturaufklärung – rechts«) – angesiedelt beim Thüringer Landeskriminalamt – hat etwa 30 Beamte zur Verfügung, die sich 2017 zum Beispiel mit dem Neonazi-Überfall auf Apolda oder einer rechten Gruppe namens »Kollektiv 56« beschäftigen. Der Leiter der »BAO Zesar« weist auf den hohen Vernetzungsgrad sowie die zunehmenden Hemmschwellen gegenüber Gewalt hin. Trotz aller Bemühungen bleibt Thüringen aktuell aber Schwerpunktregion großer internationaler

Rechtsrockkonzerte mit zahlreichen Straftaten sowie militanter und krimineller Neonazi-Gruppen. Mittlerweile ermittelt die Aufbaugruppe allerdings auch politisch motivierte Kriminalität »links« und scheint durch eine hohe Personalfluktuation inhaltlich nicht in der Lage, Strukturermittlungen tatsächlich im nötigen Maß zu führen. Fachkundige Beamte, insbesondere im Bereich »rechts«, scheinen dort rar gesät zu sein, und die wenigen, die szenekundig sind, sind dauerhaft überlastet.

Den gleichen Eindruck erwecken sonderzuständige Staatsanwaltschaften. Das 2015 neu eingerichtete Sonderdezernat der integrierten Ermittlungseinheit Sachsen (INES) ist mit knapp einem halben Dutzend Staatsanwälten besetzt, darunter ein Vertreter der Generalbundesanwaltschaft. Dort sollen gewichtige Fälle und bedeutende Sachverhalte der Organisierten, der Umwelt- und Wirtschaftskriminalität und der Korruptionsstraftaten, wie es gewichtig auf der Webseite sachsen.de heißt, behandelt werden. Einzelne Fälle sollen bei den Staatsschutzabteilungen der Staatsanwaltschaften herausgelöst und einer besonders eng mit der Polizei vernetzten Einheit übergeben werden, die von anderen Aufgaben »überwiegend freigestellt« sein soll, heißt es in der Beantwortung einer Kleinen Anfrage vonseiten der Justiz.

Bei den Ermittlungen gegen die »Gruppe Freital« und die »Freie Kameradschaft Dresden« bekleckerte sich die Justiz nicht mit Ruhm, schien ihr Schwerpunkt doch »sachsentypisch« eher im Bereich »linksmotivierte Kriminalität« zu liegen. Bei der Überwachung von Beschuldigten im Phänomenbereich »links« wurde besonderes Engagement deutlich. »Repression gegen Antifaschisten ist in Sachsen Alltag«, kommentiert die Landtagsabgeordnete der Linken, Kerstin Köditz.

Das 2012 eingerichtete »Operative Abwehrzentrum Sachsen« (OAZ) unter dem Leipziger Polizeipräsidenten Bernd Merbitz verzeichnet eine hohe Aufklärungsrate, doch rund 25 Prozent der Fälle blieben unaufgeklärt. 631 Beschuldigten rechter Gewalt standen nur 18 beschuldigte Linksextremisten gegenüber. Inhaltliche Kompetenz bleibt bei einem breiten Spektrum von Fachbereichen oft auf der Strecke. So waren Mitarbeiter dieser Zentralstelle für die »Ermittlungen extremistisch motivierter« Straftaten nicht in der Lage, eine Hakenkreuzflagge bei einer mutmaßlich rechtsterroristischen Gruppierung als ermittlungsrelevant einzustufen, wie sich im Freital-Prozess zeigte.

Probatere Mittel wie die Veränderung von Ausbildungs- und Studieninhalten innerhalb von Justiz und Polizei, gesteigerte Diversität in den Behörden, die Abkehr von der Extremismustheorie, eine behördeninterne Fehlerkultur und externe Kontrolle werden zwar allerorts diskutiert, in der Praxis sucht man sie aber noch. In Thüringen soll das Thema »Rechtsextremismus« noch intensiver in die Ausbildung von Polizeianwärtern einfließen. Eine längst überfällige Maßnahme, wie auch Prof. Christoph Kopke von der Hochschule für Wirtschaft und Recht in Berlin bei einer Überprüfung im Auftrag des NSU-Untersuchungsausschusses bestätigte. Das Gremium bescheinigte 2014 Verfassungsschutz, Polizei und Staatsanwaltschaft in Thüringen »Versagen« und spricht von einem »Desaster bei der Verfolgung der Neonazi-Terroristen«. Laut Kopke seien die Themen Rechtsextremismus und Neonazismus besonders bei der Ausbildung im mittleren Dienst am wenigsten zu finden. »Da sollte man nachbessern.«

Angedachte Enquete-Kommissionen, Einstellungsprogramme, Schulungen und externe Beschwerdestellen sind zwar erwiesenermaßen effektive Mittel, um auch institutionellem Rassismus zu begegnen, kommen aber auch unter der rot-rot-grünen Landesregierung in Thüringen bislang nur auf dem Papier vor oder lassen lange auf sich warten. Insofern kann es nicht verwundern, wenn in Ermittlungsakten immer noch von »Asylanten«, »Asylkritikern«, »Asylantenheimen« und Ähnlichem die Rede ist. Auch wurde nach den Ausschreitungen in Hamburg anlässlich des G20-Gipfels im Juli 2017 sogar wieder über die Abschaffung der Kennzeichnungspflicht von Polizeibeamten diskutiert.

Unklar bleibt, wie viele Fälle rechter Gewalt bislang unaufgeklärt sind. Dies scheint mehrere Ursachen zu haben. Zunächst bleiben Fälle unerfasst, die durch die ermittelnden Polizeibeamten nicht als rechtsmotiviert eingestuft und daher nicht in die statistische Erfassung der polizeilichen Datenbanken einfließen können. Sind Beamte mangels Ausbildung oder mangels Sensibilisierung nicht in der Lage, eine rechtsmotivierte Straftat bereits frühzeitig zu erkennen, wird die Tat statistisch nicht erfasst und die polizeilichen Zahlen daher verfälscht. Insofern verwundert es nicht, wenn Opferberatungsstellen höhere Zahlen an rechten Straftaten veröffentlichen als Polizeibehörden.

Beeindruckend und zugleich schockierend sind die Zahlen zu untergetauchten verurteilten rechten Tätern. Bereits im Januar 2016 veröffentlichte die Bundesregierung auf eine kleine Anfrage der Grünen-Bundestagsabgeordneten Irene Mihalic, dass 372 Personen, die per Haftbefehl wegen rechtsmotivierter Straftaten gesucht werden, untergetaucht sind, wie *Der Spiegel* berichtete. Gleichzeitig waren zum Zeitpunkt September 2015 mehr als 450 Haftbefehle bislang nicht vollstreckt. Das bedeutet aber auch im Umkehrschluss, dass bei einigen Personen mehr als ein Haftbefehl vorliegt, diese Personen also Mehrfachtäter sind. Bei den Delikten handelt es sich um »Raub, rechtsextreme Attacken, Diebstahl, Beschaffungskriminalität, Betrug, schwere Körperverletzung, Bankraub und Totschlag«. Diese Aufzählung erinnert nicht ohne Grund an die Taten des »Nationalsozialistischen Untergrunds«. Auch hier kann angenommen werden, dass eine derart hohe Zahl nicht nur aus einer

Untätigkeit der Behörden, sondern auch aus einer Unterstützung der Untergetauchten durch die eigene Szene resultieren kann.

Taten, die in diesen Statistiken nur selten oder aufgrund der schieren Massen nicht erfasst werden können, sind die der sogenannten Hassreden, genannt »hate speech«. Plattformen wie Twitter oder Facebook bilden eine fast grenzenlose Möglichkeit, anonym Beleidigungen, Bedrohungen, Volksverhetzung und Ähnliches zu verbreiten. Die Täter bleiben meist unerkannt und von der Strafverfolgung verschont. Oft ist es hilfreicher, die Beiträge einfach als unangemessen zu melden, als eine Strafanzeige zu erstatten, die meist erfolglos bleibt, da der Täter in den seltensten Fällen ermittelt werden kann. Zwar hat die Bundesregierung mit dem »Netzwerkdurchsetzungsgesetz« die rechtliche Grundlage dafür geschaffen, dass Plattformen wie Twitter, Youtube und Facebook illegale Inhalte schnell und nachhaltig entfernen. Zufrieden kann man damit jedoch nicht sein.

Es wird sich zeigen, ob das Gesetz nicht auch dazu führen wird, dass Informationen über Hassreden und Inhalte von rechten Veranstaltungen im Netz gelöscht werden müssen und dadurch letztlich die Dokumentation eines gesellschaftlichen Rechtsrucks und der Aktivitäten der rechten Szene erschwert wird. Die Meinungen, die die Betreiber der sozialen Netzwerke entfernen müssen, sind jedoch nicht mit einem Klick verschwunden. Die einfache Lösung nach dem Motto »Was ich nicht sehe, ist nicht da« könnte zwar dazu führen, dass die Verbreitung erschwert wird, die gesellschaftliche Debatte und die Bemühungen, rechte, rassistische und antisemitische Meinungen zu ächten und zu bekämpfen, wird damit nicht ersetzt werden können.

Aus Hassreden aber können auch Taten werden. Das zeigt der Fall des Nino K. aus Dresden. Der Mann, der Ende September 2016 einen Brandanschlag auf die örtliche Moschee verübt haben soll und damit den Imam, seine Frau und ihre Kinder einer Todesgefahr aussetzte, stand 2015 als Redner bei Pegida in Dresden auf der Bühne. Er hetzte gegen »kriminelle Ausländer« und »faule Afrikaner«. Seit seiner Festnahme 2016 sitzt K. in Untersuchungshaft. Die Generalstaatsanwaltschaft hat im Herbst 2017 Anklage gegen den 30-Jährigen unter anderem wegen versuchten Mordes erhoben. Weitere Anschläge seien in Planung gewesen.

Co-Autorin: Rechtsanwältin Kristin Pietrzyk

Chronik Februar 2017

01.02. Fürstenfeldbruck (BY) Mitarbeiter eines Sicherheitsdienstes beleidigen einen Geflüchteten in seiner Unterkunft rassistisch, schubsen ihn und schlagen ihm in den Bauch.

01.02. München (BY) Zwei Männer greifen zwei Geflüchtete in der S-Bahn an, beleidigen sie rassistisch und würgen eines der beiden Opfer.

01.02. Bielefeld (NW) Unbekannte verüben einen Brandanschlag auf ein islamisches Gemeindezentrum. Die Feuerwehr kann den im Untergeschoss schlafenden Imam retten und das Feuer löschen. Die Polizei ermittelt wegen versuchten Mordes in alle Richtungen. Die Opferberatungsstelle »Opferberatung Rheinland« bewertet diesen Vorfall als rechte Tat.

03.02. Göppingen (BW) Unbekannte verüben zum wiederholten Mal einen Anschlag auf das Haus eines Journalisten, der über Neonazis berichtet. Sie werfen einen Stein in das Fenster seiner Küche.

03.02. Alsbach-Hähnlein (HE) Unbekannte werfen am Abend einen Molotow-Cocktail auf das Gelände einer Geflüchtetenunterkunft. Die Bewohner löschen den Brand. Es wird niemand verletzt.

04.02. Schweinfurt (BY) Ein 34-jähriger Mann wirft eine Parkbank in die Fensterscheibe eines Hotels. Dahinter halten sich Hotelangestellte auf. Polizisten können den Mann wenig später finden. Bei seiner Festnahme leistet er heftigen Widerstand. In der Dienststelle beleidigt er die Beamten fortwährend, äußert sich mehrfach antisemitisch, droht damit, Juden »in die Luft zu jagen, sie aufzuhängen und zu verbrennen«, und ruft »Heil Hitler!«.

04.02. Alsbach-Hähnlein (HE) Unbekannte werfen einen Molotowcocktail in den Innenhof einer Geflüchtetenunterkunft. Die Fassade des Gebäudes wird leicht beschädigt. Die Bewohner können den Brand löschen.

04.02. Drensteinfurt (NW) Unbekannte verüben einen Brandanschlag auf eine Unterkunft für Geflüchtete.

04.02. Hamburg-Poppenbüttel (HH) Ein Unbekannter zeigt den Hitlergruß, beleidigt einen Menschen rassistisch und bedroht ihn mit einer Waffe. Die Polizei geht von einer rechts motivierten Straftat aus.

05.02. Dortmund (NW) Sechs junge Männer greifen zwei Personen in der U-Bahn an. Sie schlagen und treten zu. Drei der Täter gehören laut Polizei der lokalen rechten Szene an, daher wird ein rassistisches Tatmotiv nicht ausgeschlossen.

05.02. Bad Salzuflen (NW) Ein Unbekannter schießt auf ein dreijähriges Kind aus Syrien mit einem Luftgewehr und verletzt dieses erheblich. Die Opferberatungsstelle »Opferberatung Rheinland« bewertet diesen Vorfall als rechte Tat.

06.02. Gera (TH) Ein Unbekannter greift zwei junge Syrer aus rassistischer Motivation in einem Bekleidungsgeschäft an. Er verletzt einen der Betroffenen leicht.

07.02. Jüterbog (BB) In einem Jugendclub beleidigen mehrere Männer andere Besucher rassistisch. Sie sind aggressiv und rufen rechte Parolen. Als sie daraufhin die Räumlichkeiten verlassen müssen, eskaliert die Lage vor dem Gebäude. Die Rechten greifen ankommende Besucher aus Afghanistan an und schlagen mehrfach zu.

09.02. Kempten (BY) Polizisten wollen einen Haftbefehl wegen nicht bezahlter Geldstrafen gegen einen 38-jährigen »Reichsbürger« vollstrecken. Der Mann wehrt sich bei seiner Festnahme und kann erst durch den Einsatz von Reizgas und Schlagstock überwältigt werden. Ein Beamter wird bei dem Einsatz leicht verletzt.

10.02. Kirchheim unter Teck (BW) Unbekannte sprengen den Briefkasten einer Geflüchtetenunterkunft in die Luft.

10.02. Nordhausen (TH) Ein Mann beleidigt drei Jugendliche in der Straßenbahn rassistisch. Er zieht ein Messer und führt Drohgebärden in Richtung der Jugendlichen aus.

11.02. Berlin-Lichtenberg (BE) Fünf Neonazis greifen aus rassistischer Motivation Menschen an. Die Gruppe flüchtet in ein Geschäft.

11.02. Senftenberg (BB) Mehrere Männer sprechen vor einem Supermarkt einen jugendlichen Geflüchteten aus dem Iran an. Einer der Männer schlägt ihm aus rassistischer Motivation mit der Faust ins Gesicht. Die Täter fliehen. Der Betroffene muss stationär im Krankenhaus behandelt werden.

11.02. Magdeburg (ST) Eine Unbekannte beleidigt in einem Supermarkt einen 38-jährigen Sudanesen rassistisch. Kurz darauf schlägt ihm ein Mann mit der Faust ins Gesicht. Die Angreifenden entfernen sich vom Tatort. Augenzeugen greifen nicht ein. Die alarmierte Polizei kann vor Ort die Personalien der Frau aufnehmen. Das Opfer, das stark aus dem Mund blutet, fragt bei den Beamten nach einem Arzt. Diese sagen ihm, er solle nach Hause gehen, sonst würde er festgenommen. Der 38-Jährige muss wegen eines Kieferbruchs im Krankenhaus operiert und stationär behandelt werden.

12.02. Hamburg-St. Pauli (HH) Ein Mann schlägt einen anderen Mann mit den Fäusten und beleidigt ihn als »Nigga«.

13.02. Rüsselsheim (HE) Ein Unbekannter bedroht einen Mann, der im Stadtpark Pfandflaschen sammelt. Dann stößt er ihn zu Boden und schlägt mit einem Stock auf ihn ein. Dieser Vorfall wird von der Opferberatungsstelle »Response Hessen« als rechte Tat bewertet.

14.02. Ahaus (NW) Zwei Männer im Alter von 25 und 26 Jahren schießen vor einer Geflüchtetenunterkunft mit einer Schreck-schusspistole. Sie dringen in das Gebäude ein und feuern auf einen der Bewohner. Die Polizei geht von einem »fremden-feindlichen Motiv« aus.

15.02. Perleberg (BB) Eine unbekannte Frau beleidigt eine junge Syrerin rassistisch, dann schubst sie die Betroffene und schlägt ihr mit der Faust ins Gesicht.

15.02. Schwerin (MV) Es kommt zu einer gefährlichen Körper-verletzung gegen einen geflüchteten Menschen. Laut der Beant-wortung einer parlamentarischen Anfrage ist dieser Vorfall eine politisch rechts motivierte Straftat.

16.02. Handeloh (NI) Es kommt zu einer gefährlichen Körperver-letzung gegen einen geflüchteten Menschen. Laut der Beant-wortung einer parlamentarischen Anfrage ist dieser Vorfall eine politisch rechts motivierte Straftat.

16.02. Dortmund (NW) Ein 33-Jähriger beleidigt einen 21-jähri-gen Mann aus Kamerun rassistisch und schlägt ihn.

17.02. Lübeck (SH) In der Innenstadt kommt es zu einer Ausein-andersetzung zwischen Antifaschisten und Aktivisten der »Identitären Bewegung«, die dort Aufkleber anbringen. Einer der Rechten zieht ein Messer und sticht auf einen Antifaschisten ein. Das Opfer kann einige Messerstiche abwehren, wird jedoch an Hals und Schulter verletzt. Es muss stationär im Kranken-haus behandelt werden.

18.02. Güstrow (MV) Zwei Männer rauben einen Bekannten aus und ziehen danach durch die Innenstadt. Sie sind mit Schlagstö-cken bewaffnet. Als sie einen jungen Geflüchteten treffen, be-ginnen sie unvermittelt damit, diesen rassistisch zu beleidigen und zu schlagen. Der Betroffene erleidet eine Prellung und zahlreiche Hämatome am Körper.

20.02. Dresden (SN) Bei einer Pegida-Demonstration zerrt ein Ordner einen Gegendemonstranten von der Straße und verletzt ihn dadurch leicht. Die Polizei schreitet nicht ein.

23.02. Berlin-Marzahn (BE) Ein unbekannter Mann rempelt aus rassistischer Motivation einen 31-jährigen Geflüchteten an, schlägt ihn und bedroht ihn mit einem Messer.

23.02. Dortmund (NW) Ein 52-jähriger »Reichsbürger« greift nach einer Gerichtsverhandlung einen Polizeibeamten an. Er muss sich wegen eines Verkehrsverstoßes vor dem Amtsgericht verantworten. Ein weiterer Polizist wird bei der Festnahme des Mannes verletzt.

24.02. Schwelm (NW) Es kommt zu einer gefährlichen Körperverletzung gegen einen geflüchteten Menschen. Laut der Beantwortung einer parlamentarischen Anfrage ist dieser Vorfall eine politisch rechts motivierte Straftat.

24.02. Wasungen (TH) Ein 22-jähriger Mann prügelt auf einem Parkplatz auf eine irakische Familie ein. Dem Vater haut er mehrfach mit der Faust ins Gesicht. Auch die Mutter schlägt er. Die drei minderjährigen Kinder bleiben im Gegensatz zu den Eltern unverletzt.

25.02. Cottbus (BB) Zwei Männer, die Wachschutzuniformen tragen, beleidigen einen 20-jährigen Cottbusser syrischer Herkunft rassistisch. Als dieser die beiden zur Rede stellen will, wird er von einem der Männer gewürgt. Der zweite Täter schlägt den achtjährigen Cousin des Opfers, der helfen will, von hinten zu Boden. Die Polizei nimmt die Daten der Betroffenen auf und macht Alkoholtests. Die Personalien der Täter werden nicht aufgenommen.

25.02. Cottbus (BB) Mehrere Männer greifen aus rassistischen Gründen einen 18-jährigen Syrer in der Nähe des Bahnhofs an. Zuvor hatten sie ihn verbal attackiert.

25.02. Radevormwald (NW) Ein Neonazi greift einen 29-jährigen Politiker und Antifaschisten an. Das Opfer wird schwer verletzt ins Krankenhaus eingeliefert. Ein zweiter Täter hielt während der Tat einen Begleiter des Angegriffenen fest und hinderte ihn daran, zu helfen.

25.02. Steinheim (NW) Es kommt zu einer Körperverletzung gegen einen geflüchteten Menschen. Laut der Beantwortung einer parlamentarischen Anfrage ist dieser Vorfall eine politisch rechts motivierte Straftat.

25.02. Eilenburg (SN) Eine Person wird durch die Gewalteinwirkung mit einem Gegenstand leicht verletzt. Das Staatsministerium des Innern bewertet diese Körperverletzung als »fremdenfeindlich motiviert«.

25.02. Halle (ST) Drei Unbekannte fragen drei junge Männer in der Nähe der Burschenschaft »Germania«, ob sie »Antifa« seien. Als einer der Gefragten sagt, dass er »keinen Bock auf Nazis« habe, wird er mit einer Bierflasche bedroht. Die Betroffenen werden über mehrere Hundert Meter von dem Trio verfolgt. Dann gehen die Verfolger zum Angriff über, bringen die Betroffenen zu Boden. Sie treten und schlagen zu und setzen Reizgas gegen die Betroffenen ein. Der polizeiliche Staatsschutz ermittelt.

25.02. Bardowick (NI) Zwei Männer treten und schlagen einen »ausländischen Mann«. Personen, die helfen wollen, werden ebenfalls angegriffen. Die Opferberatungsstelle »RespAct – Solidarisch mit Betroffenen rechter Gewalt« wertet diesen Vorfall als rechte Tat.

26.02. Cottbus (BB) Ein Cottbusser syrischer Herkunft trifft beim Besuch eines Straßenfestes auf Personen, die ihn am Tag zuvor rassistisch beleidigt und angegriffen hatten. Als er diese mit seinen Freunden zur Rede stellen will, wird er von einem der Täter am Hals gewürgt und körperlich angegriffen. Die Polizei nimmt den Betroffenen in Gewahrsam. Die Täter bleiben, wie am Tag zuvor, auf freiem Fuß.

26.02. Bützow (MV) Es kommt zu einer Körperverletzung gegen einen geflüchteten Menschen. Laut der Beantwortung einer parlamentarischen Anfrage ist dieser Vorfall eine politisch rechts motivierte Straftat.

26.02. Gotha (TH) Zwei dunkel gekleidete Männer sprechen im Schlosspark einen Jugendlichen auf seine Herkunft und seinen Namen an. Dann wird er von einem dritten mit einer Bierflasche beworfen, die ihn am Kopf trifft. Der Jugendliche wird in der Folge bewusstlos und trägt eine Kopfverletzung davon.

26.02. Neustadt an der Orla (TH) Aktivisten der Neonazi-Szene greifen grundlos Besucher eines Karnevalsumzugs an.

27.02. Cottbus (BB) Ein Mann beleidigt einen Mann aus Eritrea rassistisch und greift ihn körperlich an.

27.02. Ludwigshafen am Rhein (RP) Es kommt zu einer Körperverletzung gegen einen geflüchteten Menschen. Laut der Beantwortung einer parlamentarischen Anfrage ist dieser Vorfall eine politisch rechts motivierte Straftat.

27.02. Dresden (SN) Ein Unbekannter schlägt an einer Straßenbahnhaltestelle einen jungen Mann aus Eritrea. Er erleidet leichte Verletzungen. Die Opferberatungsstelle »RAA Sachsen« bewertet diesen Vorfall als rechte Tat.

27.02. Parchim (MV) Zwei Rechte beschimpfen zwei syrische Geflüchtete so lange rassistisch, bis es zu einer Auseinandersetzung kommt.

»Reichsbürger« –
zu lange unbeachtet

R eichsbürger« tragen ihre Gesinnung gerne zur Schau. Sei es anhand von Transparenten, schriftlichen Mitteilungen, Autoaufklebern, nicht selten durch äußere Details an ihren Wohnhäusern.

Das weiße Haus von Wolfgang Plan im mittelfränkischen Georgensgmünd fiel schon vor seiner blutigen Tat auf. »Regierungsbezirk Wolfgang – Mein Wort ist hier Gesetz!« stand auf dem Briefkasten, ein selbst gemaltes Wappen war zu sehen. Sein »Hoheitsgebiet« hatte er mit einer gelben Linie um das Grundstück markiert. »Reichsbürger« wie Plan akzeptieren weder die Existenz der Bundesrepublik Deutschland noch ihre Gesetze. Behördlichen Aufforderungen kommen sie nicht nach.

Von außen betrachtet erscheint die Szene konfus. Das »Reichsbürger«-Milieu ist vielfältig, es gibt Gruppen, die wirken wie esoterische Sekten, nennen sich »Königreich Atlantis« oder herrschen über »Germanitien«. Andere Organisationen wie Staatenlos.info oder die »Interim Partei Deutschland« sind längst als extrem rechts bekannt. Manche Reichsideologen bezeichnen sich auch als »Reichsdeutsche«. Zu Letzteren zählt der ehemalige RAF-Mitbegründer und langjährige Neonazi Horst Mahler. Sein politisches Ziel ist das »Vierte Reich«.

Nicht alle »Reichsbürger« glauben an den Fortbestand des Deutschen Reiches, doch alle lehnen die BRD, wenn auch in verschiedener Weise, ab. Die einen leugnen die Existenz, andere bestreiten deren Legitimität. Ein Klassiker unter »Reichsbürgern« ist die Deutung des Personalausweises als Beleg für die

Behauptung, die BRD sei eine GmbH und kein rechtmäßiger Staat. In einem richtigen Staat müsse es Bürgerausweis heißen. Es gibt »Reichsbürger«, die durch persönliche Nöte die Flucht in den Dschungel von Fantasiestaaten und Königreichen angetreten haben. Wolfgang Plan aus Mittelfranken gehört zu dieser Gruppe, die als »Selbstverwalter« bezeichnet wird. »Selbstverwalter« kennzeichnen sich dadurch, dass sie alleine oder mit Gefolgsleuten »selbstverwaltete« Scheinstaaten gründen. Sie gelten als besonders gefährlich, da sie ihre Refugien nicht selten mit Gewalt verteidigen. Wie auch im Fall Georgensgmünd.

An der Haustür von Wolfgang Plan prangte ein gut sichtbarer Zettel mit der »Warnung«, »Personen« hätten keinen Zutritt. Wer ohne »vorige Zustimmung« eintrete, der unterwerfe sich »unwiderruflich unserer Allgemeinen Gebührenordnung und (…) unserer Gerichtsbarkeit«. Jahrelang hatte Plan ein Kampfsportstudio betrieben, Selbstverteidigungskurse auch für Schulen und die Gemeindeverwaltung im Ort angeboten. Ein Verkehrsunfall 2001 veränderte sein Leben, bedeutete Krankheit, langjährige Berufsunfähigkeit, Geldprobleme. Zwei Ehen gingen in die Brüche. Den Nachbarn in Georgensgmünd fiel seine Veränderung angeblich nicht auf. Die Ideologisierung bei Plan soll mit der Verweigerung zur Abwasserabgabe angefangen haben. Der Mann stemmte sich dagegen und begann seinen Kampf gegen die Behörden. »Anfang 2016 gab der 48-Jährige im Beisein von Zeugen demonstrativ seinen Personalausweis bei der Gemeindeverwaltung ab«, berichtet die Nürnberger Szene-Kennerin Birgit Mair. Einige Zeit später sei dort unter seinem Namen ein zehnseitiges Fax mit langen pseudojuristischen Texten eingegangen, so Mair weiter. »Darunter waren ominöse Gebührenordnungen und Strafandrohungen.« Im Februar 2016 habe er in einer Regionalzeitung ein Inserat geschaltet, in dem er in einer handschriftlich verfassten »Erklärung unter Eid« erklärte,

»immer noch am Leben und weder auf Hoher See noch sonst irgendwo im Universum verschollen« zu sein.

Auch solche versponnenen Lebendmeldungen kennzeichnen die Szene. »Lebst du schon oder ›personst‹ du noch?«, fragte Wolfgang Plan im April 2016 auf Facebook. Überhaupt war er gut vernetzt, hatte bei Facebook Hunderte von »Freunden« und radikalisierte sich. Er hortete 31 Kurz- und Langwaffen.

»Reichsbürger« sehen rot, wenn ihre selbst gesteckten Grenzen überschritten werden. So scheint es auch bei Wolfgang Plan gewesen zu sein. Die Tat, die ihm vorgeworfen wird, ließ die Öffentlichkeit aufhorchen. Seitdem werden die »Reichsbürger« nicht mehr nur als »Papierterroristen« angesehen. Als im Oktober 2016 ein Sondereinsatzkommando der Polizei vor Wolfgang Plans Haus stand, um ihm die Schusswaffen abzunehmen, kam es zum Schusswechsel mit tödlichen Folgen.

Der Jäger und Kampfsportler feuerte aus der Wohnung heraus insgesamt elfmal auf die Beamten und erschoss den 32-jährigen Polizisten Daniel Ernst mit drei Schüssen. Zwei weitere Beamte erlitten schwere Verletzungen. Dafür muss sich das Mitglied dieser diffusen und facettenreichen politischen Szene seit August 2017 wegen Mordes vor Gericht in Nürnberg-Fürth verantworten.

Die gewaltsame Verteidigung des »Regierungsbezirks Wolfgang« war die erste bekannt gewordene Tötung durch einen »Reichsbürger«. Ein Fanal, eine Art Aufruf an andere »Selbstverwalter«, sich ebenfalls mit Gewalt zur Wehr zu setzen, bedeutete bereits die gewalttätige Aktion eines Facebook-Freundes von Wolfgang Plan wenige Monate zuvor.

Der ehemalige »Mr. Germany« Adrian Virgil Ursache aus dem Kreis Anhalt-Zerbst verbarrikadierte sich im August 2016 in seinem Haus und Hof umfassenden, selbst ernannten »Staat Ur«. Zuvor hatte er zahlreiche Staatsbedienstete, darunter Richter und Gerichtsvollzieher, in Schreiben als »Kriegsverbrecher« oder »Volksverräter« beschimpft und zum Teil mit der »Todesstrafe« bedroht und ausstehende Geldforderungen nicht gezahlt. Mehrere Dutzend Anhänger unterstützten den 42-jährigen Fanatiker gegen eine bevorstehende Zwangsräumung. Per Videobotschaft hielt ein »Donatus« Interessierte live auf dem Laufenden »über das himmelschreiende Unrecht« gegen Ursache. Er berichtete aus dem Garten der Familie in Reuden, in dem zahlreiche Zelte aufgeschlagen waren. Donatus Schmidt gilt als einer der führenden Akteure der rassistischen Montagsdemonstrationen mit dem Titel »Mahnwache für den Frieden«. Er kündigte vor dem Polizeieinsatz an, zahlreiche Kameras würden das Geschehen filmen, und später, »wenn das System gekippt« sei, würden die »Protagonisten« aufgrund von Dienstnummern »auch zur Verantwortung gezogen werden können«. »Ich sag dir, was Gewalt ist, du Arschloch«, drohte auch Ursache an dem Tag per Video auf Youtube. »Wenn alle Menschen Angst haben, ich in Ur und meine Familie, wir haben keine Angst. Und jetzt? Willste mich umbringen? Also komm her! Wir werden es austragen.«

Zwei Beamte des eingesetzten SEK wurden verletzt, einer von ihnen gebissen. Ein Geschoss soll aus Sicht der zuständigen Staatsanwaltschaft aus Ursaches Waffe stammen. Er selbst war mit einem Revolver bewaffnet und wurde von mehreren Schüssen getroffen. Die Staatsanwaltschaft Halle erhob im April 2017 Anklage gegen ihn wegen versuchten Mordes und weiterer Delikte. Zwölf Verhandlungstage sind für den Prozess ab Oktober 2017 anberaumt.

»Ich kann nur davor warnen, ›Reichsbürger‹ als harmlose und geltungssüchtige Spinner abzutun«, warnt David Begrich von der Arbeitsstelle Rechtsextremismus in Magdeburg und verweist auf deren gut funktionierende Netzwerke. Laut Begrich waren unter den Anhängern in Reuden neben denen aus dem Umfeld der Montagsdemonstrationen auch mindestens zwei Neonazi-Aktivisten aus der Region anwesend.

Für seine Fans ist der Gründer des »Staats Ur« ein Märtyrer. Auf dem Vernetzungsportal »Gremium der Gruppengründer: Wir vernetzen die Welt!« ist inzwischen von einem »Mordversuch« gegen Ursache die Rede. Es heißt: »Adrian hat für uns alle sein Leben riskiert und wurde zudem auch noch durch die BRD-Söldner mit Erstschussbefehl schwer verletzt.« Die Namen der Beamten sollen demnach gesammelt werden, um sie zur Verantwortung zu ziehen.

Mit dem inhaftierten »Reichsbürger« fühlen sich auch Neonazis aus dem Umfeld des Thügida-Netzwerkes verbunden. Wolfgang Plan aus Bayern und der Protz aus Sachsen-Anhalt kennen sich seit Längerem. Vor den Todesschüssen von Plan sollen sie sich im August 2016 mit einem Pakt zu gegenseitigem Beistand verpflichtet haben.

Birgit Mair ist Diplom-Sozialwirtin beim Institut für sozialwissenschaftliche Forschung, Bildung und Beratung (ISFBB) e.V. in Nürnberg. Sie beobachtet den Prozess gegen den Georgensgmünder und weist auf dessen autoritäres Weltbild und politische Vernetzung hin. Zu Wolfgang Plans Facebook-Freunden, so Mair, zählte Enrico K., ebenfalls aus dem Ort Georgensgmünd. K. sei Mitorganisator der Pegida-Bewegung in Nürnberg und bestätigte eine Woche nach der tödlichen Bluttat als Redner auf der Pegida-Bühne am Nürnberger Rathenauplatz die persönliche Bekanntschaft mit dem Angeklagten. Weitere Facebook-Freunde, berichtet Birgit Mair, waren Organisatoren und Redner der migrationsfeindlichen Nürnberger Friedensmahnwachen.

Für die Szenekennerin und Expertin ist Plan ein extrem Rechter. So veröffentlichte er zum Beispiel bei Facebook antisemitische Hetze oder Drohgebärden gegen demokratische Politiker, wie sie in der extremen Rechten üblich sind. »Schuldig – hängen!«, lautete der Kommentar zu einer Fotomontage, die Angela Merkel, Heiko Maas, Joachim Gauck und andere hochrangige Politiker auf der Anklagebank der Nürnberger Kriegsverbrecherprozesse zeigt.

Birgit Mair betont, der getötete Polizist Daniel Ernst ist als weiteres Todesopfer rechter Gewalt zu betrachten. Zusammen mit den neun Toten des rassistisch motivierten Amoklaufs in München vom 22. Juli 2016 verloren allein in Bayern zehn Menschen in einem Jahr ihr Leben durch rechts motivierte Gewalt.

Die Überzeugung, das Deutsche Reich sei der rechtmäßige Staat der Deutschen, hat die Niederlage des Nationalsozialismus und die Gründung der Bundesrepublik Deutschland überdauert, erklärt Jan Rathje von der Amadeu Antonio Stiftung. Er bezeichnet »Reichsideologien« als »Konstante der deutschen extremen Rechten seit der Weimarer Republik«. Neben »Selbstverwaltern« und politischen Ideologen macht Rathje noch eine dritte Gruppe aus, die »Souveränitätsfordernden«, wie er sie nennt. Diese Gruppe will vor allem die vermeintlich fehlende Eigenständigkeit Deutschlands wiederherstellen. »Ob es dann identisch ist mit der Bundesrepublik, halten sie in ihren Souveränitätsforderungen bewusst vage«, so der Politikwissenschaftler.

Genau an diesem Punkt ergibt sich eine Schnittstelle zum Rechtsextremismus der »Neuen Rechten«, wie zum Konservatismus und zum Nationalismus. Die Ansicht, die BRD sei nicht souverän, wird unter anderem von Jürgen Elsäßers *Compact*-Magazin, von Pegida-Anhängern oder Teilen der AfD getragen. Prominentester Anhänger ist der Mannheimer Popsänger Xavier Naidoo, der sich 2011 mit dem Satz »Deutschland ist immer noch ein besetztes Land« als Verfechter dieser Theorie outete. Später trat Naidoo sogar vor »Reichsbürgern« in Berlin auf. Ein Video bei Youtube zeigt seine angeblich improvisierte

Rede, in der der Sänger sagt, sein Land sei nicht frei, weil es
keinen legitimen Friedensvertrag gebe.

Die Behauptung, dass sich die Bundesrepublik noch immer in
den Händen alliierter Besatzungsmächte befindet, geistert seit
Jahrzehnten durch die nationalistische Szene und bot der erstar-
kenden Bewegung eine Vorlage. Diese Ideologen ignorieren die
Tatsache, dass ein Friedensvertrag völkerrechtlich gar nicht nötig ist. »Der Besatzungsstatus der Bundesrepublik endete 1955
mit Inkrafttreten des Deutschlandvertrags«, sagte Christoph
Ohler, Professor für öffentliches Recht von der Universität Jena
gegenüber dem *Spiegel.* Der Vertrag zwischen der Bundesrepublik und den Alliierten habe das vorher geltende Besatzungssta-
tut aufgelöst. Allerdings, so Ohler, behielten sich die Alliierten
Entscheidungsrechte vor, die für Berlin und ganz Deutschland
galten. Diese »Alliierten Vorbehaltsrechte« endeten laut Ohler
jedoch mit dem Zwei-plus-vier-Vertrag aus dem Jahr 1990. Dieser Zwei-plus-vier-Vertrag wurde zwischen vier einstigen Be-
satzungsmächten und zwei deutschen Staaten abgeschlossen.
Damit ist die Bundesrepublik vollständig souverän.

Zudem, so eine weitere »Reichsbürger«-Argumentation,
weise der Begriff »Personalausweis« darauf hin, dass Ausweis-
inhaber »Personal« der BRD seien, »Reichsbürger« sprechen
daher von der »BRD GmbH«, die gibt es nicht. Es gibt sehr wohl
eine »Bundesrepublik Deutschland-Finanzagentur GmbH«, die
kümmert sich im Auftrag des Staates um die Platzierung von
Staatsanleihen, zuständig ist das Finanzministerium. Auch dass
sich das Wort Personal von Personalia ableitet, und »persönliche Dinge« bedeutet, wird die Rechten kaum interessieren.
Sowohl »Reichsbürger« als auch Anhänger von Pegida und
AfD sprechen Staat oder Grundgesetz eine demokratische Legi-
timation ab, weil das Volk an ihrer Gründung nicht mitgewirkt
habe. Volksabstimmungen entsprechen jedoch gar nicht der

deutschen Verfassungsgeschichte. Weder die Reichsverfassung von 1871 noch die der Weimarer Republik wurden dem Volk zur Abstimmung vorgelegt.

Das »Reichsbürger«-Milieu expandiert, an den Rändern wächst die Militanz. »Reichsbürger« sind nicht nur für ellenlange Hass- und Widerstandsbotschaften gegen Beamte und Ämter bekannt, sondern verstärkt auch für aggressive Stellungnahmen und sogar Morddrohungen im Internet.

Bekennende »Reichsbürger« sind häufig über 50 Jahre alt und männlich. Viele finden sich in der Gesellschaft irgendwann nicht mehr zurecht, haben private Probleme, oft finanzieller Art. Eine Art Verweigerungshaltung, politisch untermauert, baut sich auf. Sie suchen Wege, zum Beispiel die Zahlung von Rundfunkgebühren, Bußgeldern oder Steuern zu boykottieren. »Wir haben die Erfahrung gemacht, dass sich ›Reichsbürger‹ bis in den Bereich der Unzurechnungsfähigkeit in ihre Ideen hineinsteigern«, sagt Dirk Wilking, Leiter des Mobilen Beratungsteams Brandenburg gegenüber der *Märkischen Allgemeinen Zeitung*. Sie könnten »Verwaltungen und öffentliche Einrichtungen belästigen und sogar gefährlich werden«. Manche überschütten Ämter mit Faxen, erstatten aberwitzige Anzeigen, verklagen Beamte und Angestellte. Die Liste des politischen Irrsinns ist lang.

Unter »Reichsbürgern« und »Selbstverwaltern« befinden sich auch Menschen mit psychischen Erkrankungen. Ämter dürfen zum Beispiel neurologisch-psychiatrische Gutachten zum Führen von Kraftfahrzeugen einfordern, wenn es Bedenken bezüglich der geistigen Eignung gibt, oder wenn der Verdacht besteht, Betroffene werden verkehrsrechtliche Regelungen nicht anerkennen. »Reichsbürger« starten oft als Papierterroristen oder kreative Verweigerer und driften über Blogs und Youtube-Kanäle in Kreise ab, in denen die Anhänger dieser Szene sich bündeln und gemeinsam zu Fanatikern werden. Mit politischen Feindbildern und Verschwörungstheorien wird die eigene Situation erklärt. Sie greifen dabei auf klassische extrem rechte Inhalte wie Antisemitismus zurück. Typisch verquere Opferpositionen, wie auch in der Neonazi-Szene üblich, werden konstruiert. Anhänger wollen Widerstandskämpfer und Patrioten sein, schon gar keine Neonazis oder »Reichsbürger«. Der Begriff »Reichsbürger« kennzeichnet sie von außen. Die zuständigen, meistens regionalen Polizeibehörden gehen einem politischen Hintergrund bei Vorfällen oft nicht nach. Dabei besteht die Brisanz gerade darin, so die Journalistin Gabriela Keller, die sich intensiv mit dem Thema befasst hat, wenn Ideologie und persönliche Schicksalsschläge zusammenkommen: »Von dort bis zu der Idee, dass die Bundesrepublik nichts ist als Kulisse für machtpolitische Spiele, ist es nur noch ein kleines Stück.«

Die »Reichsbürger« wurden zu lange von den Sicherheitsbehörden ignoriert, ihre zahlreichen Erscheinungsbilder nicht als zusammenhängendes politisches Phänomen betrachtet. Noch heute wird diese Szene fahrlässig entpolitisiert. So sollen unter den geschätzten 15 000 Anhängern laut Bundesinnenministerium nur etwa 900 Rechtsextremisten sein. Das ist unglaubwürdig, denn sehr viele definieren sich über ihr Bekenntnis zum Deutschen Reich, greifen auf extrem rechte Argumentationsmuster zurück oder verfügen zudem – wie Wolfgang Plan oder Adrian Ursache – über direkte Kontakte ins braune Lager.

Der »Bund Deutscher Gerichtsvollzieher«, häufig mit Anhängern dieser Szene konfrontiert, geht sogar von weitaus mehr »Reichsbürgern« aus und schätzt ihre Zahl auf 40 000. »Das ist eine potenzielle Untergrundarmee«, warnte Reinhard Roschka, Geschäftsführer des Deutschen Gerichtsvollzieher Bundes im Landesverband Baden-Württemberg, in der *Thüringer Allgemeinen* am 19. November 2016.

Erstaunlicherweise stuft das Bundesamt für Verfassungsschutz die Szene 2016 zwar als »staatsfeindliche Bewegung«
ein, erfasst sie aber in einem »eigenständigen Phänomenbereich« zwischen »Rechtsextremismus« und »Linksextremis-
mus«. Das Amt will sich nicht festlegen, sortiert die Reichs-
freunde als »Sammelbeobachtungsobjekt« ein. Verwunderlich,
denn deren Ideologien sind alles andere als neu und viele der
Vordenker der Szene treten seit Jahrzehnten offen neonazistisch
auf. Doch aus Sicht der Behörden müsse erst mal per »Einzel-
fallanalyse« geklärt werden, ob überhaupt Extremismus vor-
liege. Noch im Juli 2016 erkannte die Bundesregierung in der
Beantwortung einer Bundestagsanfrage zwar ein »angestie-
genes Störerpotenzial«, stellte aber die »Ernsthaftigkeit der
politischen Bestrebung« bei Aktivitäten der »Reichsbürger« infrage. Das war wenige Monate vor den Schüssen von Georgensgmünd.

Jahrelang wird die Szene also offiziell ignoriert, dann aber ist
es der Bundesregierung plötzlich erstaunlich schnell möglich,
das hohe Personenpotenzial zahlenmäßig genau zu bestimmen.
Der fachkundige Autor Paul Wellsow weist zudem darauf hin,
dass der bayerische Verfassungsschutz die »Reichsbürger« als
»angrenzendes Extremismusfeld« von der gleichen Abteilung
des Geheimdienstes bearbeiten lässt wie Rechtsextremismus
und Rechtsterrorismus. Wellsow fragt: »Warum wird die Szene
gegenüber der Öffentlichkeit vom Rechtsextremismus abge-
trennt, obwohl man intern die Zusammenhänge sieht?« Die Behauptung, mit ihren »speziellen Argumentationsmustern« seien
»Reichsbürger« nicht anschlussfähig an die extrem rechte Szene, entpuppt Wellsow als falsch. Insbesondere in Sachsen wurden die Verflechtungen bereits 2012 mehr als deutlich, als sich
das »Deutsche Polizei Hilfswerk« auf Grundlage einer »Reichsbürger«-Ideologie zur »Bürgerwehr« ausbaute. Würden die für
Sicherheit zuständigen Behörden einräumen, dass es sich insge-

samt um extrem Rechte handele, dann hätte sich die Zahl derer in Deutschland schlagartig um ein Drittel vergrößert. Laut Verfassungsschutz waren es 2016 etwa 23 100 erfasste Personen – noch ohne »Reichsbürger«. Ein gesellschaftliches Problem bekäme eine neue Dimension.

Auf der Innenministerkonferenz von Bund und Ländern Mitte Juni 2017 wurde beschlossen, Mitglieder der »Reichsbürger«-Bewegung als unzuverlässig einzustufen und entwaffnen zu lassen. Ende 2016 hatten 700 eine Waffenerlaubnis, 100 Waffen wurden innerhalb eines Monats eingezogen. Wie viele Waffen sich noch illegal im Besitz von »Reichsbürgern« befinden, wissen die Behörden nicht.

Ganze Waffenarsenale wurden in fast allen Bundesländern sichergestellt, so zum Beispiel in der Wohnung eines 69-jährigen Freiburger »Reichsbürgers« Ende 2016. Im selben Zeitraum fanden Einsatzkräfte in Solingen bei zwei Anhängern ebenfalls Waffen und sprengfähige Substanzen. Drei Monate später kamen 13 Langwaffen, vier Kurzwaffen, Pistolen, Revolver und Granatenköpfe bei einem 64-Jährigen im Landkreis Nordhausen zum Vorschein. Bei Durchsuchungen im Umfeld der »Reichsbürger«-Gruppierung »Bundesstaat Bayern« bei 45 Beschuldigten in 36 Objekten in Bayern und Rheinland-Pfalz am 21. März 2017 wurden Waffen, Munition und nach dem Waffengesetz verbotene Gegenstände, unter anderem ein Totschläger und ein Wurfstern, sichergestellt. Ein 67-jähriger »Reichsbürger« aus dem nordrhein-westfälischen Stemwede, der nicht nachweisen kann, dass er als Jäger oder Sportschütze aktiv ist, will seine Waffenbesitzkarte nicht hergeben. Er klagt vor dem Verwaltungsgericht in Minden. Die dortige Kreisverwaltung will das Verbot durchsetzen, bei dem Mann wurden schon einmal unerlaubte Waffen, Munition und Schwarzpulver sichergestellt.

Die »Reichsbürger«-Bewegung ist allgegenwärtig. Beim Internetverkaufshaus Amazon kostet der Hoodie mit aufgesetzten Känguru-Taschen und dem Schriftzug »Reichsbürger« in Frakturschrift und Übergröße 32,99 Euro. Der Sticker »Ich bin ein Bürger des Deutschen Reiches und kein Personal der Firma BRD« in den Farben Schwarz-Weiß-Rot ist für fünf Euro zu erwerben. Zur Standardlektüre zählt das Buch »Die ›BRD‹-GmbH« von Dr. Klaus Maurer für 24,95 Euro. In dieser Art Handbuch werden wesentliche »Reichsbürger«-Argumente aufgeführt und das Treiben einiger Vereinigungen detailliert beschrieben.

In der eigenen Wahrnehmung verstehen sich die Anhänger als patriotische Systemkritiker, Dissidenten oder Bürgerrechtler. Feindbild ist das »System« und seine Rechtsordnung. Die Ursprünge dieser total zersplitterten Szene mit völlig verschiedenen Ausprägungen reichen bis in die 1980er-Jahre zurück. Unter den Tausenden von Anhängern bundesweit gibt es esoterisch Versessene, Verschwörungsfanatiker, Welterklärer, Royalisten, Waffenliebhaber.

»Wir Deutschen sind alle Reichsbürger«, erklärt einer, der als Urgestein der Reichsideologen gelten kann: Dr. Rigolf Hennig, Jahrgang 1935. Hennig hing der Idee von einem neuen deutschen Reich schon an, da gab es die »Reichsbürger«-Bewegung in ihrer jetzigen Form noch nicht. Für den Mediziner im Ruhestand hängt es mit der »Abstammung« zusammen, wer Deutscher ist und wer nicht. Das Wort »Rasse« erwähnt der ehemalige NPD-Stadtrat aus der niedersächsischen Kreisstadt Verden an der Aller bei seiner Ausführung bewusst nicht. Ohne Umschweife sagt er im Gespräch recht schnell: Man müsse wissen, dass das Deutsche Reich noch existent sei. Der ehemalige Unfallchirurg und Vertragsarzt der Bundeswehr glaubt daran – sogar vor Gericht beantwortet er die Frage nach seiner Staatsbürgerschaft mit »reichsdeutsch«. Leidenschaftlich doziert der alte

Herr vor denen, die es hören möchten, wie es sich mit der Bundesrepublik Deutschland (BRD) und dem 1945 besiegten Dritten Reich seiner Meinung nach wirklich verhält. Dieses Thema ist seine Obsession.

Hennigs neonazistische Argumentationsketten, die er und politische Mitstreiter wie Horst Mahler oder Reinhold Oberlercher seit Jahren über Organisationen wie das »Deutsche Kolleg« verbreiten, bieten die Grundlage für Reichsideologen. Der Mediziner gilt als umgänglicher Mensch, doch verträglich sind seine Worte indes nicht. »Wir sind im Krieg«, sagte er 2011 im Gespräch mit NPD-Kameraden und erklärt »die BRD als Teil des globalistischen Systems gegen das Deutsche Reich als unser Nationalstaat nach Völkerrecht.«

Rigolf Hennig agiert als NPD-Anhänger, gründete aber bereits 1997 mit Kameraden den »Freistaat Preussen« – mit »ss«. Preußen sei der führende »Gliedstaat« im Deutschen Reich gewesen und bestehe ebenfalls völkerrechtlich fort, heißt es in ihren Schriften. Die »Exilregierung« des »Freistaats Preussen« verstehe sich »als Speerspitze einer aufwachenden ostdeutschen Bewegung«. Hennig hat das Amt des »Staatspräsidenten« inne. Wenige Monate nach der Gründung sprach ihn das Amtsgericht Verden vom Vorwurf des Titelmissbrauchs mit der Begründung frei: »Dass Würdenträger und Insignien des ›Freistaates Preußen‹ von einem Durchschnittsdeutschen ernst genommen werden könnten, sei so unwahrscheinlich, dass eine Verurteilung schwerlich zu begründen sei.«

2009 beglückwünschte Rigolf Hennig als »Staatspräsident« des »Freistaates Preussen« mit eigenem Wappen im Briefkopf den damaligen iranischen Präsidenten Mahmud Ahmadinedschad, quasi als »Amtskollegen«, zu dessen Wiederwahl. Ahmadinedschad galt als Freund der Neonazi-Szene, seitdem er 2006 zur internationalen Konferenz für Holocaustleugner nach Teheran einlud. Und für Hennig sind Muslime kein Feindbild, sondern selbst Opfer. »Ich bin Arzt und kann unterscheiden zwischen Symptom der Krankheit und ihrer Ursache«, erklärt er. »Islamismus ist das Symptom, und die Ursache ist der Zionismus. Die Zionisten haben beschlossen, Deutschland zu überfremden.« Solche Sätze vor allem sind es, die dem alten Mann aus Niedersachsen die Maske vom Gesicht reißen und zeigen, dass er alles andere als harmlos ist.

Gemeinsam mit der mehrfach verurteilten Holocaustleugnerin Ursula Haverbeck aus Vlotho betreibt Rigolf Hennig die Zeitung *Stimme des Reiches,* die von rund 1500 Interessierten gelesen wird. Neben seinem langjährigen Engagement für die NPD – Hennig war Stadtrat in Verden – war er auch für die Schriftleitung von *Volk und Bewegung & Der Reichsbote* verantwortlich. Letztere Zeitung, die vom NPD-Landesvorsitzenden Thorsten Heise in Thüringen herausgegeben wird, zeigt die Verschmelzung zwischen Neonazi- und »Reichsbürger«-Szene.

Das Projekt *Stimme des Reiches* finanziert sich seit Jahren durch Spenden und den Verkaufspreis von 2,50 Euro. In der Ausgabe Nr. 2 der Zeitung von 2011 führte Hennig aus, »angesichts der gegebenen Machtverhältnisse« könne er gegenwärtig nicht zu »tätigem Widerstand« raten. Doch die Machtverhältnisse würden sich ändern, es gäbe »vorbereitende Maßnahmen«, so der damalige NPD-Politiker. »Die Wende gestalten« heißt der Text, in dem Hennig dazu aufruft, vorhandene nationalistische Strukturen und Netzwerke zu nutzen und neue zu schaffen. Dazu gehöre aber auch der »Selbstschutz in Bürgerwehren, die Schulung in Selbstschutz und Bewaffnung«.

Im Dezember 2005 war Hennig wegen schwerer Verunglimpfung des Staates zu einer neunmonatigen Haftstrafe verurteilt worden, 2017 musste er sich erneut vor Gericht verantworten, diesmal wegen Volksverhetzung. Nach Ansicht des Amtsgerichts Verden hatte er in Artikeln mehrfach den Ho-

locaust geleugnet. Erstinstanzlich wurde er zu einer Freiheitsstrafe von 18 Monaten ohne Bewährung verurteilt. Er betonte,
er erkenne das Gericht gar nicht an.

Inzwischen hat der freundliche Fanatiker mit eigenem Staat
viele Nachahmer. Über Schriften wie die oben genannte wird
eine Ideologie transportiert, die schließlich über die sozialen
Netzwerke weitere Verbreitung findet. Nicht ohne Erfolg. Früher forderten Neonazis und Holocaustleugner zum Beispiel die
Abschaffung des Paragrafen 130 im Strafgesetzbuch, der den
Tatbestand der Volksverhetzung definiert und die Leugnung
nationalsozialistischer Verbrechen (»Auschwitz-Lüge«) unter
Strafe stellt. Inzwischen plädieren auch AfD-Politiker gegen
den »Maulkorb«-Paragrafen und fordern eine Neufassung.
»Reichsbürger« und andere Rechte wollen gezielt die Grenzen
des Sagbaren erweitern, eine Forderung ganz im Sinne von
Hennig.

Völkische Weltverschwörungstheorien sind auch bei Pegida-
und AfD-Anhängern verbreitet, oft gehen sie mit Antisemitismus und Revisionismus einher. Mär und Mythen, alles hängt bei
ihnen irgendwie zusammen, ob Neuschwabenland, Reichsflug-
scheiben, Wunderheilung oder Chemtrails. Hauptsache, eine
vorgeblich unglaubliche Lüge wird enttarnt. So vermuten Gläu-
bige in Neuschwabenland, einem Gebiet in der Antarktis, unter-
getauchte Alt-Nazis, die sich mit geheimen »Reichsflugschei-
ben« haben retten können. Chemtrails sind das Codewort für das
»weltgrößte Geheimprojekt«, hinter dem eine verschwiegene
Elite Tausender Eingeweihter vermutet wird, die dafür sorgt,
dass Flugzeuge im Auftrag von Staaten Chemikalien versprü-
hen, um Wetter und Klima zu ändern und damit Einfluss auf das
Weltgeschehen zu nehmen. Als Beweis wird eine bestimmte
Form von Kondensstreifen am Himmel angesehen. Realität und
Fakten sind bei derartiger Mythenbildung unwichtig.

»Reichsbürger« setzen für die Verbreitung ihrer Überzeugung

auf Online-Kanäle wie »Bewusst TV« von Jo Conrad. Unter dem Label der freien Meinungsäußerung wird ein Potpourri aus politischer Geschichtsverdrehung und grenzenloser Fantasiererei geboten. In den zahlreichen selbst hergestellten Sendungen mit einfacher Bühne kommen viele zu Wort, egal wie versponnen sie auch sein mögen.

Conrad gehörte zu dem Kreis von Personen, die in der Prignitz in Brandenburg versucht hatten, auf einem 4000 Quadratmeter großen Gelände das »Fürstentum Germania« aufzubauen. Sein Buch »Entwirrungen« gilt als Nachfolge-Standardwerk der Bücher von Jan van Helsing alias Jan Udo Holey, dem langjährigen Spezialisten für Verschwörungstheorien und Geheimgesellschaften. Eine Sendung von Conrads »Bewusst TV« zum Thema »Reichsbürger« erzielte Ende 2016 über 38 000 Aufrufe. Bereits 2014 lud Conrad Rigolf Hennig zu sich ins Studio und ließ ihn die neue »Reichsbürger«-nahe Organisation »Europäische Aktion« vorstellen. Der Beitrag ist heute noch online und mit rund 5500 Aufrufen bei Youtube verzeichnet.

»Das Wort Reichsdeutsche gibt es erst seit 1871, als es nötig wurde, zwischen Deutschen, die innerhalb des neu gegründeten Reichs lebten, und solchen außerhalb zu unterscheiden«, schrieb Matthias Heine in der Kultur-Kolumne der *Welt* im Mai 2017. Der Begriff »Reichsbürger« dagegen, so Heine, existiere schon seit der zweiten Hälfte des 17. Jahrhunderts. Berüchtigt sei in dem Zusammenhang das Reichsbürgergesetz vom 15. September 1935, eines der sogenannten Nürnberger Gesetze der Nationalsozialisten. Es teilte die deutsche Bevölkerung in »Reichsbürger«, »Staatsangehörige deutschen oder artverwandten Blutes«, einerseits und in einfache Staatsangehörige, »Angehörige rassefremden Volkstums«. Damit wurden die jüdischen Deutschen wie auch Sinti und Roma ihrer Bürgerrechte beraubt.

Heutige »Reichsbürger« und extrem Rechte sehen ihr Volk

von Feinden umgeben. Hinter vermeintlichen Verschwörungen stecken ihrem Denken zufolge »die Weisen von Zion«, »das jüdisch-amerikanische Finanzkapital« und insgesamt eine »jüdisch-bolschewistische Weltverschwörung«.

Sichtbar wird: Kern all dieser Thesen ist der Antisemitismus, wie er schon im Kaiserreich und dann vor allem im Nationalsozialismus propagiert wurde.

Der Mythos vom Reich überdauerte den Nationalsozialismus. Die »Nationale Frage« dominierte nach 1946 in den Programmen aller extrem rechten Organisationen, heißt es in dem von Andreas Speit herausgegebenen Band »Reichsbürger – Eine unterschätzte Gefahr«. Deren Anhänger verstanden die Teilung Deutschlands demnach als willkürlichen Akt der Besatzungsmächte und sahen diese Trennung als völkerrechtswidrig an. Der Grundgedanke war, dass das Reich als Ganzes fortbestehe, bis der im Potsdamer Abkommen angekündigte Friedensvertrag mit Deutschland geschlossen sei.

Zu den Forderungen der am 2. Oktober 1949 gegründeten »Sozialistischen Reichspartei Deutschlands« (SRP) um Otto Ernst Remer gehörten die »Treue zum Reich« als auch der »Anspruch auf die Gesamtheit des Reichsraumes«. Die Partei wurde 1952 verboten, viele Mitglieder wandten sich der neuen »Deutschen Reichspartei« zu, die die Wiederherstellung des von Otto von Bismarck gegründeten »Deutschen Reiches« forderte. Knapp ein Jahr nach der Gründung der NPD am 28. November 1964 löste sich die DRP am 4. Dezember 1965 zu deren Gunsten auf.

Die Sehnsucht nach einem Reich findet sich bis heute in NPD-Materialien, erklärt der Fachjournalist Andreas Speit. So heißt es darin: »Wenn wir vom ›Reich‹ reden, meinen wir weder die Wiederherstellung des Dritten Reiches noch die Schaffung eines Vierten Reiches, sondern die Wiederherstellung deutscher Staatlichkeit und nationaler Selbstbestimmung in Ge-

stalt des Deutschen Reiches. Das Deutsche Reich besteht näm-
lich völkerrechtlich fort.«

Lange vor der »Reichsbürger«-Bewegung ernannte sich der
Neonazi Manfred Roeder 1975 zum neuen »Reichsverweser«.
Da Admiral Karl Dönitz, der im Dritten Reich noch wenige
Tage als Staatsoberhaupt im Amt war, auf Roeders Begehren
nicht einging, ernannte der Jurist sich kurzerhand selbst zum
»Reichsverweser«. Verurteilungen und Strafen prallten an dem
Fanatiker Manfred Roeder ab. Er baute Neonazi-Gruppierun-
gen wie die »Deutsche Aktionsfront« auf, die für Brandanschlä-
ge mit zwei toten Menschen verantwortlich war. So warfen drei
seiner Gefolgsleute im August 1980 Brandsätze auf ein von
Flüchtlingen bewohntes Haus in Hamburg. Ngoc Nguyên und
Anh Lân Dô, 22 und 18 Jahre alt, starben im Feuer.

Im hessischen Knüllgebirge baute Manfred Roeder nach der
Verbüßung seiner Haftstrafe wegen Rädelsführerschaft das
1975 erworbene »Haus Richberg« in Schwarzenborn, intern
»Reichshof« genannt, zu einem Neonazi-Zentrum aus. Enge
Kontakte bestanden zur NPD und auch zu Dr. Rigolf Hennig
nach Verden. Nach dem Tod Roeders 2014 erwarb die Tochter
der international bekannten Holocaustleugnerin Lady Michèle
Renouf das Anwesen, 2016 und Anfang 2017 fanden dort zahl-
reiche Neonazi-Schulungen und Brauchtumsfeiern – auch mit
»Reichsbürger«-Beteiligung – statt.

Die Idee vom »Vierten Reich« wird den neonazistischen Vordenkern Horst Mahler und Reinhold Oberlercher und ihrer 1994
errichteten elitären Neonazi-Organisation »Deutsches Kolleg«
zugeordnet. Im August 2000 trat der wohl bekannteste Holocaustleugner und einstige Mitbegründer der »Roten Armee
Fraktion« (RAF), Horst Mahler, der NPD bei. In einer dazuge-
hörigen Pressemitteilung nannte er das Grundgesetz ein »Provi-
sorium für die Übergangszeit bis zur Wiederherstellung der

Handlungsfähigkeit des Deutschen Reiches«. Dass der Name »Grundgesetz« in etlichen Staaten wie Dänemark oder den Niederlanden üblich ist und alle Anforderungen an eine Verfassung erfüllt, lassen der ehemalige Rechtsanwalt und seine Gefolgschaft ungeachtet.

2004 riefen Mahler und Oberlercher im Rahmen eines Prozesses vor dem Landgericht Berlin das »Deutsche Reich« aus und kündigten Gegnern im Falle einer Machtübernahme Vergeltung an. Eine sogenannte »Reichsbürger«-Bewegung (RBB) entstand. Horst Mahler und seine Mitstreiter verbanden Reichsideologien mit Holocaustleugnung und Antisemitismus, er schrieb: »Der Weg zur Selbstherrlichkeit des Deutschen Reiches führt über den Sturz der Jüdischen Fremdherrschaft.« Und weiter: Die »Jüdische Fremdherrschaft« stürze erst »mit der Entlarvung der Auschwitzlüge«. Einen »Reichsverfassungsentwurf (RVerfE99) mit 18 Artikeln entwarf das Kolleg 1999, im Artikel 4 Absatz 3 heißt es: »Alle Staatsgewalt des Deutschen Reiches wird von den Reichsdeutschen ausgeübt.«

Ideologen wie Mahler ebneten den Weg, doch wie entstand die »Reichsbürger«-Bewegung, so wie sie heute bekannt ist? Für den Tübinger Journalisten Lucius Teidelbaum geht ihre Bildung auf Wolfgang Gerhard Günter Ebel zurück. Ebel soll die Ideologie zwischen 1981 und 1985 entwickelt haben, schreibt Teidelbaum in der antifaschistischen Fachzeitschrift *Der rechte Rand*. Der 2014 verstorbene ehemalige Westberliner Reichsbahnmitarbeiter gründete die »Kommissarische Reichsregierung«, sammelte Mitstreiter und ernannte sich zum »Reichskanzler«. Die Geschäfte seiner fiktiven Regierung bestanden vornehmlich darin, Ausweisdokumente zu verkaufen, Reichsideologen zu schulen und juristische Auseinandersetzungen mit Institutionen der Bundesrepublik zu führen, ergänzt das linke Berliner Magazin *Das Antifaschistische Infoblatt*. Wolfgang

Ebel war laut zweier psychiatrischer Gutachten für schuldunfähig erklärt worden.

Zu den größten »Reichsbürger«-Gruppen zählte das 2012 gegründete bürgerwehrähnliche »Deutsche Polizei Hilfswerk« (DPHW) mit Schwerpunkt in Sachsen und Brandenburg und Mitgliedern aus zahlreichen Bundesländern. Das DPHW gilt als gründlichstes Experiment, eine bundesweite »Reichsbürger«-Gruppe ins Leben zu rufen. Als Anführer galt Volker Schöne. Mit ihrer uniformähnlichen blauen Kleidung und der Aufschrift »Deutsche Polizei Hilfswerk« wollten seine Anhänger dem Original möglichst nahe kommen.

»Reichsbürger« maßen sich an, Staaten zu gründen und zu führen; in deren Logik ist es dann auch möglich, sich als Ordnungshüter aufzuspielen. Es begann damit, dass 2012 ein zuständiger Gerichtsvollzieher im Ortsteil Bärwalde der sächsischen Stadt Radeburg anrückte und von einem Dutzend Selbstuniformierter mit dem Aufdruck »Deutsches Polizei Hilfswerk« festgehalten wurde. Die Männer versuchten ihn zu fesseln und verletzten ihn. Die Polizei befreite den Mann schließlich, er ist seither »erheblich traumatisiert«. Mehrfach noch versuchten Mitglieder des »Polizeihilfswerks«, die Vollstreckung von Geldforderungen zu verhindern. Es folgten Ermittlungen bei den Staatsanwaltschaften in Dresden, Erfurt und Weimar. Die Staatsanwaltschaft Dresden bejahte kurze Zeit später den Anfangsverdacht der Bildung einer kriminellen Vereinigung nach § 129 StGB und leitete mit Wirkung vom 7. Januar 2013 ein entsprechendes Ermittlungsverfahren gegen mutmaßliche führende Mitglieder des DPHW – den sogenannten »Generalstab« unter Volker Schöne – ein, es wurde jedoch wieder eingestellt. Es folgten unzählige weitere Verfahren sowie einige Hausdurchsuchungen beim »Generalstab«, die 2015 jedoch alle eingestellt wurden. Knapp 400 Mitglieder zählte die Gruppe bis 2013. Heute gelten sie offiziell als aufgelöst, doch ihre Facebook-Seite ist noch aktiv. Bei den DPHW-Mitgliedern handelte es sich zumeist um ältere Menschen, darunter Fälle von gescheiterten Kleinunternehmern, verkrachten Existenzen, Menschen mit Privatinsolvenzen. Der Aufbau einer »alternativen« Polizei lässt auf eine autoritäre Grundhaltung schließen, die dem »Reichsbürger«-Denken zugrunde liegt, erklärt Politikwissenschaftler Felix Korsch, der sich mit der Gruppierung intensiv befasst hat. »Die Mitglieder verteilten sich auf alle Bundesländer. Es war bisher der ambitionierteste Versuch, eine bundesweite ›Reichsbürger‹-Organisation aufzubauen«, so Korsch. Als »General« des Polizeihilfswerks führte Volker Schöne die private Bürgerwehr an. Im Prozess vor dem Amtsgericht Meißen wurde ihm Selbstjustiz und eine »deutliche rechtsstaatsfeindliche Gesinnung« vorgeworfen, die Nebenklage beschuldigte den 45-Jährigen zudem, andere zum »Faustrecht« verführt zu haben. Die Verfahren gegen die »Reichsbürger« in selbst gebastelter Uniform sind noch nicht abgeschlossen.

Es gibt gewiefte Akteure der »Reichsbürger«-Szene wie den Aktivisten Peter Fitzek, die sich nicht nur politisch betätigen, sondern auch noch viel Geld von treuen Anhängern einkassieren. Das gelang Fitzek, dem »König von Deutschland«, dank eigener »Reichsbank«. 2012 hatte Fitzek ein Klinikgebäude in Wittenberg übernommen und zu seinem Staat »Königreich Deutschland« erklärt. Fitzek ließ sich zum »Imperator Fiduziar« krönen, fuhr jahrelang mit selbst gebasteltem »königlichem« Führerschein und betrieb ein Gewerbe ohne Gewerbeschein. Rund 550 Menschen spendeten ihm etwa 2,3 Millionen Euro.

Ein ehemaliger Rechtsberater, der Geld von ihm zurückfordert, behauptet Medienberichten zufolge, Peter Fitzek habe ihm gegenüber Sätze geäußert wie: »Diese Rolle des Judas spielst du wirklich gut … Eine gewisse Volksgruppe, die vorherrschend deine Nasenform hat, lebt seit Langem in ähnlichen Lügen und wartet immer noch auf ihren Erlöser.« Die zweite Strophe der »Nationalhymne« von Fitzeks »Königreich Deutschland« lautet: »Über Länder, Grenzen, Zonen hallt ein Ruf, ein Wille nur, überall, wo Deutsche wohnen, zu den Sternen dringt der Schwur: Niemals werden wir uns beugen, nie Gewalt für Recht anseh'n. Deutschland, Deutschland über alles, und das Reich wird neu ersteh'n!« In seinem Esoterik-Laden in Wittenberg soll auch rechte Literatur angeboten worden sein.

Seit 2016 befindet sich Peter Fitzek in Untersuchungshaft, er wurde vor dem Landgericht Halle wegen unerlaubter Bankgeschäfte zu einer mehrjährigen Haftstrafe verurteilt, weitere Verfahren laufen noch. Wie hoch die Gesamtstrafe ausfällt, ist bisher noch unklar.

Mitunter birgt die »Reichsbürger«-Szene komische Noten. So gibt es viel Zoff um Preußen. Rigolf Hennig ist nicht der einzige selbst ernannte Herrscher über den Freistaat. Es gibt weitere. Weil ein weibliches Mitglied der »Notregierung« des »Freistaats Preußen« für die als »systemnah« verpönte NPD kandidierte, wurde sie vom »Außenamtschef« ihrer Ämter enthoben. Seither gibt es mindestens drei konkurrierende Freistaaten. Für den 9. Mai 2015 hatten viele Anhänger noch gemeinsam einen »Sturm auf den Reichstag« versucht. An dem Tag sollte wegen »Hochverrat« mit dem »Merkel-Regime« abgerechnet werden, wie es in Aufrufen unter anderem bei Facebook hieß. Der Sturm auf den Bundestag blieb aus, von angekündigten 50 000 Teilnehmern erschienen nur etwa 350 zu einem »Stelldichein der rechten Szene«.

Inzwischen führt »Ada Cornelia a.d.F. Reichhelm« einen »Freistaat Preußen« an. Sie schreibt, es gebe »viel Täuschung und Verrat«, weil es »noch ein echter Staat« sei, der die »Boden-

rechte« für das Territorium in Mitteleuropa besitze. Reichhelm
vermute in der Konkurrenz »BRD-gesteuerte« Gruppierungen,
die »wieder in Täuschung die Menschen abschöpfen wollen«.
In ihrem Vorleben gehörte Cornelia Reichhelm dem Ruder-
kader der DDR an. Ab ihrem 13. Lebensjahr wurde sie unwis-
sentlich gedopt. Über ihr Schicksal schrieb die ehemalige
Hochleistungssportlerin das Buch »Doping-Kinder des Kalten
Krieges«. Reichhelm erkämpfte sich den Anspruch auf eine
Entschädigung. Vor Gericht vertrat sie sich selbst und argumentierte, sie sei ein Opfer von Kinderarbeit und Verbrechen gegen
die Menschlichkeit. Aus der kämpferischen Frau wurde die
»Reichsbürgerin« »Ada Cornelia Reichhelm, lebender Mensch,
natürliche Person« mit dem Feindbild »BRD GmbH«.

Während manche »Reichsbürger«-Gruppierungen also nur pe-
ripher mit der klassischen Neonazi-Szene zu tun haben, sich
zum Teil halbherzig zu distanzieren versuchen, behält Dr. Rigolf Hennig den Traum von einer Gesamtbewegung im Blick.
Er ist »Landesleiter« einer extrem rechten Organisation, die
sich »Europäische Aktion« (EA) nennt und bei der im Juni 2017
bei Hausdurchsuchungen in Thüringen und Niedersachsen Waffen, Munition, Propagandamittel, Drogen sowie Handys und
Computer sichergestellt wurden. Der Brandenburger Verfassungsschutz ordnet die »Europäische Aktion« der »Reichsbürger«-Bewegung zu.

In sieben Zielen fordert die »Europäische Aktion« unter anderem die sogenannte Rückwanderung aller Nicht-Europäer in
ihre Heimatländer und erklärt Deutschland und Österreich zu
Staaten, die nach 1945 von den Alliierten völkerrechtswidrig
errichtet worden seien. Zu den Anhängern der »Europäischen
Aktion« zählen neben Hennig der Schweizer Holocaustleugner
Bernhard Schaub, der NPD-Liedermacher Frank Rennicke sowie Neonazi Axel Schlimper, der als »Gebietsleiter Thüringen«

fungierte. Der Gruppierung werden auch wehrsportähnliche Trainings in Wäldern bei Weimar mit Aufklärungsaufgaben, Abseilübungen, Bergwerksbegehungen sowie Waldbiwaks nachgesagt. Die Thüringer Landtagsabgeordnete Katharina König-Preuss betont:»Die ›Europäische Aktion‹ ist ein Sammelbecken von Holocaustleugnern und Neonazis.« Die Leugnung des Holocaust sei ihr politischer Kern.

Rigolf Hennig verband mit der Organisation anscheinend die Hoffnung, eine gemeinsame Basis für alle Rechten schaffen zu können. Doch die Razzia der Polizei kam dazwischen. Ein Rückschlag. Der Thüringer NPD-Landeschef Thorsten Heise verkündet in der Neonazi-Zeitung *Volk in Bewegung* im August 2017 die Auflösung der »Europäischen Aktion« und würdigt ihre Arbeit als Unterstützung für den »Freiheitskampf der europäischen Nationen« für ein »Europa der Vaterländer«. Rigolf Hennig aber lässt sich nicht entmutigen, er schreibt in einer Mail: Die »Europäische Aktion« sei nicht eigentlich aufgelöst, »sondern dem Verfolgungsdruck ausgewichen«. Sie mache »jetzt erst recht weiter!«.

Ebenso komplex, wie die »Reichsbürger«-Szene sich darstellt, erscheint auch der Prozess gegen Wolfgang Plan in Bayern. Die 5. Strafkammer des Nürnberger Landgerichts will herausfinden, was genau am 19. Oktober 2016 im fränkischen Georgensgmünd geschah. Denn ausgerechnet von einem befreundeten Polizisten soll Plan erfahren haben, dass das SEK Nordbayern beabsichtige, um sechs Uhr in der Früh vor seiner Haustür zu stehen und seinen »Regierungsbezirk Wolfgang« zu stürmen. Weil das zuständige Amt an seiner Eignung zur Waffenführung zweifelte und er Kontrolleuren den Zugang zu seinem Haus verwehrt hatte, war sein Fall an die Polizei übergeben worden. Mit geladener Waffe und Schutzweste lauerte er laut Anklageschrift an jenem Morgen den Beamten hinter der Wohnungstür auf. Er habe erst geschossen, als insgesamt vier Polizisten vor der Tür standen. Elfmal drückte er ab.

Eigenen Angaben zufolge hat Wolfgang Plan nichts gegen Polizisten, denn »die sorgen ja dafür, dass die öffentliche Ordnung nicht zusammenbricht«. Eine in Schwabach eingesetzte »Soko ›Reichsbürger‹« ermittelt auch hinsichtlich persönlicher Verbindungen des Todesschützen zur Polizei. Nachweislich hatten ein Hauptkommissar sowie ein 49 Jahre alter Oberkommissar nicht nur Telefon- und Internetkontakt zu Wolfgang Plan, Angaben der Staatsanwaltschaft zufolge kam es auch zu Treffen.

Im Januar 2017, wenige Monate nach der Schießerei in Georgensgmünd, richtete sich ein 45-jähriger SEK-Beamter aus Nürnberg in seinem Fahrzeug selbst. Auch hier werden mögliche Zusammenhänge untersucht. Immer wieder tauchen Beamte, deren Berufsgruppe zu den Angriffszielen von »Reichsbürgern« und anderer extrem Rechter zählen, in ihren Reihen auf. Das ist nicht ungewöhnlich, denn auch Vertreter von Polizei und Justiz sympathisieren – wie Vertreter anderer Berufsgruppen auch – mit rechter Ideologie.

»Die Anklageschrift« gegen ihren Mandanten Wolfgang Plan sei »komplett konstruiert«, behauptet seine Verteidigerin. Ihr Mandant habe sich nicht verschanzt, sondern nur im Bett gelegen. Er sei völlig überrumpelt worden, habe einen Überfall vermutet und aus Notwehr gehandelt. Einen Mord will Wolfgang Plan weder geplant noch begangen haben. »Kurioserweise«, schreibt das Hamburger Magazin *Der Stern,* sehe sich Plan als Pazifist. Viele seiner Posts bei Facebook setzen sich für Frieden, Liebe und das Miteinander ein. Er pöbelt gegen Kriegstreiber »da oben« und kritisiert die US-Außenpolitik, heißt es. »All mein Tun geschieht immer in friedlicher und liebevoller Absicht«, habe er demnach in einem Brief an die bayerischen Behörden geschrieben.

Zudem sympathisiert der Hobbyjäger offenbar mit den sogenannten »Preppern«. »Be prepared« heißt bereit sein – und »Prepper« bereiten sich auf alle Arten von Katastrophen vor. In der Neonazi-Szene haben Selbstschutz, Vorratshaltung und Trainings zum »Überleben in der Krise« eine lange Tradition. Plan hortete tausend Liter Diesel, Lebensmittel in Massen und Waffen. Die Angst, von außen bedroht zu werden, ist längst Teil rechter Untergangsszenarien.

Nicht einmal »Reichsbürger« erkennt Wolfgang Plan an zu sein. Eine Schutzbehauptung, die nicht unüblich vor Gericht ist. Selbst hartgesottene Neonazi-Straftäter legen Szene-Kleidung und Abzeichen eilig ab, verleugnen ihr Weltbild, wenn es um die eigene Haut geht.

Wolfgang Plan ist das Paradebeispiel eines »Reichsbürgers«. Dafür spricht alleine schon das Szenario während des Prozesses. Als die Vorsitzende Richterin dem Beschuldigten zur Personalienfeststellung seinen abgelaufenen Personalausweis vorlegt und fragt: »Auf dem Lichtbild sind Sie zu erkennen?«, erwidert Plan: »Ich bin der freie Mann Wolfgang und nicht diese Person.«

Am 23. Oktober verurteilt das Landgericht Nürnberg-Fürth Plan zu lebenslanger Haft wegen heimtückischen Mordes, zweier Mordversuche und gefährlicher Körperverletzung.

Das Urteil ist noch nicht rechtskräftig.

Chronik März 2017

01.03. Rostock (MV) In einem Club beleidigt eine Person einen jungen Mann rassistisch. Als der Betroffene dies ignoriert, tritt der Täter ihn und reißt ihn zu Boden. Ein Mitarbeiter des Sicherheitsdienstes greift ein und hält den Angreifer bis zum Eintreffen der Polizei fest. Die Staatsanwaltschaft stellt das Verfahren ein, da sie »kein öffentliches Interesse« sieht. Erst nach einer Beschwerde werden die Ermittlungen wieder aufgenommen.

02.03. Cottbus (BB) Ein Rechter beschimpft einen 15-jährigen Jugendlichen aus Afghanistan rassistisch und greift ihn körperlich an.

03.03. Potsdam (BB) Es kommt zu einer Körperverletzung gegen einen geflüchteten Menschen. Laut der Beantwortung einer parlamentarischen Anfrage ist dieser Vorfall eine politisch rechts motivierte Straftat.

04.03. Zeitz (ST) Zwei Männer beleidigen einen syrischen Geflüchteten vor einem Supermarkt als »Scheiß Ausländer«. Dann schlagen sie mit Fäusten auf ihn ein und treten ihn, als er am Boden liegt. Die Täter flüchten.

05.03. Templin (BB) Eine Männergruppe pöbelt gegen drei junge Geflüchtete und greift sie körperlich an. Aus einer nahe gelegenen Kneipe eilen weitere Personen hinzu und greifen die Betroffenen ebenfalls an. Zwei Geflüchtete erleiden schwere Verletzungen durch diesen Angriff. Einem wird ein Bierkrug an den Kopf geworfen und einem anderen versuchen die Angreifer mit einer Glasscherbe in die Brust zu stechen. Einer der drei Geflüchteten kann in eine Polizeiwache fliehen.

05.03. Templin (BB) Unbekannte zünden in der Nacht an der Eingangstür einer Gemeinschaftsunterkunft für geflüchtete Menschen einen Sprengsatz. Die Bewohner wachen durch den lauten Knall der Detonation auf. Die Tür wird schwer beschädigt. In derselben Nacht zerstören unbekannte Täter zudem die Fenster und Jalousie eines vietnamesischen Imbisses.

05.03. Gotha (TH) Drei bis vier dunkel gekleidete Personen werfen in den frühen Morgenstunden mit Steinen die Fensterscheiben eines Wohn- und Kulturprojekts ein.

06.03. Eschwege (HE) Ein Unbekannter spricht einen 17-jährigen Afghanen an und schlägt ihn dann von hinten nieder. Der Betroffene erleidet eine Schnittwunde am Rücken, die genäht werden muss. Dieser Vorfall wird von der Opferberatungsstelle »Response Hessen« als rechte Tat bewertet.

07.03. Wanfried (HE) Ein Mann spricht einen Geflüchteten mit »Hallo« an. Dann schlägt er ihn von hinten nieder und verletzt ihn mit einem Messer am Rücken. Passanten finden den Jugendlichen und alarmieren die Polizei.

07.03. Pritzwalk (BB) Ein siebenjähriges Kind wird während einer Busfahrt wegen seiner Herkunft beleidigt, geschubst und geschlagen. Es war zuvor bereits zu rassistischen Vorfällen an einer Bushaltestelle gekommen.

08.03. Bremen-Östliche Vorstadt (HB) Ein unbekannter Mann fragt einen Jugendlichen aus Marokko in der Straßenbahn, ob er ein Flüchtling sei. Als der Jugendliche dies bejaht, entgegnet ihm der Mann: »Scheiß Flüchtling«, und schlägt ihn.

08.03. Dresden (SN) Sechs Männer im Alter zwischen 18 und 33 Jahren jagen einen 27-jährigen Mann aus Libyen durch den Hauptbahnhof. Die Männer schlagen auf ihr Opfer ein und werden erst durch eingreifende Polizeibeamte gestoppt. Bereits am Abend zuvor hat die Gruppe eine Auseinandersetzung mit einer Gruppe Migranten gesucht.

09.03. Rosendahl (NW) Ein 50-jähriger Busfahrer greift einen

Autofahrer, der im Kosovo geboren ist, an. Er schlägt ihn gegen die Schulter, beleidigt ihn und macht volksverhetzende Äußerungen. Er zeigt dem Betroffenen mit einer Handbewegung das Durchschneiden der Kehle an.

11.03. Berlin-Mitte (BE) Ein 17-Jähriger beleidigt zwei 16-jährige Mädchen rassistisch und tritt sie.

11.03. Berlin-Charlottenburg (BE) Eine unbekannte Frau beleidigt auf einem Spielplatz ein neunjähriges Mädchen und ihren Bruder rassistisch. Sie schlägt die beiden mit einem gefüllten Beutel und verletzt sie.

11.03. Ulm (BW) Eine 72-Jährige beleidigt zwei Kinder rassistisch. Einem zwölfjährigen Jungen schlägt sie mit ihrem Gehstock auf die Brust.

11.03. Gotha (TH) Ein betrunkener Fahrradfahrer flüchtet vor der Polizei. Als diese ihn festnehmen will, schlägt und tritt der Mann die Beamten. Er brüllt rechte Parolen und beschimpft die Polizisten.

11.03. Rostock (MV) Mehrere Personen beschimpfen zwei syrische Jugendliche, die einen Club verlassen, rassistisch. Vor der Tür greifen sie die beiden an. Einem wird so heftig ins Gesicht geschlagen, dass er einen Zahn verliert.

12.03. Emmerich (NW) Unbekannte dringen in die Räumlichkeiten eines alevitischen Kulturvereins ein und legen im Gastraum und im Bereich der Theke ein Feuer. Ein »fremdenfeindlicher Hintergrund« kann laut Polizei nicht ausgeschlossen werden.

13.03. Berlin-Spandau (BE) Ein unbekannter Mann beleidigt, bedroht und schlägt einen Mann, der rassistische Aufkleber entfernt.

13.03. Berlin-Lichtenberg (BE) Ein unbekannter Mann beleidigt einen 15-Jährigen rassistisch auf der Straße und greift ihn an.

14.03. Erfurt (TH) Ein alkoholisierter Neonazi fordert einen bettelnden Jugendlichen dazu auf, das Betteln zu unterlassen. Nach einem Wortwechsel schlägt der Täter den Jugendlichen brutal zusammen. Mehrere Passanten kommen ihm zu Hilfe. Das Opfer wird schwer verletzt und muss im Krankenhaus behandelt werden.

15.03. Geisweid (NW) Ein 22- und ein 29-jähriger Mann laufen Parolen rufend in Richtung einer Geflüchtetenunterkunft. Dort versuchen sie, mit einer Spraydose und einem Feuerzeug, eine Mülltonne in Brand zu stecken, die am Gebäude steht. Die Amadeu Antonio Stiftung und Pro Asyl werten diesen Vorfall als flüchtlingsfeindlich.

15.03. Schönberg (MV) In einer Polizeikontrolle verweigern zwei Personen, sich den Beamten gegenüber auszuweisen. Sie bezeichnen sich als »Reichsbürger«. Einer der beiden versucht, die Polizisten mit einem Schlagstock anzugreifen. Die Beamten wehren den Angriff mit Reizgas ab. Ein Polizist wird bei dem Vorfall leicht verletzt.

15.03. Schwerin (MV) Mehrere Personen beleidigen zwei junge Männer rassistisch. Einer der beiden Betroffenen wird zudem geschlagen und am Hals verletzt.

15.03. Rostock (MV) Sieben Fußballfans beleidigen vor einem Supermarkt drei junge Männer aus Syrien rassistisch und bedrohen sie. Die Betroffenen versuchen zu fliehen, sie werden aber von den Tätern eingeholt. Ein Syrer geht zu Boden, dem anderen wird ins Gesicht geschlagen. Die Betroffenen können erneut fliehen, werden jedoch weiterhin durch die Innenstadt gejagt. Erst nachdem sie die Polizei rufen, brechen die Täter die Verfolgung ab.

15.03. Magdeburg (ST) Es kommt zu einer gefährlichen Körperverletzung gegen einen geflüchteten Menschen. Laut der Beantwortung einer parlamentarischen Anfrage ist dieser Vorfall eine politisch rechts motivierte Straftat.

15.03. Oschersleben (ST) Es kommt zu einer Körperverletzung gegen einen geflüchteten Menschen. Laut der Beantwortung einer parlamentarischen Anfrage ist dieser Vorfall eine politisch rechts motivierte Straftat.

16.03. Bad Waldsee-Reute (BW) Zwei junge Männer sprechen einen 17-jährigen Geflüchteten auf der Straße an. Dann schlagen sie auf ihn ein. Dabei beschimpfen die beiden Angreifer das Opfer rassistisch.

16.03. Berlin-Prenzlauer Berg (BE) Ein 31-jähriger Mann beleidigt einen 20-Jährigen rassistisch. Als dieser sich mit seiner Begleitung entfernen will, verfolgt der Täter die beiden und wirft mit drei Pflastersteinen nach ihnen.

16.03. Berlin-Wedding (BE) Ein unbekannter Mann beleidigt eine 31-jährige Frau in einem Lebensmittelgeschäft rassistisch und schlägt sie.

16.03. Eisenach (TH) Es kommt zu einer Körperverletzung gegen einen geflüchteten Menschen. Laut der Beantwortung einer parlamentarischen Anfrage ist dieser Vorfall eine politisch rechts motivierte Straftat.

17.03. Berlin-Wedding (BE) Ein unbekannter Mann beleidigt in der U-Bahn eine 27-jährige Frau, die sich in Begleitung ihrer Kinder befindet, rassistisch. Er bedroht sie mit einer Flasche. Andere Fahrgäste greifen ein und drängen den Mann aus der U-Bahn.

17.03. Unna (NW) Ein Jugendlicher ruft einem anderen »Heil Hitler!« zu. Als dieser mit »Du mich auch!« antwortet, geht der Hitler-Fan auf den Betroffenen los. Er schlägt ihn und klaut ihm seine Brille. Der Betroffene wird durch den Angriff leicht im Gesicht verletzt.

17.03. Zweibrücken (RP) Es kommt zu einer Körperverletzung gegen einen geflüchteten Menschen. Laut der Beantwortung einer parlamentarischen Anfrage ist dieser Vorfall eine politisch rechts motivierte Straftat.

18.03. Berlin-Wedding (BE) Eine Gruppe von sechs bis sieben Personen beleidigt einen 30-jährigen Mann rassistisch. Eine unbekannte Person schlägt zu und tritt auf den Kopf des Mannes ein, auch als dieser bereits am Boden liegt. Der 30-Jährige wird dabei verletzt.

18.03. Hannover (NI) Es kommt zu einer gefährlichen Körperverletzung gegen einen geflüchteten Menschen. Laut der Beantwortung einer parlamentarischen Anfrage ist dieser Vorfall eine politisch rechts motivierte Straftat.

19.03. Erfurt (TH) Am Abend pöbelt ein Mann Gäste in einer Hotelbar an und weigert sich, diese zu verlassen. Die eintreffende Polizei begrüßt er mit einem Hitlergruß und greift einen Beamten tätlich an.

20.03. Hörstel (NW) Zwei Männer zeigen an einer Bushaltestelle auf das Kopftuch einer 14-jährigen Schülerin und fragen sie, ob sie Muslimin sei. Dann schubsen sie sie zu Boden und treten sie. Das Mädchen wird leicht verletzt. Passanten greifen ein. Die Angreifer flüchten unerkannt.

20.03. Mehlingen (RP) Es kommt zu einer Körperverletzung gegen einen geflüchteten Menschen. Laut der Beantwortung einer parlamentarischen Anfrage ist dieser Vorfall eine politisch rechts motivierte Straftat.

21.03. Burgkunstadt (BY) Polizisten wollen einen 43-jährigen »Reichsbürger« wegen Widerstand gegen Vollstreckungsbeamte und Beleidigung verhaften. Der Mann weigert sich, die Wohnungstür zu öffnen. Nachdem der herbeigerufene Schlüsseldienst diese öffnet, gelingt es den Beamten, den Mann festzunehmen. Dieser wehrt sich bei der Festnahme massiv.

22.03. Hagen (NW) Ein Ehepaar greift einen Nachbar aufgrund seiner Herkunft und sexuellen Orientierung an. Sie beschimpfen ihn als »Affen« und »vietnamesisches Schwein«. Die Frau schlägt den Betroffenen, der daraufhin zur ärztlichen Behandlung ins Krankenhaus muss. Das Ehepaar hatte den Mann in der Vergangenheit mehrfach bedroht und beleidigt.

22.03. Naumburg (ST) Es kommt zu einer Körperverletzung gegen einen geflüchteten Menschen. Laut der Beantwortung einer parlamentarischen Anfrage ist dieser Vorfall eine politisch rechts motivierte Straftat.

22.03. Magdeburg (ST) Ein unbekannter Mann greift einen 16-jährigen Syrer an. Er würgt, schubst und tritt ihn, auch als dieser bereits am Boden liegt. Der Angreifer beleidigt den Jugendlichen als »Scheiß Ausländer« und beschimpft ihn rassistisch.

22.03. Weimar (TH) Ein betrunkener Mann grölt in einem Supermarkt extrem rechte Parolen und zeigt den Hitlergruß. Einem Mitarbeiter, der ihm Hausverbot erteilt, versucht er eine Glasflasche an den Kopf zu werfen.

23.03. Schweinfurt (BY) Ein 41-jähriger »Reichsbürger«, der im Gebäude Hausverbot hat, weigert sich, die »Bundesagentur für Arbeit« zu verlassen. Als herbeigerufene Polizeibeamte ihn durchsuchen wollen, wehrt sich der Mann körperlich massiv. Erst mit Verstärkung können sie ihn auf die Wache bringen. Zwei eingesetzte Beamte tragen leichte Verletzungen davon.

24.03. Pforzheim (BW) Vier Unbekannte attackieren einen 23-jährigen Geflüchteten. Sie schlagen mit Fäusten zu und setzen Reizgas ein. Bei der Fahndung nach den Tätern kontrolliert die Polizei vier junge Männer, die ein verbotenes Einhandmesser und mit Quarzsand gefüllte Handschuhe bei sich tragen. Die Amadeu Antonio Stiftung und Pro Asyl werten diesen Vorfall als flüchtlingsfeindlich.

25.03. Berlin-Schöneberg (BE) Ein unbekannter Mann beleidigt eine 55-jährige Frau rassistisch. Er stößt und tritt sie, zieht sie an den Haaren, schlägt ihr ins Gesicht und verdreht ihr die Hand.

25.03. Trier (RP) Ein »Reichsbürger« schießt in der Innenstadt mit einer Softair-Pistole um sich. Er schlägt einem Mann mit der Waffe ins Gesicht. Bei seiner Festnahme durch die Polizei zeigt der Täter den Hitlergruß.

26.03. Wangen im Allgäu (BW) Zwei Männer fragen einen 37-jährigen Syrer, woher er stamme. Als er dies beantwortet, beleidigen sie ihn, schlagen und treten auf ihn ein, auch als er bereits am Boden liegt. Dann geht einer der Täter mit einer abgebrochenen Flasche auf den Syrer los. Dieser kann die Flucht ergreifen.

29.03. Potsdam (BB) Ein 43-jähriger Mann wird rassistisch beleidigt und körperlich angegriffen.

30.03. Waren (MV) Ein Unbekannter beleidigt einen syrischen Mann rassistisch und schlägt ihn.

30.03. Leipzig (SN) Unbekannte schießen mehrmals auf das Büro der Linkspartei-Politikerin Juliane Nagel. Zur Tatzeit befindet sich niemand im Büro. Das »Operative Abwehrzentrum Sachsen« ermittelt wegen Verstoß gegen das Waffengesetz. Ein politisches Motiv ist laut Polizei nicht ausgeschlossen.

30.03. Erfurt (TH) Zwei alkoholisierte Männer im Alter von 35 und 42 Jahren pöbeln in der Innenstadt Menschen »mit Migrationshintergrund« an und zeigen den Hitlergruß. Später am Abend greift der jüngere der beiden einen afghanischen Mann an.

31.03. Leipzig (SN) Zwei schwarz gekleidete Männer bedrängen einen Journalisten, der eine Lesung des rechten Magazins *Compact* fotografiert. Sie fordern ihn dazu auf, die Bilder zu löschen. Dann nehmen sie ihn in den Schwitzkasten, schlagen auf seine Kamera und zerren ihn aus der Halle.

Der Traum von einem sicheren Leben

Über 1600 politisch rechts und rassistisch motivierte Gewalttaten hat das Bundeskriminalamt im Jahr 2016 registriert. Ob diese Zahl das Ausmaß rechter Gewalt in Deutschland tatsächlich umfassend wiedergibt, bezweifeln nicht nur die unabhängigen Beratungsstellen für Opfer rechter Gewalt. Sie verzeichneten für den gleichen Zeitraum alleine in den fünf ostdeutschen Bundesländern, Berlin und Nordrhein-Westfalen 1948 rechte Angriffe. Auch über die Anzahl der Todesopfer, die rechte und rassistisch motivierte Gewalt im Jahr 2016 forderte, herrscht Uneinigkeit. Die Behörden erkennen lediglich den SEK-Beamten Daniel Ernst, der im Oktober 2016 in Georgensgmünd von einem Anhänger der »Reichsbürger«-Bewegung erschossen wurde, offiziell als Todesopfer rechter Gewalt an. Dagegen verweisen die Opferberatungsstellen und drei unabhängige Gutachter der Stadt München darauf, dass auch die neun Opfer des Amoklaufs am Münchener Olympiaeinkaufszentrum im Juli 2016 mitgezählt werden müssten, da der Täter aus einer Mischung aus Rache und rassistischen Motiven handelte.

Lediglich in einem Punkt sind sich Behörden wie Beratungsstellen einig: Jeden Tag ereignen sich etwa fünf rechte Gewalttaten in Deutschland. In mehr als einem Fall ist es nur glücklichen Umständen zu verdanken gewesen, dass die Opfer dieser Angriffe überlebt haben. Die Statistiken der Strafverfolgungsbehörden weisen diese Angriffe als versuchte Tötungsdelikte an Asylsuchenden, jungen Linken und Obdachlosen durch Neonazis, organisierte Rassisten und rassistisch motivierte Gelegenheitstäter aus. Längst, so scheint es, haben sich die Öffentlichkeit, die politisch Verantwortlichen und die Justiz an die für viele Menschen lebensbedrohliche Dimension rassistischer Gewalt gewöhnt. Selbst Totschlags- und Mordversuche und die nachfolgenden Prozesse gegen die Täter sind oft nur noch Randnotizen in den Lokalnachrichten.

Einen dieser beinahe tödlichen Angriffe, in denen das Opfer sein Leben nur seiner eigenen Geistesgegenwart verdankte, verhandelte die Jugendkammer am Landgericht Dessau-Roßlau zwischen Anfang Januar und Ende März 2017. Die Angeklagten wurden mit Handschellen aus der Untersuchungshaft vorgeführt: Nico Bö., Jahrgang 1993, mit einer Hakenkreuz-Tätowierung auf dem Unterschenkel. Seit seinem 16. Lebensjahr prügelt und schlägt er in Dessau und Umgebung auf andere Menschen ein – mit Vorliebe richtet sich seine Aggression gegen alternative Jugendliche, aber auch gegen Zufallsopfer, wenn er ein Bier oder das Fahrrad anderer haben will. Sein Markenzeichen: dem Gegenüber mit Quarzhandschuhen ins Gesicht zu schlagen, bis es zu Boden geht, und dann mit Springerstiefeln zuzutreten. Sein massiger Oberkörper und seine Oberarme sind durchtrainiert: Fünf Jahre hat Nico Bö., der die Schule nach der neunten Klasse ohne Abschluss verlassen und jede Berufsausbildung abgebrochen hat, schon in Jugendhaft- und Entziehungsanstalten – und den Kraftsporträumen für Gefangene – verbracht. Hier fiel er auch durch Misshandlungen von Mitgefangenen auf. Neben ihm wirkt sein drei Jahre jüngerer Mitangeklagter Steven B. fast unscheinbar. Doch auch Steven B. ist schon als politisch rechts motivierter Straftäter bei Polizei und Justiz bekannt.

In sechs Prozesstagen mussten sich Nico Bö. und Steven B. ab dem 4. Januar 2017 wegen versuchten Totschlags am Landgericht Dessau-Roßlau verantworten: Sie sollen am 30. Juni 2016 im Bahnhof von Zerbst den pakistanischen Lehrer Zia Z.

aus »Ausländerhass« erst angegriffen und dann zum Sterben auf den Gleisen liegen gelassen haben. Nico Bö. war zu diesem Zeitpunkt gerade einmal neun Monate in Freiheit, die Bewährungszeit aus seiner vorherigen Haftstrafe hatte er noch nicht zu Ende gebracht. Sieben DIN-A4-Seiten umfassen die Ausführungen zu seinen Vorstrafen.

Der Kontrast zwischen den stämmigen, selbstbewussten Angeklagten und ihrem Opfer ist für alle im Gerichtssaal sichtbar: Zia Z. ist nicht nur der Einzige im Raum, der eine dunkelbraune Hautfarbe und schwarze Haare hat. Er ist auch zehn Jahre älter, mindestens zehn Kilogramm leichter und mit 1,68 Metern erheblich kleiner als die beiden jungen Männer, die schon als Jugendliche alkoholabhängig und in der extrem rechten Szene von Dessau-Roßlau sozialisiert wurden und ihren Lebensunterhalt mit Diebstählen, Einbrüchen und Arbeitslosengeld II bestreiten. Das flache Land zwischen der Bauhausstadt Dessau-Roßlau und Zerbst, der Geburtsstadt der späteren russischen Zarin Katharina der Großen, haben sie nie verlassen.

Ihr Opfer Zia Z. ist ein Überlebenskünstler. Zweimal ist der schmächtige Lehrer aus der pakistanischen Provinz den Messern und Kugeln radikalislamistischer Todesschwadronen im Norden Pakistans knapp entkommen. Bei seiner ersten Begegnung mit dem Tod ist Zia Z. gerade einmal 25 Jahre alt. Mitten in der Prüfungsphase für sein Lehramtsstudium an der Universität Hafizabad in der nordpakistanischen Provinz Panjab sprechen ihn Rekrutierer der mit al-Qaida verbündeten Miliz »Lashkar-al-Taiba« an. Die »Armee der Reinen«, die in den pakistanischen Grenzregionen zur indischen Provinz Kaschmir ihre Ausbildungscamps fest etabliert hat und seit mehr als eineinhalb Jahrzehnten mit islamistisch-fundamentalistischen Terroranschlägen vor allem in Indien einen unabhängigen islamistischen Staat Kaschmir erzwingen will, versucht Zia Z. als Selbstmordattentäter anzuwerben.

Er würde »ins Paradies kommen«, wenn er mit ihnen zusammenarbeite, versprechen die Männer. Zia Z. lehnte ab. »Ich hasse diese Leute, die im Namen des Islam Terror verbreiten«, sagt er nachdrücklich im sanften Englisch des indischen Subkontinents. »Ihre Werte sind menschenverachtend und gegen meinen Glauben.« Das Rekrutierungsgespräch endete in einem Handgemenge und mit der Drohung der Männer zurückzukehren. Drei Tage später, Zia Z. hat gerade seine letzte schriftliche Klausur beendet, warten drei Männer am Ausgang des Prüfungsraums, zerren den Studenten in ein wartendes Auto und fahren in rasender Geschwindigkeit in einen abgelegenen Wald außerhalb der Universitätsstadt Hafizabad. Zwischen den Bäumen lernt Zia Z. die Angst vor dem Tod kennen. Das Trio foltert ihn: Auf jedes »Nein« folgt ein schneller Schnitt mit einem Messer. Mehrere Schnitt-Narben an seinem Kopf und im Gesicht – am Ohr, unter der Lippe, auf der Kopfhaut – erinnern Zia Z. seitdem daran, dass der Tod ihm im Sommer 2007 sehr nahe kam. Am Ende drohen die Männer von der »Armee der Reinen«: Sollte er zur Polizei gehen und Anzeige erstatten, würden sie ihn tatsächlich töten. Zia Z. schwieg, auch als ein knappes Jahr später im November 2008 mindestens zehn von der »Armee der Reinen« ausgebildete Terroristen in der indischen Metropole Mumbai mehrere Hotels angreifen. Sie ermordeten 174 Menschen, verletzten knapp 300 Menschen. Der Terror made in Pakistan machte wieder einmal international Schlagzeilen.

Während der folgenden Jahre wurden die Abstände zwischen Selbstmordattentaten und Sprengstoffanschlägen islamistischer Terrorgruppen in Pakistan immer kürzer, die Skandale um Beteiligungen und Mitwisserschaft von Militärs, Geheimdiensten und Regierungspolitikern immer größer und die Spielräume im Alltag vieler liberaler sunnitischer Pakistanis wie Zia Z. immer enger. Dennoch will der junge Akademiker vor allem eines: einen sicheren Job finden und ein guter Lehrer sein. Er habe gar

nicht daran gedacht, Pakistan zu verlassen, sagt Zia Z. bestimmt. »Dafür war ich viel zu gerne Lehrer, und auch wenn das
Gehalt nicht üppig war, zum Leben hat es gereicht.« Obwohl es
seit seiner Entführung mehr als eine Situation gegeben habe, in
der er daran erinnert wurde, dass die Terroristen sein »Nein« nie
vergessen hatten.

Im August 2013 besucht Zia Z. einen Freund in dessen Wohnung in Hafizabad, als er spätabends vor dem Nachbarhaus vier
Männer sieht: Drei davon erkennt er sofort wieder – es sind seine ehemaligen Entführer, die sich nie die Mühe gemacht hatten,
ihre Gesichter zu verbergen, so sicher fühlten sie sich vor jeglicher Strafverfolgung. Obwohl Lashkar-al-Taiba auf Drängen
Indiens auch in Pakistan seit 2002 offiziell als verbotene Terror-
organisation gilt. Das Gesicht des vierten Mannes identifizierte
Zia Z. wenige Tage später in Live-Fernsehaufnahmen, die tagelang in allen Nachrichtensendungen Pakistans gezeigt wurden:
Bei dem Mann handelt es sich um einen hochrangigen Kader
von Lashkar-al-Taiba, der am 15. August 2013 das Leben in
Pakistans Hauptstadt Islamabad für einige Stunden zum Erliegen brachte, indem er auf dem zentralen Boulevard in unmittelbarer Nähe zum Präsidentenpalast mit zwei Gewehren wahllos
um sich schoss und vor laufenden Kameras damit drohte, seine
Ehefrau und seine zwei Kinder zu erschießen, falls die Scharia
(das islamische Recht) in Pakistan nicht eingeführt würde.

Dieses Mal überwand Zia Z. seine Angst und meldete sich als
Zeuge bei der Polizei. Er schilderte den Beamten, dass er den
Attentäter wenige Tage zuvor in Hafizabad in Begleitung von
drei weiteren Lashkar-al-Taiba-Kämpfern gesehen hatte, und
beschrieb das Haus und die drei Männer so detailliert wie möglich, in der Hoffnung, die Behörden würden das Trio festnehmen und könnten nun mit seiner Hilfe weitere terroristische
Angriffe verhindern. Drei Tage später klingelt mitten im Unter-

richt das Handy von Zia Z. Eine unbekannte Männerstimme
droht ihm mit dem Tod:»Damals haben wir dich am Leben gelassen, jetzt werden wir dich umbringen.« Zia Z. weiß da, dass
der Tod ihm einmal näherkommt. 24 Stunden später kündigt er
seine Stelle als Lehrer. Doch ganz will Zia Z. sein altes Leben
nicht aufgeben. Den Computerkurs, den er nach der Schule in
seiner Freizeit absolviert, will er noch beenden. Als er am Tag
nach seiner Kündigung ins Büro des Leiters der Computerschule gerufen wird, warten dort nicht nur der Ausbildungsleiter,
sondern auch seine drei ehemaligen Entführer. Vor den Augen
des Direktors der Computerschule beginnen die Männer, mit
den Kolben ihrer Gewehre und ihren Fäusten auf Zia Z. einzuschlagen. Sie hören erst auf, als der Direktor sie auffordert zu
gehen – und Zia Z. der Schule verweist.

Dennoch will der junge Pädagoge sich nicht vollends dem
Terror beugen. Sein nächster Schritt ist der eines Bürgers, der
sich im Recht sieht und den Rechtsstaat an seiner Seite wähnt.
Zia Z. sucht ein Polizeirevier auf, um Anzeige gegen das Terro-
risten-Trio zu erstatten. Das Ergebnis: Ein aufgeregter Polizeibeamter, der ihn in einem Hinterzimmer des Reviers ein-
dringlich davor warnt, sich mit der mächtigen Lashkar-al-Taiba
anzulegen, und ihn auffordert, auf eine Anzeige zu verzichten.
Allenfalls wenn er ihm 50 000 pakistanische Rupien – umgerechnet etwas mehr als 400 Euro – gebe, könne er die Anzeige
überhaupt aufnehmen, sagt der Beamte schließlich. Für Zia Z.
hätte das bedeutet, dem Polizisten zwei volle Monatslöhne als
Bestechungsgeld zu zahlen.

»Impossible«, unmöglich, sei das gewesen, sagt Zia Z. und
der Zorn auf den korrupten, feigen Polizisten und einen Polizeiapparat, der zum Nachteil der eigenen Bevölkerung nur auf die
eigenen Vorteile bedacht ist, verleiht seiner sanften Stimme
mehr Nachdruck. Zia Z. zahlt nicht, aber er bleibt hartnäckig
und sucht sich einen Anwalt. Mit dessen Hilfe will er eine ge-

richtliche Verfügung erwirken, um die Polizei zur Aufnahme der Anzeige und seiner Zeugenaussage zu zwingen. Doch dazu kommt es nicht. Auf dem Weg zum Gericht werden Zia Z. und sein Anwalt von drei bewaffneten maskierten Männern verfolgt, die mitten im Verkehrsgewühl von Hafizabad mit ihren Waffen auf Zia Z. und seinen Anwalt schießen. Eingekeilt zwischen Autos, Lastwagen und Motorrädern, während die Verfolger zahllose Schüsse abgeben, spürt Zia Z. die Todesangst wieder, die er aus der Folter im Wald schon kennt. Nachdem es ihm und seinem Anwalt wie durch ein Wunder gelingt, dem Angriff unverletzt zu entkommen, rät der ihm am folgenden Tag, sein Leben zu retten und Pakistan zu verlassen. Er könne ihm nicht mehr helfen, da er ebenfalls bedroht werde.

Zia Z. taucht unter und versteckt sich bei Bekannten. Mithilfe seines Freundes aus Hafizabad nimmt er Kontakt zu einem Schlepper auf. 10 Lakh – oder eine Million Rupien, das heißt knapp 13 000 Euro – verlangt der Mann für eine Flucht nach Europa. Zia Z. bittet seine Mutter um Hilfe; als diese den gesamten Familienschmuck verkauft und das vom Schlepper verlangte Geld aufgetrieben hat, geht alles ganz schnell. Zia Z. fährt mit dem Zug von Hafizabad ein paar Stunden nach Lahore und besteigt dort am 19. September 2013 zum ersten Mal in seinem Leben ein Flugzeug, das ihn außer Landes bringt. Sein dringendster Wunsch: endlich wieder ein Leben in Sicherheit zu führen. Dafür nimmt er die Gefahren der Flucht über ein halbes Dutzend Grenzen, die Fahrten in stickigen Lastwagen und die scheinbar endlosen Fußmärsche nahezu achselzuckend hin. Dass er in Deutschland dem Tod so nahe wie in Pakistan kommen würde, habe er sich nicht einmal in seinen schlimmsten Albträumen vorstellen können, sagt Zia Z. leise.

Drei Wochen nach seiner Flucht aus Pakistan reicht er in der Zentralen Aufnahmestelle für Asylsuchende in Sachsen einen formlosen Antrag auf Asyl ein. Damit ist Zia Z. einer von 4101 pakistanischen Staatsbürgern, die im Jahr 2013 in Deutschland einen Erstantrag auf Asyl stellen. Mit der gleichen Hartnäckigkeit, mit der er sich in Pakistan dem Terror der »Armee der Reinen« verweigerte und auf seinen Rechten beharrte, sucht sich Zia Z. seitdem seinen Weg durch das Labyrinth von Gesetzen, Bestimmungen und unsichtbaren Grenzen, an denen viele Asylsuchende in Deutschland früher oder später verzweifeln – und oft auch scheitern. »Papiere und Arbeit sind in Deutschland das Wichtigste, das habe ich schnell verstanden«, sagt Zia Z.

Neun Monate lang wartet er in einer Gemeinschaftsunterkunft in der Sächsischen Schweiz auf die Anhörung in der Außenstelle des Bundesamtes für Migration in Chemnitz, in der er seine Flucht begründen und erklären soll, warum ausgerechnet er in Deutschland politisches Asyl erhalten soll. Als Zia Z. im Sommer 2014 endlich angehört wird, wird noch einem knappen Fünftel aller Asylsuchenden aus Pakistan ein Schutzstatus und damit ein fester Aufenthaltstitel in Deutschland gewährt. Genau 110 Minuten lang wird er in Chemnitz befragt. Das Ergebnis ist ein sechsseitiges Protokoll, das vor allem dadurch auffällt, wie wenig Nachfragen Zia Z. gestellt werden und wie sich der inzwischen 32-Jährige bemüht, das Unmögliche – seine Begegnungen mit dem Tod – zu belegen: Er überwindet seine Scham und zeigt seine Narben aus den Stunden der Folter im Wald, und er legt eine Bescheinigung für die Misshandlungen vor den Augen des Direktors der Computerschule vor. Mehr Belege kann er nicht vorweisen.

Im Dezember 2015 – auf dem Höhepunkt der inzwischen in den Medien als »Flüchtlingskrise« beschriebenen innenpolitischen Reaktionen in Deutschland auf die Ankunft von einigen Hunderttausend Bürgerkriegsflüchtlingen innerhalb von wenigen Monaten – lehnt das Bundesamt für Migration Zia Z.s Asylantrag als »unbegründet« ab. In den 15 Monaten, die seit der

Anhörung des Lehrers vergangen sind, ist die Anerkennungs- und Schutzquote für Asylsuchende aus Pakistan auf unter 6,5 Prozent gefallen. »Die Entscheidungspraxis ist insgesamt repressiver geworden, obwohl sich die Situation in den meisten Herkunftsländern nicht verbessert hat«, kritisiert die Flüchtlingsorganisation Pro Asyl. Das gilt auch für Pakistan: Sunnitische Terrormilizen würden de facto straflos im ganzen Land operieren, während die Sicherheitsbehörden entweder die Augen vor deren Terror verschließen oder deren Aktivitäten hilflos zuschauen würden, schreibt die internationale Menschenrechtsorganisation Human Rights Watch regelmäßig in ihren Jahresberichten zur Menschenrechtslage in dem 200-Millionen-Einwohner-Staat. Pro Asyl verweist zudem auf enorme Unterschiede in der Anerkennungspraxis zwischen den einzelnen Außenstellen des Bundesamtes für Migration – beispielsweise in Bremen und Sachsen.

Dennoch: Gegen alle Widerstände und Wahrscheinlichkeiten des Aufenthalts- und Asylsystems gelingt dem Überlebenskünstler Zia Z. das scheinbar Unmögliche: Er lernt mithilfe von Youtube und ehrenamtlichen Flüchtlingsunterstützern genügend Deutsch, um sich bei einer großen Zeitarbeitsfirma zu bewerben. Außerdem erhält er eine befristete Arbeitsgenehmigung, die an die Dauer seines seit der Ablehnung des Asylantrags auf eine Duldung befristeten Aufenthalts gekoppelt ist.

Aus dem Akademiker Zia Z. wird ein einfacher Arbeiter. »Ich bin das Mädchen für alles«, beschreibt er seine Schichtarbeit in einer Schraubenfabrik und einer chemischen Großwäscherei im sachsen-anhaltinischen Zerbst. Die Stadt nahe der Elbe, in der mitsamt eingemeindeten Dörfern knapp 24 000 Einwohner an der Bahnstrecke zwischen der sachsen-anhaltinischen Landeshauptstadt Magdeburg und Dessau-Roßlau leben, fällt statistisch kaum aus dem ostdeutschen Rahmen: Die Arbeitslosenquote lag im Frühjahr 2017 bei etwas weniger als 10 Prozent, noch immer schrumpft die Bevölkerung, der Anteil derjenigen, die staatliche Transferleistungen in Form von Arbeitslosengeld II erhalten, liegt bei über 11 Prozent. Die AfD hat hier bei der Bundestagswahl im September 2017 22,2 Prozent der Zweitstimmen erhalten.

Anders als Dessau-Roßlau, das Polizei und den unabhängigen Opferberatungsstellen gleichermaßen als Schwerpunkt neonazistischer Aktivitäten und Gewalt gilt, oder Gräfenhainichen, wo unbekannte Täter eine geplante Flüchtlingsunterkunft erst gezielt unter Wasser setzten, um den Einzug der Asylsuchenden zu verhindern, und dann Schüsse auf das Haus abgaben, galt deren Nachbarstadt Zerbst in den letzten Jahren als eher ruhig. Der Anteil von Menschen ohne deutsche Staatsangehörigkeit beträgt knapp 3 Prozent. Zia Z.s braune Hautfarbe, die andernorts so selbstverständlich zum Straßenbild gehört, fällt hier auf, und das spürt er: Kinder starren ihn auf dem Weg zur Arbeit an. Ältere Menschen legen demonstrativ viel Wert auf Abstand zu ihm, wenn er in der kleinen Gemeinde Güterglück, wo er ein günstiges Zimmer zum Übernachten gefunden hat, in den Regionalzug oder den Bus einsteigt, um zum Hauptbahnhof Zerbst zu fahren. Das Substantiv »Ausländer« und das Adverb »raus« hält der pakistanische Lehrer trotz seiner inzwischen einigermaßen guten Deutschkenntnisse ohnehin seit seiner Ankunft in Deutschland für ein zusammengesetztes Hauptwort.

Am Donnerstag, dem 30. Juni 2016, ist die Sonne erst seit ein paar Stunden untergegangen, als die Spätschicht von Zia Z. in der chemischen Großwäscherei um 22 Uhr endet. Am Ende dieses 30 Grad heißen Tages, an dem er am frühen Nachmittag mit dem Verpacken großer Kisten begonnen hatte, läuft er den ihm längst vertrauten Weg zu Fuß knapp zwei Kilometer durch die Sommernacht zum Bahnhof. Dessen gelbes, denkmalgeschütztes Hauptgebäude leuchtet im Dämmerlicht der Bahnsteig-Beleuchtung. Wartende Reisende haben hier ihre Liebe zum 1. FC Magdeburg, dem Oberliga-Verein der knapp 40 Kilometer von Zerbst entfernten Landeshauptstadt Sachsen-Anhalts, mit Graffitis an den rissigen Wänden verewigt. In den oberen Stockwerken ersetzen Pressspanplatten einige Fensterscheiben. Als Zia Z. gegen 22.30 Uhr am Bahnhof Zerbst ankommt, ist der Bahnsteig Nr. 1 in Richtung Magdeburg menschenleer. Das Reisecenter ist schon seit Stunden geschlossen.

Sechs Minuten braucht der Zug normalerweise, um Zia Z. von hier nach Güterglück und damit in die wenigen Quadratmeter Sicherheit seines Zimmers zu bringen. Das Warten auf den Zug, der ihn um 23.28 Uhr dorthin bringen soll, überbrückt er mit Lesen, dem Schreiben von WhatsApp-Nachrichten an seine Mutter in Pakistan und Träumen. Die Schreie »Wer bist du?«, »Was machst du hier?«, Scheiß Ausländer«, »Was machst du hier? Verpiss dich aus Deutschland!« und der Aufprall einer Glasflasche an einem Strommast zwischen Bahnsteig 2 und 1 versucht Zia Z. zu ignorieren. Er hofft, wenn er nicht auf die Beleidigungen reagiert, verlieren die beiden jungen Männer auf Bahnsteig 2 und ihre Begleiterin, die einen Hundewelpen an der Leine hinter sich herzieht, das Interesse an ihm. Vorsichtshalber nimmt er seinen Rucksack mit der schweren Arbeitskleidung wieder auf den Rücken. Da haben Nico Bö. und Steven B. jedoch schon mit wenigen Sprüngen die Gleise zwischen Bahnsteig 2 und Bahnsteig 1 übersprungen und stehen vor ihm. Immer wieder brüllen sie abwechselnd »Scheiß Ausländer«, »Du nimmst uns den Arbeitsplatz weg«, »Verpiss dich«. Als Zia Z. auf Urdu zu einer Antwort ansetzt, dass er sie nicht verstehe, schreien sie: »Jetzt bringen wir dir Deutsch bei.«

Vor allem der größere und ältere der beiden Männer, Nico Bö., brüllt sich immer mehr in Rage, während der jüngere, Steven B., Zia Z. mit beiden Händen vor sich herschubst. Noch immer denkt Zia Z., er kann den Männern und ihrem überschäumenden Hass entkommen. Weil sie ihm den Weg zum erleuchteten Bahnhofsausgang versperren, bleibt ihm nur die Flucht über den langen Bahnsteig in Richtung des dunklen, stillgelegten Stellwerks. Er muss es nur schnell genug zum Bahnsteigende schaffen. Seine Verfolger sind so dicht hinter ihm, dass Steven B. von hinten versucht, ihm die Beine wegzutreten und ihn so zu Fall zu bringen. Zia Z. beschleunigt und weicht dem Tritt aus. Doch der schwere Arbeitsrucksack und die Angst bringen ihn kurz darauf ins Stolpern. Er fällt von der Bahnsteigkante in den dunklen Schotter direkt neben den Schienen und kann sich nicht mehr rechtzeitig aufrichten, bevor die Verfolger ihn erreichen. Ohne zu zögern, treten und schlagen Steven B. und Nico Bö. immer wieder mit Schuhen und Fäusten auf den am Boden liegenden Körper von Zia Z. ein. Noch Tage später wird sich Nico Bö. bei einem Grillfest damit brüsten, dass er »dem Türken« mindestens sechs bis acht Schläge und Tritte verpasst habe, bevor er ihn dann noch weiter auf das Gleisbett gezogen und dort liegen gelassen habe.

Zia Z. erinnert sich vor allem an die Tritte und Schläge gegen seinen Kopf und wie die Männer ihn – jedes Mal, wenn er sich wieder hochgerappelt hat – über eine Entfernung von knapp 100 Meter über die Gleise immer weiter weg vom Bahnhof zum Stellwerk vor sich hertreiben. Als er wieder zu Boden geht, presst er seine Hände vors Gesicht, um seine Augen zu schützen, während einer der Männer ihn mit dem Rücken quer über die Schiene zieht. Das kalte Metall drückt schmerzhaft in seine durch die Schläge und Tritte schon verletzten Rippen. Wie viele Minuten lang Steven B. und Nico Bö. dann noch auf ihn einschlugen und traten, weiß er nicht mehr. Weder er noch die beiden Angreifer bemerken, dass der Zug, der Zia Z. in dieser Nacht nicht mehr in das 600-Seelen-Dorf Güterglück und zu seinem Zimmer bringen wird, aus Richtung Dessau kommend, inzwischen am Bahnhof Zerbst auf Gleis 1 angehalten hat, Passagiere sind ein- und ausgestiegen. Der Lokführer hat um 23.40 Uhr den RB 17724 aus dem Bahnhof gelenkt.

Auch die wiederholten Rufe von Steven B.: »Dicker, der Zug kommt«, »Ey Dicker, der Zug kommt«, hört Zia Z. nicht. Denn Nico Bö. schlägt und tritt immer noch wie besessen auf ihn ein. Beim dritten Warnruf schubst Steven B. den drei Jahre älteren Freund so lange, bis Nico Bö. ebenfalls auf den Zug aufmerksam wird und mit ihm das Gleis verlässt. Zia Z. lassen die beiden Männer schwer verletzt quer über der Schiene liegen.

Im dunklen Gleisbett kommt der Tod jetzt Zia Z. tatsächlich so nahe wie in Pakistan. Benommen von den Schlägen und Tritten gelingt es ihm nur mit Mühe, überhaupt den Kopf zu heben und sich langsam aufzurichten. Der Lokführer des »Elbe-Saale-Express« wird später bei der Polizei aussagen, er habe den kleinen Menschen zwar noch vor sich auf dem Gleis gesehen. Der Mann habe geschwankt und zwei-, dreimal mit den Armen gewunken. Doch da sei die Lok nur noch ein paar Dutzend Meter von Zia Z. entfernt gewesen und seine Notbremsung habe den Aufprall des tonnenschweren Triebfahrzeugs auf den weichen Körper von Zia Z. einfach nicht mehr verhindern können. Der Puffer der Lok trifft Z. stehend am Rücken, zerschmettert seine rechte Schulter, dann schleudert ihn der Aufprall aus dem Gleisbett. Die Kollision mit einer Lok sei generell lebensgefährlich, erklärt ein Sachverständiger später dem Landgericht. Nicht nur durch das Überrollen könne der Tod herbeigeführt werden, sondern auch das Zusammentreffen von Lok und einem (anderen) Körperteil könne tödliche Folgen haben. Auch Steven B. und Nico Bö. gehen davon aus, dass ihr Angriffsopfer im Gleisbett gestorben sein könnte. Sie verlassen mit ihrer jungen Begleiterin, die sie vom Bahnsteig aus beobachtet hat, den Bahnhof und laden sich selbst bei einem Freund in Zerbst zum

Alkoholtrinken und Übernachten ein. Auf den letzten Zug nach Dessau-Roßlau, wo alle drei wohnen, wollen sie jetzt nicht mehr warten.

Gegenüber ihrem nächtlichen Gastgeber und gegenüber Freunden am Telefon prahlen Steven B. und Nico Bö. in dieser Nacht immer wieder damit, wie sie sie »den Ausländer« verfolgt und verprügelt und dann auf dem Gleis liegen gelassen haben. Übereinstimmend berichten später mehrere Freunde und Bekannte der beiden, dass den beiden Männern das Leben – und der mögliche Tod – von Zia Z. vollständig egal gewesen sei und sie sich über den Angegriffenen lustig gemacht hätten. »Hier regieren die Deutschen und nicht die Ausländer«, habe Nico Bö. gesagt. Keiner der Mitwisser stört sich daran. Niemand informiert die Polizei. Wäre Zia Z. in dieser Nacht umgekommen, wären Nico Bö. und Steven B. mit großer Wahrscheinlichkeit nicht zur Verantwortung gezogen worden. Denn die Beamten der Bundespolizei, die in der Nacht vom 30. zum 31. Juni 2016 nur mit dem unter Schock stehenden Lokführer sprechen können, der außer Zia Z. keine anderen Personen auf den Gleisen wahrgenommen hatte, gehen von einem Unfall oder Suizidversuch aus.

Zia Z. ist derweil in einem Rettungswagen auf dem Weg ins Krankenhauses Dessau-Roßlau. Fünf Tage lang ist er kaum ansprechbar. Sein ganzer Körper schmerzt, die starken Medikamente halten ihn in einem Dämmerzustand. Sein rechtes Schulterblatt ist gebrochen, er hat ein Schädelhirntrauma und an seinem linken Auge und am Mund offene Wunden. Fast seine gesamte rechte Körperhälfte ist mit Blutergüssen übersät, der größte davon ist knapp 50cm lang und 13cm breit, am Po und an den Händen ist die Haut großflächig abgeschürft. Erst am 5. Juli 2016 kann Zia Z. einem Bundespolizisten erklären, dass er sich keineswegs aus freiem Willen auf den Gleisen befand. Doch bevor er den Angriff beschreibt, ist ihm vor allem

eines wichtig: Er zeigt den Beamten seinen Zeiterfassungschip
der Großwäscherei und seine Arbeitserlaubnis. Alle sollen wissen, dass er für seinen Lebensunterhalt selbst aufkommen kann,
dass er verstanden hat: Ein Leben ohne Arbeit und Papiere zählt
in Deutschland wenig.

Als ein Rechtsmediziner Zia Z. untersucht und als Ursache
insbesondere für seine Kopfverletzungen Faustschläge dia-
gnostiziert, glauben nun auch die Polizeibeamten Zia Z. und
veröffentlichen einen Aufruf, mit dem Zeugen des Angriffs ge-
beten werden, sich zu melden. Zwölf Tage nachdem Steven B.
und Nico Bö. ihr Opfer zum Sterben auf den Gleisen liegen
ließen, wendet sich schließlich die erste Zeugin an die Strafver-
folger. Ihr hatte die junge Begleiterin der beiden Männer noch
in der Tatnacht eine WhatsApp-Nachricht geschickt, in der sie
weinend von dem Vorfall und davon berichtete, dass ihre Freunde Zia Z. auf dem Gleis zurückgelassen hätten, als der Zug kam.
Die größte Sorge der jungen Frau: dass der vorbestrafte Steven
B. nun womöglich zurück ins Gefängnis müsse. Sie habe, sagte
die Zeugin, der jungen Frau nicht glauben wollen und erst einmal nach weiteren Informationen gesucht, bis sie sich an die
Polizei wandte. Was folgt, ist Routine – die junge Frau wird
vernommen, Zia Z. identifiziert in den Lichtbildmappen des
Staatsschutzkommissariats der Polizeidirektion Sachsen-Anhalt Ost zunächst Steven B. und dann auch Nico Bö. als seine
Angreifer: Dreieinhalb Wochen nach dem Angriff werden Steven B. und Nico Bö. schließlich festgenommen.

Zia Z. verliert in diesen Sommerwochen trotz der Erfolgsmel-
dung der Polizei zum allerersten Mal fast seine Hartnäckigkeit.
Sein mühsam gegen alle von Ämtern und Behörden errichteten
Hürden erkämpftes Leben in Deutschland gibt es nicht mehr.
Wochenlang ist er krank geschrieben. Als der Schulterbruch
endlich verheilt ist und Zia Z. zu seiner Arbeitsstelle zurück-

kehren kann, ist jeder Handgriff noch lange Monate mit Schmerzen verbunden. Doch weil das Verwaltungsgericht Dresden nur sechs Wochen nach dem Angriff im Bahnhof von Zerbst die Ablehnung seines Asylantrags durch das Bundesamt für Migration und Flüchtlinge bestätigt und seine Klage abweist, ist der Arbeitsplatz für Zia Z. im Wortsinn überlebenswichtig geworden. Nur so kann er in den Augen der Behörden beweisen, dass er bereit und in der Lage ist, sich in Deutschland zu integrieren. Dabei ist schon der Weg zur Arbeit eine tägliche Qual geworden, denn auf die eigentlich vertrauten Wege nimmt er jetzt die Erinnerungen an den Angriff mit: Das Geräusch von Sirenen, Bierflaschen, Bahnhöfe und Bahnsteige lösen bei Zia Z. eine Flut von Bildern und Emotionen aus, die er kaum steuern kann.

Posttraumatische Flashbacks nennen Psychologen Zia Z.s Reaktionen auf das Erlebte. Jedes Mal, wenn er länger an einem Bahnsteig warten muss, kämpft er jetzt mit Panikattacken. Betrunkene Männer mit Bierflaschen, die ihm auf Gehwegen entgegenkommen oder denen er in den Regionalzügen regelmäßig begegnet, erinnern ihn an Steven B. und Nico Bö. und lösen bei ihm Schweißausbrüche und Herzrasen aus. Selbst auf einige Arbeitskollegen, die durch ihr Aussehen oder ihre Stimmen Ähnlichkeiten mit Steven B. oder Nico Bö. haben, reagiert Zia Z. mit Angst. Wenn nachts ein Polizeiauto oder Krankenwagen mit Sirenen an seiner Wohnung vorbeifährt, schreckt er aus einem unruhigen Schlaf hoch. Zia Z. ist ständig unter Hochspannung und in Habtachtstellung. Der Wunsch nach Sicherheit wird zu einem scheinbar unerreichbaren Traum.

Das ändert sich auch nicht, als am 21. März 2017 die Richter der Jugendkammer am Landgericht Dessau ein nur auf den ersten Blick eindeutiges Urteil fällen und als Grund für den Angriff auf Zia Z. »allein Ausländerhass« ausmachen. Doch dieser mörderische Rassismus sei lediglich das Motiv für die Faustschläge und Tritte von Steven B. und Nico Bö. gewesen, mit denen sie ihr Opfer misshandelten und die das Gericht als gefährliche Körperverletzung wertete. Dass Steven B. und Nico Bö. ihn dann kaltblütig auf den Schienen zurückließen, während sie sich selbst vor dem herannahenden Regionalexpress in Sicherheit brachten – obwohl sie nach Überzeugung des Gerichts ausreichend Zeit und Gelegenheit gehabt hätten, Zia Z. ebenfalls zu retten –, werteten die Richter lediglich als einen versuchten Totschlag durch Unterlassen. Das Gericht habe »nicht sicher feststellen« können, »ob der zur Verfolgung bzw. dem Einschlagen und Eintreten auf den Geschädigten motivierende Ausländerhass daneben auch noch ein Beweggrund war, das Gleis in Ansehung des herannahenden Zuges ohne Mitnahme des Geschädigten zu verlassen«, schreiben die Richter später in der schriftlichen Urteilsbegründung.

Mit anderen Worten: Das Gericht vermeidet eine Verurteilung wegen versuchten Mordes, weil es den beinahe tödlichen Angriff auf Zia Z. in zwei verschiedene Handlungen aufteilt, bei denen das angriffsauslösende Motiv »Ausländerhass« nur für die Schläge und Tritte anzunehmen sei. So können die Richter Steven B. als Heranwachsenden wegen gefährlicher Körperverletzung und versuchten Totschlags durch Unterlassung zu einer vierjährigen Jugendstrafe verurteilen und den Bewährungsversager und Haupttäter Nico Bö. zu lediglich sechseinhalb Jahren Haft. Einen Teil ihrer Strafen müssen die Männer im Landeskrankenhaus Bernburg verbringen. Dort sollen sie sich zum wiederholten Mal einer Therapie für ihren Alkoholismus unterziehen.

Zia Z. ist froh, dass er Steven B. und Nico Bö. eine Zeit lang nicht mehr auf seinen Arbeitswegen begegnen muss. Dennoch verlässt er auch mehr als ein Jahr nach der beinahe tödlichen Begegnung mit den beiden Männern sein Zimmer nach Einbruch der Dunkelheit nur noch in Ausnahmefällen. Er weiß längst, dass Steven B. und Nico Bö. nicht die Einzigen in

Deutschland sind, die seinen Traum von einem sicheren Leben kurzerhand beenden können. Kopfschmerzen, Albträume und Panikattacken sind zu seinen ständigen Begleitern geworden.

Die Erfolgsaussicht einer Trauma-Therapie im knapp 70 Kilometer entfernten Psychosozialen Zentrum für Migranten in Halle an der Saale schätzt der Diplom-Pädagoge Marco Steckel von der Opferberatung Dessau, der ihn seit dem Angriff unterstützt, als gering ein. »Dafür bräuchte Zia Z. einen sicheren Aufenthalt statt einer drohenden Abschiebung nach Pakistan, wo ihm der Tod durch islamistische Terroristen droht«, betont Marco Steckel und fügt hinzu: »Wir brauchen dringend eine humanitäre Bleiberechtsregelung, mit der Opfer rassistischer Gewalt einen dauerhaften Aufenthalt in Deutschland erhalten würden.« Denn nur so würden die Täter lernen, dass sie mit ihrer gewaltsamen Forderung »Ausländer raus« das Gegenteil bewirkten und sich der Staat tatsächlich an die Seite der Angegriffenen stelle.

Marco Steckel sei auch hartnäckig, sagt Zia Z., und einer der wenigen Deutschen, die ihm in diesen Tagen zuhören. Zia Z., der Überlebenskünstler, hütet deshalb einen letzten Rest von Hoffnung: auf ein Leben in Sicherheit.

Co-Autorin: Heike Kleffner

Chronik April 2017

01.04. Schwerin (MV) Mehrere Personen beleidigen zwei Geflüchtete rassistisch und fordern sie dazu auf, das Land zu verlassen. Anschließend greift eine Person die beiden mit einer abgebrochenen Bierflasche an und verletzt sie an den Händen.

01.04. Schwerin (MV) Ein Mann beschimpft eine junge Frau und sagt ihr, dass sie »nicht in unser Land« gehöre. Er bespuckt sie, schlägt ihr ins Gesicht und stößt ihr seinen Ellbogen an den Kopf.

01.04. Friedland (NI) Ein vermummter Neonazi schubst während einer Demonstration in Northeim einen Fotografen von einer Mauer und schlägt gegen sein Kameraobjektiv. Kurze Zeit später demonstrieren rund 30 Neonazis in Friedland. Drei Fotografen werden von mehreren Teilnehmern durch die Straßen gejagt, bedroht und beleidigt. Nur durch das Eingreifen der Polizei kann die Attacke gestoppt werden.

01.04. Templin (BB) Es kommt zu einer gefährlichen Körperverletzung gegen einen geflüchteten Menschen. Laut der Beantwortung einer parlamentarischen Anfrage ist dieser Vorfall eine politisch rechts motivierte Straftat.

02.04. Bischbrunn (BY) Zwei junge Männer fahren mit ihren Motorrädern mehrmals an drei Geflüchteten vorbei und beleidigen sie. Ein dritter Motorradfahrer hält drohend einen axtähnlichen Gegenstand über den Kopf eines der Betroffenen und fährt weiter. Die Täter haben die Kennzeichen ihrer Fahrzeuge unkenntlich gemacht.

02.04. Spornitz (MV) Der Besucher einer Diskothek beschimpft einen jungen Mann aus Mauretanien wiederholt und fordert ihn dazu auf, die Disco zu verlassen. Der Betroffene ignoriert den Betrunkenen zunächst, wird jedoch weiterhin beschimpft und dann an der Kleidung gepackt. Der Angreifer bringt den Betroffenen zusammen mit einem Mitarbeiter des Sicherheitsdienstes vor die Tür. Dort schlägt er zusammen mit drei weiteren Rassisten auf den Mann ein und verletzt ihn. Der Betroffene kann fliehen und trifft durch Zufall auf die Polizei, die ihn ins Krankenhaus bringt.

02.04. Bornheim (NW) Unbekannte beschießen eine Geflüchtetenunterkunft mit Stahlkugeln. Die Geschosse treffen Rollläden und Fenster. Die Bewohner bleiben unverletzt.

03.04. Hamburg-Hamm (HH) Ein Mann fordert einen anderen Mann dazu auf, »Heil Hitler« zu sagen. Als dieser sich der Aufforderung verweigert, beleidigt der Täter ihn als »Schwein« und greift ihn an. Der Mann packt den Betroffenen am Kragen, schlägt und schubst ihn. Der Geschädigte wird dadurch leicht an Hand und Knie verletzt.

03.04. Schwerin (MV) An einer Straßenbahnhaltestelle kommt es zu einem Streit zwischen einem Neonazi und einer Gruppe Jugendlicher. Der Neonazi schlägt einem der Jugendlichen so heftig mit dem Kopf ins Gesicht, dass er ihm das Nasenbein bricht. Der Angreifer flieht, wird jedoch von der Gruppe verfolgt. Er bedroht die Jugendlichen mit einem Messer und zeigt den Hitlergruß.

03.04. Luckenwalde (BB) In einem Supermarkt belästigt und schubst ein junger Deutscher einen jungen Syrer unvermittelt. Auf dem Weg nach draußen versucht der Angreifer den Betroffenen zu schlagen, dieser kann die Attacke abwehren.

04.04. Schwerin (MV) In der Nacht versucht ein Unbekannter das Erdgeschoss eines Mehrfamilienhauses anzuzünden, in dem das »Syrische Zentrum« seine Räumlichkeiten hat. Er übergießt die Eingangstür mir einer brennbaren Flüssigkeit und zündet sie an. Das Feuer breitet sich nicht aus.

04.04. Waldheim (SN) Drei Unbekannte versuchen wiederholt, die Gardine in einer Geflüchtetenunterkunft anzuzünden. Das Fenster steht offen und befindet sich im Erdgeschoss des Mehrfamilienhauses. Es kommen keine Menschen zu Schaden. Das »Operative Abwehrzentrum« ermittelt.

05.04. Berlin-Lichtenberg (BE) Nach einem Fußballspiel beleidigen ein 21- und ein 24-Jähriger einen 26-jährigen Mann rassistisch. Sie schlagen und treten ihn. Der Betroffene wird durch den Angriff verletzt. Ein 36-jähriger Polizist, der nicht im Dienst ist, greift ein.

05.04. Templin (BB) Es kommt zu einer Brandstiftung gegen eine Geflüchtetenunterkunft. Laut der Beantwortung einer parlamentarischen Anfrage ist dieser Vorfall eine politisch rechts motivierte Straftat.

05.04. Nordhausen (ST) Es kommt zu einer Körperverletzung gegen einen geflüchteten Menschen. Laut der Beantwortung einer parlamentarischen Anfrage ist dieser Vorfall eine politisch rechts motivierte Straftat.

06.04. Berlin-Neukölln (BE) Eine Gruppe von Jugendlichen beleidigt aus antiziganistischer Motivation eine 17-jährige Nachbarin. Sie werfen mit einem Stein nach ihr und verletzen die junge Frau. In der Vergangenheit kam es bereits mehrmals zu ähnlichen Angriffen und Beleidigungen.

06.04. Bad Tölz (BY) Es kommt zu einer gefährlichen Körperverletzung gegen einen Geflüchteten. Laut der Beantwortung einer parlamentarischen Anfrage ist dieser Vorfall eine politisch rechts motivierte Straftat.

07.04. Berlin (BE) Es kommt zu einer Körperverletzung gegen einen geflüchteten Menschen. Laut der Beantwortung einer parlamentarischen Anfrage ist dieser Vorfall eine politisch rechts motivierte Straftat.

08.04. Chemnitz (SN) Es kommt zu einer Körperverletzung gegen einen geflüchteten Menschen. Laut der Beantwortung einer parlamentarischen Anfrage ist dieser Vorfall eine politisch rechts motivierte Straftat.

09.04. Bovenden (NI) An einer Tankstelle greifen mehrere Neonazis einen Linken an. Sie schubsen, bespucken und schlagen auf den Mann ein.

09.04. Dortmund (NW) In der Nacht provozieren fünf Neonazis eine Gruppe Jugendlicher. Die zunächst verbale Auseinandersetzung entwickelt sich zu einer Schlägerei. Es kommen dabei Reizgas, Messer, Ketten und Holzlatten zum Einsatz. Rund zehn weitere Personen kommen den Neonazis zu Hilfe. Diese attackieren die eintreffende Polizei, die daraufhin Reizgas und Schlagstöcke einsetzt. Mehrere rechte Angreifer werden in Polizeigewahrsam genommen.

10.04. Berlin-Tempelhof (BE) Zwei Männer beleidigen aus antimuslimischer Motivation eine 17-Jährige. Sie schlagen auf die Jugendliche ein und verletzen sie.

10.04. Lindow (BB) Eine Gruppe Deutscher trifft auf eine Gruppe junger Geflüchteter und ihren Betreuer, die von einem Fußballspiel im Stadtpark kommen. Die Deutschen pöbeln rassistisch und rufen »Ausländer raus«. Es kommt zu einer Schlägerei, bei der ein 17-jähriger Afghane verletzt wird.

10.04. Oschatz (SN) Ein Mann, der auf seinem Fahrrad unterwegs ist, attackiert eine Frau aus Afghanistan mit einem Messer. Der Unbekannte verletzt sie dabei am Bein. Die Opferberatungsstelle »RAA Sachsen« bewertet diesen Vorfall als rechte Tat.

11.04. Cottbus (BB) Es kommt zu einer gefährlichen Körperverletzung gegen einen geflüchteten Menschen. Laut der Beantwortung einer parlamentarischen Anfrage ist dieser Vorfall eine politisch rechts motivierte Straftat.

11.04. Unterlemnitz (TH) Zwei »Reichsbürger« streiten sich mit einer Mitarbeiterin der Stadtverwaltung. Die Polizei muss einschreiten und ermittelt wegen Widerstand gegen Vollstreckungsbeamte und Verleumdung der Polizei.

12.04. Berlin-Friedrichshain (BE) Vier Personen werfen eine Glasflasche auf einen 32-jährigen Mann und treffen ihn damit am Bein. Ein 38-Jähriger beleidigt den Betroffenen antisemitisch.

12.04. Eggesin (MV) Eine Personengruppe beleidigt einen Mann aus Syrien und seine deutsche Begleiterin rassistisch. Ein Mann aus der Gruppe verfolgt die beiden und versucht sie mit einer Bierflasche zu schlagen.

12.04. Neubrandenburg (MV) Ein Mann mit Hund beleidigt eine Frau rassistisch und bespuckt sie. Anschließend versucht er ihr das Kopftuch herunterzureißen und schlägt auf sie ein. Die Betroffene stürzt zu Boden und verletzt sich am Unterarm.

12.04. Datzeberg (MV) Ein unbekannter Mann reißt einer 44-jährigen Frau unvermittelt ihr Kopftuch herunter. Er soll sie bedrängt, beleidigt und geschlagen haben. Die Frau muss ambulant behandelt werden. Der Staatsschutz ermittelt. Die Amadeu Antonio Stiftung und Pro Asyl werten diesen Vorfall als flüchtlingsfeindlich.

13.04. Rostock (MV) Mehrere Personen verfolgen in einem Auto ein anderes Fahrzeug, in dem drei Migranten sitzen. Die Verfolger bewerfen die Betroffenen mit Bierflaschen und zwingen sie, anzuhalten. Sie beschimpfen die drei Insassen rassistisch und greifen sie an. Mindestens einer der Betroffenen wird dadurch verletzt. Als sich zufällig ein Krankenwagen mit Blaulicht nähert, fliehen die Angreifer.

14.04. München (BY) Ein Unbekannter verletzt einen Geflüchteten mit einer Flasche schwer am Auge. Die Opferberatungsstelle »Before« wertet diesen Vorfall als rechte Tat.

14.04. Hamburg-St. Georg (HH) Ein Mann ruft rassistische Parolen und greift einen anderen Mann grundlos an. Er leistet Widerstand gegen die Polizei und ruft »Heil Hitler«.

14.04. Obermehler (TH) Die Polizei stellt fest, dass es sich bei den Tatspuren eines Angriffs auf eine Geflüchtetenunterkunft nicht um Steinwürfe, sondern Einschusslöcher handelt. Es seien Schussspuren an einem Fenster und an drei Eingangstüren festgestellt worden. Die Tat geschah bereits Ende März. In der beschossenen Wohnung lebt eine serbische Familie.

15.04. **Berlin-Treptow (BE)** Gegen Mitternacht beleidigen drei Männer zwei geflüchtete Jugendliche rassistisch und bedrohen sie. Dann halten sie einen der beiden fest und schlagen auf ihn ein. Die Jugendlichen können einen vorbeifahrenden Polizeiwagen anhalten.

15.04. **Cottbus (BB)** Es kommt zu einer Körperverletzung gegen einen geflüchteten Menschen. Laut der Beantwortung einer parlamentarischen Anfrage ist dieser Vorfall eine politisch rechts motivierte Straftat.

15.04. **Kremmen (BB)** In der Nacht wirft ein Unbekannter zwei Molotowcocktails über den Zaun einer Unterkunft für geflüchtete Menschen. Der Brandsatz entzündet den Rasen und wird vom Wachschutz gelöscht.

15.04. **Nordhausen (TH)** Es kommt zu einer Körperverletzung gegen einen geflüchteten Menschen. Laut der Beantwortung einer parlamentarischen Anfrage ist dieser Vorfall eine politisch rechts motivierte Straftat.

15.04. **Artern (TH)** Am Samstagmorgen werfen Unbekannte mehrere Brandsätze auf einen Gebäudekomplex, in dem Geflüchtete untergebracht sind. Bei dem Anschlag wird niemand verletzt. Das Landeskriminalamt und die Polizei Nordhausen ermitteln.

16.04. **Göppingen (BW)** Neonazis der Partei »Der III. Weg« verteilen vor einem Zirkus Flyer gegen Wildtierhaltung. Sie greifen Mitarbeiter mit Fäusten und Reizgas an.

16.04. **Tribsees (MV)** Der DJ einer Osterfeier attackiert einen Mann aus Syrien. Der Betroffene hatte sich zuvor gewünscht, dass auch arabische Musik gespielt wird. Der Angreifer beleidigt den Betroffenen rassistisch und verletzt ihn im Gesicht und an der Hand.

16.04. Dorfmark (NI) Teilnehmer des extrem rechten »Bundes für Deutsche Gotterkenntnis« greifen am Rande eines ihrer Treffen einen Journalisten an.

16.04. Alfter (NW) Zwei Männer dringen in eine Unterkunft für geflüchtete Menschen ein und bedrohen diese. Einer der Männer zeigt dabei ein Messer. Die Polizei nimmt zwei Männer, 25 und 38 Jahre alt, als Tatverdächtige fest. Beide sind Häftlinge, die im offenen Vollzug einsitzen und im Hafturlaub sind.

17.04. Augsburg (BY) Ein 20- und ein 21-jähriger Mann beschimpfen in den frühen Morgenstunden vier Geflüchtete massiv mit rassistischen Parolen. Sie verfolgen zwei von ihnen bis in die Straßenbahn und beleidigen sie weiter. Als sich Augenzeugen einmischen, werden auch sie beschimpft. Der 21-Jährige tritt einer 20-jährigen Frau mehrfach gegen das Knie. Auch nach dem Eintreffen der Polizei beleidigt das Täter-Duo weiterhin Menschen. Die Beamten nehmen die beiden aggressiven Männer fest.

17.04. Guben (BB) Eine 13-Jährige ruft am Abend ihren Vater an und erzählt, dass sie »ausländisch aussehende Männer« sexuell belästigt und geschlagen hätten. Der Vater stürmt daraufhin mit seinem Sohn aus dem Haus, um seine Tochter und die Männer zu finden. Die beiden greifen vier Geflüchtete an, die mit der Belästigung nichts zu tun haben und zufällig in der Nähe sind. Die Angegriffenen wehren sich gegen Vater und Sohn. Alle Beteiligten werden während der Auseinandersetzung verletzt. Die Polizei ermittelt auch gegen die vier Geflüchteten, da unsicher sei, ob ihre heftige Gegenwehr durch Notwehr gedeckt sei.

17.04. Hennigsdorf (BB) Ein Mann betritt einen türkischen Imbiss und verlangt kostenloses Brot mit Soße. Als die Angestellte diese Forderung verweigert, beleidigt der Gast sie rassistisch und verpasst ihr einen Faustschlag gegen die Schulter.

19.04. Gotha (TH) In der Nacht werfen vier schwarz gekleidete Personen Steine auf ein soziokulturelles Wohnprojekt. Die Täter zerstören zwei Fensterscheiben und sprengen zudem einen Briefkasten. Die Bewohner vermuten Neonazis hinter dem Anschlag.

19.04. Wuppertal (NW) Es kommt zu einer Körperverletzung gegen einen geflüchteten Menschen. Laut der Beantwortung einer parlamentarischen Anfrage ist dieser Vorfall eine politisch rechts motivierte Straftat.

20.04. Berlin-Friedrichshain (BE) Ein 38-jähriger Mann beleidigt einen 30-Jährigen rassistisch und verletzt ihn mit einem Messer.

21.04. Jena (TH) Es kommt zu einer Körperverletzung gegen einen geflüchteten Menschen. Laut der Beantwortung einer parlamentarischen Anfrage ist dieser Vorfall eine politisch rechts motivierte Straftat.

22.04. Berlin-Hellersdorf (BE) Eine Personengruppe beleidigt einen 24-jährigen Mann rassistisch und schlägt ihn. Er fällt zu Boden. Die Täter treten auf ihn ein. Der 24-Jährige wird durch den Angriff verletzt.

22.04. Herzogenaurach (BY) Am Abend bedrängen die Insassen von drei Autos vier junge Geflüchtete an einer Bushaltestelle. Sie fahren so dicht an der Gruppe vorbei, dass einer der Betroffenen nach hinten ausweichen muss und sich dabei an der Hand verletzt. Einer der Insassen gibt sich als Polizist aus und verlangt die Ausweispapiere der jungen Männer. Die Personen steigen aus den Fahrzeugen und beleidigen die Geflüchteten. Als eine Frau zum Schlag ausholt, flüchten die Betroffenen. Die Täter verfolgen sie weiter mit ihren Autos. Eines der Fahrzeuge berührt dabei einen fliehenden Mann. Die vier Geflüchteten können sich in Sicherheit bringen. Die Polizei kann die Täter nicht ermitteln.

22.04. Wismar (MV) Ein Neonazi bedroht einen Jugendlichen mit einem Messer und zwingt ihn dazu, zu sagen, dass er »Nazis gut findet«. Dann schlägt er dem Betroffenen mehrfach ins Gesicht und versucht, ihm gegen den Kopf zu treten. Während der Tat ruft er neonazistische Parolen.

22.04. Halle (ST) In der Nacht beleidigt eine Gruppe von 13 Personen einen 22-jährigen Jordanier und seine deutsche Begleiterin rassistisch. Einer aus der Gruppe schlägt dem Mann auf den Hinterkopf. Ein Weiterer bedroht seine Begleiterin mit einem Messer. Die herbeigerufene Polizei kann vor Ort nur noch einen 25-jährigen Tatverdächtigen feststellen. Der Staatsschutz ermittelt wegen Körperverletzung, Beleidigung und Bedrohung.

22.04. Gera (TH) Anhänger der Neonazi-Partei »Der III. Weg« halten einen Informationsstand ab. Etwa 50 von ihnen ziehen als spontaner Demonstrationszug durch die Innenstadt. Dabei greifen sie einen Passanten an, der dadurch leicht verletzt wird.

24.04. Bad Frankenhausen (TH) Es kommt zu einer Körperverletzung gegen einen geflüchteten Menschen. Laut der Beantwortung einer parlamentarischen Anfrage ist dieser Vorfall eine politisch rechts motivierte Straftat.

25.04. Frankfurt (Oder) (BB) Es kommt zu einer gefährlichen Körperverletzung gegen einen geflüchteten Menschen. Laut der Beantwortung einer parlamentarischen Anfrage ist dieser Vorfall eine politisch rechts motivierte Straftat.

25.04. Dresden (SN) Gegner des Dresdner Kunstwerks »Denkmal für den permanenten Neuanfang« stören die Einweihung mit Pfiffen, Sprechchören und Schubsereien. Die Polizei wird wegen Beleidigung und Körperverletzung im Gerangel aktiv.

26.04. Lindow (BB) Mehrere rechte Jugendliche beleidigen und schlagen ein 13-jähriges kurdisches Kind auf dem Spielplatz vor der Schule. Ein 20-Jähriger aus der Gruppe bedroht das Kind mit einem Messer.

27.04. München (BY) Ein 56-jähriger Busfahrer weist einen 38-jährigen angehenden Busfahrer, der im Irak geboren ist, in dessen Tätigkeit ein. Als an einer Bushaltestelle das Fahrzeug daher länger als geplant anhält, beginnt ein unbekannter Fahrgast den 38-Jährigen rassistisch zu beleidigen. Er sagt: »Scheiß Kanake! Scheiß Busfahrer, geh in dein Land zurück!« Er bespuckt den Betroffenen und schlägt ihm mit einem Regenschirm auf den Kopf. Der Mann erleidet Hämatome und Prellungen durch den Angriff und leidet seitdem unter psychischen Angstzuständen.

28.04. **Potsdam (BB)** Während des Spiels »SV Babelsberg 03« gegen »FC Energie Cottbus« zeigen rechte Cottbuser mehrfach den Hitlergruß und rufen neonazistische Parolen. Sie schießen eine Leuchtrakete in den Babelsberger Block, der dort explodiert. Das Spiel muss aufgrund von Ausschreitungen zweimal unterbrochen werden.

28.04. **Erfurt (TH)** Es kommt zu einer Körperverletzung gegen einen geflüchteten Menschen. Laut der Beantwortung einer parlamentarischen Anfrage ist dieser Vorfall eine politisch rechts motivierte Straftat.

28.04. **Greven (NW)** Es kommt zu einer Brandstiftung an einer Geflüchtetenunterkunft. Laut der Beantwortung einer parlamentarischen Anfrage ist dieser Vorfall eine politisch rechts motivierte Straftat.

29.04. **Rottenburg am Neckar (BW)** Sechs Anhänger der Neonazi-Partei »Der III. Weg« greifen einen Informationsstand der Initiative »Tübingen gegen Rechts« an. Die teils vermummten Schläger verstecken sich hinter einem Transparent und stürmen auf den Stand zu. Sie treten und schlagen auf die Antifaschisten ein und besprühen sie mit Reizgas. Die Initiative informierte an ihrem Stand über die Aktivitäten und Übergriffe der Neonazi-Partei im Raum Rottenburg. Die Polizei kann zwei Angreifer festnehmen.

29.04. **Landau in der Pfalz (RP)** Es kommt zu einer gefährlichen Körperverletzung gegen einen geflüchteten Menschen. Laut der Beantwortung einer parlamentarischen Anfrage ist dieser Vorfall eine politisch rechts motivierte Straftat.

29.04. **Halle (ST)** Während einer Kundgebung der Partei »Die Rechte« greifen zwei Männer zwei Fotografen an, die die Versammlung beobachten. Ein überregional bekannter Neonazi schlägt einem der beiden mit der Faust ins Gesicht. Die Polizei greift ein. Der Betroffene trägt eine aufgeplatzte Lippe davon.

29.04. **Halle (ST)** Am Nachmittag beleidigen zwei Unbekannte einen 29-jährigen Somalier in einer Bank. Sie sagen: »Was wollt ihr hier? Wir sind Nazis! Scheiß Ausländer! Wir bringen euch alle um!« Dann schlägt einer der beiden dem Mann zweimal gegen den Kopf. Die Täter fliehen.

29.04. **Magdeburg (ST)** Am Abend laufen zwei Männer mit dunkler Hautfarbe an einer Bar vorbei. Sie werden aus dem Geschäft heraus von Feiernden rassistisch beleidigt. Dann attackieren zwei Unbekannte einen 25-jährigen Mann aus Eritrea. Eine 20-Jährige will eingreifen und wird ebenfalls angegriffen. Sie wird durch Faustschläge verletzt. Sie und der 25-Jährige müssen ambulant im Krankenhaus behandelt werden. Der Staatsschutz ermittelt gegen einen 41- und einen 49-jährigen Tatverdächtigen.

Einsatz im Innern: Geheime rechte Zirkel bei Polizei und Bundeswehr

Fake News können kaum unglaublicher klingen, als die 2017 bekannt gewordenen Fakten über extrem rechte Verschwörerkreise in den Reihen von Bundeswehr und Polizei. Nach und nach kommen immer mehr Details ans Tageslicht. Meldung Nummer eins im April 2017 lautete: Ein Oberleutnant der Bundeswehr wird festgenommen, weil er, als syrischer Asylbewerber getarnt, Anschläge plante, um sie Flüchtlingen in die Schuhe zu schieben. Die Waffe dafür versuchte der Soldat ausgerechnet durch die Sicherheitszone eines Flughafens ins Land zu schmuggeln.

Dann die nächste Enthüllung: Der Mann war nicht allein, sondern heckte gemeinsam mit weiteren Gleichgesinnten in einem geschlossenen Chatroom Pläne für Angriffe auf Politiker und Personen des öffentlichen Lebens aus. Über tausend Schuss Munition aus Bundeswehrbeständen lagerten bereits bei einem Komplizen, ein Verstoß gegen das Kriegswaffengesetz.

Einige Monate später dann der nächste Clou: Diese Gruppe hat Kontakt zu einem weiteren rechten Verschwörerkreis in Mecklenburg, in dessen Zentrum ein Rostocker Rechtsanwalt und Lokalpolitiker sowie ein Kriminaloberkommissar stehen. Eine »schwere staatsgefährdende Straftat« soll auch dort geplant worden sein. Letzteren Beschuldigten wird vorgeworfen, für den Fall einer Staatskrise ins Auge gefasst zu haben, Linke zu kidnappen und zu ermorden. Die geheime Gruppe namens

»Nordkreuz« wurde 2016 gegründet und umfasst rund 30 Mitglieder, gegen zwei von ihnen ermitteln die Bundesanwälte. Eine »unmittelbare Gefährdung« bestehe »gegenwärtig« nicht, lautete eine der wenigen Informationen dazu aus Karlsruhe.

Die Verschwörerzelle Nummer 1 um Franco A. wollte in einer Zeit, in der weite Teile der Gesellschaft einen härteren Kurs gegenüber geflüchteten Menschen fordern, losschlagen – offenbar um die öffentliche Debatte weiter nach rechts zu verschieben.

Die Geschichte geht so: Im Jahr 2015 erfand der Angehörige des »Jägerbataillons 291« der Bundeswehr die Identität des syrischen Bürgerkriegsflüchtlings »David Benjamin«. Mit dem Aliasnamen plante Franco A. anscheinend einen klassischen »Anschlag unter falscher Flagge« – gemeint ist ein Attentat, für das nicht der eigentliche Täter, sondern andere – in diesem Fall der fiktive Flüchtling David Benjamin – verantwortlich gemacht werden sollen. Die Idee, die sich dahinter verbirgt, ist so neu nicht. In den 1980er-Jahren entwarfen italienische Faschisten mit Verbindungen in Geheimdienstkreisen die »Strategie der Spannung«. Attentate und Bombenanschläge, die den »Roten Brigaden« zugeschrieben wurden, sollten Stimmung gegen politische Gegner machen. Clemens Binninger (CDU), Vorsitzender des Parlamentarischen Kontrollgremiums in Berlin, sprach in einer ersten Stellungnahme nach Bekanntwerden der Pläne Franco A.s von einem »Fall in uns bisher unbekannter Dimension«.

Polizeibehörden in Österreich waren dem jungen Mann auf die Spur gekommen, nachdem Techniker bei Wartungsarbeiten in einem Versorgungsschacht des Wiener Flughafens Schwechat auf eine historische französische Pistole gestoßen waren, die geladen war. Ein Alarmmelder wurde angebracht. Die österreichische Polizei legte sich auf die Lauer und ertappte den deutschen Offizier Ende Januar 2017 dabei, als er die Waffe aus dem

Versteck holen wollte. Er wurde vorläufig festgenommen und vernommen. Dabei stellte sich heraus, dass der Leutnant sich wenige Tage zuvor bereits in Wien aufgehalten hatte, um mit einem Kameraden den elitären »Ball der Offiziere« des österreichischen Bundesheeres in der Hofburg zu besuchen. Am Rande der Feier will A. die Pistole in einem Busch gefunden haben. Erst am Flughafen sei ihm dann klar geworden, dass er mit der Waffe nicht durch die Sicherheitsschleuse komme, und er habe sie versteckt. Auch wenn ihm diese Geschichte keiner der Ermittler abnimmt, wird Franco A. nach der Befragung entlassen. Die österreichischen Behörden geben den Fall nach Deutschland ab, sie übermitteln dem Bundeskriminalamt (BKA) in Wiesbaden auch Fingerabdrücke, die sie dem Verdächtigen abgenommen hatten. Den Wiener Beamten fiel A.s extrem rechtes Gedankengut auf, auch diese Beobachtungen geben sie nach Deutschland weiter.

Der Abgleich der Fingerabdrücke durch das BKA förderte dann Erstaunliches zutage: Sie sind bekannt, werden jedoch einer völlig anderen Person zugeordnet: dem syrischen Bürgerkriegsflüchtling »David Benjamin«, 2015 in Gießen registriert, dann ins bayerische Erding verwiesen. Dann stellt sich heraus: Der im Elsass nahe Straßburg stationierte Soldat hatte in seiner freien Zeit eine fiktive Doppelexistenz aufgebaut. Wie es ihm gelungen sein soll, an zwei voneinander entfernten Orten ausreichend Präsenz zu zeigen, klingt bis heute abenteuerlich. Trotz mangelnder Arabischkenntnisse wurde er in der bayerischen Erstaufnahmeeinrichtung Zirndorf als Asylbewerber aufgenommen. Grundkenntnisse der Sprache hatte Franco A. bei der Bundeswehr erlernt. Die Befragung in der Außenstelle des Bundesamtes für Migration und Flüchtlinge im November 2016 wurde im Beisein einer marokkanischen Arabisch-Dolmetscherin 80 Minuten lang geführt, ausgerechnet von einem abgestellten Bundeswehrsoldaten.

A. alias David Benjamin gab zu Protokoll, er sei Christ und der 1988 geborene Sohn eines Obsthändlers aus einer Kleinstadt östlich von Aleppo. Für seine fehlenden Sprachkenntnisse hatte der 28-Jährige eine Erklärung: Er sei in einer französischstämmigen Kolonie in der syrischen Hauptstadt aufgewachsen, seine Familie habe Wurzeln in Frankreich und er besuchte ein französisches Gymnasium. Daher spreche er die Sprache besser als Arabisch. Medienberichten zufolge berichtete er, geflohen zu sein, weil ihn das syrische Assad-Regime für das Militär rekrutieren wolle. Er fühlte sich aufgrund seines jüdisch klingenden Namens von der Terrormiliz Islamischer Staat (IS) bedroht. Der Vater sei von Dschihadisten getötet worden.

Nichts davon war wahr. Der deutsche Verschwörer mit den dunklen Plänen aber wird als Flüchtling anerkannt. Er erhält einen subsidiären Schutzstatus, wird in einem Mehrbettzimmer einer Unterkunft in Erding untergebracht. Wie es dort weitergehen sollte, ist bis heute unklar. Die Karlsruher Bundesanwaltschaft nimmt aber an: »Die von den drei Beschuldigten geplante Tat sollte von der Bevölkerung als radikalislamistischer Terrorakt eines anerkannten Flüchtlings aufgefasst werden.« Die Fingerabdrücke im Falle eines Anschlags wären »David Benjamin« zugeordnet worden. Das Vorhaben flog dank des dilettantischen Waffenschmuggels in Wien auf.

Geplant sei ein Angriff »auf das Leben hochrangiger Politiker und Personen des öffentlichen Lebens, die sich für eine aus Sicht der Beschuldigten verfehlte Politik in Ausländer- und Flüchtlingsangelegenheiten engagieren«, lauten die Anschuldigungen.

Franco A. bestreitet, die Falsch-Identität für Anschlagspläne erfunden zu haben. Wofür benötigte er sie dann? Gab es weitere Unterstützer oder Mitwisser in den Behörden – fühlten sie sich daher so sicher und versuchten die Pistole über einen Flughafen ins Land zu schleusen? Bisher ungeklärte Fragen.

Mit den polizeilichen Ermittlungen betraut ist die »BAO Alias« (BAO: Besondere Aufbauorganisation) des Bundeskriminalamtes in Wiesbaden. Ihre Mitarbeiter durchkämmen sichergestellte Dokumente und Tausende Chatnachrichten aus WhatsApp-Gruppen sowie Fotos und Videos der Verdächtigen. Drei Personen werden bisher zu der mutmaßlichen Terrorzelle gezählt. Oberleutnant Maximilian T. und der Offenbacher Student Mathias F. befinden sich wieder auf freiem Fuß. Einen weiteren Soldaten, Oberleutnant Ralf G., sowie zwei Vorgesetzte von Franco A. hat die Bundeswehr vom Dienst suspendiert. Ralf G. soll laut Medienberichten von einem Kameraden in seiner Kaserne, der Generalfeldmarschall-Rommel-Kaserne im nordrhein-westfälischen Augustdorf, gemeldet worden sein. G. habe berichtet, dass es in der Kaserne Illkirch im französischen Elsass eine Gruppe gewaltbereiter deutscher Offiziere gebe, die Waffen und Munition sammelten, »um im Fall eines Bürgerkriegs auf der richtigen Seite zu kämpfen«. Franco A. und Maximilian T. waren in Illkirch stationiert.

Im Zuge der Ermittlungen stießen Beamte bei dem Hauptbeschuldigten auf einen Datenträger mit Anleitung zum Bombenbau, meldete der *Spiegel.* Es handelte sich dabei um das in islamistischen Terrorkreisen verbreitete »Mujahideen Explosives Handbook« aus den 1990er-Jahren. Außerdem soll sich Franco A. ein in Deutschland verbotenes Werk mit dem Titel »Der totale Widerstand« aus der Schweiz beschafft haben. Es befasst sich mit Methoden des Widerstands gegen eine Besatzerarmee. Der extrem Rechte nahm auch zum Teil stundenlange Selbstreflexionen auf – wie die genau aussahen, ist nicht bekannt. Doch »Gewalt sei nicht nur eine letzte Option« für ihn gewesen, »sondern wird durchgehend als probates Mittel« beschrieben, zitiert der *Spiegel* Sicherheitskreise. Franco A.s mutmaßlicher Komplize, der Offenbacher Student Mathias F., habe sich in mehreren Vernehmungen »umfangreich zum Tatvorwurf eingelassen«, gab die Bundesanwaltschaft bekannt.

Besonders brisant erscheinen Notizen und Unterlagen, die BKA-Ermittler in einem Taschenkalender und auf zwei DIN-A4-Blättern bei Franco A. und Maximilian T. gefunden haben. Unter der Überschrift »Politik und Medien« wurden zahlreiche Politiker und Personen des öffentlichen Lebens und Organisationen handschriftlich aufgelistet: Ex-Bundespräsident Joachim Gauck, Bundestagsvizepräsidentin Claudia Roth und Thüringens Ministerpräsident Bodo Ramelow, außerdem der Zentralrat der Juden, der Zentralrat der Muslime und die insbesondere gegen rechts engagierte Berliner Amadeu Antonio Stiftung, von deren Berliner Büro sogar eine Skizze beigelegen haben soll. Diese Notizen werden Maximilian T. aus Seligenstadt zugeordnet, der ebenfalls beim »Jägerbataillon 291« eingesetzt war. Der 27-Jährige soll auch in Wien dabei gewesen sein, als A. die Waffe im Flughafen versteckte, glauben die Ermittler. Gegen ihn wurde bis auf Weiteres ein Uniform- und Dienstverbot verhängt. Laut Recherchen des *Spiegel* war T. AfD-Mitglied.

Die Amadeu Antonio Stiftung ist massiv im Visier der Rechten. »Das AfD-nahe *Compact*-Magazin veröffentlichte gleich mehrere Artikel gegen sie«, berichtet der Thüringer Soziologe Andreas Kemper. So sei eine Broschüre der Stiftung in *Compact* als »Schmutz-Projekt« und »Spitzelbroschüre« diffamiert worden. Die Amadeu Antonio Stiftung sah sich gezwungen, so Kemper, mit einer Unterlassungserklärung gegen das *Compact*-Magazin vorzugehen.

Herausgeber Jürgen Elsässers Kampagnen finden in einer breiten rassistischen »Gegenöffentlichkeit« viel Anklang. Als brisant sei daher auch ein offener Brief Jürgen Elsässers vom September 2015 an die Bundeswehr zu bewerten. Elsässers direkter »Aufruf an unsere Soldaten«, so Andreas Kemper, könnte auch die Gruppe um Franco A. angesprochen haben. Elsässer fordert darin die Soldaten auf, in den Kasernen zu diskutieren, wie sie gegen den »Hochverrat« von Bundeskanzlerin Angela Merkel aktiv werden können. In dem Brief heißt es: »In einer Situation, wo von der Staatsspitze selbst Gefahr für dieses Volk und seine Freiheit ausgeht, seid Ihr nicht mehr an Befehle dieser Staatsspitze gebunden. Diese Situation ist jetzt erreicht. […] Wir befinden uns bereits im Notstand. Die Bundesregierung hat die Kontrolle verloren – oder besser gesagt: absichtlich aus der Hand gegeben. Damit hat sie ihre Legitimität verloren!«

Dann fordert der *Compact*-Herausgeber: »In dieser Situation kommt es auf Euch an, Soldaten der Bundeswehr: Erfüllt Euren Schwur und schützt das deutsche Volk und die freiheitliche Ordnung! […] Diskutiert die Lage mit Euren Kameraden und werdet selbst aktiv! Nur Ihr habt jetzt noch die Machtmittel, die von der Kanzlerin befohlene Selbstzerstörung zu stoppen.«

Nach Recherchen des *Welt*-Reporters Florian Flade sollen die Terrorverdächtigen um Franco A. ihre möglichen Opfer in Kategorien von A bis D eingeordnet haben. So ähnlich hatte auch der norwegische Rechtsterrorist Anders Behring Breivik seine Opfer klassifiziert, ehe er 2011 in Oslo und auf der Insel Utøya 77 überwiegend junge engagierte Menschen ermordete. Mithilfe der Aufzeichnungen, die bei dem deutschen Verschwörerkreis gefunden werden, zeichnen die Beamten die mutmaßlichen Terrorpläne nach. »Gruppe Antifa: Granate Asylant werfen lassen, filmen«, zitiert die *Welt* aus den Unterlagen von A. Offenbar ein Hinweis auf einen möglichen Anschlag auf Antifaschisten durch den »falschen Asylbewerber«.

Außerdem wollte das Trio wohl die bekannte Holocaustleugnerin Ursula Haverbeck im Falle einer Inhaftierung gewaltsam befreien. »Wenn Frau Haverbeck ins Gefängnis, dann Befreiungsaktion« – diese Notiz fanden die Ermittler in einem Taschenkalender von Franco A. Haverbeck, Jahrgang 1928, ist eine zentrale Figur der Neonazi-Szene, wegen ihrer zahlreichen Verurteilungen wird sie als nationale politische »Dissidentin« verehrt. Die überzeugte Nationalsozialistin tritt hochbetagt vor einschlägigem Publikum auf – ihre Gefängnisstrafen musste sie bisher jedoch nicht antreten. Die aufgefundene Notiz erinnert an Pläne diverser militanter Neonazis in den 1970er- und 1980er-Jahren, den in Spandau einsitzenden Stellvertreter von Adolf Hitler, Rudolf Heß, gewaltsam aus dem Gefängnis zu befreien. Die Vorhaben wurden nicht in die Tat umgesetzt, Heß starb 1987 in Haft.

Franco A. galt als hervorragender Soldat. Ein tadelloser Ruf, Leistungsbild und Werdegang wurden in der Truppe hervorgehoben. Geboren 1989 im hessischen Offenbach, machte er in der Bundeswehr nach seinem Antritt zum Grundwehrdienst 2008 schnell Karriere. Im Juli 2015 wurde er Berufssoldat. Doch kannte wirklich niemand im Militärbetrieb seine extrem rechten Ansichten, seine rassistische Weltsicht? Oder sahen die Vorgesetzten einfach darüber hinweg?

Schon 2008 zum Abitur in Frankfurt hielt A. in der Abi-Zeitung fest, wie sein späterer Lebenslauf aussehen sollte: »Offiziersausbildung bei der Bundeswehr mit einem Studium der Staats- und Sozialwissenschaften«. Unter »Traumberuf« hatte der groß gewachsene junge Mann »Soldat« eingetragen. Unter der Frage »Was sollte man auf keinen Fall tun?« listete der Abiturient unter anderem »Betrügen« auf. Doch genau dies wird ihm wegen seines falschen Asylantrags vorgeworfen. A. galt als intelligent, hilfsbereit und sportbegeistert. Auf dem Gymnasium fiel er nicht mit stumpfen Parolen auf. Die Abiturienten des Jahrgangs wählten A. in der Kategorie »Wer ist das Genie Abi 08?« auf den zweiten Platz.

Ab 2009 studierte der Offenbacher an der Militärakademie Saint-Cyr in der Bretagne, einer Elite-Hochschule, Staats- und

Sozialwissenschaften. Seine Abschlussarbeit sorgte bereits kurz nach der Abgabe für Wirbel – sie trägt den Titel »Politischer Wandel und Subversionsstrategie«. Deswegen richtete sich Anfang 2014 der französische Schulkommandeur Antoine Windeck mit einem dringenden Anliegen an seinen Ansprechpartner bei der Bundeswehr: Diese Masterarbeit sei gespickt mit rassistischen Ausführungen und Verschwörungstheorien – wenn ein Franzose so etwas geschrieben hätte, müsste er gehen. Windeck forderte Konsequenzen. Doch die blieben zunächst aus.

Die Bundeswehr beauftragte ein eigenes Gutachten. Der Historiker Jörg Echternkamp erstellte es und kommt darin zu dem Ergebnis, dass »es sich nach Art und Inhalt nachweislich nicht um eine akademische Qualifikationsarbeit« handele, »sondern um einen radikalnationalistischen, rassistischen Appell«, den der Verfasser »mit einigem Aufwand auf eine pseudowissenschaftliche Art zu unterfüttern sucht«.

Ethnische Minderheiten werden in Franco A.s Arbeit als Gefahr für die Gesellschaften angesehen, die »niemals Teil eines Volkes« sein könnten. Laut Gutachter Echternkamp greift A. »explizit auf rassistisches Vokabular zurück«. Den Begriff der »Subversion« verstehe A. als »Rassenkampf« des Westens gegen die völkischen Vorstellungen in den »gewachsenen« Staaten. »Die Liste der Feindbilder des Verfassers ist ebenso bunt wie lang«, hält der Historiker fest. Die politischen Entwicklungen auf der Welt werden mit dem »illegitimen, zielgerichteten und konspirativen Wirken einer Personengruppe« erklärt – dieses Muster deckt sich mit antisemitischen Verschwörungstheorien von der »Weltherrschaft des Judentums«.

Eine erste Manifestation der extrem rechten Gedanken des Soldaten Franco A. Als seine deutschen Vorgesetzten – alarmiert durch die Franzosen – ihn zu seiner Masterarbeit befragten, distanzierte er sich von den Inhalten und machte den Zeitdruck da-

für verantwortlich. Er habe sich quasi in die Rolle eines Rechts-
extremisten begeben – die Gedanken seien nicht seine eigenen.
Die Abschlussarbeit als Rollenspiel? Die Bundeswehr
schenkte ihm Glauben. »Zweifel an der erforderlichen Einstellung zur Werteordnung« seien »auszuschließen«, notierte der
Wehrdisziplinaranwalt. Mit einer zweiten Masterarbeit erhielt
A. im Sommer 2014 seinen Abschluss an der Saint-Cyr. Konsequenzen hatte die erste Masterarbeit für den Oberleutnant nicht.
A. konnte weiter Dienst an der Waffe verrichten – es gab eine
»Ermahnung«, jedoch nicht einmal einen Eintrag in die Perso-
nalakte. Bei seiner Festnahme im April 2017 gehörte er zur
deutsch-französischen Brigade des Heeres, zum »Jägerbataillon
291«, stationiert im französischen Illkirch im Elsass. Er befand
sich zu dem Zeitpunkt gerade im unterfränkischen Hammel-
burg zur Einzelkämpferausbildung.

Wie weit die Anschlagsvorbereitungen seiner Gruppe tatsächlich fortgeschritten waren, scheint auch in Ermittler-Kreisen
umstritten. Ob die Pläne konkret genug waren, um als »staats-
gefährdend« durchzugehen, ist unklar. Für die Opposition im
Bundestag ist insbesondere der Umgang mit extrem rechten
Soldaten in der Truppe von Bedeutung. »Die Bundeswehr hat
ein Problem mit Neonazismus, Rassismus, Antisemitismus und
Verherrlichung des Nationalsozialismus«, sagt Martina Renner,
Innenexpertin der Partei Die Linke im Bundestag. Ein wesentli-
cher Schritt sei, »anzuerkennen, dass das Problem sich nicht in
Einzelfällen erschöpft«.

Dass Rechtsextremisten Anschläge unter falscher Flagge
planten, ist für Renner nichts Neues: »Der Oktoberfestattentäter
Gundolf Köhler hat Berichten zufolge im Vorfeld darüber gesprochen, einen Anschlag zu begehen, der dann der Linken angelastet werden würde.« Der Tübinger Student Köhler tötete
1980 bei dem Bombenanschlag auf das traditionelle Oktober-

fest zwölf Menschen, darunter Kinder, und verletzte über 200 weitere zum Teil schwer. Der Neonazi, der sich vorher an militärischen Übungen der damals berüchtigten »Wehrsportgruppe Hoffmann« in Franken beteiligte, kam dabei ums Leben. Obwohl diese Einschätzung heute infrage gestellt wird, gilt er als allein verantwortlich für eines der schwersten Verbrechen der Nachkriegsgeschichte.

Auch die Mitglieder der jüngst verurteilten extrem rechten Terrorgruppe »Oldschool Society« diskutierten darüber, wie Angriffe gegen Kindergärten, Schulen oder den Kölner Dom als islamistische Anschläge erscheinen könnten. Für die innenpolitische Sprecherin der Grünen-Fraktion im Bundestag Irene Mihalic weckt der Fall Franco A. Befürchtungen, »dass das Zellen-Prinzip im Rechtsextremismus, wie wir es vom NSU kennen, weiter angewandt wird«. »Ich halte es nach allem, was wir wissen, für sehr unwahrscheinlich, dass Franco A. vielleicht mit ein oder zwei Gleichgesinnten in der Stube saß, um über geeignete Anschlagsideen zu philosophieren«, befürchtet Mihalic. »Da wird es größere Zusammenhänge geben, in denen strategisch über unterschiedliche Aktions- und Anschlagsformen beraten wird.«

Auch Martina Renner vermutet weitere Unterstützer im Hintergrund: »Die Geschichte des rechten Terrors zeigt, dass es naheliegender ist, von Netzwerken als von Einzeltätern auszugehen.« Beide Politikerinnen engagierten sich in den Untersuchungsausschüssen des Parlaments in Berlin zur Aufklärung der Verbrechen des neonazistischen NSU.

Nach dem Auffliegen des »falschen Syrers« Franco A. fokussierte sich die öffentliche Debatte zunächst auf die Pannen bei der Registrierung des vermeintlichen Flüchtlings. »Stattdessen müsste vielmehr geklärt werden, ob extrem Rechte die Bundeswehr mit all den Zugängen zu Waffen, Munition und Sprengstoffen gezielt als Basis für ihre Aktionen nutzen«, kritisierte Miha-lic. Dass der Militärische Abschirmdienst (MAD), der Geheim-dienst der Bundeswehr, Rechtsextremisten in der Truppe effektiv aufspürt, glaubt sie nicht. »Der MAD hat sich als völlig unfähig erwiesen, extrem rechte Muster in der Bundeswehr zu erkennen«, so Mihalic. »Der Dienst scheint mehr vom Selbst-verständnis getragen zu sein, die Bundeswehr nach außen abzu-schirmen, und gehört deshalb abgeschafft.«

Bis September 2017 will der MAD 391 »rechtsextreme Ver-dachtsfälle« innerhalb der Bundeswehr geprüft haben und nur dreimal fündig geworden sein – unter den drei Fällen ist auch Oberleutnant Franco A. Alle Betroffenen wurden aus dem Dienst entfernt. Das geht aus einer Beantwortung des Bundes-verteidigungsministeriums auf eine Parlamentsanfrage hervor. Ein nach der Entdeckung von A.s Zelle eingeführtes Frühwarn-system zur Identifizierung von Neonazis in der Bundeswehr habe zwar 3220 Soldaten bei ihrer Einstellung überprüft, doch sei keine Person, die dem Spektrum Extremismus oder Terroris-mus zugeordnet werden konnte, gefunden worden. Im Hinblick auf die Ausbreitung rassistischer Ressentiments ein unglaub-würdiges Ergebnis. Daher fordert die Innenexpertin der Grünen »eine unabhängige Instanz zur Untersuchung extremistischer Strömungen in der Bundeswehr«. Auch die neurechten Bewe-gungen seien »attraktiver für junge Leute und arbeiten intensiv an gesellschaftlicher Anschlussfähigkeit zum Beispiel über In-stitutionen wie die Bundeswehr und ihre Hochschulen«, warnt Mihalic. »Da müssen wir viel mehr ein Auge drauf haben als bisher«, fordert Mihalic, »gerade bei der Bundeswehr, die sich der gesellschaftlichen Kontrolle teilweise aus einem überholten Selbstverständnis des Korpsgeistes weitgehend entzieht.«

Die von ehemaligen hochrangigen Hitler-Offizieren mit aufge-baute Bundeswehr benannte Kasernen nach Helden der NS-Pro-

paganda. In der Kaserne im elsässischen Illkirch, in der Franco
A. und Mathias T. stationiert waren, befanden sich im Freizeit-
raum zahlreiche Wehrmachtsdevotionalien. An weiteren Stand-
orten der Bundeswehr wurden NS-Andenken, unter anderem
auch Waffen, gefunden.

Rechte Skandale gab es im Laufe der Jahre immer wieder in
der Truppe. Viele aktive Kader der Szene traten bei der Bundeswehr nicht nur den Grundwehrdienst an, sondern verpflichteten
sich auch als Zeit- oder Berufssoldaten. Michael Kühnen, militanter norddeutscher Vordenker und Anführer der Neonazi-Szene in den 1980ern, war Leutnant bei der Bundeswehr. Der langjährige NPD-Vorsitzende Udo Voigt erhielt den Rang eines
Hauptmannes. Der ehemalige Skinhead aus Jena, Uwe Mundlos, der später mit der Terrorgruppe NSU zehn Morde und zwei
rassistische Anschläge beging, leistete ab 1994 seinen Wehr-
dienst in der Kyffhäuser-Kaserne im thüringischen Bad Frankenhausen ab. Während seiner einjährigen Bundeswehr-Aus-
bildung fiel Mundlos zweimal als Rechtsextremist auf, es lief
ein Strafverfahren gegen ihn. Gemeinsam mit anderen Soldaten
hatte Mundlos etwa Neonazi-Lieder gegrölt. Trotzdem wurde
der Akademikersohn zweimal befördert. Der MAD versuchte
sogar, den späteren Rechtsterroristen als V-Mann anzuwerben.

Für einen Skandal sorgte die enge Beziehung zwischen Verantwortlichen der Bundeswehr und dem verurteilten hessischen
Rechtsterroristen Manfred Roeder in den 1990er-Jahren. Roeder, einer der umtriebigsten Neonazis in der Bundesrepublik,
konnte nicht nur 1995 als Referent in der Führungsakademie
der Bundeswehr auftreten, sondern bekam sogar Material aus
Bundeswehr-Beständen geschenkt. Für sein vermeintlich wohl-
tätiges »Deutsch-Russisches Gemeinschaftswerk« überließ die
Bundeswehr dem wegen Rädelsführerschaft in einer terroristischen Vereinigung verurteilten Rechtsextremisten Roeder unter
anderem mehrere Militärfahrzeuge. Der 2009 verstorbene Ham-

burger NPD-Chef Jürgen Rieger konnte Anfang der 1990er-Jahre gemeinsam mit jungen Kameraden der »Nationalen Liste« auf dem Truppenübungsplatz bei Putlos in Schleswig-Holstein campieren und mit Wehrmachtsfahrzeugen an einer Bundeswehr-Schau teilnehmen. Direkt beim Militärischen Abschirmdienst, der eigentlich neonazistische Aktivisten in der Truppe enttarnen soll, arbeitete Wolfgang Juchem. Er gilt als einer der umtriebigsten Neonazis. Noch heute tingelt der 1940 geborene Juchem von einer Szene-Veranstaltung zur nächsten. So tritt er nicht nur in Hinterzimmern und vor kleinen extrem rechten Zirkeln auf, sondern steht auch beim Familienfest »Eichsfeldtag« der NPD auf der Bühne. Regen Kontakt hat Juchem zur mehrfach verurteilten Holocaustleugnerin Ursula Haverbeck, deren Name in den aktuell beschlagnahmten Unterlagen auftaucht.

Im Spätsommer 2017 wird eine zweite mutmaßlich rechtsterroristische Verschwörerzelle ausgehoben. Der erste Hinweis auf die Chatgruppe namens »Nordkreuz« soll von einem ehemaligen Soldaten stammen, der im Rahmen der Ermittlungen gegen Franco A. vernommen wurde. Er habe von einer Gruppe bewaffneter Rechtsextremisten gehört, die sich in Norddeutschland auf einen Bürgerkrieg vorbereiten, soll der Ex-Soldat in einer Vernehmung durch das Bundesamt für Verfassungsschutz ausgesagt haben. Das Bundeskriminalamt ermittelt daraufhin mehrere Verdächtige, die sich in Chatgruppen des verschlüsselten Messenger-Dienstes Telegram austauschen.

Den etwa 30 Kopf starken »Nordkreuz«-Chat hat der LKA-Polizeibeamte Marko G. aus Banzkow in Mecklenburg-Vorpommern gegründet und als Administrator geführt. Er ist Teil eines Netzwerks zum virtuellen Austausch unter Gleichgesinnten, die als »Prepper« bezeichnet werden. Diese »vorbereiteten« (engl. »be prepared«), »besorgten Bürger« wähnen sich kurz vor dem Untergang und legen eiserne Reserven für den »Tag X« an, an dem die staatliche Ordnung aus ihrer Sicht zusammenbricht – etwa verursacht durch Klimawandel, Bürgerkrieg, Banken-Crash oder von Anschlägen verursachten Stromausfällen. Mit Notdepots, Lagern in unterirdischen Bunkern oder Ähnlichem wollen sie ihr Überleben sichern. Konserven, Seife, Treibstoff, Klopapier, Notstromaggregate, vakuumverschweißte Zigaretten, hochprozentigen Alkohol, aber auch Waffen und Munition werden gehortet, um das eigene Hab und Gut zu schützen. Den »Nordkreuz-Preppern« schien das nicht genug.

Die Neonazi-Szene bereitet sich seit Jahren auf einen Bürgerkrieg oder einen größeren politischen Umsturz vor. Sie definiert sich als »Kampfgemeinschaft«, umgeben von Feinden. Ihrem Verständnis nach ist die »weiße Rasse« privilegiert und stark und wird überleben. Das Ziel ist eine homogene »Volksgemeinschaft«. Darauf bereitet man sich vor. Schon Kinder lernen das. Es gibt besondere Schulungen und Lager zu den Themen »Überleben in der Krise« oder »Vorratshaltung«, auch Frauen sind angesprochen.

Einer der Verkünder der Apokalypse ist Michael Winkler, seine Ideologie gleicht denen der Reichsdeutschen. Winklers fiktionaler Text »Der Untergang« begeisterte schon in Zeiten von Wirtschaftskrise und Absatzrückgang die Anhänger. Winkler hat ein »Phasenmodell« der Krise erschaffen, dem zufolge wir uns seit Juli 2016 in »Phase 5,6«, kurz vor dem »Zusammenbruch der Ordnung« sowie dem »Bürgerkrieg« und der »Anarchie«, befinden.

Das Krisenszenario um einen möglichen Zusammenbruch der liberalen Welt gehört zur Strategie der Rechten. Der Untergang als Chance zur nationalen Revolution. Krisenvorsorge ist aber auch ein Geschäft. Zwei Neonazis gründeten zum Beispiel bereits 2010 den »Zivilschutzversand«, eine Gesellschaft des bürgerlichen Rechts in Bad Liebenzell. Später zog einer von ihnen in die Nähe von Krakow am See in Mecklenburg. Der »Zivilschutzversand« bot zum Beispiel »Fluchtgepäck« im Wert von 99 bis zu 429 Euro an. Zum Repertoire rechter Krisenvorsorge gehörten neben Notkocher, Kampfmesser, Trinksystemen, Micropur Forte zur Wasseraufbereitung, abgepackten Travellunch-Paketen auch »Trainings-Expeditionen«. Um sich »im Krisenfall richtig zu verhalten«, werden indivuelle Ausflüge in die Rhön oder nach Tschechien angeboten. Neben Paintball oder Fallschirmspringen stand auch der Besuch eines Schießstandes auf dem Programm. Im Angebot des waren Waffen wie AK 47, Samopal (Sturmgewehr), Karabiner, Pumpgun oder verschiedene Pistolen. Es sei ein »ausgiebiges Schießen mit allen Kalibern« geplant, warb einer der Geschäftsführer, der der NPD nahestand.

Die Anti-Terror-Einheit GSG9 stürmt Ende August 2017 die Wohnungen und Geschäftsräume von mindestens sechs Männern in Mecklenburg-Vorpommern. Alle gelten als rechte »Prepper«. Sie gehören zur Gruppe »Nordkreuz«, in ihren Reihen sollen auch Terrorpläne geschmiedet worden sein. Zwei von ihnen werden als Beschuldigte in einem Verfahren der Bundesanwaltschaft geführt: der Lokalpolitiker Jan Hendrik Hammer, Stadtrat der »Unabhängigen Bürger für Rostock« (UFR), sowie Haik J., Kriminalbeamter aus der Nähe von Ludwigslust.

Ähnlich wie im Fall Franco A. wirft die Anklagebehörde den beiden die Vorbereitung einer schweren staatsgefährdenden Gewalttat vor. In verschiedenen Chatgruppen sollen sich die Beschuldigten mit weiteren Personen vor allem über die politische Entwicklung der Bundesrepublik ausgetauscht haben. Im Vordergrund stand dabei laut Bundesanwaltschaft »die aus ihrer Sicht verfehlte Flüchtlings- und Zuwanderungspolitik«. »Als deren Folge sollen die Beschuldigten eine Verarmung der privaten und öffentlichen Haushalte sowie eine Zunahme von Anschlägen und sonstigen Straftaten bis hin zum Zusammenbruch der staatlichen Ordnung befürchtet haben.« Für diesen Fall trafen sie Vorsorge. Den von ihnen befürchteten Krisenfall sollen die beiden Beschuldigten »als Chance gesehen haben, Vertreter des politisch linken Spektrums festzusetzen und mit ihren Waffen zu töten«, teilt die Bundesanwaltschaft in Karlsruhe mit. Dazu wurde eine Liste mit Namen und weiteren Personalien angelegt. Schnell macht das Wort »Todeslisten« den Umlauf.

Bei einem der beiden Verdächtigen finden die Ermittler tatsächlich Auflistungen. Aktenordner mit insgesamt rund 5000 Namen, darunter 100 Politiker, beschlagnahmen die Beamten in einem Schuppen des Beschuldigten Jan Hendrik Hammer am Stadtrand von Rostock.

Hammer sitzt in der Rostocker Bürgerschaft, ehemals für die FDP, inzwischen für das Wählerbündnis UFR. Steckbriefartig sollen in den Akten auch die Daten von Unterstützern eines Flüchtlingsheimes und eines alternativen Wohnprojektes abgeheftet worden sein. Hammer will jedoch von Anschlagsplänen nichts wissen. Die Daten habe er gesammelt, um Gegnern des Wohnprojekts und des Heimes »Ansprechpartner für ihren persönlichen Protest benennen zu können«, teilte H. dem ARD-Magazin »Panorama« mit. Eine Antwort, der nicht unbedingt Glauben geschenkt wird.

Nach Angaben des Innenministeriums in Schwerin soll keine »unmittelbare Gefährdung« bestanden haben. Damit will sich die Rostocker Opferberatung »Lobbi e.V.« nicht zufriedengeben: »Das Agieren des Innenministeriums ist bisher nicht geeignet, bestehenden Ängsten und Sorgen ausreichend entgegenzuwirken.« Tim Bleis, Sprecher von »Lobbi e.V.« fordert umfassende Aufklärung und größtmögliche Transparenz: »Menschen, die aufgrund ihres Engagements fürchten müssen, in den Fokus der Gruppe geraten zu sein, sollten die Möglichkeit bekommen, nachzufragen.« Immerhin wirft die Bundesanwaltschaft dem Kriminaloberkommissar Haik J. aus der Nähe von Ludwigslust vor, seinen Dienst-Computer dafür genutzt zu haben, an Daten von politischen Gegnern zu gelangen. Mögliche Betroffene fürchten, innerhalb der Daten-Sammlung könnten sich mindestens zum Teil sehr empfindliche, persönliche Informationen befinden. Außerdem ist unklar, ob wirklich alle Mitglieder des braunen Netzwerks enttarnt wurden.

Der Beschuldigte Haik J. ist Mitglied der AfD. Jan Hendrik Hammer pflegte nahezu freundschaftlichen Kontakt zu seinem Stadtratskollegen Holger Arppe von der AfD. Die Nähe der beiden zueinander ist im Stadtrat der Hansestadt aufgefallen. Der umstrittene, extrem rechte Rostocker Landtagsabgeordnete Arppe belastet Hammer ungewollt schwer und bestätigt den Verdacht der Bundesanwaltschaft. Aus geleakten Chatprotokollen, die der Hamburger *taz* und dem NDR vorliegen, geht hervor, dass Arppe am 3. Mai 2015 im AfD-Chat behauptete, Hammer habe gesagt:»Manche Leute in der Bürgerschaft kann ich mir nur mit einem Loch im Kopf vorstellen, sonst ertrage ich diese linken Schweine nicht.«

Im selben Monat schwärmt Arppe über Hammer:»Der Typ würde perfekt in unsere Reihen passen. Er hasst die Linken, hat einen gut gefüllten Waffenschrank in der Garage und lebt unter dem Motto: Wenn die Linken irgendwann völlig verrückt spielen, bin ich vorbereitet.«

Holger Arppe, der inzwischen aufgrund der enthüllten Chats aus der AfD ausgeschlossen werden soll, führte dann weiter zu Jan Hendrik Hammer aus:»Ich würde sagen, er ist ziemlich rechtskonservativ. Aber auch schon sehr pessimistisch. Er glaubt, dass es fast schon zu spät ist, da der Organisationsvorsprung der Linken kaum noch aufzuholen ist. Und wenn jetzt auch noch die AfD scheitert, dann ist es eben gut, wenn man einen Schrank voller Gewehre und 'ne Munitionskiste in der Garage hat.«

Aus der AfD-Landtagsfraktion ist Arppe ausgeschieden, sein Mandat allerdings hat er bisher nicht zurückgegeben.

Zur Abwahl der beiden belasteten Stadtratsmitglieder Hammer und Arppe kam es nicht, die Bürgerschaft vertagte die Anträge.

Bei den Ermittlungen gegen die mutmaßlichen »Nordkreuz«-Verschwörer galt Wachsamkeit, damit keine Informationen durchsickerten. Immerhin handelte es sich bei einigen der Betroffenen um Kollegen. Deshalb bezog das Bundeskriminalamt die Landespolizei nicht – wie sonst üblich – in die Ermittlungen und Hausdurchsuchungen ein. Dort arbeitet »Nordkreuz«-Gründer Marko G. inzwischen. Der bärtige Beamte gab sich völlig überrascht und weist die Vorwürfe ebenfalls zurück.

Wie Haik J. ist auch Marko G. Mitglied der AfD in Mecklenburg-Vorpommern. Zu einer Veranstaltung mit dem Islam-Hasser und *Compact*-Herausgeber Jürgen Elsässer 2016 in Schwerin fuhr auch Marko G., dort wurde er vom Rostocker AfD-Stadtrat Holger Arppe begrüßt. Man kennt sich. Polizist G. wird im laufenden Verfahren wegen Verdachtes auf »Staatsgefährdung« als »nicht tatbeteiligter Dritter« geführt.

Die »Prepper«-Gruppe habe sich ab Anfang 2016 regelmäßig getroffen, es wurde nur über individuelle Vorbereitungen gesprochen, über Vorräte, die sie anlegen, und wie sie Wasser aufbereiten würden. Eine Notsituation könne etwa durch den Zusammenbruch des Bankensystems oder einen längeren Stromausfall ausgelöst werden, sagt Marko G. im Interview mit dem ARD-Magazin »Panorama«. Bei den Treffen und auch in den »Telegram«-Chats sei es nur um die Vorbereitung auf den »Tag X« gegangen – also den Tag, an dem das normale Leben durch eine Katastrophe zum Erliegen komme, behauptet er und beteuert, von Mord- und Anschlagsplänen nichts mitbekommen zu haben.

Ein anderer Mann aus dem Kreis der Durchsuchten redet dagegen Klartext: Die unkontrollierte Zuwanderung, die die Regierung Merkel zugelassen habe, war der Auslöser für ihn, sich zu wappnen. Er befürchte »bürgerkriegsähnliche Zustände«. »Terroristen« überschwemmten das Land – »für die Sicherheit muss man selbst sorgen«. Die »Radikalisierung« eines Beschuldigten hätte vielleicht mit »korrupten Machenschaften linker Politiker« zu tun, behauptet der Mann, der nicht benannt werden möchte.

Die beiden verdächtigen »Prepper« Haik J. und Jan Hendrik Hammer sollen den österreichischen Verschwörungstheoretiker Walter K. Eichelburg verehren, berichtete die *Ostsee-Zeitung*. Eichelburg fantasiert nicht nur von einem bevorstehenden Staatsumsturz durch Muslime, sondern gibt auch noch Tipps, wie man das Land dann zurückerobern könne. »Man kann gleich noch einige rote und grüne Politiker und Bürokraten dazu mischen, damit alle sehen, dass sie auch zu den Feinden gehören und was mit ihnen passiert, wenn sie sich nicht freiwillig ergeben«, zitiert die *Ostsee-Zeitung* Eichelburg. Sind seine Schriften die Blaupause für die Anschlagspläne, wie sie die Generalbundesanwaltschaft den beiden Mecklenburgern vorwirft?

Die komplette Gruppe sei »unter Waffen«, um sich im Ernstfall auch verteidigen zu können, sagt ein Angehöriger der »Prepper«-Truppe. Auch Marko G. bestätigt, dass sich in den Reihen von »Nordkreuz« viele Sportschützen und Jäger tummeln. Legale Waffenbesitzer, die sich auch zum Schießtraining trafen.

Eine der Schnittstellen zwischen den beiden enttarnten rechten Verschwörerkreisen soll Horst. S. sein. Die *Ostsee-Zeitung* berichtet Mitte September 2017, dass der Major der Reserve aus Krakow am See bereits zuvor ins Visier des Bundeswehr-Geheimdienstes MAD geraten war. Denn Handykontakte sollen über den Offenbacher Franco A. auch zu ihm nach Mecklenburg führen. Bereits wenige Wochen nach der Verhaftung des terrorverdächtigen Oberleutnants im April 2017 klingelte bei S. das Telefon. Der begeisterte Jäger wird der *Ostsee-Zeitung* zufolge zum Rapport nach Schwerin bestellt.

In Schwerin stellte ein Brigadegeneral unbequeme Fragen und konfrontierte ihn mit belastenden Details. Horst S. gab zu, über das neonazistische Thule-Seminar Bücher über die verbrecherische Waffen-SS gekauft zu haben, angeblich, um mehr über seinen Großvater, einen ehemaligen SS-Mann, zu erfahren. Damit hielt S. die Sache für erledigt – doch weit gefehlt. MAD und Bundesverfassungsschutz weiteten ihre Ermittlungen aus – und stießen auf den »Prepper«-Chat. Und erneut tauchte auch Reserveoffizier Horst S. auf.

Das bürgerliche Auftreten des Verschwörerkreises in Mecklenburg-Vorpommern kann die völkische Ideologie im Hintergrund nicht verbergen. Ob allerdings die Schwelle zum Rechtsterrorismus überschritten wurde, werden auch hier die weiteren Ermittlungen zeigen.

Fünf von sechs »Nordkreuz«-Mitgliedern sind Mitglieder im Reservistenverband der Bundeswehr, und zwar im Kreisverband des Fliegerhorsts Rostock-Laage. Der Landesvorsitzende der Reservisten in Mecklenburg-Vorpommern bezeugt gegenüber der *Schweriner Volkszeitung* große Bereitschaft zur Aufklärung. Er sei »ordentlich entsetzt« gewesen. Dass Reservisten in einer Szene aktiv sind, die sich für den Untergang des politischen Systems einsetze, vertrage sich nicht mit den Werten seines Verbandes. »Sie haben militärische Erfahrung und Erkenntnisse.« Zusammen mit so einer Einstellung sei das »eine gefährliche Mischung«.

Co-Autor: Julian Feldmann

Chronik Mai 2017

01.05. Halle (ST) Rund 500 Neonazis wollen in der Innenstadt demonstrieren. Mehrere Tausend Gegendemonstranten verhindern dies. Es kommt zu zahlreichen Übergriffen: Am Hauptbahnhof greift eine 25-köpfige Gruppe Neonazis Gegendemonstranten an. Sie rufen:»Ohne Polizei wärt ihr tot!«, und werfen Feuerwerkskörper. In Halle-Ost jagen zwei Autos, in denen Neonazis sitzen, Gegendemonstranten. Sie werfen mit Steinen und Flaschen. Später greifen sie eine 15-köpfige Gruppe Jugendlicher an, die auf dem Weg zu einem Grillplatz sind. Erneut werfen die Neonazis Steine und Flaschen. Sie setzen Reizgas ein und rennen mit Schlagstöcken bewaffnet auf die Jugendlichen los. Einem 25-Jährigen schlagen sie gegen den Kopf.

01.05. Apolda (TH) Nach einer gescheiterten Demonstration in Halle versuchen etwa 100 Personen spontan durch Apolda zu ziehen. Als die Polizei die Demonstration auflösen will, greifen vermummte Neonazis die Beamten mit Flaschen, Pyrotechnik und Steinen an. Die Polizei nimmt die Gruppe fest und ermittelt wegen Landfriedensbruch.

01.05. Dresden (SN) Unbekannte werfen bei einer Pegida-Demonstration eine übelriechende Flüssigkeit auf Gegendemonstranten. Pegida-Ordner führen am Ende der Demonstration einen 57-jährigen Mann unter Anwendung körperlicher Gewalt von der Abschlusskundgebung.

01.05. Bautzen (SN) Nach einer Demonstration der NPD verfolgen vermummte Rechte Gegendemonstranten und attackieren sie. Die alarmierte Polizei setzt einen Teil der flüchtenden Rechten fest und stellt unter anderem ein Einhandmesser, einen Schlagring sowie Quarzhandschuhe sicher.

02.05. Berlin-Kreuzberg (BE) Eine Gruppe von drei Männern beleidigt in der Nacht einen 53-Jährigen rassistisch. Der Mann wird getreten, er fällt zu Boden und ihm wird ein weiterer Tritt versetzt.

02.05. Heilbronn (BW) Ein unbekannter Mann spricht auf einem Supermarktparkplatz einen 27-jährigen Iraker an. Dann greift er ihn mit einer abgebrochenen Bierflasche an. Der Betroffene muss im Krankenhaus behandelt werden.

02.05. Dresden (SN) Es kommt zu einer Körperverletzung gegen einen geflüchteten Menschen. Laut der Beantwortung einer parlamentarischen Anfrage ist dieser Vorfall eine politisch rechts motivierte Straftat.

03.05. Berlin-Neukölln (BE) Unbekannte zünden in der Nacht das Auto einer Frau an, die sich gegen Neonazis und für Geflüchtete engagiert. Die Feuerwehr verhindert, dass die Flammen auf das Wohnhaus übergreifen.

03.05. Berlin-Tiergarten (BE) Fünf Jugendliche beleidigen einen neunjährigen Jungen rassistisch und schlagen ihm mehrfach ins Gesicht.

03.05. Bad Rodach (BY) Vier Personen beleidigen einen 17-jährigen Geflüchteten und schlagen dann gemeinschaftlich mit Fäusten auf ihn ein. Sie sollen unter anderem gesagt haben: »Was willst du hier in Deutschland, du Arschloch.«

04.05. Berlin-Treptow (BE) Unbekannte lösen die Radmuttern eines Autos, das einem bekannten Die-Linke-Politiker gehört, der sich gegen Neonazis engagiert. Seine Autos wurden in der Vergangenheit mehrfach beschädigt und angezündet.

05.05. Erfurt (TH) Am Abend fragen zwei Männer einen 18-jährigen Syrer im Nordpark nach Zigaretten. Sie beleidigen ihn aufgrund seiner Herkunft. Unvermittelt verpasst einer der Täter dem Jugendlichen eine Kopfnuss und bricht ihm dadurch die Nase. Kurz darauf wird der 18-Jährige mit einem spitzen Gegenstand angegriffen und dadurch leicht verletzt.

06.05. Berlin-Köpenick (BE) Ein 48-jähriger Mann, der »Heil Hitler« ruft, verfolgt zwei Kinder. Eine 51-jährige Frau greift ein und wird beleidigt und ebenfalls attackiert.

06.05. Halle (ST) Ein Unbekannter spuckt einem 35-jährigen Mann von der Elfenbeinküste vor die Füße. Der Betroffene, der auf die Straßenbahn wartet, reagiert mit den Worten: »Das ist nicht schön.« Daraufhin schlägt ihm der Unbekannte mit der flachen Hand gegen den Hinterkopf.

06.05. Bleicherode (TH) Es kommt zu einer gefährlichen Körperverletzung gegen einen geflüchteten Menschen. Laut der Beantwortung einer parlamentarischen Anfrage ist dieser Vorfall eine politisch rechts motivierte Straftat.

06.05. Leinefelde (TH) In einem Zug greifen am Abend zwei Männer und eine Frau zwei Männer aus dem Irak zunächst verbal an. Dann verpassen die Täter den beiden Faustschläge, schlagen auch mit Flaschen auf sie ein und sprühen Reizgas. Der Zugbegleiter hält die Bahn daraufhin in Bleicherode an und ruft die Polizei. Die Täter können fliehen. Die beiden Betroffenen müssen im Krankenhaus behandelt werden.

06.05. Belgern-Schildau (SN) Unbekannte verletzen eine Person leicht. Die Opferberatungsstelle »RAA Sachsen« bewertet diesen Vorfall als rechte Tat.

06.05. Döbeln (SN) Es kommt zu einer gefährlichen Körperverletzung gegen einen geflüchteten Menschen. Laut der Beantwortung einer parlamentarischen Anfrage ist dieser Vorfall eine politisch rechts motivierte Straftat.

07.05. Rheinsberg (BB) Drei Deutsche beleidigen vor einem Lokal vier Syrer. Es kommt zu einer Schlägerei, bei der mehrere Personen verletzt werden. Ein Deutscher zeigt während des Vorfalls den Hitlergruß.

07.05. Naumburg (ST) Es kommt zu einer Körperverletzung gegen einen geflüchteten Menschen. Laut der Beantwortung einer parlamentarischen Anfrage ist dieser Vorfall eine politisch rechts motivierte Straftat.

07.05. Jena (TH) Ein Mann versperrt einem anderen Mann, der eine Kneipe betreten will, den Weg und rempelt ihn an. Es kommt zu einer körperlichen Auseinandersetzung zwischen den beiden. Eine Frau beschimpft den Betroffenen rassistisch und schlägt auf ihn ein. Die Opferberatungsstelle »ezra« wertet diesen Vorfall als rechte Tat.

07.05. Böhlitz-Ehrenberg (SN) Ein 58-jähriger Mann greift seinen rumänischen Nachbarn an und bedroht ihn mit einer Waffe. Die Polizei veranlasste eine Hausdurchsuchung und findet eine Schreckschuss- und Gasdruckpistole. In mindestens fünf Fällen gab der Angreifer bereits Schüsse auf den Betroffenen ab.

07.05. Gröditz (SN) Insassen eines schwarzen Autos halten neben einer jungen Kleinfamilie mit irakischer Herkunft. Der Beifahrer des Wagens bedroht den 28-jährigen Iraker mit einer Waffe. Die Opferberatungsstelle »RAA Sachsen« bewertet diesen Vorfall als rechte Tat.

08.05. Döbeln (SN) Unbekannte kleben rund um das Döbelner Krankenhaus Sticker mit rechten Parolen und versehen sie mit Rasierklingen. Eine Person versucht, den Aufkleber zu entfernen, und zieht sich einen tiefen Schnitt in der linken Daumenkuppe zu. Sie muss ambulant behandelt werden.

09.05. Lindow (BB) Es kommt zu einer Körperverletzung gegen einen geflüchteten Menschen. Laut der Beantwortung einer parlamentarischen Anfrage ist dieser Vorfall eine politisch rechts motivierte Straftat.

10.05. Schwelm (NW) Unbekannte stecken einen Müllcontainer in Brand, der an einer Turnhalle steht. Im Gebäude ist ein Warenhaus für geflüchtete Menschen untergebracht. Die Feuerwehr kann den Brand löschen. Der Staatsschutz ermittelt. Laut der Beantwortung einer parlamentarischen Anfrage ist dieser Vorfall eine politisch rechts motivierte Straftat.

11.05. Magdeburg (ST) Es kommt zu einer Körperverletzung gegen einen geflüchteten Menschen. Die Polizei ermittelt wegen des Verdachts auf Totschlag. Laut der Beantwortung einer parlamentarischen Anfrage ist dieser Vorfall eine politisch rechts motivierte Straftat.

12.05. Parchim (MV) Ein Jugendlicher stellt einen anderen Jugendlichen zur Rede, der an einer Skaterbahn den Hitlergruß gezeigt hat. Der Täter schubst den Jugendlichen, greift ihn an und flieht.

12.05. Gera (TH) Ein 36-jähriger Mann ruft auf dem Sachsenplatz rassistische Parolen. Als zwei Augenzeugen ihn davon abhalten wollen, greift er die beiden an und verletzt sie. Die Polizei nimmt den 36-Jährigen in Gewahrsam.

13.05. Hamburg-Hamm (HH) Ein Mann wirft eine Glasflasche in Richtung eines anderen Mannes. Die Glasflasche schlägt vor seinen Füßen auf. Splitter treffen den Betroffenen. Der Täter ruft »Arschlöcher« in Richtung des Geschädigten und schimpft auf den Islam.

13.05. Meiningen (TH) Es kommt zu einer gefährlichen Körperverletzung gegen einen geflüchteten Menschen. Laut der Beantwortung einer parlamentarischen Anfrage ist dieser Vorfall eine politisch rechts motivierte Straftat.

13.05. Dortmund (NW) In der Nacht provozieren vier Rechte in der Innenstadt eine andere Personengruppe. Es entsteht eine körperliche Auseinandersetzung. Eine Frau aus der rechten Gruppe schlägt einen 23-Jährigen mit einer Bierflasche. Der Betroffene wird dadurch leicht verletzt. Die Angegriffenen flüchten und rufen die Polizei.

14.05. Berlin-Kreuzberg (BE) Eine Gruppe Jugendlicher schlägt und tritt einen 32-jährigen Obdachlosen. Als Augenzeugen eingreifen, entfernen sich die Jugendlichen. Die Opferberatungsstelle »ReachOut« bewertet diesen Vorfall als rechte Tat.

14.05. **Cottbus (BB)** Zwei Männer pöbeln am frühen Morgen drei Geflüchtete an und attackieren sie. Sie schlagen mit einer Gürtelschnalle und Fäusten auf die drei Betroffenen im Alter zwischen 18 und 19 Jahren ein. Diese erleiden leichte Verletzungen.

14.05. **Haldensleben** Es kommt zu einer gefährlichen Körperverletzung gegen mindestens einen Menschen, der sich ehrenamtlich für Geflüchtete engagiert. Laut der Beantwortung einer parlamentarischen Anfrage ist dieser Vorfall eine politisch rechts motivierte Straftat.

14.05. **Limbach-Oberfrohna (SN)** Ein Mann schmeißt Gegenstände auf das Gebäude eines als links geltenden Vereins. Er brüllt lauthals Beleidigungen wie »Scheiß Zecken«. Personen, die sich im Haus aufhalten, gehen nach draußen und suchen das Gespräch. Der Angreifer ohrfeigt einen Jugendlichen und schlägt einem 17-Jährigen mit der Faust ins Gesicht. Er bricht ihm ein Stück von seinem Schneidezahn ab. Später dringt der Angreifer in ein alternatives Wohnprojekt ein und bedroht und beleidigt eine anwesende Person.

15.05. **Göppingen (BW)** Unbekannte verüben einen Anschlag auf das Wohnhaus der Kreisvorsitzenden der Partei Die Linke. Sie werfen einen Stein durch die Haustür der Betroffenen. Im November 2016 war das Haus der Politikerin schon einmal Ziel eines Angriffs geworden.

15.05. **Dresden (SN)** Unbekannte Personen werfen aus einem Demonstrationszug von Pegida ein Gefäß mit Buttersäure auf Gegendemonstranten. Das Gefäß zerschellt vor zwei Polizeibeamten.

16.05. **Potsdam (BB)** Eine deutsche Frau pöbelt eine tschetschenische Mutter und ihre drei Kinder rassistisch an. Mit ihrem Fahrrad rammt die Täterin absichtlich den Kinderwagen der Frau, in dem der einjährige Sohn sitzt. Er bleibt unverletzt. Die deutsche Frau beleidigte in der Vergangenheit mehrfach Mitglieder der Familie rassistisch.

17.05. **Rostock (MV)** Zwei Männer beschimpfen einen jungen Mann in einem Mehrfamilienhaus rassistisch. Sie hindern ihn am Weitergehen und versuchen ihm eine Bierflasche auf den Kopf zu schlagen. Der Betroffene kann dies abwehren und wird leicht an der Schulter verletzt.

17.05. **Magdeburg (ST)** Ein 43-jähriger Mann beleidigt von seinem Balkon aus drei Besucher des jüdischen Friedhofs antisemitisch. Dann verlässt er das Haus und bedroht die drei. Er stößt einen 65-Jährigen zu Boden und verletzt ihn dabei am Unterarm.

18.05. **Berlin-Tempelhof (BE)** Eine Gruppe von sechs Personen beleidigt einen 16-jährigen Jugendlichen rassistisch. Sie stoßen ihn die Rolltreppe hinunter und verletzen ihn dadurch.

18.05. **Salzwedel (ST)** Ein junger Mann, der auf dem Fahrrad unterwegs ist, schlägt einem 37-jährigen Geflüchteten mit dem Unterarm gegen den Hals. Die Opferberatungsstelle »Mobile Beratung für Opfer rechter Gewalt« bewertet diesen Vorfall als rechte Tat.

18.05. **Haldensleben (ST)** Am Nachmittag hören zwei 16-jährige geflüchtete Jugendliche auf einer Bank am Bahnhofsplatz Musik. Es kommt ein dunkel gekleideter Mann auf sie zu und fordert sie auf, die Musik leiser zu machen. Er beschimpft sie rassistisch und fragt, warum sie überhaupt in Deutschland seien. Dann schlägt er beide und verlässt den Tatort.

18.05. **Pirna (SN)** Es kommt zu einer Körperverletzung gegen einen geflüchteten Menschen. Laut der Beantwortung einer parlamentarischen Anfrage ist dieser Vorfall eine politisch rechts motivierte Straftat.

18.05. **Düsseldorf (NW)** Bei einer Kundgebung gegen eine Lesung von Thilo Sarrazin werden zwei Gegendemonstranten mit Reizgas attackiert. Eine verletzte Frau muss im Rettungswagen behandelt werden.

20.05. **Berlin-Prenzlauer Berg (BE)** Zwei Fußballfans im Alter von 42 und 46 Jahren beleidigen einen 45-jährigen Fahrradfahrer rassistisch. Sie bespucken ihn und bewerfen ihn mit einer Dose.

20.05. Wilhelmshaven (NI) Ein Mann greift einen Fotografen an, der ihn an einem Informationsstand der AfD fotografiert. Er greift nach dessen Arm und nötigt ihn dazu, die Aufnahmen zu löschen. Zwei Zivilpolizisten erteilen dem Fotografen daraufhin einen Platzverweis.

20.05. Dresden (SN) Drei Männer beleidigen einen Mann afghanischer Herkunft rassistisch in einem Supermarkt. Sie folgen ihm und schlagen und treten auf ihn ein. Der Betroffene wird im Krankenhaus behandelt.

20.05. Oschatz (SN) Eine Gruppe von etwa zehn Menschen beleidigt einen 25-jährigen Geflüchteten am Bahnhof. Eine Person schlägt ihm mit einem Stock auf den Oberschenkel. Eine weitere Person tritt gegen sein Bein. Die Opferberatungsstelle »RAA Sachsen« bewertet diesen Vorfall als rechte Tat.

20.05. Nettetal (NW) Es kommt zu einer gefährlichen Körperverletzung gegen einen Geflüchteten. Laut der Beantwortung einer parlamentarischen Anfrage ist dieser Vorfall eine politisch rechts motivierte Straftat.

21.05. Berlin-Charlottenburg (BE) Eine 21-jährige Frau beleidigt einen 17-jährigen Mann rassistisch. Sie bespuckt ihn und wirft eine Bierflasche an seinen Hinterkopf.

21.05. München (BY) In der Nacht steigen drei Männer in eine U-Bahn und setzen sich, obwohl der Waggon fast leer ist, neben ein Studierenden-Pärchen aus Kolumbien. Einer der drei belästigt die Frau körperlich sexuell. Als ihr Freund »Lass das!« ruft, greifen die Männer an. Sie würgen den Freund, schlagen ihm ins Gesicht und in den Bauch. Die junge Frau ohrfeigen sie. An der nächsten Station steigt ein Pärchen in die Bahn, mischt sich ein und alarmiert den Fahrer. Die Täter steigen an der nächsten Station aus und rufen dabei: »Verdammte Ausländer! Verpisst euch, Spanier! Ich hasse Leute wie euch!« Der junge Mann wird durch den Angriff schwer verletzt, zwei Zähne sind abgebrochen und er erleidet ein Hämatom im Gesicht sowie Probleme mit dem Gehör.

21.05. Bad Lauchstädt (ST) Während einer Feier des örtlichen Spielmannszuges gehen zwei Unbekannte auf einen DJ los. Der Mann ist Lokalpolitiker und engagiert sich gegen Rassismus. Die Angreifer beschimpfen ihn als »linke Sau«, stoßen ihn vor den Brustkorb und werfen ein Bierglas nach ihm. Als andere Gäste intervenieren, schlagen die beiden Angreifer auf sie ein. Ein 45-jähriger Mann wird durch den Schlag mit einem Bierglas am Kopf verletzt.

21.05. Loburg (ST) Am Abend beschimpft ein Unbekannter einen 18-Jährigen aus Afghanistan mit »Scheiß Ausländer«, schlägt ihn mit Fäusten und tritt ihn. Wenig später bedroht er den Jugendlichen mit einer Pistole.

21.05. Möckern (ST) Es kommt zu einer Körperverletzung gegen einen geflüchteten Menschen. Laut der Beantwortung einer parlamentarischen Anfrage ist dieser Vorfall eine politisch rechts motivierte Straftat.

22.05. Zwickau (SN) Unbekannte platzieren gegen Mitternacht zwei Sprengsätze in der Bahnhofsvorstadt. Einer detoniert vor einem türkischen Imbiss. Der andere wird vor einem muslimischen Gebetsraum abgelegt. Der zweite Sprengsatz zündet nicht. Im Gebetsraum befinden sich zum Tatzeitpunkt Menschen. Das »Operative Abwehrzentrum« ermittelt.

22.05. Bad Münstereifel (NW) Es kommt zu einer gefährlichen Körperverletzung gegen einen Geflüchteten. Laut der Beantwortung einer parlamentarischen Anfrage ist dieser Vorfall eine politisch rechts motivierte Straftat.

23.05. Berlin-Kreuzberg (BE) Ein unbekannter Mann schlägt aus antimuslimischer Motivation einer Frau ins Gesicht.

23.05. Havel (BB) Es kommt zu einer Körperverletzung gegen einen geflüchteten Menschen. Laut der Beantwortung einer parlamentarischen Anfrage ist dieser Vorfall eine politisch rechts motivierte Straftat.

23.05. Salzwedel (ST) Ein Mann beleidigt zwei Jugendliche aus Afghanistan rassistisch und tritt gegen ihre Fahrräder. Er klemmt sich seinen Schlüssel wie eine Stichwaffe in die Faust und schlägt in die Richtung der beiden. Der zweite Jugendliche kann den Schlag mit seinem Ellbogen abwehren und erleidet dadurch eine Prellung.

24.05. Berlin-Treptow (BE) Ein Mann stößt aus antimuslimischer Motivation einen 26-Jährigen auf einem Bahnsteig. Er ist in Begleitung von zwei Frauen, eine von ihnen trägt ein Kopftuch. Der Täter verletzt den Betroffenen mit einer abgebrochenen Bierflasche schwer am Hals. Eine anwesende Frau leistet erste Hilfe und ein Augenzeuge ruft die Polizei.

24.05. Saalfeld (TH) Es kommt zu einer gefährlichen Körperverletzung gegen einen geflüchteten Menschen. Laut der Beantwortung einer parlamentarischen Anfrage ist dieser Vorfall eine politisch rechts motivierte Straftat.

25.05. Ebersberg (BY) Eine Gruppe junger Geflüchteter protestiert vor dem Landratsamt für ein Bleiberecht sowie Arbeitserlaubnis in Deutschland. Am Nachmittag wirft eine Frau einen Stein nach ihnen und reißt ein Transparent herunter. Das rassistische Onlineportal *PI-News* hetzte zuvor gegen den Protest. Die Kommentarspalten der lokalen Tageszeitung füllen sich mit rassistischen und hasserfüllten Beleidigungen.

25.05. Rehna (MV) Ein Unbekannter versucht einen 14-jährigen Jungen aus Bosnien mit einem unbekannten Gegenstand zu bewerfen. Die Opferberatungsstelle »Lobbi MV« bewertet diesen Vorfall als rechte Tat.

25.05. Schwerin (MV) Ein Rechter greift einen zehnjährigen Jungen an. Er schlägt auf ihn ein und ruft dabei neonazistische Parolen. Auch seine Begleiterin beteiligt sich an dem Angriff. Zeugen greifen ein und stoppen die Attacke auf das Kind.

25.05. Wittstock (BB) Vor ihrer Unterkunft spielen in den Abendstunden 13 minderjährige Geflüchtete Fußball. Sechs bis sieben in einem angrenzenden Garagenkomplex feiernde Deutsche laden sich selbst zum Mitspielen ein. Als der Betreuer das Spiel wegen der ruppigen Spielweise der Männergruppe abbricht, beschimpfen sie die Geflüchteten rassistisch und schlagen auf sie ein. Die Polizei ermittelt wegen gefährlicher Körperverletzung.

25.05. Zehdenick (BB) Am späten Abend trifft an einer Tankstelle eine Gruppe Deutscher auf zwei somalische Geflüchtete. Die Gruppe beleidigt die beiden rassistisch. Ein 38-Jähriger wirft einem Somali eine leere Glasflasche in den Nacken und schlägt dem anderen mit der flachen Hand ins Gesicht. Die Angreifer beschädigen das Fahrrad der Betroffenen. Die Polizei begleitet die beiden Geflüchteten zurück in ihre Unterkunft.

25.05. Magdeburg (ST) Es kommt zu einer Körperverletzung gegen einen geflüchteten Menschen. Laut der Beantwortung einer parlamentarischen Anfrage ist dieser Vorfall eine politisch rechts motivierte Straftat.

25.05. Querfurt (ST) Ein unbekannter Mann beschimpfte einen 16-Jährigen aus Afghanistan rassistisch und verletzte ihn mit einem Messer.

25.05. Burg (ST) Mehrere Rechte greifen einen Linken auf dem Grundstück seiner Eltern an. Sie schlagen ihn mit einem Megafon vor den Kopf und mit Fäusten ins Gesicht. Die Angreifer bringen den Betroffenen zu Boden, fixieren ihn dort und schlagen weiter auf ihn ein. Als die Mutter eingreifen will, wird auch sie geschlagen. Sie und ihr Sohn werden leicht verletzt. Der Rädelsführer des Angriffs soll ein langjähriger Aktivist der örtlichen Neonazi-Szene sein.

25.05. Weißenfels (ST) Am Nachmittag pöbeln zwei Unbekannte einen 18-jährigen Afghanen an, der am Saale-Ufer auf einer Bank sitzt. Sie halten ihn fest und schlagen ihm mehrfach mit der Faust ins Gesicht. Dem Betroffenen wird kurzzeitig schwarz vor Augen. Die Männer entfernen sich wieder. Der 18-Jährige erleidet einen Nasenbeinbruch, ein Hämatom am Auge und Verletzungen an den Zähnen. Der Staatsschutz ermittelt gegen einen 36-jährigen und einen 45-jährigen Mann wegen Körperverletzung.

25.05. Aue (SN) Es kommt zu einer Körperverletzung gegen einen geflüchteten Menschen. Laut der Beantwortung einer parlamentarischen Anfrage ist dieser Vorfall eine politisch rechts motivierte Straftat.

25.05. Leipzig (SN) Unbekannte verletzen eine Person auf öffentlicher Straße. Die Opferberatungsstelle »RAA Sachsen« bewertet diesen Vorfall als rechte Tat.

25.05. Zwenkau (SN) Drei Männer provozieren am »Männertag« den Wirt einer Gaststätte. Der Gastronom verweigert daraufhin die geforderten Biere. Die drei attackieren den Wirt sowie dessen beiden Söhne. Dabei zeigen Sie mehrmals den Hitlergruß und rufen rechte Parolen.

25.05. Grimma (SN) Zwei Männer werfen ein Fahrrad in den Innenbereich einer Geflüchtetenunterkunft. Zuvor haben sie die »verbale Auseinandersetzung« mit den Bewohnern gesucht. Es kommt zu einer körperlichen Auseinandersetzung.

25.05. Dresden (SN) Eine Gruppe von acht Männern attackiert einen 20-Jährigen jemenitischer Herkunft. Zunächst beleidigen die Männer den jungen Mann rassistisch, dann schlagen und treten sie auf ihn ein.

25.05. Aue (SN) Es kommt zu einer Körperverletzung gegen einen geflüchteten Menschen. Laut der Beantwortung einer parlamentarischen Anfrage ist dieser Vorfall eine politisch rechts motivierte Straftat.

26.05. Rostock (MV) Vier Männer rufen neonazistische Parolen am Strand. Die Rettungsschwimmer alarmieren daraufhin die Polizei. Einer der Neonazis beleidigt einen jungen Strandbesucher rassistisch und bekommt daraufhin einen Platzverweis von der Polizei erteilt. Später beleidigt er in einem anderen Stadtteil,

zusammen mit anderen Personen aus der Gruppe, einen Jugendlichen. Sie versuchen den Betroffenen zu schlagen und mit einer Flasche zu bewerfen, dieser kann jedoch fliehen.

26.05. Angermünde (BB) Es kommt zu einer Körperverletzung
gegen einen geflüchteten Menschen. Laut der Beantwortung einer parlamentarischen Anfrage ist dieser Vorfall eine politisch
rechts motivierte Straftat.

26.05. Merseburg (ST) Am Abend stehen zwei Männer mit dunkler Hautfarbe an einer Straßenbahnhaltestelle. Ein Unbekannter
kommt unvermittelt auf sie zu und schlägt beiden ins Gesicht.
Dann flüchtet der Täter. Ein 33-jähriger Mann aus Niger erleidet leichte Verletzungen am Gesicht.

27.05. Schwerin (MV) Ein Mann beleidigt einen Taxi-Fahrer rassistisch und schlägt ihn. Der Betroffene verliert durch die Schläge einen Zahn.

28.05. Nürnberg (BY) Am Abend droht ein 41-Jähriger lautstark
vor einer Geflüchtetenunterkunft damit, dass er diese anzünden
will und die Bewohner verbrennen sollen. Er beleidigt Mitarbeiter des Sicherheitsdienstes und die Bewohner. Die Polizei
nimmt den Mann fest.

28.05. Waakirchen-Schaftlach (BY) In der Nacht werfen Unbekannte mehrfach Steine gegen eine Geflüchtetenunterkunft.
Zum Tatzeitpunkt sollen sich Kleinkinder hinter einem der
Fenster aufgehalten haben, das eingeworfen wird. Der Vize-
Chef der Wiesseer Polizei sagt: »Hinweise auf einen rechtsradikalen Hintergrund gibt es nach dem jetzigen Stand der Ermittlungen nicht.« Das Miesbacher Landratsamt, zuständig für die
Unterbringung und Betreuung der Flüchtlinge, sieht keine Bedrohung.

29.05. Kirkel (SL) Es kommt zu einer Körperverletzung gegen einen geflüchteten Menschen. Laut der Beantwortung einer parlamentarischen Anfrage ist dieser Vorfall eine politisch rechts
motivierte Straftat.

30.05. Oldenburg (NI) Ein 23-jähriger Anhänger der »Reichsbürger« missachtet im Hauptbahnhof mehrfach die Hausordnung. Als er von Polizisten angesprochen wird, macht er verwirrte Aussagen und verkündet, dass er den Staatsapparat in derzeitiger Form nicht anerkennen würde. Als die Beamten ihn daraufhin mit aufs Revier nehmen wollen, tritt er nach ihnen und schlägt mit Fäusten zu. Der Mann wird festgenommen. Gegen ihn lag bereits ein Haftbefehl vor, da er sich weigerte, ein Bußgeld zu zahlen.

30.05. Perleberg (BB) Es kommt zu einer Körperverletzung gegen einen geflüchteten Menschen. Laut der Beantwortung einer parlamentarischen Anfrage ist dieser Vorfall eine politisch rechts motivierte Straftat.

30.05. Zeitz (ST) Es kommt zu einer Körperverletzung gegen einen geflüchteten Menschen. Laut der Beantwortung einer parlamentarischen Anfrage ist dieser Vorfall eine politisch rechts motivierte Straftat.

30.05. Radeberg (SN) Zwei unbekannte Radfahrer werfen in der Nacht auf Dienstag leere Bierflaschen durch ein offenes Fenster einer Geflüchtetenunterkunft.

31.05. Berlin-Mitte (BE) Fünf Fans des Fußballvereins »Hertha BSC« beleidigen vier Männer rassistisch auf dem Bahnsteig. Drei der Fans im Alter von 24, 33 und 36 Jahren werfen mit Flaschen nach den Betroffenen.

31.05. Groß Kreutz (BB) Es kommt zu einer Körperverletzung gegen einen geflüchteten Menschen. Laut der Beantwortung einer parlamentarischen Anfrage ist dieser Vorfall eine politisch rechts motivierte Straftat.

31.05. Perleberg (BB) Es kommt zu einer Körperverletzung gegen einen geflüchteten Menschen. Laut der Beantwortung einer parlamentarischen Anfrage ist dieser Vorfall eine politisch rechts motivierte Straftat.

Der Kampf der weißen Brüder.
Wie gewaltbereite rechte
Mischszenen expandieren

Die Familie hält zusammen.« Dieser Satz steht unter einem Foto, gepostet durch rechte Hooligans bei Facebook. Das Bild zeigt Fans der Bremer Rechtsrockband »Kategorie C« vor einem Konzert in Wahlstedt im Mai 2017. Die Gäste des konspirativ organisierten Events in Schleswig-Holstein kommen aus unterschiedlichen gesellschaftlichen Zusammenhängen.

Zur beschworenen Familie, die zusammenhalten soll, zählen neben rechten Hooligans und Neonazis auch Anhänger der Kampfsportszene. Das Konzert der Hooliganband findet im »Kuddel's Inn«, einer ehemaligen Diskothek im Industriegebiet von Wahlstedt statt. Dort ist der Rockerclub »Bandidos MC Northgate« beheimatet. Er gehört wie die »Hells Angels«, Gremium und die Red Devils zu den Clubs, die sich offen zur Gewalt bekennen und nach eigenen Regeln und Gesetzen leben wollen. Angehörige von Motorradgangs dürfen aber ihre Kutten mit den Clubabzeichen nicht mehr öffentlich tragen, wenn ein Ableger – genannt Chapter oder Charter – ihres Vereins verboten ist. Durch staatliche Reglementierungen soll der Machtanspruch der Outlaws gebrochen werden, das stößt auf massiven Unmut und politisiert die Szene noch stärker. Als vermeintliche Opfer staatlicher Willkür bewegen sich ansonsten eher geschlossen agierende Gruppen am Rand der Gesellschaft aufeinander zu.

Es ist wenig bekannt über die Allianz zwischen Hakenkreuz und Kutte. Zahlreiche Rechtsrock-Konzerte fanden bundesweit unter der Obhut von Rockerclubs statt. Auf die Anfrage der Fraktion Die Linke 2012 im Bundestag nach der genauen Zahl solcher Konzerte in Clubhäusern erfolgte die ungewöhnliche Antwort:»Eine detaillierte Auflistung nach den in der Frage genannten Kriterien kann nicht veröffentlicht werden, weil die rechtsextremistische Szene aus dieser Veröffentlichung Rückschlüsse auf den – auch auf vertraulichen Informationen basierenden – Erkenntnisstand der Sicherheitsbehörden ziehen könnte.«

Bekannt wurde dennoch, dass in Thüringen zwischen 2001 und 2008 von 50 Rechtsrock-Konzerten 33 in den Clubhäusern des »Bandidos MC« stattfanden. In Brandenburg erfassten die Landesbehörden zwischen 1997 und 2012 17 rechte Musikveranstaltungen bei Rockern. Die Bremer Band »Kategorie C«, deren Name sich auf ein Polizeikürzel für »gewaltsuchende« Fußballfans bezieht, spielt immer wieder auch unter dem Dach von »Hells Angels MC« oder »Gremium MC«, das scheint der personellen Nähe beider Lager – Rocker und Hooligans – geschuldet. Man kennt sich in diesen subkulturellen Milieus, zahlreiche Rechte wechselten zu den Bikern, Biker wiederum beteiligten sich an Antiasylprotesten. Bereits nach dem Verbot des militanten Musiknetzwerkes »Blood & Honour« im Jahr 2000 suchten zahlreiche neonazistische Skinheads neue Anbindung.

Heute hat der Trend sogar noch zugenommen. Halbe Neonazi-Kameradschaften haben das Lager gewechselt, im Gegenzug übernehmen ihre Anführer in den Clubs an manchen Orten wie in Salzwedel oder Rostock schon Führungsrollen. Die Verbindung zwischen Rechten und Rockern sei »enger als angenommen«, räumte der damalige Präsident des BKA, Jörg Ziercke, 2013 nach Medienberichten ein. »Wir gehen im Moment von Größenordnungen von 5 Prozent aus, und das sind von etwa

8000 Rockern, die uns bekannt sind, so etwa 400 bis 500«, so Ziercke.

Geld verdienen kriminelle Kuttenträger mit Prostitution, Menschenhandel, Schutzgelderpressung, Waffen- und Drogenhandel oder durch den Vertrieb von Anabolika und anderer Medikamente. Es gibt auch legale Geschäftszweige zum Beispiel im Baubereich oder als Dachbeschichter. Vor allem über Tattoo-Shops und Fitnessstudios soll illegale Geldwäsche betrieben werden. Insgesamt wird allein im Rotlichtgewerbe pro Jahr ein geschätzter Umsatz von 15 Milliarden Euro bundesweit erzielt. »Nazis finden im Rockermilieu die Rahmenbedingungen vor, die sie gewohnt sind — plus mehr Sex und vor allem mehr Geld«, schrieb Autor Thomas Kuban in seinem Buch »Blut muss fließen«. Kuban, der verdeckt in der Rechtsrock-Szene recherchierte, warnte bereits vor Jahren vor der Vermischung der Milieus. Der Schritt aus einer homogenen Hierarchie in die andere sei nicht groß, wenn die Mitglieder vorher zum Beispiel schon als Türsteher oder Tätowierer aktiv waren. Trotz gegenteiliger Beteuerungen haben sich die großen Clubs auch für Rechte geöffnet. Um Gebietsansprüche für illegalen Handel wahrnehmen zu können, stehen sie unter Expansionszwang, das Personal der extrem rechten Szene gilt als diszipliniert und gut organisiert, berichtete ein Aussteiger. Im Gegenzug hieß es bei den Neonazis schon frühzeitig: »Waffen sind bei den kriminellen Bikern zu bekommen.«

Seit 2012 sind die »Bandidos« in Wahlstedt im Landkreis Segeberg ansässig, zuvor waren sie im Nachbarort Neumünster und dort verboten worden. Bei der neuen Clubhauseröffnung wurden sechs Waffenverstöße festgestellt. Im Juni 2017 feierte das Chapter »Northgate« sein fünfjähriges Bestehen. Kurz zuvor im Mai trat die Bremer Hooligan- und Rechtsrock-Band »Kategorie C« in jenem exklusiven Kreis auf. Unter den Gästen waren die NPD-Funktionäre Mark Michael Proch und Jan Steffen Holthusen, Hammerskins und ostholsteinische Anhänger des internationalen Terrornetzwerkes »Combat 18«. Fotos auf der Webseite der Antifa Kiel zeigen den Sänger der Band Hannes Ostendorf, der zur berüchtigten Neonazi-Hooligantruppe »Standarte Bremen« gehört, und die Mitbegründer von »Hooligans gegen Salafisten« (HoGeSa) Thorsten de Vries aus Hamburg und Marcel Kuschela alias »Captain Flubber« aus Bremen. 50 Einsatzkräfte beobachten die Veranstaltung nach Bekanntwerden, doch nur 25 Gäste werden nach Polizeiangaben kontrolliert. Bei ihnen werden ein Baseballschläger und ein Einhandmesser sichergestellt. »Besteht in der Rockerszene in Schleswig-Holstein ein Neonazi-Netzwerk?«, fragt kurz darauf der *Holsteinische Courier.* »Es waren sowohl polizeibekannte Vertreter aus der rechten Szene als auch Rocker dabei«, lautet die kurze Antwort eines Sprechers der Polizei.

Zwischen 2009 und 2012 befanden sich die blutigen Auseinandersetzungen zwischen den rivalisierenden »Hells Angels« und »Bandidos« in Schleswig-Holstein in der Hochphase. Nach erfolgten Verboten 2010 und 2012 gerieten die Clubs aus dem Blick der Öffentlichkeit. Mitglieder der verbotenen »Bandidos Neumünster« kamen in anderen Chaptern unter. Zuvor hatte der gefürchtete und gewaltbereite Neonazi Peter Borchert den Ableger angeführt. Weitere Mitglieder kamen aus der braunen Szene um den einstigen Treffpunkt »Club 88« in Neumünster. Als treibende Kraft bei den »Bandidos« gilt Alexander Hardt, als »Sergeant of Arms« für die Bewaffnung des Clubs zuständig.

Das Landeskriminalamt in Schleswig-Holstein ermittelte ab 2003 gegen eine »in Ostholstein ansässige Gruppierung der rechten Szene um Alexander Hardt« wegen des Verdachts der Bildung einer kriminellen Vereinigung; sie wurde mit dem internationalen Handel illegaler Tonträger in Verbindung gebracht, darunter auch das Werk »Kommando Freisler – Geheime Reichssache«.

Inzwischen trägt der Kampfsportler und Neonazi die Kutte mit den rot-gelben Farben der »Bandidos«. Auf Hardts Arm ist ein abgewandeltes Hakenkreuz zu sehen, sein Handgelenk ziert ein »1%«-Tattoo, ein Bekenntnis dafür, dass er sich zu den symbolischen 1 Prozent Rockern zählt, die sich nicht an das Recht halten wollen. Wegen eines Überfalls auf einen Unterstützer der »Hells Angels« im damaligen Neonazi-Treffpunkt »Titanic« in Neumünster wurde der geständige Hardt verurteilt und verbüßte eine Haftstrafe. Der Vorsitzende Richter des Landgerichts Kiel attestierte ihm in der Sozialprognose eine hohe Wahrscheinlichkeit künftiger Straffälligkeit.

Der Rocker bekennt sich 2017 bei Facebook offen zur NPD, findet aber auch den »AfD-Song« der Aktivistin der »Identitären Bewegung« Melanie Schmitz alias Melanie Halle gut. Die US-amerikanische Politikerin Condoleeza Rice verunglimpft Hardt im Netz als »Geisteskranke Bitch«.

Männer mit brutalen, aber auch kriminellen Neigungen fühlen sich von autoritären politischen Bewegungen angezogen. Dort bieten sich einfache klare Feindbilder und viel Platz zum Ausleben von Aggressionen und Hass an. Der subkulturelle Rechtsextremismus gleicht dem kriminellen Milieu, es gibt straffe Hierarchien, Männerdominanz und das Leben nach eigenen Regeln. Die Mitglieder agieren am Rande der Legalität, suchen Grenzerfahrungen. Maskuliner Habitus und Outlaw-Image sprechen bei Rechten und Rockern ähnliche Typen an. Sie beschwören Treue, Tapferkeit, Gehorsam und auch die Geister der Vergangenheit. Die Zeile des nationalsozialistischen »Deutschen Schwures«, »In Treue fest«, findet als Parole über die Neonazi-Szene hinaus Geltung. Innerhalb moderner Mischszenen wird Altes neu definiert.

»Die Familie hält zusammen«, ist nicht bloß ein Spruch, sondern ein Glaubensbekenntnis. Es ist so oder in abgewandelter Form als »La Familia« auf Shirts, Autoaufklebern oder Bannern zu finden. Der Name »La Familia« stammt von einem mittelamerikanischen Drogenkartell, innerhalb mafiöser Strukturen wird von der »Familie« gesprochen. »Diese Wortwahl meint die Glorifizierung einer Gruppe als Schicksalsgemeinschaft. In dem Begriff steckt Geschlossenheit und die Behauptung von Natürlichkeit«, erklärt der Kriminologe Nils Schuhmacher von der Universität Hamburg. In der Metapher der Familie stecke auch die Aussage: »Die Familie verrät man nicht«, so Schuhmacher. Rechte Hooligangruppen, neonazistische Bruderschaften oder Rockerclubs stellen die traditionelle Familienidee auf neuer Stufe wieder her. »Das sind keine Familien im klassischen Sinn, sondern selbst gewählte feste Einheiten«, sagt der Wissenschaftler. Während das Leben in gesellschaftlichen Subkulturen bereits reglementiert ist, herrscht in »Ersatzgruppen« wie Bruderschaften oder Gangs »ein noch höheres Maß an Konformitätsdruck und von Selbstverpflichtung«, die die Angehörigen entsprechend sozialisieren.

Schuhmacher weist darauf hin, dass eine »starke Tendenz der Tribalisierung« nicht nur von Jugendszenen bereits länger schon zu beobachten sei, das heißt, es würfeln sich heterogene Gruppen oder Gangs zu neuen Gruppen zusammen, die zu Impulsgebern werden und Loyalität einfordern. Die Soziologie spricht von »Stammesbildungen«. In dieser Entwicklung spiegele sich auch ein allgemeiner gesellschaftlicher Hang zur »Mikrovergemeinschaftung« entlang von einzelnen Themen und Interessenüberschneidungen wider. Damit sei auch die mentalitäre Nähe zwischen Neonazis und Hooligans oder Waffenfans und Teilen der Kampfsportszene nicht unbedingt zufällig, warnt Schuhmacher, »denn auf Gewaltaffinität und white supremacy (weiße Vorherrschaft) können sich die Beteiligten unterschied-

licher Herkunftsspektren einigen«. Dazu gehört, dass diese
»Stämme« durchaus auch Territorien besetzen und sie verteidigen können. In den 1980er- und 1990er-Jahren wiesen Skinheads in Deutschland ähnliche Merkmale auf. »Der Trend der
›Tribalisierung‹ wird sich – nicht nur im Kontext zur extremen
Rechten – fortsetzen«, vermutet Schuhmacher, »die Entwicklung verdeutlicht, dass wir uns von der Vorstellung einer ideologisch klar bestimmbaren, extrem rechten Bewegung noch
deutlicher verabschieden müssen und mehr von einem Mosaik
verschiedener Gruppen und Haltungen ausgehen müssen, welches in bestimmten Situationen und Mobilisierungen zusammenkommt, aber nicht als eine dauerhafte politische Kraft zusammenwächst«. Ein vielschichtiges rechtes Milieu mit kriminellem Einschlag bildet sich. In Thüringen und Bayern flog zum
Beispiel eine aktive, schwerkriminelle Bruderschaft namens
»Saat des Bösen« auf. Die im Knast gegründete Gang, auf deren Konto neben Mord zahlreiche weitere Gewaltverbrechen
gehen, wird von einem Neonazi mitangeführt. Sein Aussehen –
Tattoos bis ins Gesicht, Tunnels in den Ohren und zahlreiche
Piercings – entspricht wenig dem herkömmlichen Klischee.
Kriminelle Mitglieder der »Saat des Bösen« pflegten auch Kontakte zum Rockerclub »MC Bandidos«. Eine unberechenbare
Mischszene.

Der Blogger Carl Philip Schlaffer weiß davon und warnt davor.
Luxuswagen, Harley Davidson und ein nagelneues Wohnhaus
in Mecklenburg prägten Schlaffers Lebensstil als Neonazi im
Amt des Präsidenten des Wismarer Rockerclubs »MC Schwarze Schar«. 2014 wurde der Club verboten. Schlaffer, Sohn einer
Akademikerfamilie aus Stockelsdorf, wanderte wegen Drogenhandels ins Gefängnis. Bis dahin bestimmten das Dritte Reich,
Antisemitismus und Rassenlehre sein politisches Denken. Als
in der Hafenstraße in Lübeck ein Brandsatz in ein von Migran-

ten bewohntes Haus flog und zehn Menschen qualvoll starben, gehörte der Schüler, Jahrgang 1978, bereits fest zur regionalen Szene. Monate nach dem verheerenden Anschlag klaute Philip Schlaffer einen Teil des Gedenksteines, der an die Opfer erinnerte. Später gründete er die berüchtigte Kameradschaft »Werwölfe Wismar«.

Nach einer Feier der Kameradschaft Anfang 2007 blieb ein Mann gequält und anschließend erschlagen in der Wohnung zurück. Das Opfer kam aus dem weiteren Umfeld der Neonazi-Truppe. Fünf Kameradschaftsanhänger mussten für Jahre ins Gefängnis. Der Rest suchte sich ein neues Betätigungsfeld, nannte sich fortan »MC Schwarze Schar«. Seit seinem Gefängnisaufenthalt hat er sich von der Szene distanziert. Über Youtube verbreitet Schlaffer nun Videoclips mit saloppen Botschaften an junge Leute, in dem Video »Rechte Rotlicht Rocker« erzählt er von den Versuchen dieser Szenen, Nachwuchs zu ködern. Er sagt, auch er habe sich vom »äußerlichen Glanz« und dem Gerede über Zusammenhalt, Loyalität, Respekt und Sprüchen wie »Wir stehen wie eine Front« blenden lassen. Er sei da »ganz langsam reingewachsen«. Doch »hinter den Kulissen«, so warnt der selbstbewusst auftretende Glatzkopf, würden die Jungen ausgenutzt. Auch in seinem Rockerclub hieß es: »Stell dich mal hinter den Grill, putz das Clubhaus, pass auf die Motorräder auf.« »Ihr seid geflasht, nur weil ihr jetzt die ganz Harten kennenlernt«, erzählt Schlaffer in die Kamera und warnt: »Leute, das ist nicht die Realität«, denn »ihr seid die kleinen verheizten Fußsoldaten«.

Rotlichtszene und kriminelles Milieu wirken vor allem auf junge Männer, die den Männlichkeitsvorstellungen von rechten Hooligans, Neonazis und Teilen der Nahkampf-Szene folgen, anziehend. Box-Legenden, aber auch Zuhälter und Nachtclub-Bosse finden ebenso Verehrung wie Präsidenten von Rockerclubs. Rechte, die ansonsten Gesetzesverschärfungen und harte Strafen gegen Verbrecher fordern, fokussieren sich auf Täter nichtdeutscher Herkunft. Tabuisieren Gewalttäter und Kriminalität in den eigenen Reihen. So erklärt sich, dass der ehemalige Söldner und Bankräuber Alexander Neidlein Chef der NPD in Baden-Württemberg werden konnte oder der Regensburger Bandido Sascha Rossmüller eine zentrale Rolle im Landesverband Bayern der Neonazi-Partei spielen kann.

Der von der *Bild*-Zeitung einst als »Panzerknacker von Dresden« titulierte Lutz Bachmann wurde trotz krimineller Vergangenheit zur Leitfigur von Pegida Dresden. Seit 2014 spazieren jeden Montag Rentner Seite an Seite mit polizeibekannten Türstehern, Hooligans und Rotlichtgrößen durch die Straßen der Stadt. Anhänger fordern die »Todesstrafe für Kinderschänder« oder bringen einen Galgen für Politiker wie Angela Merkel mit. Frauen und Männer jeden Alters schupsen Kamerateams, beschimpfen Journalisten und Gegendemonstranten lauthals. Aggressive, vermummte Hooligans säumen die Protestaufzüge mit wohlwollender Duldung der Pegida-Anhänger. Dabei machen sie sich mit jenen gemein, vor die der Staat sie doch schützen soll: Gewalttäter. Gerne umschmeicheln Antiasylinitiativen in den sozialen Netzwerken Anhänger krimineller Rocker-Gangs, wenn sie medienwirksam Geld für wohltätige Zwecke stiften oder Blut spenden. Bürger klatschen Applaus wie in Stralsund, wenn Hunderte Anhänger der »Bandidos« nach der Beerdigung eines Mitglieds noch eine Schifffahrt auf dem Strelasund machen. Die Hochzeitsfeier von »Hells Angels«-Boss Frank Hanebuth mit kirchlicher Trauung und unzähligen einschlägigen Gästen vom Kiez gerät zum Mega-Promi-Event, über den sogar der *Spiegel* berichtet. Immer dann wird das Kerngeschäft der Kuttenträger – Drogenhandel, Menschenschmuggel, Förderung der Prostitution, Vergewaltigung, Geldwäsche und Schutzgelderpressung – ausgeblendet.

»Heil Hansa, Heil Deutschland!« In einem Interview mit dem russischen Online-Fußballsender »okolotfutbola.tv«, einer bekannten Szene-Plattform, stellen vermummte Hooligans ihre Gruppe »Nordische Wut« vor. Einige Mitglieder stehen in den Vereinsfarben gekleidet vor dem Ostseestadion des Drittligisten Hansa Rostock und erklären, dass sie zu den aktivsten ihrer Zunft zählen, weil sie seit ihrer Gründung vor anderthalb Jahren 17 Kämpfe geführt haben. Das heißt, sie definieren sich nicht über häufige Stadionbesuche, auffällige Choreografien, Spielergebnisse oder Ähnlichem, sondern über durchgeführte Schlägereien mit aktiven Fans anderer Clubs wie Hamburg, Frankfurt, Kaiserslautern, Leipzig oder Dresden.

Robert Claus gilt als ausgewiesener Kenner der Szene. Der Wissenschaftler aus Hannover gibt in seinem Buch »Hooligans – Eine Welt zwischen Fußball, Gewalt und Politik« Hinweise auf die Anwesenheit von antisemitischer, homophober, nationalistischer und rassistischer Ideologie im Sport. Als einer der wenigen warnt er vor der Bedeutung sogenannter Mischszenen. »Die Gewalt hat sich ausdifferenziert, übrig bleiben drei Gewaltformen: die des Mobs, dann abgemachte Matches, zu denen zwei gleich große Gruppen mehrere Stunden anreisen für einen vielleicht zwei Minuten dauernden Kampf, und als Drittes professionalisierte Einzelkämpfe«, erklärt Claus.

Die Vermummten von »Nordische Wut« beklagen im Clip den hohen Druck der Polizei, dadurch könnten sie ihren »Hooligansport« nicht »weiterentwickeln«, heißt es. Die Gruppe hatte sich von den für sie zu linkslastigen Ultras in Rostock abgespalten, um »mehr Aktivität in den Kämpfen« zu zeigen. »Wir wollten eine reine Gruppe aus Sportlern. Wir wollten keine Junkies und keine Alkoholiker«, sagen sie selbstbewusst in die Kamera des einschlägigen russischen Kanals. Recherchen des NDR zufolge sind unter den Mitgliedern der Gruppe »Nordische Wut« Kindergärtner, Tätowierer, Bundeswehrsoldaten oder Autover-

käufer, aber auch Sicherheitsleute. Einige von ihnen sind auch
als Neonazis bekannt.

Der frischgebackene AfD-Bundestagsabgeordnete Sebastian
Münzenmaier will weder Ultra noch Hooligan, sondern nur
friedliebender Fußballfan sein. Empört zeigt sich der rechte
Jungpolitiker über eine gegen ihn Mitte Oktober 2017 verhängte Bewährungsstrafe des Amtsgerichts Mainz. »Ein Witz«,
motzt der 28-Jährige, die Anschuldigungen seien eine »Unver-
schämtheit«. Das Gericht sieht es als erwiesen an, dass Münzenmaier Mitgliedern der Ultra- und Hooliganszene des 1. FC
Kaiserslautern bei einem brutalen Überfall vor fünf Jahren half,
verfeindeten Ultras des Fußballvereins Mainz 05 aufzulauern.
Er soll die Ortsunkundigen 2012 an einer Tankstelle abgeholt
und zum Stadion geleitet haben. Dort sei die Attacke »mit Wissen und Wollen« von Münzenmaier abgelaufen, so Richterin
Anne Werner, er habe sich der Beihilfe zur gefährlichen Körperverletzung schuldig gemacht.

Münzenmaier muss 10 000 Euro Strafe zahlen, wenn er nicht
gegen das Urteil angeht. Der in Darmstadt gebürtige AfD-Mann
hatte im Prozess geschwiegen. Auf Wahlkampfveranstaltungen
seiner Partei hatte er laut Medienberichten mehrfach gesagt, er
habe sich »nie an irgendwelchen gewalttätigen Auseinandersetzungen beteiligt«. Sein Sprecher betonte gegenüber dem Süd-
westrundfunk (SWR), Münzenmaier sei »sozial in der Fange-
meinschaft« des FCK engagiert gewesen, auch als Ehrenamt-
licher im Fanbeirat. Doch bei einer Hausdurchsuchung wurde
laut der *Allgemeinen Zeitung* neben einem Teleskopschlagstock
auch »ein bei Hooligans beliebter Kapuzenpullover« sowie etliche Fotos maskierter Fußballfans gefunden.

Der Überfall auf die Mainzer Fans in der Nacht zum 18. März
2012 sei von langer Hand geplant gewesen, wie zahlreiche Zeugen vor Gericht erklärten. Dem Prozess lagen Protokolle aus

WhatsApp-Chats, SMS, E-Mails, Funkzellendaten und Fotos zugrunde, die sowohl bei Münzenmaier als auch bei zuvor verurteilten Zeugen gefunden wurden. Drei Angreifer hatten frühzeitig Geständnisse abgelegt, sie kamen mit niedrigen Bewährungsstrafen davon. Ziel der Attacke war es, dem Rivalen am eigenen Stadion die Vereinsinsignien zu rauben und ihn damit zu demütigen. Die Männer hatten sich zunächst in einem Gebüsch versteckt, bis die Mainzer aus ihren Bussen stiegen, dann gingen sie auf die Ahnungslosen los. Mitfahrende Kinder und Frauen flohen verängstigt. Baustellenschilder, Fahnenstangen und Flaschen wurden für den Kampf benutzt. Es gab mehrere Verletzte mit Platzwunden und Knochenbrüchen.

Am Tattag hatte Sebastian Münzenmaier mehrmals mit am Angriff Beteiligten telefoniert. Sein Handy war zwar nicht beim Bruchwegstadion eingeloggt – aber das seiner Freundin. Eine direkte Tatbeteiligung konnte ihm jedoch nicht nachgewiesen werden, wohl auch weil ein 23-jähriger Belastungszeuge, der in der Szene mittlerweile als »Spitzel« gilt, sich nicht mehr an den möglichen Mitangreifer »Münz« oder überhaupt an Namen erinnern konnte. Das Urteil gegen den frischgebackenen Bundestagsabgeordneten ist noch nicht rechtskräftig.

In Köln hat sich Recherchen des Infoportals »Blick nach rechts« zufolge eine extrem rechte Mischszene vor allem aus Hooligans gebildet, die sich als »Bürgerwehr« aufspielt und aus deren Reihen heraus bereits 2016 bei »Patrouillengängen« Migranten attackiert und verletzt wurden. Anfang November 2017 hielt zunächst die AfD einen Infostand am Kölner Ebertplatz gegen Drogenkriminalität ab, nach deren Abzug erschienen rund 60 rechte Hooligans aus dem Umfeld der »Bürgerwehr«. Sie randalierten auf dem Platz, es flogen Flaschen gegen Afrikaner und Künstler aus den umliegenden Ateliers. Die Kölner Polizei ermittelt wegen Volksverhetzung und Zeigen des Hitlergrußes.

»Politische Meinungen sind in den Fankurven der Stadien stets umkämpft«, betont Fanforscher Robert Claus in Interviews immer wieder, so auch mit der Fußball-Zeitschrift *11 Freunde.* »Rechte Hooligans üben oftmals Druck aus und bedrohen Ultragruppen, die sich gegen Diskriminierung engagieren.« Hooligans suchen Verstärkung in den Reihen rechtsoffener Ultras, aber auch im Kampfsportmilieu. Die aktive Fanszene, so Claus, bediene die gesamte Bandbreite: von gewaltfrei bis gewaltsuchend, von antidiskriminierend bis offen extrem rechts, von basisdemokratisch bis elitär. So finden sich in den über 60 Fanszenen in Deutschland ganz unterschiedliche Gruppen, Konstellationen und Ansichten.

Die Ultras sehen sich traditionell als Stimmungsmacher und Unterstützer ihres Vereins im Stadion. Nicht rechte Ultragruppen sorgten vielerorts in den Fankurven für die Eindämmung eines Machtanspruchs rechtsdominierter Hooligangruppen. Die konterten mit Attacken gegen Ultras wie zum Beispiel in Duisburg oder Cottbus. Ein komplexes Thema, denn auch Hools sind nicht alle rassistisch, antisemitisch oder nationalistisch. Einige wenige Gruppen distanzieren sich. Die sind zwar an »Ackermatches« beteiligt, begreifen Hooliganismus aber als Teil eines Fußball-Lifestyles, erklären Insider.

Vor allem aber darf es nicht heißen: Hooligan gleich Fußballfanatiker, denn das sind sie zumeist nicht. Davon berichtete einer aus dem Umfeld des Vereines Arminia Bielefeld. Mirko K. erklärte 2016 gegenüber der Zeitung *Neue Westfälische,* dass sich inzwischen viele unter ihnen mehr für die »Dritte Halbzeit«, also die Kämpfe außerhalb des Stadions interessieren als für den Spielstand. Der Bielefelder Hool Mirko K. schätzte gegenüber der Lokalzeitung, nur etwa 5 Prozent der Ultras dagegen seien gewaltbereit. Genau diese Gruppe stelle die Schnittmenge zu den Hools dar, betonte der Mann. »Ja«, die Jungs seien »schon eher rechts«, bestätigt er auf die vorsichtige Frage des Redakteurs der *Neuen Westfälischen,* ob es stimme, dass die Hooligans»rechts angehaucht« seien. Viele von ihnen betreiben zusätzlich Kampfsport wie Boxen oder Mixed Martials Arts (MMA), leben für den»Fight«. Waffen seien eigentlich auch nicht erlaubt, doch manche trügen Metallsplitter oder Rasierklingen in den Handschuhen, berichtete K. freimütig. Es hätte einen Fall gegeben, der sei so»ausgeartet«, dass ein Gegner mit 39 Stichen im Gesicht genäht werden musste. Er ergänzt:»Du willst da keinen töten, aber du nimmst es durchaus in Kauf. Wenn er doof fällt oder man ihn ganz böse trifft, ist es vorbei. Ich habe deswegen aber kein schlechtes Gewissen.«

»Viele Hooligangruppen haben sich einmal als Schutzgruppen für die eigene Fanszene vor den Angriffen anderer Fans gegründet. Es galt und gilt, das eigene Stadion, die eigene Stadt, die eigenen Szene zu beschützen und somit eine männliche Ehre zu bewahren«, erklärt Robert Claus. Der patriarchale Gedanke von ständiger»Bedrohung und Schutz« ist sehr anknüpfungsfähig für extrem rechte Ideologien. Wenn sich dieses gewaltaffine, durch und durch mit Feindbildern bestückte Kämpfermilieu des Fußballs mit neonazistischer Ideologie vermischt, entsteht ein äußerst bedrohlicher, unberechenbarer Biotop. Kein neues Phänomen, doch seit den Versuchen rechter Hooligans, sich in Gruppen wie»Hooligans gegen Salafisten« (HoGeSa) oder»Gemeinsam-Stark Deutschland« politisch und überregional zu organisieren, hat es eine neue Dynamik erhalten. Ende 2014 beteiligten sich am Aufmarsch von HoGeSa in Köln rund 5000 Rassisten aller Colour. Die Menge skandierte»Ausländer raus«, auf der Bühne sang»Kategorie C« und es kam zu schweren Ausschreitungen gegen Polizei und Presse. Für die HoGeSa-Kundgebung in Köln, gab die zuständige Polizei erst sehr viel später bekannt, seien im Vorfeld intern über 50 000 Einladungs-Mails verschickt worden. Ein enormes Mobilisierungspotenzial. Ein Blick in den Abgrund.

»Ähnlich anderen hypermaskulinen Inszenierungen ist die Hooliganszene eine der klassischen Subkulturen für Neonazis«, sagt Danilo Starosta, Referent im Kulturbüro Sachsen. Bereits 2016 warnte er vor Mischszenen im Bereich von Antiasylprotesten. Gegen die Unterkunft für Flüchtlinge in Dresden-Laubegast zum Beispiel hatte sich ein Bündnis, bestehend aus Anhängern der rechten Hooligangruppe »Faust des Ostens«, einigen Anwohnern, NPD und Neonazis der »Freien Kameradschaft Dresden«, gebildet. Der Dresdener Szenekenner betrachtet Hooligangruppierungen auch als »Rekrutierungs- und Erprobungsstätte«, insbesondere attraktiv für Fans von Freefights. Eine Langzeitstudie des Robert-Koch-Instituts zur Gesundheit von Kindern und Jugendlichen in Deutschland zeigt, dass Kampfsport aktuell nach Fußball und Schwimmen zu den häufigsten Sportarten aktiver Jungen im Alter bis 17 Jahren zählt. Der Übergang zum Hooliganismus ist bei manchen fließend, wenn es in den Kampfsportvereinen keine kritische Auseinandersetzung mit dem Thema gibt. Vor dieser Entwicklung warnt die antifaschistische Initiative »Runter von der Matte – Kein Handshake mit Nazis«. Auf ihrer Webseite heißt es: »In den Gyms und bei Kämpfen werden Neonazis zu lange schon hofiert und toleriert. Klare Positionierungen und Distanzierungen zeigten nur wenige couragierte Organisator(inn)en und Gyms im Kampfsport-Mainstream.« Am Beispiel des weltweit führenden Promoters von Mixed-Martial-Arts (MMA)-Wettkämpfen namens »Ultimate Fightig Championship« (UFC) will die Initiative deutlich machen, wie dringend nötig Aufklärung ist. Die UFC hatte den kalifornischen Neonazi-Sponsor »Hoelzer Reich« von ihren Events ausgeschlossen. Der Promoter kündigte demnach 2013 auch einen Vertrag mit dem Leipziger MMA-Kämpfer und Hooligan Benjamin Brinsa. Laut *Spiegel Online* bestritt Brinsa die Vorwürfe und behauptete, die Verschwörung eines Leipziger Lokalreporters stecke hinter den Neonazi-Anschuldigungen. Im September 2013, kurz nach seinem UFC-Rauswurf, nannte er den Namen des von ihm diffamierten Journalisten in einem Interview und einen Monat später wurde dieser auf offener Straße verprügelt. Die polizeilichen Ermittlungen dazu liefen ins Leere. Im Juli 2017 teilen die Verantwortlichen des Fußballvereins Chemie Leipzig dem Hooligan des Rivalen Lokomotive Leipzig in einem Schreiben mit, »dass Ihre Anwesenheit die Sicherheit und den reibungslosen Ablauf des Fußballspiels gefährden kann«. Brinsa erhält für das Derby zwischen den beiden Leipziger Vereinen Hausverbot.

Nicht selten vertreten Angehörige rechter Subkulturen die Auffassung, unpolitisch zu sein. Sogar Hools mit Hakenkreuzen, eindeutigen Aktivitäten oder Facebook-Posts stellen sich politisch harmlos als »Patrioten« dar. Nicht zu vergessen sei dabei auch die Tatsache, so Robert Claus, dass rechte Hooligans oft über das Business oder Türsteher- und Securityjobs mit der vielerorts sehr multikulturell aufgestellten Rockerszene vernetzt sind. Auch in den eigenen Kampfsportvereinen befinden sich Migranten. Wirtschaftliche und finanzielle Interessen setzen sich vorgeblich über Nationalismus und Rassismus hinweg. Auf der Ebene »männerbündischer Geschäfte« wird eine Art »kriminelles Miteinander« betrieben – ohne das eigene menschenverachtende Weltbild wirklich aufgeben zu müssen.

Experte Robert Claus weist darauf hin, dass es MMA-Veranstalter aus der Popkultur gebe, die politisch einen völlig anderen Kurs fahren, die größere Gruppe aber komme aus einem Gewaltmilieu, das eben geringe Berührungsängste zu Neonazis und rechten Hooligans habe. Die Initiative »Runter von der Matte« warnt zudem vor dem Einfluss rechter Modelabel. Der politische Hintergrund dieser Marken, oft im modernen »Crime & Mafia«-Look gestaltet, ist erst auf den zweiten Blick erkennbar. Hinter ihren Geschäftsinteressen verbirgt sich das völkische Ideal vom gesunden, starken Körper weißer Menschen als Teil einer wehrhaften Nation. Insbesondere Marken wie Yakuza, Pro Violence, Label 23, Sport Frei-Extremsport, Black Legion, Greifvogel Wear oder Brachial sind äußerst beliebt in rechten Mischszenen.

Immer häufiger sichtbar wird auch Kleidung der russischen Firma »White Rex«, 2008 mitgegründet von Denis Nikitin. »Die Marke veranstaltet in Russland nicht nur Rechtsrock-Konzerte, sondern ist maßgeblich an eigenen, rechten Kampfsportveranstaltungen beteiligt«, heißt es auf der Webseite von »Runter von der Matte«. Seit 2013 expandiert »White Rex« auch in Westeuropa. Ein T-Shirt-Motiv bezieht sich auf die faschistische Bewegung Spaniens, die Falange, auf anderen steht der Code der Firma »WTRX«. »White Rex versteht seine Mode und sein Kampfsport-Engagement als politisch-kulturelles Projekt«, heißt es in der Broschüre »Versteckspiel« der Agentur für soziale Perspektiven. Darin werden Codes und Zeichen der Neonazi-Szene umfassend erklärt. So verbirgt sich hinter dem Logo von »White Rex« ein stilisierter Wikinger-Kopf und das Kolovrat, ein achtarmiges Hakenkreuz, das in russischen Neonazi-Szenen Verbreitung findet.

Denis Nikitin, der fließend deutsch sprechende, russische Hooligan und Kampfsportler, ist einer der wichtigen Aktivisten, die MMA-Kämpfe als Bindeglied zur militanten Neonazi-Szene erkannt haben. Fotos zeigen glatzköpfige Männer, die bei einem Kampf den Arm zum Hitlergruß strecken. Für Robert Claus ist Nikitin »eine zentrale Schlüsselfigur des extrem rechten Hooliganismus in Europa«, der versuche, über eine Eventkultur Fußballschläger an die Neonazi-Szene zu binden. Besondere Verbindung unterhält der Russe zu Hooligans in Köln und Dortmund. Er unterrichtet aber auch Neonazis und Hooligans in Ostvorpommern oder Rostock in Kampfsport.

Im Februar 2016 schulte Nikitin Mitglieder der extrem rechten »Partei National Orientierter Schweizer« (PNOS) und des Partei-nahen Sicherheitsdiensts »Ahnensturm«. Gegenüber dem *Tagesanzeiger* sagte PNOS-Chef Dominic Lüthard: »Wir haben nach einem Kampfsportprofi gesucht, der uns ideologisch nahesteht.« In Großbritannien soll Nikitin nach Informationen der antifaschistischen Zeitung *Searchlight* im Sommer 2014 ein paramilitärisches Trainingslager für britische Neonazis mit durchgeführt haben.

Über Nikitin binden sich anscheinend auch junge kampfsportbegeisterte Russlanddeutsche. Eine Klientel, zu der die NPD lange eher erfolglos den Kontakt suchte. Im Juli 2017 wurde Denis Nikitin als Redner beim »Rock gegen Überfremdung« im thüringischen Themar angekündigt. »White Rex« fehlt auch nicht beim exklusivsten deutschen Event: »Kampf der Nibelungen«.

Dieses von Neonazis organisierte MMA-Event hieß zunächst »Ring der Nibelungen«. Der Bezug der Veranstalter zu germanischer Mythologie und nationalem Epos ist eindeutig. Die Kampfveranstaltung »Kampf der Nibelungen« soll »an die alten Ideale von Treue und Heldentum in der deutschen Geschichte« erinnern, heißt es in der Selbstdarstellung. Angeboten werden Kämpfe im MMA-Style. Die gemischten Kampfkünste namens »Mixed Martial Arts« (MMA) sind äußerst umstritten, weil sie extrem brutal sind und fast keine Regeln haben. Auch im Bodenkampf darf geschlagen und zum Teil getreten werden, nicht selten enden Kämpfe blutig, Elemente aus Karate, K 1, Kickboxen, Ringen und Muay Thai finden bei MMA Anwendung. »Insbesondere wegen ihrer Brutalität von Sportverbänden geächtet, hat sich unter den Anhängern von Vale Tudo (alles ist erlaubt) und Free Fight mit den Jahren eine immer größer werdende eigenständige Mixed-Martial-Arts (MMA)-Kampfszene entwickelt«, heißt es auf dem Fachportal »Blick nach rechts« (www.bnr.de), dementsprechend ist der Zuspruch spezieller Milieus groß. Teilnehmer und Gäste stammen aus den Reihen gewaltbereiter Fußballfans, sie arbeiten als Securitys oder Türsteher oder tragen die Kutten krimineller Rockergangs. Beim »Kampf der Nibelungen« treten »trainierte Kampfsportler an, für die Gesundheit einen völkischen Wert hat«, sagt Robert Claus.

Um die äußerst konspirative Veranstaltung auszurichten, mieten Neonazis mit Hooligan- und Kampfsporthintergrund seit vier Jahren an verschiedenen Orten Sportstätten an. 2017 wird auf Flyern als Veranstaltungsort zunächst nur »Westdeutschland« angegeben. Schließlich finden die Kämpfe mit Hunderten von Teilnehmern im Sauerland statt. Die begrenzte Anzahl macht die Tickets im Vorfeld heiß begehrt, sie sind bereits Wochen vor dem 14. Oktober ausverkauft. Es ist eine geschlossene Gesellschaft, die sich an einem konspirativen Ort versammelt.

Robert Claus erklärt den Ablauf: »Über eine Mailadresse können Tickets bestellt werden, der Interessent erhält zunächst die Adresse eines Postfachs, zumeist in Dortmund. Dorthin geht das Geld, danach wird das Ticket anonym zugeschickt. Am Tag der Veranstaltung gibt es eine Telefonnummer, über die die Zuschauer über eine Reihe an Treffpunkten und weiteren Nummern zum endgültigen Veranstaltungsort gelangen: Die ersten zwei Jahre war dies in einem Kurort im pfälzischen Teil der Eifel, 2016 im hessischen Gemünden.«

2017 trafen sich knapp 600 Neonazis zu dem als »Boxwettkampf« angemeldeten »Kampf der Nibelungen« in der Schützenhalle von Kirchhundem in Nordrhein-Westfalen. Die *Siegener Zeitung* zitiert den Vorsitzenden von Die Grünen im Landkreis Olpe. Er hatte Neonazi-Event und Polizeiaufgebot persönlich in Augenschein genommen und mit Teilnehmern geredet, die freimütig eingeräumt hätten, so die Lokalzeitung,

»der Kampf sei nur eine Art Rahmenprogramm, eigentlich handele es sich um ein Treffen der rechtsradikalen Szene«.

»Das Event ist ein wichtiger Kontakthof, die Anwesenden verstehen sich als Elite«, bestätigt Experte Robert Claus. »Es handelt sich um eine Eventkultur für die, die sich als Herrenrasse sehen.« In einem Podcast des extrem rechten Blogs »Tremonia« aus Dortmund heißt es: »Es muss Wettkämpfe geben, wo sich die Besten aus unseren Reihen gegenseitig messen. Nicht nur deutsche Stämme, die sich untereinander beweisen, sondern eben auch Franzosen oder Ungarn, die hier sind, um sich mit ihren weißen Brüdern zu messen.« Der Podcast trägt den Titel: »Besuch beim ›Kampf der Nibelungen‹ 2015«.

Tremonia lautete auch der Name eines Sportvereins, in dem Dortmunder Neonazis bereits 2008 den Straßenkampf übten. Zu den Aktiven des Vereins »Tremonia e.V.« zählten vor allem die Autonomen Nationalisten, eine der damals umtriebigsten und gefährlichsten Neonazi-Bewegungen. Unter ihrem Label versammelten sich ab 2002 junge Szeneanhänger, die den Lifestyle linker Autonomer kopierten und als schwarzer Block bei Neonazi-Aufmärschen auftraten. An den Übungen bei »Tremonia e.V.« waren auch Anhänger der Dortmunder Fußball-Hooligangruppen »Northside« beteiligt sowie aus den Reihen der »Desperados«, dazu zählen fanatische Fußballfans aus der Ultra-Szene. Gemeinsam trainierten sie Vollkontakt-Kämpfe, wie die *Westfälische Rundschau* berichtete. Der Redaktion lagen Videos vor, die Mitglieder der »Northside« beim Kampf mit anderen Hooligans auf einem Waldweg zeigen. Hitlergrüße waren zu sehen und Kampfrufe wie »Verpiss dich, du Jude«, »Hau ab, du Judenschwein« und »Lass den verrecken« zu hören.

Einer der wichtigsten Köpfe des Dortmunder Neonazi-Spektrums ist Alexander Deptolla. Auf seinen Namen läuft inzwischen der Online-Shop von »Kampf der Nibelungen«, bei dem es T-Shirts zu kaufen gibt. Deptolla war führend in der 2012 verbotenen Kameradschaft »Nationaler Widerstand Dortmund« aktiv, inzwischen zählt er zur militanten Neonazi-Partei »Die Rechte«. Als Neonazis im Sommer 2017 im »Bierkönig« auf Mallorca randalierten und die Reichskriegsfahne entrollten, war unter ihnen auch Alexander Deptolla. Zu der krawalligen Reisetruppe um Hammerskin-Anführer Malte Redeker gehörte ebenso ein berüchtigter Neonazi und Kampfsportler aus Hamburg, der den dortigen »Hells Angels« zugerechnet wird. Ohnehin ist die Nähe zwischen dem international aktiven, rassistischen Geheimbund Hammerskin Nation und der Organisation des Kampfs der Nibelungen auffällig.

Auf der Nibelungen-Webseite heißt es, anders als bei den meisten »Fight Nights« werde bei ihrem Event kein Bekenntnis zur freien demokratischen Grundordnung abverlangt, eben weil sie sich nicht als »Teil eines faulenden politischen Systems« verstehen würden. »Wir sind der Überzeugung, dass unsere Leidenschaft zum Sport fest zusammenstehende Gemeinschaften formt, welche in der Tiefe ihrer Bindung in den von Materialismus und grenzenloser, individueller Selbstverwirklichung bestimmten demokratischen Gesellschaften selten zu finden sind.«

Kampfsport als Selbstzweck neonazistischer Ideologen. Kampfsport wider den Zeitgeist, für diejenigen, die sich »nicht unter das Joch des vorherrschenden Mainstreams stellen wollen.« Es gibt auch Forderungen wie: »Beteiligt euch, (…) und animiert über euer Vorbild andere dazu, dem System der Versager, der Heuchler und der Schwächlinge den Rücken zu kehren.« Als Sponsoren des kommerziellen »Kampfes der Nibelungen« treten neben »White Rex« unter anderem das Label »Sport frei – Extremsport (SF)« sowie die ostdeutsche Marke »Greifvogel Wear« auf. »Wir stehen einer Vielzahl von Feinden gegenüber, deswegen muss man einfach gestärkt sein«, sagte einer der Teilnehmer in einem Videoclip zum »Kampf der Nibelungen«.

Diese Ansicht teilen nicht nur deutsche Hooligans und Neonazis, sondern auch französische. Freundschaftliche Kontakte gibt es zwischen »Nibelungen«-Aktivisten und dem französischen Kampfsportler Tomasz »Gamin« Szkatulski, der für die 2013 von ihm initiierte neonazistische Kampfsportmarke »Pride France« steht. »Pride« bietet neben Bekleidung auch Sportequipment an, angepriesen mit dem rassistischen Hinweis »Fabriziert von Weißen für Weiße«. Skatulski zählt zum Umfeld der französischen »Blood & Honour«-Sektion »Hexagone«. Im August 2017 beteiligte sich der Verehrer von Rudolf Heß an einem gewaltbereiten Neonazi-Aufmarsch zum Gedenken an den Hitler-Stellvertreter in Berlin. Skatulski trug dabei ein »Pride«-Shirt.

Auch Mitglieder deutscher Neonazi-Bruderschaften wie der »Turonen / Garde 20« können sich beim Nibelungen-Auftritt beweisen. Einer aus den Reihen dieser äußerst umtriebigen Thüringer Organisation kämpfte den Informationen der Kampagne »Runter von der Matte« zufolge 2016 in Gemünden mit. Hinter den »Turonen« verbergen sich vor allem die Angreifer auf die Kirmesgesellschaft von Ballstädt. Ihre Mitglieder, die wie Rocker gekleidet sind, mit Kutten und schwarz-weißen Abzeichen, gehörten in unauffälligerer Kleidung zur Security beim Neonazi-Musikspektabel im Juli im Thüringer Dorf Themar. Fight-Events wie der »Kampf der Nibelungen« vernetzen vor allem die militanten Szenen miteinander und finden Nachahmer, wie das für 2018 in »Mitteldeutschland« angekündigte Neonazi-Kampfsporttunier »Tiwaz«.

Junge deutsche Hool-Gruppen haben insbesondere auch Verbindungen nach Osteuropa, erklärt Claus, viele nach Polen, einige nach Russland. Wie sehr die Marke »White Rex« hierzulande bereits Fuß gefasst hat, stellte die Polizei am 29. April fest, als Dortmunder und Kölner Hooligans Anhänger von Borussia Mönchengladbach angreifen wollten. Bei der Attacke trugen die Hooligans rund 50 »White Rex«-T-Shirts. Dennis Nikitin erklärt dem neonazistischem Dortmunder Tremonia-Blog: »Es wird immer gefährlicher auf den Straßen Europas für einen weißen Mann, der kann jeden Moment angegriffen werden, wir Europäer haben diese Victim-Attitüde auch durch die Medien bekommen, weißer Junge sehr anfällig für Südländer, das muss geändert werden.« Nikitin predigt: Eine brutale, »vielleicht primitive körperliche Stärke« sei wichtig.

Offiziell stellen rechte Mischszenen kein großes Problem dar. Die Bundesregierung beantwortete eine Anfrage der Grünen-Bundestagsabgeordneten Monika Lazar mit der Einschätzung, dass es für die »Verknüpfung von Kampfsport und rechtsextremen Kreisen« nur punktuelle Beispiele gebe. Die Ämter für Verfassungsschutz stufen höchstens einzelne Vereine oder Fangruppen als »rechtsextremistisch« ein und beobachten sie. Sie haben anscheinend nicht die gesamte Szene im Blick.

Robert Claus erklärt, dass sich auch die Polizei damit schwertue, Hooligans als Rechte wahrzunehmen, da sie zu stark darauf fokussiert sei, sie entsprechend den herkömmlichen Mustern einzustufen. »Ist ein Hooligan weder Mitglied der NPD oder einer Kameradschaft und hatte auch nie ein Strafverfahren wegen politischer Delikte, dann gilt er der Polizei zumeist nicht als rechtsextrem«, so Claus.

In den Anfängen des »Kampfs der Nibelungen« war auch Roland Sokol aus Karlsbad eingebunden. Nach Recherchen des *Antifaschistischen Infoblatts* (AIB) war Sokol bereits in den frühen 1990er-Jahren Teil der gewalttätigen rechten Hooligan-Szene in Karlsruhe. Als sich im Herbst 2013 eine Handvoll Hooligans und Neonazis in einer Kneipe im Südwesten trafen, um das »Hooligan gegen Salafisten«-Netzwerk zu gründen, war er dabei. Im Vorfeld des Großaufmarschs im Oktober 2014 in Köln schrieb Roland Sokol laut AIB an den Hamburger Neonazi und Hooligan Thorsten de Vries: »es ist so eine grosse Chance, dazu braucht es aber intelligente Leute, die das lenken. (…) es ist ganz wichtig, dass viele politische leute dort sind. ich habe schon etliche Leute angetrieben, hinzufahren.«

Kurz nach seinem Tod 2015 enttarnte die Autonome Antifa Freiburg Roland Sokol als V-Mann des Landesamtes für Verfassungsschutz in Baden-Württemberg. Sechs Jahre lang hatte er Informationen aus der Szene geliefert.

Chronik Juni 2017

01.06. **Berlin-Reinickendorf (BE)** In den Morgenstunden beleidigt ein 33-jähriger Mann eine 49-jährige Frau rassistisch in einem Bus und stößt sie aus dem Fahrzeug.

02.06. **Magdeburg (ST)** Am Abend verschaffen sich sechs bis sieben Jugendliche gewaltsam Zutritt zu einer Wohngruppe für minderjährige Geflüchtete. Sie halten einige der Jugendlichen im Alter von 14 bis 17 Jahren fest und schlagen sie. Die Angreifer beschimpfen die Betroffenen rassistisch und beschädigen die Wohnungseinrichtung.

04.06. **Wolgast (MV)** Am Nachtschalter einer Tankstelle spricht eine Personengruppe zwei Männer aus Syrien aggressiv an. Sie halten einen der beiden fest, während sie den anderen schubsen, schlagen und mit einer Bierflasche nach ihm werfen.

04.06. **Neustadt in Holstein (SH)** Es kommt zu einer schweren Brandstiftung gegen eine Geflüchtetenunterkunft. Laut der Beantwortung einer parlamentarischen Anfrage ist dieser Vorfall eine politisch rechts motivierte Straftat.

04.06. **Oschersleben (ST)** Es kommt zu einer Körperverletzung gegen einen geflüchteten Menschen. Laut der Beantwortung einer parlamentarischen Anfrage ist dieser Vorfall eine politisch rechts motivierte Straftat.

04.06. **Erfurt (TH)** Ein 34-jähriger Mann pöbelt in der Nacht mehrere Menschen an, greift sie an und ruft den Hitlergruß.

05.06. **Berlin-Friedrichshain (BE)** Ein unbekannter Mann bespuckt aus rassistischer Motivation zwei Frauen am S-Bahnhof und hindert sie daran, in die Bahn zu steigen.

05.06. **Schwerin (MV)** Vor einem Imbiss beleidigen drei Personen drei junge Männer so lange rassistisch, bis es zu einer Auseinandersetzung kommt. In deren Verlauf werden zwei der drei Beschimpften durch Wurfgeschosse verletzt. Einer verliert einen Zahn, der andere erleidet eine Platzwunde.

05.06. **Saarbrücken (SL)** Es kommt zu einer Körperverletzung gegen einen geflüchteten Menschen. Laut der Beantwortung einer parlamentarischen Anfrage ist dieser Vorfall eine politisch rechts motivierte Straftat.

06.06. **Leipzig (SN)** Unbekannte greifen eine Person aus der Ukraine an. Sie wird leicht verletzt. Die Opferberatungsstelle »RAA Sachsen« bewertet diesen Vorfall als rechte Tat.

07.06. **Berlin-Charlottenburg (BE)** Am Nachmittag beleidigt ein Unbekannter einen 49-jährigen Mann in einem Geschäft rassistisch und stößt ihn.

07.06. **Rostock (MV)** Ein junger Mann, der mit einer Bekannten spazieren geht, trifft auf drei Männer. Einer von ihnen beginnt, ihn und seine Begleiterin rassistisch zu beleidigen. Die beiden wollen einem Streit aus dem Weg gehen und ignorieren die Beschimpfungen. Der Mann verfolgt sie und beginnt den Betroffenen zu schlagen. Nachdem die beiden Betroffenen sich wehren und die Polizei rufen, flüchten die Angreifer.

07.06. **Braunschweig (NI)** Zwei Männer verkleben Zettel mit extrem rechten Inhalten und beschmieren ein Plakat. Die Polizei kann einen 25-Jährigen und einen 26-Jährigen als Tatverdächtige stellen. Kurze Zeit später geben drei Jugendliche an, von dem 25-Jährigen beleidigt worden zu sein. Eine Stunde später rufen die drei erneut die Polizei. Der 25-Jährige soll Steine nach ihnen geworfen haben, die einen der Jugendlichen an der Hüfte treffen. Er wird ambulant im Krankenhaus behandelt. Der Täter ist wegen Gewalttaten und seiner extrem rechten Einstellung polizeibekannt. Er war erst im Januar zu einer Bewährungsstrafe verurteilt worden.

07.06. Duisburg (NW) Zwei Männer sammeln in der Innenstadt Unterschriften für die NPD. Sie sprechen eine Frau und zwei Männer an. Es kommt zu einem Streit. Ein 50-jähriger NPD-Mann schlägt einem 31-Jährigen dabei ins Gesicht. Der Verletzte muss sich in ärztliche Behandlung begeben.

08.06. Hagenow (MV) Eine Person beleidigt am Busbahnhof einen jungen Mann rassistisch und greift ihn an. Er schlägt dem Opfer ins Gesicht.

09.06. Waakirchen-Schaftlach (BY) Unbekannte werfen Steine auf eine Geflüchtetenunterkunft.

10.06. Berlin-Friedrichshain (BE) In der Nacht ruft ein 37-jähriger Mann rassistische Parolen und greift einen 52 und einen 65 Jahre alten Mann an, die unter einer S-Bahn-Brücke schlafen. Er schlägt einen und tritt den anderen. Der 52-Jährige wird dadurch verletzt. Der Täter bewirft Passanten mit einer Eisenstange. Die Opferberatungsstelle »Reach Out« wertet diesen Vorfall als rechte Tat.

10.06. Anklam (MV) Unbekannte werfen in der Nacht einen Molotowcocktail auf das Jugendzentrum »Demokratiebahnhof«. Zum Tatzeitpunkt schlafen mehrere Personen in dem ehemaligen Bahnhofsgebäude, die wach werden und den Brand löschen. Zuvor hatten Angehörige der rechten Szene versucht, die Nutzerinnen und Nutzer des Jugendzentrums einzuschüchtern, und das Gebäude beschädigt.

10.06. Waltershausen (TH) Es kommt zu einer gefährlichen Körperverletzung gegen einen geflüchteten Menschen. Laut der Beantwortung einer parlamentarischen Anfrage ist dieser Vorfall eine politisch rechts motivierte Straftat.

11.06. München (BY) Es kommt zu einer Körperverletzung gegen einen geflüchteten Menschen. Laut der Beantwortung einer parlamentarischen Anfrage ist dieser Vorfall eine politisch rechts motivierte Straftat.

11.06. Dresden (SN) Drei Männer attackieren einen 18-jährigen

Iraner. Der Jugendliche erleidet bei dem Angriff Verletzungen. Die Opferberatungsstelle »RAA Sachsen« bewertet diesen Vorfall als rechte Tat.

12.06. Hamburg-St. Pauli (HH) Unbekannte schlagen einem Mann ins Gesicht und sagen, er solle zurück nach Afrika gehen.

12.06. Bautzen (SN) Eine fünfköpfige Gruppe maskierter Rechter verfolgt einen 19-Jährigen auf dem Nachhauseweg. Der Jugendliche wählt den Notruf und bittet einen vorbeikommenden Passanten, vorerst bei ihm zu bleiben. Beim Eintreffen der Polizei zerstreut sich die Gruppe. Einen Tag später wird »Wir kriegen dich« an die Fassade eines Hauses gesprüht.

13.06. Cottbus (BB) Eine Frau äußert sich während einer rassistischen Demonstration des Vereins »Zukunft Heimat« offen gegen die Politik der Teilnehmenden. Nach der Veranstaltung fühlt sie sich beobachtet und entfernt sich auf ihrem Fahrrad. Mehrere vermummte Personen lauern ihr auf und schlagen sie nieder. Die Betroffene erleidet mehrere Verletzungen und muss im Krankenhaus ärztlich behandelt werden.

13.06. Cottbus (BB) Nach einer rassistischen Demonstration des Vereins »Zukunft Heimat« überschüttet ein Teilnehmer eine Frau mit Wasser. Er versucht, auf sie loszugehen. Der Partner der Frau geht dazwischen, um den Angriff abzuwehren. Der Angreifer schlägt den Mann nieder. Er erleidet dadurch eine Platzwunde am Kopf und verletzt sich am Ellbogen. Der Betroffene muss im Krankenhaus behandelt werden. Der Täter kann fliehen.

14.06. Jena (TH) Drei Männer umzingeln in der Nacht unvermittelt einen anderen Mann. Sie fragen ihn, ob er Deutsch spreche. Als er dies verneint, schlagen sie ihm mehrfach ins Gesicht.

15.06. Berlin-Treptow (BE) Fünf Männer drängen aus antimuslimischer Motivation eine Frau aus der S-Bahn.

17.06. Wismar (MV) In der Nacht trifft ein junger Mann auf dem Weg zu einer Unterkunft für Geflüchtete zwei Personen, die ihm den Weg versperren. Als er die beiden auf Englisch fragt, was sie wollen, fordern sie ihn auf, Deutsch zu sprechen. Einer der Angreifer schlägt ihm ins Gesicht, der andere filmt die Tat mit seinem Mobiltelefon. Einer der Täter zieht ein Messer und verletzt den jungen Mann damit im Gesicht. Der Betroffene muss im Krankenhaus behandelt werden.

17.06. Cottbus (BB) Es kommt zu einer Körperverletzung gegen einen geflüchteten Menschen. Laut der Beantwortung einer parlamentarischen Anfrage ist dieser Vorfall eine politisch rechts motivierte Straftat.

17.06. Potsdam (BB) Ein Rechter beleidigt am Hauptbahnhof zwei syrische Frauen und greift sie körperlich an.

17.06. Gardelegen (ST) Am Abend kreisen drei Jugendliche vier Mädchen im Alter zwischen elf und 15 Jahren vor dem Bahnhof mit ihrem Fahrrad ein. Die Jugendlichen beleidigen sie rassistisch. Die Mädchen können in einen Zug fliehen. Beim Aussteigen in Mieste werden sie erneut von den drei verfolgt, beleidigt und bedroht. Sie verletzen eines der Mädchen und sprechen Todesdrohungen aus. Die herbeigerufene Polizei findet bei dem Trio Messer und Reizgas. Sie ermittelt gegen einen 15-, einen 18- und einen 19-Jährigen wegen versuchter Körperverletzung, Beleidigung, Bedrohung, Nötigung und Volksverhetzung.

18.06. Ludwigslust (MV) Zwei Personen beleidigen einen Mann rassistisch und schubsen ihn. Sie übergießen den Betroffenen mit Bier.

19.06. Dresden (SN) Ein 24-jähriger Mann schlägt während einer Pegida-Kundgebung gegen ein Transparent. Er trifft einen 48-jährigen Gegendemonstranten. Die Anmelderin eilt dem Geschädigten zu Hilfe und wird selbst vom Angreifer gepackt. Ordner und Polizei greifen ein.

19.06. München (BY) Ein Schüler beleidigt einen 19-jährigen Schüler per Videobotschaft im Internet rassistisch. Dann schlägt er den Betroffenen mehrfach und verletzt ihn dadurch.

20.06. Berlin-Lichtenberg (BE) Gegen Mittag wirft ein unbekannter Mann eine Bierflasche auf eine Unterkunft für geflüchtete Menschen.

20.06. Angermünde (BB) Es kommt zu einer Körperverletzung gegen einen geflüchteten Menschen. Laut der Beantwortung einer parlamentarischen Anfrage ist dieser Vorfall eine politisch rechts motivierte Straftat.

20.06. Jena (TH) Zwei Somalier unterhalten sich auf der Straße. Sie werden von zwei Deutschen angesprochen, warum sie kein Deutsch sprechen. Es kommt zum Streit. Einer der Deutschen schlägt einem Somalier mit der Faust ins Gesicht. Als dieser flieht, verfolgen die Täter ihn. Der Betroffene wehrt sich daraufhin mit einem Stein.

22.06. Wittenberge (BB) Es kommt zu einer Körperverletzung gegen einen geflüchteten Menschen. Laut der Beantwortung einer parlamentarischen Anfrage ist dieser Vorfall eine politisch rechts motivierte Straftat.

23.06. Guben (BB) Ein Geflüchteter ist mit seinem 13-jährigen Sohn sowie zwei Begleitern auf dem Rückweg von einem Fußballspiel. Sie treffen auf zehn »deutsche Jugendliche«, die Vater und Sohn beschimpfen und ihnen ins Gesicht schlagen. Die Täter flüchten. Die Betroffenen müssen im Krankenhaus behandelt werden. Die Polizei geht von einem »eindeutigen fremdenfeindlichen Hintergrund« der Tat aus.

23.06. Magdeburg (ST) Am Abend schlagen zwei Unbekannte aus einer Gruppe von zehn Personen heraus einen 17-jährigen und 22-jährigen Syrer. Sie setzen zudem Reizgas ein. Die Gruppe flüchtet. Beide Betroffene müssen vor Ort medizinisch behandelt werden. Die Polizei kann einen 22- und einen 36-jährigen Tatverdächtigen stellen. Bei ihnen finden die Beamten 35 rechte Aufkleber.

23.06. Lemgo (NW) Unbekannte zünden im unbewohnten Erdgeschoss einer Geflüchtetenunterkunft eine Matratze an. Die Bewohner, die im oberen Bereich schlafen, werden durch einen Brandmelder geweckt. Ein 26-Jähriger kann das Feuer selbst löschen und erleidet eine leichte Rauchgasvergiftung. Die Polizei schließt einen rassistischen Hintergrund der Tat nicht aus.

23.06. Werne (NW) Es kommt zu einer gefährlichen Körperverletzung gegen einen geflüchteten Menschen. Laut der Beantwortung einer parlamentarischen Anfrage ist dieser Vorfall eine politisch rechts motivierte Straftat.

24.06. Schierensee (SH) Rund hundert Rassisten der Gruppierung »Ludendorffer« treffen sich auf dem Osselberg in Schierensee zu einer Sonnenwendfeier. Drei Männer und eine Frau stürmen auf einen Journalisten zu, der das Treffen aus der Ferne dokumentiert. Ein älterer Mann drängt den Berichterstatter in eine Hecke und versucht ihm die Kamera zu entreißen, die anderen stehend drohend darum herum.

25.06. Sassnitz (MV) Ein junger Mann aus Afghanistan unterhält sich am Eingang einer Tanzbar auf Farsi. Drei Männer sprechen ihn daraufhin an und fordern ihn auf, Deutsch zu sprechen. Dann greifen sie ihn an. Der Betroffene wird verletzt und erleidet Platzwunden durch die Attacke.

25.06. Dresden (SN) Ein Unbekannter schlägt einem 41-jährigen Mann tunesischer Herkunft in einer Bar unvermittelt mit einem Bierkrug ins Gesicht. Zeitgleich beleidigt der Angreifer den 41-Jährigen rassistisch. Der Betroffene wird ambulant behandelt.

26.06. Angermünde (BB) Ein angetrunkener Mann beleidigt ein syrisches Ehepaar auf dem Bahnhof rassistisch. Er schlägt und tritt die beiden. Ein syrischer Zeuge versucht per Telefon, die Polizei zu rufen. Diese legt jedoch auf. Erst am kommenden Tag kann das Paar mithilfe von Unterstützern Anzeige stellen.

27.06. Cottbus (BB) Am späten Abend beleidigt eine Frau eine afghanische Frau und ihre beiden Kinder rassistisch, die auf dem Weg nach Hause sind. Die Täterin bedrängt die Afghanin, die in ihre Wohnung flüchten kann und ihren Mann alarmiert. Die Angreiferin versucht ihn zu schlagen und in den Hausflur einzudringen. Sie droht ein Messer zu ziehen. Die eintreffende Polizei kann das Messer sicherstellen. Die Frau versucht auch in Anwesenheit der Polizei den Mann körperlich zu attackieren.

28.06. Wismar (MV) Ein Gruppe Jugendlicher beleidigt Kinder und Jugendliche einer »Willkommensklasse« im örtlichen Tierpark rassistisch. Sie greifen die Betroffenen an und verletzen mindestens drei davon. Die mutmaßliche Anführerin der Angreifer zieht ein Messer und bedroht ihre Opfer damit.

29.06. Stralsund (MV) Fünf Jugendliche beleidigen in der Nacht einen jungen Geflüchteten rassistisch und schlagen ihn. Die Angreifer attackieren den Betroffenen mit einer abgebrochenen Bierflasche, wodurch dieser am Arm verletzt wird.

30.06. Eisenach (TH) Drei dunkel gekleidete Personen äußern auf der Straße Nazi-Parolen. Drei 13-jährige Jugendliche kommentieren diesen Aussagen. Die Neonazis kommen daraufhin auf sie zu. Die Jugendlichen flüchten in eine Hofeinfahrt. Einer der Täter schlägt einem dort stehenden 16-Jährigen mehrfach ins Gesicht. Die unbekannten Täter sprühen Reizgas und fliehen. Drei Jugendliche werden verletzt.

Rechtsrock, Ideologie und Gewalt. Wie Mega-Konzerte Identität stiften, radikalisieren und vernetzen

Es ist Samstag, der 15. Juli 2017, vormittags gegen 11.00 Uhr im beschaulichen Themar, einer Kleinstadt in Thüringen nahe Suhl. Etwa 3000 Menschen leben in dem Ort, die Landesgrenze zum fränkischen Teil des Freistaats Bayern ist nicht weit. Die Werra fließt gemächlich in leichten Windungen durch Themar. Ungewöhnlich viele Menschen sind auf der Straße, einige bauen Stände mit roten und grünen Schirmen mitten auf einer Straßenkreuzung auf. Anwohner tragen Thermoskannen herbei. Ein Kamerateam interviewt eine ältere Frau. Jemand fragt, wie es ist, hier zu leben. Fotografen ziehen mit schweren Kameras und Stativen bepackt Richtung Ortsausgang an ihnen vorbei. An Laternenpfählen hängen auffällig bunte, kreative Plakate. »Nazis haben Angst vor Katzen. Katzen kratzen ihre Glatzen«, ausgedacht von einer Barbara. Andere begnügen sich mit Sprüchen wie: »Nazis – Och nö«. Engagierte Menschen aus der Region rüsten sich gegen die angekündigte braune Invasion.

Nur wenige Hundert Meter weiter sieht das Straßenbild an diesem Tag völlig anders aus. Gleich hinter der Avia-Tankstelle flattern zahlreiche Fahnen an hohen Maststangen im Wind. »Ruhm und Ehre« steht auf der ersten in der Reihe, ein Soldat mit Wehrmachtshelm ist abgebildet. Dahinter ist ein riesiges weißes Festzelt errichtet. Allzu viel Einblick auf das Zeltgelände von der Bundesstraße 89 aus sollen hohe schwarze Sichtwände verhindern. Genau um 12 Uhr startet hier das zweite Rockkonzert:»Rock gegen Überfremdung«.

Trotz der frühen Mittagszeit sind die Zufahrtsstraßen schon überfüllt. Polizeibeamte regeln den Verkehr an der Bundesstraße und schauen bei jedem Fahrzeug ins Wageninnere. Über 1000 Polizisten befinden sich in der Kleinstadt im Thüringer Wald, um dafür zu sorgen, dass das angemeldete Neonazi-Event geordnet abläuft. Die Anreisenden werden von den Parkplätzen durch einen langen, aus Absperrgittern bestehenden Gang geleitet. Der Blick auf die Jacken und T-Shirts der Ankommenden zeigt neonazistische Propaganda und Gewaltfantasien. Schlagringe, Baseballschläger, Pistolen und Gewehre sind zu sehen, dazu Parolen, die den Nationalsozialismus unumwunden verherrlichen wie »In uns lebe das Reich«, »I love Hitler« oder »Danke: 1933–1945«. Der Renner ist jedoch ein T-Shirt, das extra für diesen Tag produziert wurde und als Ansage gilt: »Sturm auf Themar«.

Die einschlägigen Gäste aus dem gesamten Bundesgebiet und einigen europäischen Ländern reisen wegen des Großkonzertes und seiner Bands an, angemeldet ist die Veranstaltung allerdings als »Kundgebung«. Die ist – anders als ein kommerzielles Rechtsrock-Fest – Teil des politischen Willensbildungsprozesses und damit durch das Versammlungsgesetz geschützt. Die Neonazi-Szene agiert professionell in Thüringen. Eine gerichtliche Entscheidung war zuvor zugunsten der Veranstalter ausgefallen. Trotz des Eintrittspreises von 35 Euro sollte es sich folglich um eine öffentliche politische Versammlung mit zahlreichen Redebeiträgen und Musik handeln. Dass die Liedtexte der Bands, die an diesem Tag auftreten, politisch sind, bezweifelt niemand, schon Bandnamen wie »Stahlgewitter«, »Blutzeugen« oder »Uwocaust« zeugen von ihrer Ideologie. Die angekündigten Redner repräsentieren das gesamte Spektrum des organisierten Neonazismus, von der NPD über die Kameradschaften bis hin zur radikalen Kleinstpartei »Die Rechte« sind die wesentlichen Akteure vertreten. Seite an Seite übrigens, ohne die oftmals beschworene Zerstrittenheit der rechten Szene. Mitglieder der militanten Partei »Der III. Weg« treffen in Marschformation und einheitlicher Kleidung ein.

Am Nachmittag wächst die Zahl der anreisenden Neonazis auf über 6000 Personen an und immer kommen noch mehr. Der Platz wird später von den Mitgliedern des extrem rechten Ordnungsdiensts noch erweitert. Das Grundstück hatte der Bürgermeister einer Nachbargemeinde, damals noch in der AfD, zur Verfügung gestellt.

Im Laufe der Veranstaltung stellt die Polizei 46 Strafanzeigen, unter anderem wegen Körperverletzung, Verstößen gegen das Waffengesetz, Bedrohung, Beleidigung, Sachbeschädigung und Verwendung verfassungsfeindlicher Symbole. Einer Fotografin wird direkt ins Gesicht gespuckt, Beamte fackeln nicht lange, schreiten sofort ein. Sie picken auch ein Tütchen mit Drogen auf, das jemand kurz vor den aufgebauten Personenkontrollstellen hat fallen lassen. Ein Glatzkopf, der sich nähert, trägt unter seiner Bomberjacke ein Hakenkreuz zur Schau. Er wird sofort zur Seite gezogen und in Gewahrsam genommen. Einige Gäste sind bereits bei ihrer Ankunft am frühen Tag sturzbetrunken und johlen Lieder. Drei Personen werden festgesetzt. Die Polizei spricht am Ende insgesamt von einem problemlosen Verlauf. Das ändert sich allerdings am nächsten Tag, als im Internet das Video eines freien Journalisten auftaucht.

Erst am späten Abend wurde das wahre Gesicht solcher Neonazi-Events mehr als deutlich. Da waren die meisten Schaulustigen, Medienvertreter und Gegendemonstranten hinter den Absperrungen schon nicht mehr da. Die Filmsequenz offenbart einen Blick über die Sichtsperren in das Zeltinnere. Sie zeigt, wie Neonazis sich geben, wenn sie sich ungestört fühlen.

»Skandalöses Video setzt Polizei unter Druck« oder »Unfassbares Video aus Themar« titeln wenig später die Medien. Das online gestellte Video zeigt, wie unzählige extrem rechte Konzertbesucher immer wieder »Heil, heil, heil« brüllen und dabei den Arm zum verbotenen Hitlergruß recken. Gleichzeitig stehen Polizisten untätig im Außenbereich des Zeltes herum. Um Bilder von Straftaten zu vermeiden, hatte »Rock gegen Überfremdung«-Organisator Tommy Frenck das Mitbringen von Foto- und Videokameras verboten, selbst Handys mit Foto- und Filmfunktion waren untersagt. In einer Stellungnahme verweist die Polizei darauf, ein Eingreifen sei unverhältnismäßig gewesen, da das Konzert kurze Zeit später ohnehin zu Ende war. Hätte es diesen aufmerksamen Filmer nicht gegeben, wäre die Veranstaltung zwar als außergewöhnlich groß, aber dennoch als »mehr oder weniger harmlos« ad acta gelegt worden. Ausgelöst durch die Veröffentlichung des Films, beschäftigen sich Öffentlichkeit, Politik, Staatsanwaltschaft und Ermittler jetzt verstärkt mit dem Phänomen rechte Konzerte.

Dabei wird das Video für einzelne Neonazis kaum Folgen haben, weil darauf keine Gesichter zu erkennen sind. Doch kann nicht mehr verschwiegen werden, dass es über 6000 Neonazis in Themar möglich war, einen Abend in exklusiver Gemeinschaft mit den eigenen Parolen, eigener Musik und Szene-Ritualen zu verbringen. Als wäre diese Szene nicht, wie es in mehreren Liedtexten heißt, »im Kampf gegen das System«, womit die Demokratie gemeint ist, und pflegte sie nicht Feindbilder »bis in den Tod«. In Thüringen wird das Ausmaß politischer Brisanz deutlich.

Die Konzertteilnehmer konnten im Juli 2017 erleben, dass sie viele sind, die radikal denken, dass sie Macht haben und sich, wenn sie wollen, offen zum Nationalsozialismus und zur Gewalt bekennen können. Großveranstaltungen wie in Themar eignen sich, um neue »Kameraden« aus allen Landesteilen kennenzulernen, Kontakte in viele Länder wie die Schweiz, Ungarn, Polen, Tschechien, Italien oder Österreich zu knüpfen oder zu intensivieren. Zu solchen Events kommen gezielt auch Drahtzieher militanter Netzwerke wie der gewaltbereiten »Hammerskin Nation«, des »III. Wegs« oder von »Blood & Honour«. Auch Ku-Klux-Klan-Sympathisanten oder schlagkräftige Hooligans sind vertreten. Musik und Konzerte haben eine wichtige Funktion innerhalb der rassistischen, sogenannten »White Power«-Bewegung.

Bei aller öffentlichen Konzentration auf rechte und neonazistische Parteien und Gruppierungen wird allzu oft außer Acht gelassen, dass Hass vor allem über Musik geschürt wird. 2016 waren mindestens 170 deutsche Rechtsrock-Bands aktiv, sie spielen Hip-Hop, Rap, Oi!, Hardcore, Balladen, Deutschrock oder Black Metal. Sie selbst bezeichnen ihre Musik unprätentiös als RAC (»Rock against Communism«). Nach der Zählung unabhängiger Musikexperten wurden im Jahr 2016 239 extrem rechte Veranstaltungen mit Livemusik bekannt. Der Verfassungsschutz kam im selben Zeitraum auf nur 139 plus 84 »sonstige Musikveranstaltungen«. Hierunter fällt auch das Event in Themar, das ja vordergründig als Kundgebung galt.

Rechte Konzerte und Liederabende stellen den Kitt der Szene dar, sie sind wichtig für den Zusammenhalt und das Gemeinschaftserlebnis. Über die Liedtexte lassen sich junge Menschen ansprechen, so können ihnen am einfachsten die ersten ideologischen Schlagworte vermittelt werden. Das Zusammenspiel von Musik, Symbolen und Bekleidung sorgt für ein elitäres Gemeinschaftsgefühl. Die Konzerte mit ihren emotionalen Momenten der Kameradschaft und der Gemeinschaft integrieren, sorgen insgesamt für Stabilität in den eigenen Reihen, da sie sich bestens zur Identifikation anbieten. Das Fahren zu verbotenen Konzerten an geheimen Orten birgt einen besonderen Thrill. Es hat den Ruch des Unerlaubten, zu einer Bewegung dazuzugehören, die sich traut, auch illegal zu operieren.

Seit den 1990er-Jahren, als Rechtsrock in Deutschland ein Massenphänomen wurde, sind Zehntausende Jugendliche durch das Zusammenspiel von Musik und Events an den organisierten Neonazismus herangeführt worden. Doch in der Öffentlichkeit scheint aktuell weder die Bedeutung dieser braunen Erlebniswelt noch die Hetze durch Musik wahrgenommen zu werden. Wenig ist insgesamt darüber bekannt und vieles ist in Vergessenheit geraten. Zu viele Menschen starben gerade in den 90er-Jahren durch Skinheads und Neonazis, weil deren Lieder und Texte sie als Aufputschmittel und Begleitmusik zu Mord und Totschlag angestachelt hatten. So war es im sächsischen Guben, als dort 1999 extrem rechte Jugendliche den algerischen Asylsuchenden Farid Guendoul zu den Textzeilen »Fidschi, Fidschi gute Reise« eines Liedes der Berliner Band »Landser« in einer rassistischen Verfolgungsjagd zu Tode hetzten. So war es 2000 in Dessau, als die Liedzeile »Afrika für Affen, Europa für Weiße« von »Landser« in den Köpfen der drei Angreifer dröhnte, bevor sie den afrodeutschen Familienvater Alberto Adriano zu Tode traten. Im Urteil gegen diese Täter wurde das »Afrika«-Lied von »Landser« ausdrücklich als einer der Auslöser erwähnt. Der Sänger dieser unheilvollen Zeilen, Michael Regner, ist auch nach dem Verbot der Berliner Band »Landser« und einer mehrjährigen Haftstrafe weiterhin politisch aktiv. Er stand unter dem Namen »Lunikoff Verschwörung« in Themar auf der Bühne.

Musik-Bands ziehen. Interessierte Jugendliche und Erwachsene lassen sich durch Habitus und rassistische Texte mobilisieren. Sieben dieser Rechtsrock-Combos lockten Tausende nach Themar: »Stahlgewitter«, »Sleipnir«, »Uwocaust«, »Lunikoff Verschwörung«, »Blutzeugen«, »Flak« und »TreueOrden«. Als

Headliner gilt »Stahlgewitter«. Sänger »Gigi« alias Daniel Giese aus Meppen ist eines der Urgesteine der deutschen Rechtsrock-Szene. Zuerst wurde er durch seine 1986 gegründete Band »Saccara« bekannt, seit 1995 singt er bei »Stahlgewitter«. Kaum eine der CDs dieser Band wurde nicht indiziert, der legale Zugang also für Jugendliche verboten. Bekannt wurde die Band durch Lieder wie »Schwarze Division«. In diesem heißt es: »Eine Division nach Kreuzberg, eine Division in Schwarz. Keine Gnade mehr für Kreuzberg, keine Gnade, eine Division, und das war's.« Darüber, wer mit »Schwarze Division« gemeint ist, mit der Truppe, die »ganz Kreuzberg dem Erdboden gleichmachen« soll, lässt die Band keinen Zweifel, es sind die »Jungs in Schwarz mit dem doppelten Blitz«, also die Mordtruppen des Dritten Reiches, die SS.

Bekannt ist der Sänger der Band, den in der Szene alle nur »Gigi« nennen, noch aus einem anderen Grund. Nachdem im November 2011 die Verbrechen des »Nationalsozialistischen Untergrunds« (NSU) aufgeflogen waren, wurde bekannt, dass »Gigi und die braunen Stadtmusikanten«, ein weiteres Projekt von Giese, bereits ein Jahr zuvor das Lied »Döner-Killer« veröffentlicht hatten. Darin thematisieren sie die neun Morde an Männern mit ausländischen Wurzeln, die auf das Konto des NSU gehen. Es ist nicht ausgeschlossen, dass in dem Lied, veröffentlicht auf der CD »Adolf Hitler lebt!«, Insiderwissen steckt. Ob »Gigi« bereits 2010 vom NSU und seinen Mordtaten wusste, konnte auch während des NSU-Prozesses nicht geklärt werden. Herausgegeben wurde die CD von »PC Records« aus Chemnitz, der Firmengründer Hendrik Lasch war in den 1990er-Jahren mit Uwe Mundlos, dem Kopf der Terrorzelle, befreundet. Er traf das Trio in seinem Versteck in Chemnitz. Giese und seinen Bandkollegen konnte jedoch trotz zahlreicher Indizien nichts nachgewiesen werden. Wegen des Liedes »Döner-Killer« wurde der Meppener zu einer siebenmonatigen Bewährungsstrafe wegen Volksverhetzung verurteilt. Er avancierte dadurch zu einem Star der Szene.

In den letzten Jahren achten die meisten deutschen Bands darauf, dass ihre CDs zwar weitestgehend provokant sind, aber keine strafbaren Inhalte enthalten. Oft gehen sie mit den Texten vorher zu Szene-Anwälten und lassen sie so umformulieren, dass sie knapp unter der Grenze zur Strafbarkeit liegen. Ausnahmen bilden vor allem Musikprojekte, die sich noch »beweisen« müssen, um Anerkennung zu finden. Zu denen zählt auch Neonazi-Rapper Makss Damage alias Julian Fritsch. Gerade da viele Anhänger der extremen Rechten immer noch finden, dass der bei Jugendlichen beliebte Rap keine »deutschen Werte« transportieren könne, formulierte Makss Damage Strophen wie »Das Zeckenpack wollte mich brechen, sie habens sicher gut gemeint. Ich stecke sie alle gemeinsam in den nächsten Zug nach *****wald. Wasch mich mit der Seife ab, genieß den Lampenschirm, der neben meiner 20-Kilo-Hantel das Apartment ziert.«

Eine Band, die neu am Markt ist, die Verbindungen in die Schweiz und nach Thüringen hat, präsentiert sich ebenfalls offen neonazistisch. Sie heißt »Erschießungskommando« und zeichnet sich nicht durch musikalische Qualität aus, sondern durch Mordaufrufe. »Geschliffen ist das Beil und geladen das Gewehr, geknüpft das Galgenseil und im Kessel kocht der Teer. Das Erschießungskommando wird seinem Delinquenten mit einem kurzen Lächeln das nutzlose Dasein beenden« grölen sie. Ihre Motive beschreibt die Gruppe in der nächsten Strophe »Wir töten hier aus Rache, wir töten, um zu morden. Für die gerechte Sache, für unsere heiligen Fahnen. Wir kennen keine Gnade im Kampf um unser Land, nur eiserne Hingabe und eine harte Hand.«

Die anonym auftretende Band, deren Mitglieder aus der Schweiz und aus Thüringen stammen sollen, formuliert in ihren Texten offene Mordfantasien und verherrlicht den Nationalsozialismus. Nachdem eine erste CD 2013 erschien, folgten 2016 zwei weitere. Während die erste CD von den Behörden und der Öffentlichkeit kaum wahrgenommen wurde, sorgte die 2016 veröffentlichte CD »Sieg oder Tod« für Aufmerksamkeit. Immerhin formulierte die Band in dem auf der CD befindlichen Lied »Katharina König« einen Mordaufruf an einer Parlamentarierin der Linkspartei und Abgeordneten des Thüringer Landtags.

Katharina König-Preuss und ihr Vater, der Jenaer Stadtjugendpfarrer Lothar König, engagieren sich seit Jahren gegen die extreme Rechte und geraten so immer wieder ins Fadenkreuz. »Du wirst grausam sterben, das ist nicht die Frage, vorher schaust du noch zu, wie ich den Lausebart erschlage. Wie dieser Assipfaffe vor mir niederkniet und sich mein Schalldämpfer tief in sein Maul schiebt«, drohen sie zunächst gegenüber Lothar König, um sich dann an seine Tochter zu wenden: »Dein Vater ist erledigt, nun bist du an der Reihe, wir sind tief in dunklem Wald, hier hört niemand deine Schreie. Jetzt wirst du bezahlen für jeden deiner Sätze, für all deine Aktionen, für die ganze rote Hetze.«

Als Katharina König-Preuss von einem befreundeten Wissenschaftler den Hinweis auf dieses Lied erhielt, wollte sie es nicht glauben. Die 38-Jährige handelte professionell: Seite aufrufen, Lied herunterladen, Account sichern, Text transkribieren. Erst danach, »als ich es am Abend immer und immer wieder angehört hatte«, setzte ein »Mix aus Schock und Angst« ein, erinnert sich die Politikerin. Auch wenn sie sich keinen großen Erfolg verspricht, weil die Musiker anonym auftreten, war ihr sofort klar, juristisch dagegen vorgehen zu müssen. König-Preuss sagt, eine alte Regel laute für sie: »Wer schweigt, stimmt zu.«

Warum Vater und Tochter aus Jena ins Visier der Band »Erschießungskommando« rückten und nicht jemand anderer aus den Reihen Tausender beherzter Neonazi-Gegner, könnte damit zu erklären sein, dass auch ein Teil der betreffenden Musiker aus Thüringen stammt. Kenner der Szene vermuten Mitglieder der Thüringer Band »Sonderkommando Dirlewanger« (SKD) dahinter. SKD ist berüchtigt, zählt zum Umfeld der brutalen Angreifer von Ballstädt. Auch der mutmaßliche Sänger von »Erschießungskommando«, der Schweizer Kevin Gutmann, ist mit seiner Band »Amok« immer wieder in Thüringen anzutreffen. »Amok« trat zum Beispiel 2017 beim »Eichsfeldtag«, einem öffentlichen Familienfest der NPD, auf. Gutmann ist zudem bekannt mit »Rock gegen Überfremdung«-Organisator Tommy Frenck, der in Kloster Veßra nahe Themar lebt. Beide beteiligten sich bereits 2007 an einer Kranzniederlegung der Szene in Bad Langensalza.

Ein weiteres Lied, mit dem Titel »HK-pella«, offenbart, mit welcher Radikalität die Geheim-Band »Erschießungskommando« auch antisemitisch provoziert. Darin heißt es unter anderem: »Ich hasse dieses Judenpack ...«, und die Passagen »Jude«, »Gas, Gas, Gas« und »ab in den Ofen« werden mehrfach gegrölt.

Als die CD »Sieg oder Tod« 2016 auf den Markt kam, sprachen sich die Mordaufrufe schnell herum. Die Tonträger wurden als gesuchte Stücke gehandelt, die nur unter der Hand zu bekommen sind. Die Spuren führten auch nach Thüringen. Als eine Kontaktperson für den Kauf der CD entpuppte sich Marcus Rußwurm. Der bis ins Gesicht tätowierte bullige Neonazi trat in Themar als Ordner auf. Vor Kurzem wurde er wegen eines gemeinschaftlichen brutalen Überfalls auf eine Kirmesgesellschaft in Ballstädt zu einer mehrjährigen Haftstrafe verurteilt, das Urteil ist noch nicht rechtskräftig.

Katharina König-Preuss engagierte sich sehr für die Aufklärung dieses Anschlags, die Landtagsabgeordnete und ihre Mitarbeiter beobachteten den Prozess vor dem Landgericht Erfurt, und in Interviews gab sie Einschätzungen und Kritik ab. Gespräche bei Facebook belegen, dass Marcus Rußwurm den Tonträger mit dem Mordaufruf gegen die Königs unter dem Vorwand, »die will ein Kamerad von mir verkaufen«, dort anbot. Das Geld sollte in einem Briefumschlag an Stefan Fahrenbach aus Suhl gesandt werden. Auch dieser Neonazi trat in Themar als Ordner auf, auch er musste sich wegen des Ballstädt-Überfalls vor Gericht verantworten und wurde in erster Instanz verurteilt. Die Netzwerke zwischen Konzertorganisatoren, Musikproduzenten, Bands und Vertreibern sind breitflächig und doch exklusiv.

Unter den Augen von Politik, Polizei und Öffentlichkeit geht die Thüringer Neonazi-Szene erneut – wie seit den 1990er-Jahren – radikalste Wege. Sie gilt als besonders gut vernetzt, Teile agieren professionell im Untergrund. Damals wie heute ist die Musik das Aushängeschild dieser Tätigkeiten und heute wie damals bekennen sich viele Rechtsrockbands – wie auch die thüringisch-schweizerische Gruppe »Erschießungskommando« – insbesondere zu der militanten, in Deutschland verbotenen Organisation »Blood & Honour« und ihrem Ableger »Combat 18«. »Blut & Ehre« heißt auch eine 2016 erschienene CD der Band, der Titel verdeutlicht den Bezug zu »Blood & Honour« (zu deutsch: Blut und Ehre). Im zwölften Lied heißt es: »The end is coming now for the traitors of our race. It's come you Jew better run if you see the hate in our face«, im anschließenden Refrain dann: »Hail C18. You know what I mean. Hail, Hail the terrormachine. Hail, Hail, Hail Combat 18.«

Die Organisation »Combat 18« (C18) – übersetzt: »Kampf (Ziel) Adolf Hitler« (die Zahlen 1 und 8 beziehen sich als Chiffre der Neonaziszene auf den ersten und achten Buchstaben des

Alphabets und somit auf die Initialen von Adolf Hitler) – versteht sich als der »bewaffnete Arm« des weltweit verbreiteten Musiknetzwerkes »Blood & Honour« und ist hierzulande nicht verboten. C18 propagiert nicht nur offen den Nationalsozialismus, sondern auch Gewaltanwendung und Terror. Aktivisten der Organisation verübten in den 1990er-Jahren mehrere Bomben- und Mordanschläge. Bis heute propagieren diejenigen, die sich zu »Combat 18« bekennen, Zellen-Konzepte wie das des Leaderless-Resistance, des »führerlosen« Untergrundkampfes. Betrachtet man deren Handlungskonzepte, so fallen Parallelen zur mordenden Nazigruppierung »Nationalsozialistischer Untergrund« auf. Nicht nur propagierte »Combat 18« einen »Rassenkrieg«, der sich gegen Menschen mit einer anderen Hautfarbe richten sollte, in ihren Strategiepapieren wird sowohl die Bildung kleiner Zellen empfohlen als auch, keine Bekennerschreiben zu hinterlassen. Beide Merkmale treffen auf den NSU zu.

Robin Schmiemann, gewaltbereiter Dortmunder Neonazi, zählte 2006 zu einer C-18-Kleinstzelle, 2013 unterhielt er innigen Briefkontakt zur inhaftierten NSU-Hauptangeklagten Beate Zschäpe. 2016 trafen sich Schmiemann und andere Mitglieder dieses Untergrunds bei einem Aufmarsch in Dortmund mit Will Browning, einem der Gründer von C18. Seit 2013 soll die Gruppe auch in der Bundesrepublik wieder aktiv sein, Mitglieder soll es offiziellen Angaben zufolge in Hessen, Nordrhein-Westfalen, Thüringen, Bayern, Baden-Württemberg, Rheinland-Pfalz und Niedersachsen geben.

»Combat 18« ist das offensichtlichste Beispiel, wie sich jugendkulturelle Szenen erst politisieren, dann organisieren. Aus dem Musiknetzwerk »Blood & Honour« bildeten sich rechtsterroristische Strukturen heraus, die sich als »bewaffneter Arm« ansahen. Im November 2016 fand eine Razzia bei Rechtsextremisten im thüringischen Suhl statt, sie galt vier Mitgliedern von

»Blood & Honour Südthüringen«. Immer wieder wurden bei Durchsuchungen scharfe Waffen gefunden. Auch erschienen in den Magazinen der Organisation, die in vielen Ländern Europas über aktive Sektionen verfügt, Bombenbauanleitungen. Lange wurde darüber spekuliert, ob der Bombenanschlag des NSU in der Kölner Keupstraße nicht auf einer Bauanleitung von C18 basiert.

Von Thüringen aus gibt es eine Reihe von – teilweise langjährigen – Verbindungen zu dem Terrornetzwerk »Combat 18«. Im 2001 starb mit dem Deutsch-Dänen Marcel Schilf einer der zentralen Aktivisten von C18. Am 14. März 2015 fand Schilf zu Ehren ein von C18 organisiertes Gedenkkonzert in Schweden statt. Mit dabei die Band »Nordic Anti Zionists Incorporation«, die sich selbst mit N.A.Z.I. abkürzt und aus Thüringen stammen soll. Wohl auch kein Zufall, dass Marcus Rußwurm nicht nur CDs von »Erschießungskommando«, sondern auch eine von »N.A.Z.I.« anbot. Das einzige bisher bekannte Konzert der Band fand am 1. April 2017 ausgerechnet im thüringischen Kirchheim statt. Rußwurm bewarb das Konzert damals mit den Worten »jetzt offiziell angemeldet, mit Abendkasse«. Es ist kaum vorstellbar, dass eine Band namens »N.A.Z.I« auf einem angemeldeten Konzert auftritt – wo doch ihre Ende 2016 erschienene CD »18 We Fight For You« mit Liedern wie »Kämpfer für Hitler« von der Bundesprüfstelle für jugendgefährdende Medien als strafbar eingeschätzt wurde.

Der kleine Ort Themar ist nicht nur der Rechtsrock-Treffpunkt des Jahres 2017, sondern auch der Laufsteg der braunen Szene. Die zahlreichen Besucher des Konzerts im Juli müssen durch eine von der Polizei errichtete Gasse von Absperrgittern gehen. Fast ausnahmslos tragen Männer und Frauen Mode und Motive einschlägiger Marken. Politische Motive und Botschaften prangen auf so gut wieder jeder Jacke, auf jedem Pullover oder

Shirt. Die in der Szene besonders beliebte Marke »Thor Steinar« zeigen einige, doch beliebt sind auch »Ansgar Aryan« oder
»Greifvogel Wear«. Neben zahlreichen NS-Botschaften wie »I
love Htlr« oder »Adolf« werden Bandnamen wie »Blutzeugen«
zur Schau getragen. Ein Teil der Gäste trägt die in den rechten
Mischszenen zwischen Hooligan-, Rocker-, Kampfsport- und
Rotlichtmilieu üblichen Marken »Yakuza« oder »Label 23«.

Als heimlicher Höhepunkt der Veranstaltung in Themar galt
für viele Fans des Kampf- und Boxsports der Auftritt des russischen Redners Denis Nikitin von »White Rex«. Die Marke
»White Rex« ist mehr als ein Kleidungslabel. Die Initiative
»Runter von der Matte«, die von Kampfsportlern gegründet
wurde, um über die zunehmende Präsenz von Neonazis zu warnen, schreibt auf ihrem Blog: »White Rex« ist mittlerweile ein
Netzwerk international organisierter Neonazis, die sich durch
Kraft- und Kampfsport, körperliche und geistige Ertüchtigung
auf den Nahkampf bzw. den von Neonazis oft beschworenen
»Heiligen Rassenkrieg« vorbereiten. Nikitin und »White Rex«
bilden in der Bundesrepublik und der Schweiz Neonazis im
Kampfsport aus. »White Rex« steht mit ähnlichen deutschen
Strukturen in Verbindung. Für den im Oktober 2017 stattfinden-
den, äußerst konspirativ organisierten »Kampf der Nibelungen«, eine von Neonazis organisierte »Fight Night«, warben
ebenfalls einige Rechtsrock-Besucher in Themar. Die Bekleidung der Szene dient nicht nur als Werbefläche, sondern vermittelt auch das Gefühl, zu einer besonderen, wenn auch verruch-
ten Gemeinschaft dazuzugehören. Vor allem aber stellt es –
ebenso wie das Musikgeschäft – ein Business dar.

Bis 2013 erschienen pro Jahr über 100 professionell produzierte
Rechtsrock-CDs deutscher Bands. Erstmals 2014 fiel die Zahl
seit 2002 darunter, 2016 waren es noch 84. Eine zwar immer
noch erschreckend hohe Zahl, das Geschäft mit CDs nimmt

aber immer mehr ab. Vor allem da die Musik als MP3s im Netz kostenlos heruntergeladen werden kann. Illegal, versteht sich. Im Gegensatz zum CD-Handel lässt sich mit Bekleidung weiterhin viel Geld verdienen. Nachdem lange »Thor Steinar« als beliebteste Marke bei Neonazis galt, weil sie sich von eindeutiger Symbolik verabschiedet hatte und eher unauffällige Kleidung anbot, kehrt der harte Kern der Neonazi-Szene inzwischen zu Labels mit eindeutigeren Aussagen zurück.

Inhaber der Marke »Ansgar Aryan« und des Labels »FSN« (»frei, sozial, national«) ist Patrick Schröder aus der Oberpfalz. Der bayerische NPD-Funktionär »propagiert seit Jahren eine umfassende Modernisierung der extremen Rechten in Deutschland«, heißt es auf dem Fachportal »Belltower News«. Viele Motive der 2008 gegründeten Marke »Ansgar Aryan« verbinden den Nationalsozialismus mit Krieg und Gewalt. So das Shirt »HGr 24 TS« aus den »Weapon Series«, das den Aufbau einer deutschen Handgranate aus dem 2. Weltkrieg zeigt.

»Dem bekannten deutschen Sturmgewehr 44 haben wir mit diesem edlen T-Shirt ein würdiges Denkmal gesetzt. Dieses Produkt ist Bestandteil unserer Waffen-Serie« heißt es in der Werbung für ein weiteres T-Shirt. Doch es geht bei den Motiven der Marke nicht nur um den historischen Nationalsozialismus, andere Motive beziehen sich auf das Hier und Jetzt. So propagiert ein Shirt das »No Go Area East Germany«, links und rechts verdeutlichen zwei Schlagringe, wie das gemeint ist. Auf der Vorderseite erklärt ein Schriftzug den Träger des Shirts als »True Germanic Resistance«.

Im Katalog der Marke »Ansgar Aryan« tritt auch Marcus Rußwurm als Model auf. Rußwurm fuhr bereits 2014 mit dem Label-Inhaber Patrick Schröder und dem »Rock gegen Überfremdung«-Organisator Tommy Frenck zum »Europa-Kongress« der NPD-Jugend ins thüringische Kirchheim. Dort betreute er den Verkaufsstand Schröders.

Es sind enge, verschworene Bande in diesem Business. Viele Neonazis, auch Rechtspopulisten investieren viel Geld in ein entsprechendes Equipment. Das erzeugt auch Neid und Streit. Im August 2017 ist auf dem fachkundigen kritischen Blog »Stoerungsmelder« vom Twist zwischen Rapper Makss Damage und dem bayerischen Multifunktionär Schröder zu lesen. Der Vorwurf an die Macher der Internet-, Video- und Unterhaltungsplattform »FSN« und Ansgar-Aryan-Inhaber lautet, er würde Geld verdienen, ohne davon etwas in die politische Arbeit zurückfließen zu lassen. So rappt Damage unter anderem: »Du hast die LiveHate Gästeliste einfach an den Staatsschutz abgeschickt …«, und meint damit, Patrick Schröder habe die Polizei mit internen Informationen beliefert. In einem aggressiven Milieu ein gefährlicher Vorwurf. Immer wieder kam es zu interner Gewalt. Doch das Geschäft boomt weiter.

»HKN KRZ« ist ein in der Neonazi-Szene verwendetes Kürzel für »Hakenkreuz«. Das Sprachverständnis des Menschen ist in der Lage, Begriffe, bei denen die Vokale fehlen und nur die Konsonanten ausgeschrieben sind, gut zu deuten. Diese Fähigkeit machten sich Antifaschist(inn)en zunutze, als sie T-Shirts mit der Aufschrift »FCK NZS« im Stil des Bandlogos der US-amerikanischen Rap-Band RUN DMC produzierten. Es war Patrick Schröder, der diesen Effekt auch für die extrem rechte Szene kopierte und nun über seinen »FSN-Shop« im Internet eine ganze »HKN KRZ-Bekleidung«-Serie anbietet. Von »HKN KRZ-Short schwarz« bis zum »HKN KRZ-Tank Top« für Damen. Im Gegensatz zum Symbol des Hakenkreuzes ist das Wort Hakenkreuz nicht verboten und eignet sich so als Bekenntnis in popkultureller Verpackung.

Schröders Webshop bietet übrigens nicht nur Bekleidung an, sondern auch Pfefferspray und Teleskopschlagstöcke. Diese Schlagstöcke aus Stahl, im Volksmund besser bekannt als »Totschläger«, dürfen nur an Personen ab 18 Jahren verkauft werden. Auf der Website findet sich auch gleich der Hinweis auf das deutsche Waffenrecht:»Nur für zu Hause – das Produkt darf nicht mitgeführt werden, weder auf der Straße noch im Auto oder sonst wo.« Der Webshop von Schröder gibt noch etwas Weiteres preis:»Kunden, die diesen Artikel kauften, haben auch folgende Artikel bestellt«, ist unter dem Angebot des Schlagstocks zu lesen, es sind»Quarzsand-Handschuhe«. Das sind keine Handschuhe gegen Kälte, der Quarzsand in den Handschuhen führt bei Schlägen zu erheblichen Verletzungen. Es waren genau solche Handschuhe, die ein Teil der neonazistischen Angreifer auf die Kirmesgesellschaft in Ballstädt 2014 getragen haben und die damit Menschen zum Teil schwer verletzten.

Dass ungefähr 6000 Teilnehmer zu dem Konzert in Themar gekommen sind, liegt nicht zuletzt an dem Veranstalter, am Thüringer Tommy Frenck. Frenck wurde 1987 im nahen Schleusingen geboren, er ist für viele in der Region »einer von hier«. Genau dieses Bild präsentiert der kleine kräftige Frenck gerne auf Facebook von sich: der»Kamerad« von nebenan. Schon früh war der gelernte Koch politisch engagiert, noch vor seinem 18. Geburtstag trat er in die NPD ein. Um Bürgernähe zu demonstrieren, versuchte er sich bei der Freiwilligen Feuerwehr zu engagieren, das wurde allerdings abgelehnt. Er gründete einen Fußballverein, den»SV Germania Hildburghausen«. Frenck hat sich das Wort»Aryan« quer über den Hals tätowieren lassen – ein Bekenntnis zur sogenannten Herrenrasse der Nationalsozialisten. Frenck war eigenen Angaben zufolge mal Jugendmeister im Gewichtheben. Gerne präsentiert der Thüringer bei Facebook, wie er im Fitnessstudio Hanteln stemmt und Bankdrücken macht. Er ist aber auch verurteilt wegen Körperverletzung, er soll»einem Schwarzen eine Flasche über den Kopf gezogen haben«, wie es im Focus heißt.

Frenck gilt in der Szene als Autoritätsperson. Ende 2014 kaufte er für 80 000 Euro die Gaststätte Goldener Löwe in Kloster Veßra, nur knapp drei Kilometer von Themar entfernt im fränkischen Teil Thüringens gelegen. Dort bietet der gelernte Koch zu Hitlers Geburtstag am 20. April Schnitzel für 8,88 Euro an, die 8 steht dabei für den Buchstaben »H«, 88 für »Heil Hitler«. Regelmäßig führt er in der Gaststätte auch Konzerte, Liederabende und Veranstaltungen durch. Nebenbei betreibt er den Internetshop »Druck18«, die 18 steht für »AH«, Adolf Hitler. Im Angebot hat er neben einschlägigen CDs auch Bekleidung. Sogar Bettwäsche mit dem Motiv »Reichskriegsflagge« kann bestellt werden.

So richtig ins Musik-Geschäft stieg Frenck 2014 ein. Damals suchte der aus Bayern kommende Patrick Schröder einen neuen Ort für ein Konzert. Schröder, bundesweit in der Szene als Moderator wöchentlicher Videobeiträge über extreme Musik bekannt, moderiert auch im Live-TV-Streaming Kanal »FSN. TV«. Auf der Website »The Revolution« wird eine Mischung aus Szene-Neuigkeiten und Kommerz angeboten. Seit über zehn Jahren ist der Neonazi aus der Oberpfalz im Geschäft. Er stieg auch in die Organisation von Rechtsrock-Konzerten ein. 2013 veranstaltete Schröder ein Konzert unter dem Motto »Live H8« mit 1000 Teilnehmern im bayerischen Scheinfeld. 2014 wurde das Nachfolgekonzert verboten. Patrick Schröder war genervt von den engagierten Bürgerinitiativen, die sich gegen seine Events gegründet hatten, und die die lokalen Behörden motivierten, genau hinzuschauen. So wich er ins benachbarte Thüringen aus. Als neuer Ort für Veranstaltungen wurde zunächst Hildburghausen gefunden. Dort organisierte Schröder zusammen mit Frenck am 23. August 2014 eine »Kundgebung« mit fast den gleichen Bands, die zuvor schon angekündigt waren, circa 400 Neonazis kamen.

Da alles gut lief, setzten die beiden ihr Konzertprojekt in der

Region mit verschiedenen Titeln fort. 2015 kamen schon circa 1500 Besucher, 2016 waren es 3500, 2017 dann der Rekord.

Das Mega-Konzert Mitte Juli 2017 in Themar, nur 13 Kilometer von Hildburghausen entfernt, verdeutlicht, welche umfassende Bedeutung solche Veranstaltungen für die Neonazi-Szene haben: Sie sind identitätsstiftend, sie stabilisieren, bieten Unterhaltung und radikalisieren. Zugleich sind sie Kontakt- und Vernetzungsbörsen, und zu guter Letzt stellen Konzerte neben der Wahlkampfkostenrückerstattung die zweitwichtigste Geldquelle der extremen Rechten dar. Im Vorfeld des »Rock gegen Überfremdung« gab es eine gerichtliche Auseinandersetzung, ob das Fest, wie Anmelder Tommy Frenck behauptete, eine politische Veranstaltung sei oder, wie es der Landkreis Hildburghausen, das zuständige Verwaltungsamt, sah, eher einem kommerziellen Event gleichkomme. Das Gericht entschied, dass es sich trotz des Eintritts um eine politische Veranstaltung handele, und stellte damit das Event unter den Schutz des Versammlungsrechts.

Es steht zu befürchten, dass diese juristische Entscheidung einer Entwicklung der letzten Jahre zusätzlichen Rückenwind geben wird. Rechtsrock-Konzerte werden demnach nicht mehr, wie bis vor einigen Jahren üblich, aus dem Untergrund heraus organisiert. Viel zu oft hat die Polizei Konzerte, die als private Geburtstagsfeier oder als Hochzeitsfeier deklariert waren, aufgelöst oder verhindert, daher werden Konzerte immer öfter bei den Behörden angemeldet. Dafür benötigt die Szene jedoch entweder eigene Räume, wie sie ihnen zum Beispiel im »Thinghaus« in Mecklenburg-Vorpommern oder mit der Gaststätte Goldener Löwe von Tommy Frenck in Hildburghausen zur Verfügung stehen, oder verlässliche Vermieter, die wissen, an wen sie da vermietet haben, und entweder mit den Neonazis sympathisieren oder denen jeder zahlende Gast recht ist. Solche Gaststätten mit größeren Sälen stehen im thüringischen Kirchheim oder im sächsischen Staupitz bei Torgau regelmäßig für Konzerte neonazistischer Bands zur Verfügung. Das jüngste Erfolgsmodell der extremen Rechten sind angemeldete Kundgebungen. Hier müssen die Anmelder zwar teilweise die Liedtexte der Bands für eine Genehmigung vorlegen, und natürlich kann man es mehr oder weniger unter den Augen der Polizei nicht ganz so offensiv treiben wie bei konspirativen Konzerten, also nicht ungehemmt »Sieg Heil« grölen, aber dafür können diese Veranstaltungen langfristig und in aller Öffentlichkeit beworben werden. Das schafft Planungssicherheit und ein größeres Mobilisierungspotenzial. Zudem hat es den Effekt, dass einerseits eine Gewöhnung in der Bevölkerung einsetzt und die Proteste, wenn überhaupt vorhanden, abebben. Andererseits sinkt durch die Legalität die Hemmschwelle für interessierte Jugendliche beachtlich. Einige der Neubesucher hätten von Untergrund-Konzerten ohnehin nichts erfahren, weil sie keinen Zugang zu den konspirativen Verteilerkreisen haben. Durch Plakate, soziale Netzwerke und persönliche Werbung gewinnt Rechtsrock in Form angeblicher »Kundgebungen« an Zulauf. In Themar fand zwei Wochen nach dem »Rock gegen Überfremdung« das nächste Großevent von Patrick Schröder statt. Am »Rock für Identität« beteiligten sich noch mal 2000 Neonazis. Im Oktober 2017 fand in dem kleinen Ort der nächste rechte Ansturm statt.

Musik ist zentral im Leben junger Menschen. Mittels aggressiver Musik können jedoch, wie Wissenschaftler festgestellt haben, auch Aggressionen abgebaut werden. Allein aggressive, harte und schnelle Klänge sind nicht verantwortlich für rechte Gewalt. So wirkt Musik nicht. Gefährlich ist, dass Rassismus und Gewalt in den eingängigen, teils brutalen, teils gefühlvollen Liedern verherrlicht und in eine Richtung kanalisiert werden. Feindbilder werden impliziert.

Die Lebenswelt jugendlicher Neonazis ist ideologisch ausgerichtet. Oft ganz banal in Gut und Böse, Freund und Feind gestückelt. Gewalt gehört zur rassistischen Ideologie. Macht und Vorherrschaft sind Ziele, deren Erlangung nur durch Radikalisierung erreicht werden können. Es sind auch Liedtexte und T-Shirt- oder Pullover-Motive, die zur Gewalt aufrufen und es sind Rechtsrock-Konzerte, die ein gefährliches Gemeinschaftsgefühl erzeugen. Reckt einer den Arm zum Hitlergruß, bleibt er meistens nicht alleine. Schreit einer eine mörderische Parole, werden ihm andere folgen. Wenn nach rassistischen Angriffen extrem rechte Täter ermittelt werden können, so finden sich bei den Hausdurchsuchungen regelmäßig stapelweise CDs einschlägiger Bands und die entsprechende Bekleidung.

Jugendkultur, Neonazismus und Gewalt sind inzwischen eine untrennbare Verbindung eingegangen.

Co-Autor: Jan Raabe

Chronik Juli 2017

01.07. Herzberg (BB) Ein Rechter beschimpft einen jungen Syrer rassistisch, zeigt den Hitlergruß und wirft einen Gegenstand in seine Richtung.

01.07. Berlin-Charlottenburg (BE) Eine Personengruppe ruft »Sieg Heil!« in die Richtung von drei Männern im Alter zwischen 37 und 44 Jahren. Die Angreifer schlagen einem 37-Jährigen mit der Faust ins Gesicht. Zwei Männer, die helfen wollen, werden ebenfalls attackiert.

01.07. Kempten (BY) In der Nacht greifen zwei Unbekannte einen 24-jährigen Syrer an. Sie treten ihm mehrfach gleichzeitig mit dem Fuß ins Gesicht. Der Betroffene verliert kurzzeitig das Bewusstsein. Er muss im Krankenhaus behandelt werden. Die Polizei kann einen 22-jährigen Tatverdächtigen aus Kempten festnehmen. Die Amadeu Antonio Stiftung und Pro Asyl werten diesen Vorfall als flüchtlingsfeindlich.

02.07. Berlin-Reinickendorf (BE) Drei unbekannte Männer beleidigen einen 35-jährigen Mann, der in Begleitung von zwei 28-jährigen Frauen ist, rassistisch. Sie schlagen und treten ihn. Als die Frauen eingreifen wollen, werden sie ebenfalls mit Schlägen und Tritten angegriffen.

03.07. Hamburg-St. Georg (HH) Ein Mann leistet Widerstand gegen Polizeibeamte und ruft »Heil Hitler« und »Sieg Heil«.

03.07. Eberswalde (BB) Ein Mann beleidigt einen Mann aus dem Kamerun rassistisch und greift ihn körperlich an.

03.07. Torgau (SN) Unbekannte verletzen zwei türkische Personen in einer Gaststätte. Die Opferberatungsstelle »RAA Sachsen« bewertet diesen Vorfall als rechte Tat.

04.07. Landshut (BY) Zwei Polizisten wollen einen 53-jährigen »Reichsbürger« festnehmen, gegen den ein Haftbefehl vorliegt. Der Mann ist der Ansicht, dass die Polizei nicht für ihn zuständig und der Haftbefehl ungültig ist. Als die Beamten ihn fixieren wollen, schlägt er auf sie ein. Seine 55-jährige Lebensgefährtin tritt gegen die Füße der Polizisten. Die Beamten bringen beide zu Boden und legen ihnen Handschellen an. Nach der Behandlung im Krankenhaus wird der 53-jährige »Reichsbürger« ins Gefängnis gebracht.

04.07. Völklingen (SL) Ein 33-Jähriger wirft aus einem Fenster Bierflaschen auf zwei vor dem Haus stehende Männer. Der Täter ruft »rechtsextreme Parolen« und Beleidigungen.

05.07. Alzenau-Hörstein (BY) Die Polizei versucht einen 53-jährigen Autofahrer anzuhalten, weil das Kennzeichen seines Fahrzeugs entstempelt ist. Zuerst reagiert er nicht auf die Aufforderungen der Polizei. Er öffnet sein Fenster nur einen Spaltbreit. Erst als der Mann die Scheibe weiter öffnet, gelingt es einem Beamten, in den Pkw zu greifen. Daraufhin versucht der »Reichsbürger« vergeblich, das Entriegeln der Fahrertür durch Stoßen und Schlagen zu verhindern.

05.07. Völklingen (SL) Unbekannte legen Feuer in einem Haus, das für »Schulungs- und Betreuungsmaßnahmen für Flüchtlinge« genutzt werden soll. Fünf Tage zuvor war es schon einmal zu einer Brandstiftung gekommen.

06.07. Wittenberg (ST) Eine 22-jährige Frau und ein gleichaltriger Mann sind am späten Abend mit ihren Fahrrädern in der Stadt unterwegs. Sie unterhalten sich auf Ukrainisch. Plötzlich werden sie von zwei Unbekannten angepöbelt. Die Angreifer schubsen den Mann vom Rad. Er trägt eine Platzwunde davon. Ein 33-jähriger Passant, der helfen will, wird von den Tätern getreten und geschlagen. Er erleidet eine Platzwunde am Kinn. Die »Mobile Opferberatung« wertet diesen Vorfall als rechte Tat.

07.07. Torgau (SN) Aus einer Gruppe von fünf Personen heraus wird ein 21-jähriger Syrer angeschossen und schwer verletzt. Die Opferberatungsstelle »RAA Sachsen« bewertet diesen Vorfall als rechte Tat.

07.07. Gotha (TH) In der Nacht werfen drei Personen zwei Fensterscheiben eines alternativen Wohnprojekts ein. Die Bewohner vermuten einen rechten Hintergrund der Tat.

07.07. Völklingen (SL) Es brennt zum dritten Mal innerhalb nur einer Woche in einem Haus, das für die Arbeit mit Geflüchteten genutzt werden soll. Die Polizei hält einen fremdenfeindlichen Hintergrund für möglich.

08.07. Neuruppin (BB) Ein Mann beschuldigt zu Unrecht einen 15-jährigen Afghanen, dass er sein Fahrrad gestohlen habe. Er beleidigt den Jugendlichen rassistisch, zieht ihn an den Haaren und schlägt ihm ins Gesicht.

08.07. Hamburg-Barmbek (HH) Ein Mann stößt einen anderen Mann mit dem Kopf, weil dieser politisch links steht.

08.07. Rostock (MV) Ein 34-jähriger Mann beleidigt eine Gruppe von sieben Pakistani im Zug. Nach der Ankunft im Hauptbahnhof Rostock tritt der Täter gegen das Knie eines Mannes, gießt Bier über seinen Hinterkopf und zeigt den Hitlergruß.

08.07. Sohland an der Spree (SN) Unbekannte greifen zwei junge Geflüchtete beim Stauseefest an. Die Täter setzen Schlagringe ein und rauben die Brieftasche des Betroffenen. Die Opferberatungsstelle »RAA Sachsen« bewertet diesen Vorfall als rechte Tat.

08.07. Erfurt (TH) Eine große Gruppe dunkel gekleideter Rechter nähert sich in der Nacht einer anderen Gruppe, die sich am Ufer der Gera aufhält. Die Rechten rufen »Frei, sozial und national!« sowie »Sieg Heil«. Vier Personen verletzen sich auf der Flucht vor dem Übergriff. Die Polizei bezweifelt trotz eindeutiger Zeugenaussagen einen politischen Hintergrund der Tat.

09.07. Greifswald (MV) Unbekannte zünden zwei Mülltonnen an, die vor einem Wohnprojekt des Pfadfinderbundes stehen. Die

Bewohner hatten auf einem Transparent ihre Solidarität mit dem Demokratiebahnhof Anklam bekundet. Das antirassistische Jugendzentrum war im Monat zuvor Opfer eines Brandanschlags geworden.

09.07. Dresden (SN) Eine Gruppe von Personen beleidigt und attackiert einen 21-jährigen Libyer. Einer der Täter zeigt den Hitlergruß und ruft »Sieg Heil«. Ein 20-jähriger Passant eilt zu Hilfe und wird durch einen Flaschenwurf verletzt.

12.07. Zeitz (ST) In der Innenstadt beleidigen zwei Unbekannte einen 57-jährigen Mann antisemitisch. Dann stößt einer der beiden den Kippa tragenden Mann gegen eine Hauswand. Der Betroffene erleidet eine blutende Wunde am Hinterkopf. Augenzeugen greifen nicht ein.

13.07. Berlin-Marzahn (BE) Zwei Erwachsene beleidigen drei jugendliche Geflüchtete rassistisch. Sie bedrohen die drei und schlagen auf sie ein.

13.07. Düsseldorf (NW) An einer Haltestelle beleidigt eine etwa 60 Jahre alte Frau eine 20-jährige Studentin wegen ihres Kopftuchs rassistisch. Die Betroffene kündigt an, die Polizei zu rufen und will die Täterin mit ihrem Mobiltelefon fotografieren. Die Frau reißt der Studentin daraufhin das Kopftuch herunter, würgt sie und schlägt ihr wiederholt ins Gesicht.

13.07. Stendal (ST) In der Nacht greifen zwei Unbekannte einen Linken an, der NPD-Aufkleber entfernt. Die beiden Jugendlichen beleidigen den 23-Jährigen als »Zeckenschwein« und treten gegen sein Bein. Der Betroffene kann danach nicht mehr aufstehen und muss ambulant im Krankenhaus behandelt werden.

15.07. Berlin-Marzahn (BE) Unbekannte bewerfen die Organisatorin einer Anti-rechts-Tanzveranstaltung mit zwei Bierflaschen. Sie treffen die Frau nicht.

15.07. Berlin-Pankow (BE) Ein 33-jähriger Mann wirft aus behindertenfeindlicher Motivation einen Stein auf einen 20-Jährigen.

Das Wurfgeschoss verfehlt den Betroffenen. Der Täter zeigt den Hitlergruß und ruft »Heil Hitler«.

15.07. Ohrdruf (TH) Drei Männer greifen, laut Polizei grundlos, fünf Personen aus Syrien, Marokko und Afghanistan an. Die Angreifer sind teilweise wegen rechtsmotivierter Straftaten polizeibekannt.

15.07. Frankfurt (Oder) (BB) Unbekannte Täter greifen in der Nähe der Universität einen jugendlichen Afghanen körperlich an.

18.07. Jena (TH) Ein 38-Jähriger beleidigt einen 16-jährigen Syrer. Dann nimmt er einen Schlagring aus dem Rucksack und holt zum Schlag mit der verbotenen Waffe aus. Der Jugendliche kann flüchten. Die Opferberatungsstelle Mobit wertet diesen Vorfall als rechte Tat.

18.07. Jena (TH) Ein unbekannter Täter schlägt einen 19-jährigen Syrer mit Fäusten gegen den Kopf. Die Opferberatungsstelle »Mobit« wertet diesen Vorfall als rechte Tat.

21.07. Berlin-Neukölln (BE) Ein 54-Jähriger wirft ein brennendes Tuch aus einem Fenster auf eine 25-jährige Frau und ruft »Sieg Heil!«.

21.07. Schwäbisch Hall (BW) Ein junger Mann rammt einem 17-jährigen Geflüchteten auf dem Jakobimarkt einen scharfen Gegenstand in den Hinterkopf. Er dringt rund zwei Zentimeter tief ein und verfehlt nur knapp die Hauptschlagader und das Gehirn. Eine Freundin des Betroffenen meint, den Täter auf Facebook wiedererkannt zu haben. Der Mann war durch rassistische Aktivitäten aufgefallen. Die Polizei informiert die Öffentlichkeit über den Vorfall nicht und dementiert ihn zunächst gegenüber dem Haller Tageblatt.

21.07. Oberasbach (BY) Ein 29-Jähriger beleidigt in einer Eisdiele eine 56-jährige Frau rassistisch. Er beschimpft sie unter anderem als »Scheiß Ausländerin«. Als die Frau ihn daraufhin mit ihrem Telefon fotografieren will, reißt er es ihr aus der Hand und wirft es zu Boden. Dann schubst er die Betroffene auf die Straße. Ein herannahendes Fahrzeug muss ausweichen, um die Frau nicht anzufahren. Die 56-Jährige wird durch die Attacke verletzt und muss im Krankenhaus behandelt werden. Die Polizei kann den Täter später ermitteln. Bei seiner Festnahme wehrt er sich heftig.

27.07. Berlin-Lichtenberg (BE) Ein unbekannter Mann beleidigt vor einer Geflüchtetenunterkunft einen 24-jährigen Bewohner rassistisch. Er wirft zwei Bierflaschen nach ihm, eine von ihnen trifft den Mann.

27.07. Bad Doberan (MV) Ein unbekannter Mann bedroht zwei jugendliche Geflüchtete, die auf dem Weg zu ihrer Unterkunft sind, mit einer Pistole. Einem der beiden hält er die Waffe an den Kopf. Beide können unverletzt fliehen. Die Amadeu Antonio Stiftung und Pro Asyl werten diesen Vorfall als flüchtlingsfeindlich.

27.07. Bautzen (SN) Zwei Männer greifen nach einer Auseinandersetzung auf der »Platte« drei junge Geflüchtete im Alter von 17, 18 und 21 Jahren mit einer abgebrochenen Bierflasche an. Die Polizei stoppt den Angriff. Weitere Angreifer verfolgen den 21-jährigen Geflüchteten. Im späteren Verlauf des Abends stoppen die Beamten ein Fahrzeug mit vier Personen, bei denen sie Pfefferspray, Quarzsandhandschuhe und eine Sturmhaube finden. Die Opferberatungsstelle »RAA Sachsen« bewertet diesen Vorfall als rechte Tat.

27.07. Erfurt (TH) Drei stadtbekannte Neonazis stürmen das Autonome Jugendzentrum Erfurt. Sie schlagen mit Eisenstangen auf anwesende Personen ein und sprühen Reizgas.

28.07. Berlin-Köpenick (BE) Am Abend beschimpft ein 59-jähriger Mann einen 22-Jährigen in einem Supermarkt rassistisch. Er schlägt und tritt ihn.

28.07. Jena (TH) Vier junge Männer sitzen auf dem Balkon eines Hauses. Männer, die in einer Gruppe vor dem Haus stehen, beleidigen sie. Die Männer in der Gruppe rufen »Deutschland den Deutschen« und werfen Steine auf den Balkon. Am Morgen danach befindet sich ein auf den Boden gemaltes Hakenkreuz vor dem Haus.

28.07. Halle (ST) Ein Mann beschimpft eine Gruppe Punker als »Scheiß Zecken«. Dann kommt ein Dutzend augenscheinlich rechter Personen dazu. Die Punks sollten sich »verpissen«, sonst würden »Köpfe rollen«. Der Rädelsführer der rechten Gruppe schlägt einem 19-jährigen Punker mit der Faust gegen den Kiefer. Die Rechten ziehen sich zurück und werden von der Polizei weggeführt.

28.07. Altötting (BY) Zwei polizeibekannte Angehörige der rechten Szene verfolgen einen 41-jährigen Geflüchteten. Er bittet die beiden darum, ihn in Ruhe zu lassen. Daraufhin beschimpfen sie ihn, packen ihn am Kopf und schlagen zu. Der Staatsschutz ermittelt.

29.07. Cham (BY) Ein 33-jähriger Mann fühlt sich auf dem Chamer Volksfest von »anwesenden Asylbewerbern« belästigt. Er droht damit, diese abzustechen. Sicherheitskräfte nehmen dem Mann daraufhin einen Hirschfänger, eine lange zweischneidige Stichwaffe, ab. Der Mann kommt anschließend in Polizeigewahrsam.

30.07. Berlin-Köpenick (BE) Ein unbekannter Mann beleidigt einen 16- und einen 21-Jährigen rassistisch und schlägt die beiden.

30.07. Sebnitz (SN) Ein 19-jähriger Mopedfahrer fährt auf dem Markt einem neunjährigen syrischen Jungen in voller Absicht über den Fuß. Der Junge erleidet leichte Verletzungen und wird im Krankenhaus behandelt. Die Opferberatungsstelle »RAA Sachsen« bewertet diesen Vorfall als rechte Tat.

30.07. Wittenberge (BB) Bei einer AfD-Wahlkampfveranstaltung wird ein linker Schüler beleidigt. Ein Ordner stößt ihn gegen eine Glastür, sodass diese zerbricht. Der Schüler erleidet eine Schnittverletzung an der Hand.

30.07. Halle (ST) Ein Mann schlägt am Abend auf einen anderen Mann mit dunkler Hautfarbe ein. In der Straßenbahn beleidigt er dann einen Syrer als »Scheiß Moslem«. Später versucht er einen 27-Jährigen anzugreifen. Der Mann kann sich aufgrund seiner Kampfsporterfahrung gegen den Angriff wehren. Dann klaut der Angreifer in dem Bistro eines Mannes aus Bangladesch mehrere Getränkeflaschen und beschädigt einen Pkw und ein Fahrrad. Die Polizei nimmt ihn in Gewahrsam und stellt einen Blutalkoholwert von 2,35 Promille fest.

31.07. Bad Doberan (MV) Ein Mann bedroht zwei syrische Jugendliche mit einer Schusswaffe. Er beschimpft die beiden zunächst als »Scheiß Kanaken« und hält dann einem der beiden eine Pistole an den Kopf. Der Mann flieht unerkannt.

31.07. Leipzig (SN) Mehrere Kontrolleure werden aggressiv gegenüber einem Fahrgast mit dunkler Hautfarbe. Der Mann hat einen gültigen Fahrschein, kann aber auf die auf Deutsch gestellten Fragen der Kontrolleure nicht antworten. Sie zerren ihn an einer Haltestelle aus dem Bus. Eine Augenzeugin, die eingreifen will, schubsen sie weg. Die Opferberatungsstelle »RAA Sachsen« bewertet diesen Vorfall als rechte Tat.

Anschläge und Terror. Rechte Gewalt in den westlichen Ländern

Amerika und Europa leiden unter dem gleichen Übel: der Wiedergeburt des Faschismus«, schreibt Autor Claus Leggewie in einem Artikel für die *Frankfurter Rundschau* nach den tödlichen Ausschreitungen weißer Fanatiker im US-amerikanischen Charlottesville. Rechte, rassistische und neonazistische Organisationen fühlen sich auch in zahlreichen westeuropäischen Ländern im Aufwind, dazu zählen die Organisationen Casa Pound in Italien, Goldene Morgenröte in Griechenland oder die Nordische Widerstandsbewegung in Skandinavien. Das Erstarken kann tödlich sein für die Menschen, die nicht in deren Weltbild passen. Die rechten, rassistischen und neonazistischen Netzwerke in den westlichen Gesellschaften werden trotz unterschiedlicher Erscheinungsbilder, Ideologien und Fokussierungen immer engmaschiger. Eine Schnittmenge bilden Nationalismus und Rassismus – sowie die Ablehnung liberaler, aufgeklärter und demokratischer Werte.

In Österreich ist die Freiheitliche Partei Österreichs (FPÖ) seit den Parlamentswahlen 2017 mit 26 Prozent der Stimmen drittstärkste Kraft. Sie gehört seit 36 Jahren zum Politikalltag im Alpenstaat. »In sämtlichen Gremien der FPÖ dominieren die deutschnationalen Burschenschafter, die in ihren Statuten noch den Arierparagrafen haben, Frauen als netten Aufputz betrachten und sich um die ›Umvolkung‹ der Gesellschaft sorgen«, schreibt die *taz* zur politischen Ausrichtung der Partei unter Heinz-Christian Strache. Er führt die FPÖ seit 2006. Seine politische Laufbahn begann Strache bei der militanten »Wiking Jugend«, alte Fotos zeigen ihn später noch bei Wehrsportübungen in Kärnten. Die Vorwürfe prallen an dem Politiker ab, der Vizekanzler des Landes werden könnte.

2016 erreichte rechte Gewalt in Österreich »einen absoluten Höchststand«. Im Mai 2016 tötete der ehemalige Anhänger der »Blood & Honour«-Division Vorarlberg, Gregor Schallert, zwei Menschen bei einer Bikerparty und danach sich selbst. Auslöser dafür soll angeblich ein Streit mit seiner Freundin gewesen sein, was immer wieder infrage gestellt wird. Auch deshalb, weil Schallert im Kofferraum seines Wagens noch eine zweite Kalaschnikow liegen hatte und es über »Blood & Honour« Kontakte ins Bikermilieu gab. Es kam intern zu Auseinandersetzungen. Zwischen 2005 und 2010 war Schallert bereits achtmal wegen Körperverletzung verurteilt worden. Ein Foto zeigt ihn im Shirt mit der Aufschrift »White Resistance«. Bei Facebook war er unter anderem mit Mitgliedern der deutschen Neonazipartei »Die Rechte«, aber auch der österreichischen FPÖ befreundet und vernetzt. Er bewunderte die deutschen Holocaustleugner Horst Mahler und Ursula Haverbeck.

Es habe noch nie so viele Straftaten, Anzeigen und Täter gegeben wie 2016, sagte der Grünen-Abgeordnete Albert Steinhauser Ende April 2017 im »Frühjournal« von Ö1. »Durch das Thema Flucht und die aufgeheizte Debatte darüber sehen sich Rechtsextreme zu Straftaten legitimiert«, so Steinhauser. Der Politiker fürchtet »eine Spirale der Radikalisierung«.

* * *

Am helllichten Tag direkt vor dem Hauptbahnhof der finnischen Hauptstadt Helsinki starb Jimi Joonas Karttunen. Der 28-Jährige ging am 10. September 2016 arglos mit einem Freund an einem Neonazi-Spalier mit Fahnen der »Suomen Vastarintaliike« (SVL) (»Finnische Widerstandsbewegung«) vorbei. Videoaufnahmen einer städtischen Überwachungskamera von der Tat zeigen, wie Karttunen ganz kurz stehen blieb und etwas zu einem der Männer sagte – oder nur andeutete. Sofort löste sich vorne aus der Reihe ein Neonazi und rannte etwa aus fünf Meter Entfernung auf Karttunen zu. Der war weitergegangen und völlig überrascht, als ihn der Angreifer mit einem Sprungkick mit voller Wucht am Brustkorb traf und zu Boden warf. Beim Aufprall auf den Asphalt verletzte sich der Neonazi-Kritiker tödlich. Das finnische Fernsehen strahlte die schockierenden Sequenzen der Überwachungskamera aus.

Karttunen soll seine Verachtung gegenüber »Suomen Vastarintaliike«, dem Ableger der als gewalttätigste skandinavische Organisation geltenden »Nordiska Motståndsrörelsen« (NMR) (Nordische Widerstandbewegung), kurz mit einer angedeuteten Spuckgeste deutlich gemacht haben, dafür bezahlte er mit dem Leben. Als Täter wurde einer der führenden Neonazis der SVL, Jesse Eppu Oskari Torniainen, ermittelt. Er hatte nach Recherchen des *Antifaschistischen Infoblatts* bereits 2014 bei einem ähnlichen Vorfall in Vantaa einen Passanten angegriffen. Zum Jahreswechsel 2017 wurde er zu zwei Jahren Freiheitsstrafe wegen schwerer Körperverletzung verurteilt. Die Staatsanwaltschaft hat das geringe Strafmaß nicht akzeptiert, das Verfahren geht in die nächste Instanz. Karttunens Tod machte die Behörden auf die besondere Militanz der »Nordischen Widerstandsbewegung« aufmerksam. In Schweden wurden kurze Zeit später, im Februar 2017, drei Mitglieder der dortigen NMR-Sektion wegen Terrorverdachtes verhaftet. Staatsanwaltschaft und Polizei werfen ihnen vor, im Raum Göteborg drei Bombenanschläge verübt zu haben, zwei auf Flüchtlingsunterkünfte und einen auf ein Literaturcafé. Nach Einschätzung der Polizei war es bloßer Zufall, dass es dabei lediglich Verletzte und keine Todesopfer gab.

* * *

Seit dem Mord an der Labour-Abgeordneten Jo Cox im Juni 2016 hat sich in Großbritannien die Zahl der Rechtsextremisten verdoppelt. Cox, die sich sozial engagierte und für Flüchtlinge einsetzte, war 2015 in der Nähe von Leeds von dem 52-jährigen Neonazi Thomas Mair niedergeschossen und mit einem Messer niedergestochen worden. Sie erlag ihren Verletzungen.

Die extrem rechte »National Action« bezeugte im Internet ihre Bewunderung für Mair, der zu lebenslanger Haft verurteilt wurde. Er hatte vor Gericht nur einen Satz gesagt: »Death to traitors, freedom for Britain« (»Tod allen Verrätern, Freiheit für Britannien«), den titelte die »National Action« auf ihrer Homepage.

Die antifaschistische Organisation »Hope Not Hate« schätzte die Mitgliederzahl der Neonazi-Gruppe »National Action« vor ihrem Verbot im Dezember 2017 auf unter 100. Im September 2017 nahmen Polizisten insgesamt über ein Dutzend Mitglieder der Organisation fest. Wie das Verteidigungsministerium in London mitteilte, befinden sich darunter zwei aktive Soldaten. Sie sollen Terroranschläge in Großbritannien mitgeplant haben.

* * *

In der Nacht auf den 10. Mai 2017 verbrannten in Rom die drei Schwestern Angelica, Elisabeth und Francesca Halilovic (vier, acht und 20 Jahre alt) in einem Wohnwagen. Acht der schlafenden Familienmitglieder konnten sich retten. Der Watchblog der Amadeu Antonio Stiftung *Belltower. News* berichtet von einem Video, auf dem um 3.20 Uhr zu sehen ist, wie eine Person etwas wirft und dann flüchtet. Italienischen Medienberichten zufolge sei es im Vorfeld der Brandlegung gegenüber der Roma-Familie zu rassistischen Drohungen gekommen. 2016 hatte die *Neue Zürcher Zeitung* geschrieben:»Die tätliche Gewalt gegen Flüchtlinge und Emigranten hat in Italien zwar noch nicht Dimensionen wie in Deutschland erreicht. Mord und Brandstiftung sind eher selten. Aber ein verbaler und symbolischer Rassismus ist in der Öffentlichkeit allgegenwärtig.«

Im Juli 2017 thematisierten italienische Medien das Wiedererstarken des Faschismus in ihrem Land – vor allem in Erscheinung der Organisation»Casa Pound«.

»Casa Pound«, der Name setzt sich zusammen aus einem 2003 von Neofaschisten besetzten Haus in der Via Napoleone in Rom sowie dem Nachnamen des 1972 verstorbenen Schriftstellers und Mussolini-Bewunderers Ezra Pound, der während des Zweiten Weltkriegs von Italien aus antisemitische und antiamerikanische Propaganda verbreitete. Das besetzte Gebäude heißt Casa Pound, von dort baut die Organisation ihr mehrere Tausend Köpfe umfassendes Netzwerk auf.

Volker Weiß schreibt in seinem Buch »Die autoritäre Revolte«:»Mit einem kleinen Radiosender, Buch- und Zeitschriftenhandel und guten Verbindungen zur lokalen rechten Musik- und Hooligankultur konnte die Casa Pound sich erfolgreich und provokant vermarkten.« Sie ordnet sich Weiß zufolge der in ganz Europa wachsenden»Identitären Bewegung« zu. Die selbst ernannten»Faschisten des 3. Jahrtausends« sehen ihre Wurzeln im historischen Faschismus der 1920er-Jahre, als der italienische Faschismus noch»eine Bewegung mit revolutionärem Anstrich war und sich mit Terror und Gewalt den Weg zur Macht ebnete«, berichtet Heiko Koch in seinem Buch über »Casa Pound«. Heute adaptiert die Bewegung Aktionsformen der Linken, orientiert sich in Fragen der Ästhetik und des Lifestyles an den Jugendkulturen, wird aber intern straff geführt.

»Casa Pound« will den Kulturkampf von rechts. Sie verfügt inzwischen über mehrere besetzte Zentren. 2014 verhinderte ihr Ableger, die Jugend- und Studentenorganisation »Blocco Studentesco«, 90 Kindern einer Roma-Siedlung mit Gewalt den Zugang zu einer Schule.

* * *

Die 2016 gegründete extrem rechte Stiftung »Europa Terra Nostra« gilt als internationaler Zusammenschluss. Sprecher ist der NPD-Funktionär Jens Pühse, der schwedische Vorsitzende Daniel Friberg hat ein Handbuch zum Thema »Die Rückkehr der echten Rechten: Handbuch für wahre Opposition« vorgelegt. Aktivitäten der Stiftung werden von der aus einem extrem rechten Parteienbündnis bestehenden »Alliance for Peace and Freedom« (APF) im europäischen Parlament finanziert. Die APF bekundet ihre Verbundenheit zum Assad-Regime in Syrien ebenso wie die italienische faschistische »Casa Pound«-Bewegung.

Terra Nostra steht auch in Verbindung mit Roberto Fiore, dem Vorsitzenden der neofaschistischen Forza Nuova in Italien. Fiore wurde wegen der Unterstützung einer staatsfeindlichen bewaffneten Vereinigung verurteilt. In den 1980er-Jahren befand er sich im Exil, weil die italienischen Behörden ihn im Zusammenhang mit dem Anschlag auf den Bahnhof in Bologna 1980 mit 85 Toten suchten.

* * *

Nicht nur im westlichen Teil Europas ereignen sich rechte Gewalttaten, im kanadischen Quebec starben im Januar 2017 sechs Menschen beim Amoklauf eines Rassisten in einer Moschee. Der 27-jährige frankokanadische Student Alexandre Bissonette war kurz nach dem Abendgebet in die Moschee eingedrungen und tötete die Frauen und Männer, 19 weitere Menschen wurden zum Teil schwer verletzt. Der Täter hatte bereits vor der Tat rechte Ideologie und seinen Hass auf Geflüchtete und Migranten im Internet offenbart. Er zeigte sich als Fan von Marine Le Pen und Donald Trump.

* * *

Die Welt blickt Mitte August 2017 nach Charlottesville, dort ist die junge Heather Heyer von einem Neonazi bei einem Autoanschlag getötet worden. Die Öffentlichkeit wartet auf eine erste Reaktion des neuen Präsidenten Donald Trump. Nachrichtenagenturen zählen die Stunden, um die zu erwartende Distanzierung von der Gewalttat zu verbreiten. Sie kommt aber nicht, zumindest nicht klar und deutlich. Erst zwei Tage nach dem Tod der Anwaltsgehilfin liest Trump, nicht im Weißen Haus, sondern im New Yorker Trump Tower einen vorbereiteten Text vom Teleprompter ab. »23 Minuten lang verteidigte er die rechtsextreme Horde von Charlottesville«, urteilt kurze Zeit später der *Spiegel*. Kolumnist Sascha Lobo bezeichnet den Auftritt als »Lehrstunde in Nazi-Verharmlosung«.

Eine Formulierung von Trump scheint an Banalität und Verlogenheit kaum überboten werden zu können: Rassismus ist böse. Aus seiner Nähe zu Rassisten in den USA hat der Immobilienmilliardär nie einen Hehl gemacht, so relativiert er auch jetzt, spricht von »sehr feinen« Leuten auf beiden Seiten, aufseiten der Rassisten und Neonazis sowie aufseiten der Gegendemonstranten und gibt dann beiden Lagern eine Mitschuld am Tod von Heather Heyer.

Dabei ist diese Tat eines Neonazis durchaus eindeutig, sie geschah unter den Augen unzähliger Zeugen. Unfassbare Bilder belegen das Grauen und die Absicht. Heyer hatte sich am 12. August 2017 den Protesten gegen eine Kundgebung unter dem Motto »Unite the Right« (»Vereinigt die Rechte«) im US-Bundesstaat Virginia angeschlossen. Es ist der größte Aufmarsch dieser Szene in den USA seit Jahrzehnten. Tausende weißer Rassisten aus den Reihen von Alt-Right-Bewegung, Neonazi-Gruppen und Ku-Klux-Klan treffen sich in der liberalen Universitätsstadt, Beobachter zählen sie zum »harten Kern« der Bewegung. Sie tragen Stahlhelm und Sonnenbrille, Klanskutten mit Spitzhüten in Weiß und Pink oder Hakenkreuz-Fahnen. Einige entzünden Fackeln. Es ist ein wirres, buntes und äußerst aggressives Durcheinander. Es sind Gruppen darunter, die sich für den Nahkampf mit Gegendemonstranten und Polizei gerüstet haben. Für Europäer ist es – trotz eigener Probleme mit Rechten – ein grotesker Anblick.

Richard Spencer, mächtiger Kopf von Alt-Right ist vor Ort. Alt-Right, der Name stammt von der Webseite www.alternativeright.com. Die Trump nahestehende, ultrarechte Bewegung ist offen rassistisch und bedient sich rechtsradikaler Ideologien, sie spricht von einer intellektuellen »Überlegenheit der weißen Rasse« und sieht die USA in Gefahr durch »Kulturfremde«.

An einer anderen Stelle des Aufzugs gibt David Duke Interviews. Der ältere blonde Mann ist ein ehemaliger sogenannter Grand Wizard des mörderischen »Knights of the Ku Klux Klan« und ebenfalls Unterstützer der Präsidentschaftskandidatur von Donald Trump. Ihm geht es darum, Amerika »zurückzuerobern«.

Der 1865 gegründete Geheimbund »Knights of the Ku Klux Klan« soll wieder bis zu 8000 Mitglieder vor allem in ländlichen Regionen haben. Vertreter der inzwischen abgeschalteten Website »The Daily Stormer« sind in Charlottesville dabei. White Supremacists, wie die Anhänger der Gruppen »Aryan Nation« und »Vanguard America« genannt werden, tragen selbst gebastelte schwarze Schilder mit weißem Kreuz zum Schutz vor Flaschenwürfen und Tränengas vor dem Körper. Sie kommen aus dem Lager von Alt-Right. Eine »weiße Vorherrschaft« und Faschismus in Amerika gelten als Ziele von »Vanguard America«, deren Schlachtruf lautet:»blood and soil« (Blut und Boden). In ihren Reihen wird bei dem folgenden Aufmarsch ein junger Mann abgelichtet, der die einheitliche Kleidung von»Vanguard« trägt und auch deren schwarzes Schild: James Alex Fields.

45 Prozent der Trump-Wähler sollen laut einer Umfrage der *Huffington Post* im Jahr 2016 der Meinung sein, Weiße seien die am meisten diskriminierte ethnische Gruppe in den USA. Das sind umgerechnet 25 Millionen Amerikaner. Die meisten US-amerikanischen Neonazis sind wenig religiös, sie bekennen sich zum Nationalsozialismus. Ku-Klux-Klan-Männer stehen dagegen oft in einer langen familiären und christlichen Tradition. Ihre Organisation ist neben der Knast-Vereinigung»Aryan Brotherhood« die tödlichste. Bei der»Aryan Brotherhood« handelt es sich um eine in den USA weit verbreitete, verschworene rassistische Gruppe, auf deren Konto zahlreiche Morde hinter Gittern gehen. Laut FBI sollen die Anhänger für 18 Prozent der Morde in den amerikanischen Gefängnissen verantwortlich sein. Kahlrasierte Köpfe, große Schnauzbärte, dickrandige Brillen sind ihre Markenzeichen. Es heißt, wer in die härteste Gefängnis-Gang der Welt aufgenommen werden will, muss jemanden getötet haben.

Bereits am Vorabend waren Hunderte Rassisten, White Supremacists und Neonazis aus den Reihen von»Vanguard America«, der»National Socialist Movement« und anderen Gruppen mit Fackeln durch die Stadt gezogen. An diesem Samstag rechnet die Polizei mit Tausenden Teilnehmern. Die Bürgerrechtsorganisation Southern Poverty Law Center in Alabama spricht von der»größten Hass-Demonstration seit Jahrzehnten«. Es ist eine völlig unübersichtliche, aber gefährliche Bewegung, die angetreten ist. Sakkoträger der Alt-Right neben Militärfreaks in Uniformen und Waffenfans. Sie alle fühlen sich allein durch die

Wahl des Präsidenten im Aufwind. Er schürt Aggression, Wut und Elitedenken. Präsident Trump ist allgegenwärtig an diesem Augusttag in Charlottesville, und das nicht nur als Sticker an den Mützen.

Der rechte Blogger Jason Kessler hatte zur »proweißen« Kundgebung in Charlottesville aufgerufen. Die 50 000-Einwohner-Stadt wird zum zentralen Schauplatz rechter Empörung. Vordergründig protestieren die Massen gegen den Beschluss des Stadtrates, die Statue von General Robert F. Lee zu entfernen. Lee war Oberbefehlshaber der Konföderierten-Armee der Südstaaten im amerikanischen Bürgerkrieg, die vor allem auch für den Fortbestand der Sklaverei kämpfte.

Neonazis schwenken in Charlottesville begeistert Südstaaten-Flaggen. Doch in erster Linie kommt bei den Protesten Rassismus zum Ausdruck und es folgen massiven Ausschreitungen. Viele Gegendemonstranten sind ebenfalls angereist. Die Polizei setzt Pfefferspray ein. Die Stimmung ist aufgeheizt. 16 Menschen werden bereits während der Demonstration verletzt.

Mittendrin befindet sich Heather Heyer. Die junge Frau hatte während des Präsidentschaftswahlkampfes die Kandidatur des demokratischen Sozialisten Bernie Sanders unterstützt, ihr Anliegen galt dem Antirassismus. Sie forderte aber auch Aufklärung über Amtsmissbrauch durch die Polizei. Kurz vor ihrem Tod postete sie auf ihrem Facebook-Account den Satz: »Wer sich nicht empört, schaut einfach nicht hin.« Die *taz* berichtet, dass die Frau mit den »charmanten Grübchen« zunächst Angst hatte, zu der Demonstration zu gehen, sie hielt die Teilnehmer für gefährlich, wie sie einer Kollegin offen erzählte. Kurzfristig entscheidet sie sich doch für die Teilnahme, Bekannte berichten von ihrem starken Gerechtigkeitssinn. Ihre Kollegin wird Augenzeugin der gewaltsamen Tat, die zum Tod von Heather Heyer führt.

Die Rechten-Demonstration ist beendet, die meisten befinden sich auf der Abreise. Die Gegendemonstranten wollen sich noch einmal versammeln. Einige Hundert strömen durch eine von Häusern, dicht an dicht, gesäumte Straße, als plötzlich ein dunkler Dogde mit Heckspoiler mit hoher Geschwindigkeit heranfährt und ungebremst in die Menschen hineinrast. Viele sehen ihn nicht von hinten kommen. Bilder zeigen, wie einige Frauen und Männer noch zur Seite springen, wegrennen. Zum Ausweichen ist aber nur wenig Platz. Es geht um Bruchteile einer Sekunde. Die, die nicht schnell genug sind, werden gerammt. Aufnahmen zeigen eine Frau, die auf der Motorhaube mitgerissen wird. Ein alter Mann kauert am Boden.

Der Wagen kommt zum Stillstand, einige Gegendemonstranten versuchen ihn gemeinsam aufzuhalten, doch der Fahrer gibt wieder Vollgas, fährt sie einfach über den Haufen. Der 20-jährige James Alex Fields jr., der eben noch mitmarschierte, sitzt im Auto und versucht mit seinem total zerbeulten Fahrzeug im Rückwärtsgang eilig davonzukommen. Die Flucht des Mannes aus Ohio misslingt, er wird festgenommen. Heather Heyer, die verletzt wurde, wird auf einer Trage abtransportiert und stirbt. Weitere 19 Menschen erleiden zum Teil schwere Verletzungen.

Fields muss sich wegen Mordes, Körperverletzung und Fahrerflucht verantworten. Das FBI hat zudem Ermittlungen wegen eines möglichen Hassverbrechens eingeleitet. Fields Facebook-Seite zieren Hakenkreuze und Zitate von Adolf Hitler. Ein früherer Lehrer sagte gegenüber der Nachrichtenagentur AP, James Fields sei von der nationalsozialistischen Ideologie fasziniert gewesen. Bereits im neunten Schuljahr an der High School habe er »tiefe, radikale« Überzeugungen zu Herkunft und Abstammung gehabt. Medien berichten später, der kräftige dunkelhaarige Mann sei schon als Jugendlicher durch seine Gewaltausbrüche aufgefallen.

Während der amerikanische Präsident seine positive Haltung

gegenüber Rassisten in den nächsten Tagen bestätigen wird, trauern Menschen auf der ganzen Welt um Heather Heyer.

Rassistische Anschläge und Morde gehören schon fast zum Alltag in den Vereinigten Staaten. 1995 töteten Neonazis in Oklahoma City bei einem Terroranschlag auf ein mehrstöckiges Behördengebäude 168 Menschen, darunter 19 Kinder. Seitdem hat es unzählige weitere Gewalttaten mit rassistischem, antisemitischem oder neonazistischem Hintergrund gegeben.

Der Düsseldorfer Wissenschaftler Thomas Grumke hat eines der deutschen Standardwerke zum Thema Rechtsextremismus in den USA geschrieben. Grumke ist Professor für Politikwissenschaft und Soziologie an der FH für öffentliche Verwaltung in NRW und hat als Mitarbeiter des nordrhein-westfälischen Verfassungsschutzes gearbeitet. Aus seiner Sicht stellen die aktuellen Vereinigungsbestrebungen innerhalb der amerikanischen Rechten eine neue Qualität dar. Vor allem Alt-Right sei die Radikalisierung einer breiten Szene zu verdanken, so Grumke, »diese Bewegung hat zum Beispiel mit Breitbart News eine enorme Propagandawirkung erreicht, von der die extreme Rechte in den USA bisher nur träumen konnte«. Obwohl Vertreter der Alt-Right wie Steve Bannon oder Sebastian Gorka ihre Regierungsämter unter Trump wieder aufgeben mussten, sei der Zugang zu politischen Entscheidungen für rechte Protagonisten lange nicht so groß gewesen wie aktuell.

Die deutsche »Neue Rechte« in Form des Internetportals »Blaue Narzisse« feiert Alt-Right als »Amerikas rechtsintellektuelle Avantgarde«, zu den Ausschreitungen in Charlottesville heißt es: »Die Systemmedien versuchen einen aktuellen Sieg der Patrioten als ›rechte Gewalt‹ zu diffamieren.«

Mit der Wahl des ersten schwarzen Präsidenten in der Geschichte der USA im Jahr 2008 wuchs der Rassismus, Barack Obama wurde zum Feindbild ohnegleichen. Neonazi Duke sagte damals in einer Internetradiosendung auf der Webseite »Stormfront«, »die Grundwerte seien verloren gegangen, das Land sei nicht mehr wiederzuerkennen«. Laut Recherche der antifaschistischen Zeitung *Der Rechte Rand* fokussierte sich die extreme Rechte darauf, dass Obama ein »schwarzer Rassist, Moslem, nicht in den USA geboren, wahlweise Sozialist, Kommunist oder Nazi« sei. Allgemein sei die Präsidentschaft als »Tyrannei« empfunden worden. Ein starker Anstieg regierungsfeindlicher Milizen, die laut dem »Southern Poverty Law Center« von 42 Gruppen auf 334 im Jahr 2011 anwuchsen, wurde verzeichnet.

Wenige Tage nach dem Wahlsieg Donald Trumps Anfang November 2016 sprachen Aktivisten von einer »erschreckenden Zunahme der Hasskriminalität in den USA«, wie die *taz* berichtete. Das Southern Poverty Law Center sammelte allein in den ersten fünf Tagen nach der Wahl 437 Fälle. Die *taz* betonte, das sei allerdings bloß die Fortsetzung dessen, was fast zwei Jahre Wahlkampf angeschoben hätten. Das FBI warnte Mitte November vor einem Anstieg von Hasskriminalität gegen Muslime in den USA um 67 Prozent im Vergleich zum Vorjahr. Der höchste Wert seit 2001.

Die 2009 gegründeten »Oath Keepers« bestehen aus aktiven und pensionierten Soldaten und Polizisten. Als weiße Miliz treten sie in Flecktarn und schwerbewaffnet als Bürgerwehren auf. Mithilfe verdeckter Ermittler ist es den Behörden im April 2017 gelungen, eine Gruppe namens »Aryan Strikeforce« (ASF) / »Combat 18« hochzunehmen, berichtet das Fachportal *Blick nach Rechts*. Die ASF ist Teil des internationalen »Blood & Honour«-Netzwerkes. Zwei führenden Mitgliedern aus Philippsburg wird unter anderem vorgeworfen, mit Drogenhandel Waffengeschäfte finanziert zu haben. Weiter heißt es auf dem Portal, die Gruppe soll den Erwerb von AK47-Sturmgewehren (Kalashnikov), Uzi-Maschinenpistolen, 50 Karabinern und Pistolen der Marken Beretta und Glock geplant haben, mehrere Waffen seien bei den Razzien Mitte April in Verstecken sichergestellt worden.

Bereits im Januar 2017 hatte es ein Novum in den Vereinigten Staaten gegeben: Ein Bundesgericht in Charleston verhängte erstmalig die Todesstrafe wegen Hassverbrechen. Der angeklagte 22-jährige Dylann Roof wird für die Ermordung von neun schwarzen Gläubigen 2015 in einer Kirche in Charleston verantwortlich gemacht. Schwer bewaffnet stürzte er in eine Bibelstunde und schoss kaltblütig mehr als 70-mal auf die wehrlosen Menschen. Er bekannte sich schuldig – und bekannte sich ausdrücklich zur Tat. Ein weiteres Gericht im US-Bundesstaat South Carolina verurteilte ihn zusätzlich im April 2017 zu neunmal lebenslänglich.

Auf Fotos zeigte sich der Schulabbrecher, Sohn einer weißen Südstaatenfamilie, mit der Flagge der Konföderierten. Tagebücher mit homophoben und antisemitischen Inhalten wurden ebenso gefunden wie ein Sweater mit dem Kürzel 88, für »Heil Hitler«. Während des Prozesses sagte Roof, er habe einen Krieg zwischen Schwarzen und Weißen auslösen wollen:»mit einer geplanten, durchdachten, schrecklichen Attacke«. Vor der Tat soll er seine rassistische Motivation im Internet veröffentlicht haben, Freunden deutete er seine Pläne an, außerdem kundschaftete er den Tatort zuvor aus. Sein Verteidiger sagte, Roof habe seine rassistischen Überzeugungen »direkt aus dem Internet in sein Gehirn heruntergeladen«, die Taten seien »bloße Nachahmung«.

* * *

Ein Blick nach Frankreich. Die beiden Taten ähneln sich auffällig, doch 15 Jahre liegen dazwischen. Die Strickmuster in der Attentatsplanung gleichen sich, die ideologische Motivation scheint dieselbe: Am französischen Nationalfeiertag, dem 14. Juli 2002, mischte sich ein 25-Jähriger mit einem Gitarrenkoffer unter die Menge von Schaulustigen während einer Militärparade. Präsident Jacques Chirac saß in einem offenen Cabriolet, das auf dem Weg von den Pariser Champs-Élysées zur Ehrentribüne auf dem Place de la Concorde war. Als der unauffällige Neonazi mit den kurz geschorenen Haaren die Waffe aus dem Koffer holte und auf Chirac schießen wollte, griffen drei aufmerksame Zuschauer ein. Der Schuss wurde abgefälscht. Maxime Brunerie wurde von der Polizei festgenommen. Fotos zeigen ihn in Handschellen.

Brunerie hatte zuvor, im Mai 2002, für eine extrem rechte Kleinpartei, den Mouvement national républicain (MNR) kandidiert. Der MNR wurde vom früheren Chefideologen des Front National, Bruno Mégret, geleitet. Für die Tat gab der Neonazi persönliche Motive an, er habe aber auch in die Geschichte eingehen wollen.

Das Attentat galt juristisch gesehen als untauglicher Versuch, Maxime Brunerie verbüßte eine zehnjährige Haftstrafe, wurde 2009 entlassen. Szene-Sympathisanten gratulierten ihm damals im Internet, doch Mittäter wurden nicht ermittelt. 2013 tauchte er wieder bei einer extrem rechten Demonstration auf.

Anderthalb Jahrzehnte später plant ein Neonazi erneut einen Anschlag auf den französischen Präsidenten, der jetzt Emmanuel Macron heißt. Wieder soll er am Nationalfeiertag, dieses Mal am 14. Juli 2017, stattfinden. Doch die Handschellen klicken bereits im Vorfeld. Am 28. Juni wird in Argenteuil bei Paris der 23-jährige Guillaume M. verhaftet, bevor er in Aktion treten kann. Bei seiner Festnahme geht er auf die Polizisten los und bedroht sie mit einem Messer. In seinem Auto werden zwei weitere Stichwaffen gefunden. Der Verdächtige soll einen geistig instabilen, aber »entschlossenen« Eindruck gemacht haben, heißt es später.

M. erklärt bei seiner Vernehmung, er sei »Nationalist«, und zu seinen Zielen zählten neben dem französischen Präsidenten auch »Schwarze, Araber, Juden und Homosexuelle«. Im Internet, wo er vor allem an einem Onlineforum über Videospiele teilnahm, hatte er zuvor versucht, sich eine Waffe »vom Typ Kalaschnikow« zu besorgen. Keine besonders professionelle Handlung. Der junge Mann veröffentlichte zudem bei Youtube einige Videos, in denen es wiederholt auch um Herstellungsanleitungen für Explosivstoffe ging. Bereits 2016 war der Arbeitslose zu einer mehrjährigen Strafe auf Bewährung verurteilt worden, weil er öffentlich nicht nur die Taten des norwegischen Massenmörders Anders Behring Breivik, sondern auch die des gescheiterten Chirac-Attentäters gelobt hatte. Gegen ihn wird wegen Bildung einer terroristischen Vereinigung ermittelt.

Anschlagsplanungen, Übergriffe und Gewalt durch Neonazis reißen in Frankreich aktuell nicht ab. Wenig davon ist in Deutschland bekannt. Tatsächlich ist im südwestlichen Nachbarland weiterer rechter Terror zu befürchten. Am 28. Juni 2017, nahezu zeitgleich zur Festnahme von Guillaume M. in Argenteuil, wird im südfranzösischen Tarascon ein »Sympathisant der Ultrarechten«, wie es im Polizeijargon heißt, wegen »individueller Planung terroristischer Straftaten« verhaftet. Der 21-Jährige, dessen Name erst Monate später in der Öffentlichkeit bekannt wird – Logan Alexandre Nisin –, war den Polizeibehörden in Vitrolles, einer Trabantenstadt von Marseille, seit Längerem bekannt. Auch er hatte auf seinem Facebook-Profil den neonazistischen norwegischen Amokläufer Anders Behring Breivik verherrlicht.

In Vitrolles war die Frau des ehemaligen Vordenkers des extrem rechten Front National (FN), Catherine Mégret, von 1997 bis 2002 Bürgermeisterin. Dessen damalige Wochenzeitung *National Hebdo* hatte die Einwanderermetropole Marseille als »den größten Mülleimer Frankreichs für nordafrikanischen Abfall« diffamiert. Den höchsten Stimmenanteil erhielt der FN damals im Elsass und seit 2007 im früheren Bergbaurevier Nordostfrankreichs, im Pas-de-Calais, doch auch am Mittelmeer liegen Hochburgen des FN.

Der Front National wurde 1972 von Jean-Marie Le Pen gegründet. Dem langjährigen Berufspolitiker, der in den frühen 50er-Jahren ein Jurastudium abbrach und 1956 erstmals Abgeordneter wurde, bevor er wenige Monate später als freiwillig dienender Unteroffizier in der Fremdenlegion Dienst verrichtete, wurden Folterungen im Algerienkrieg 1957 vorgeworfen.

2011 übernahm seine Tochter Marine Le Pen den Parteivorsitz. Vater und Tochter zerstritten sich heillos, unter anderem über Fragen des Verhältnisses zur Vergangenheit und besonders zum Zweiten Weltkrieg. Marine Le Pen ist erfolgreicher als ihr Vater, doch innerhalb der Partei werden ihre Wahlerfolge als enttäuschend wahrgenommen, weil weder der Einzug in den Élysée-Palast noch in eine Regional- oder auch nur Bezirksregierung glückte.

Für den nächsten Parteitag im März 2018 und in dessen Vorfeld werden heftige Linienkämpfe erwartet, und Marine Le Pens politische Zukunft erscheint ungewiss.

Der in Vitrolles wohnhafte und in Tarascon verhaftete mutmaßliche Rechtsterrorist Logan Alexandre Nisin soll nach Angaben der Polizei geplant haben, »Dealer, Migranten und Dschihadisten« anzugreifen. Im Internet rief der als Leiharbeiter tätige 21-Jährige potenzielle Gefolgsleute dazu auf, sich ihm anzuschließen gegen die von ihm benannten Feindgruppen: »Wir haben geschworen, sie zu töten!« Einige Wochen später fand die Pariser Abendzeitung *Le Monde* heraus, der junge Mann sei Mitglied in mehreren politischen Kleingruppen gewesen. Zunächst war er 2012/13 rund ein Jahr lang bei den Jeunesses Nationalistes (JN) unter Alexandre Gabriac aktiv, einer gewaltaffinen Jugendorganisation. Ihr Chef Gabriac war 2010 wegen des Vorzeigens des Hitlergrußes vom Front National ausgeschlossen worden.

Die JN wurden im Juli 2013 mit einem Verbot belegt. Daraufhin habe Nisin für längere Zeit dem »Mouvement populaire pour une nouvelle aurore« (»Volksbewegung für eine neue Morgenröte«) angehört, einer neonazistischen Splittergruppe, die die griechische Partei »Goldene Morgenröte« zum Vorbild hatte und sich 2015 infolge der Verurteilung einiger Mitglieder auflöste.

Eine neue Welle von Verhaftungen im Zusammenhang mit dieser Gruppierung und den Umtrieben des im Juni festgenommenen Nisin fand am 17. Oktober 2017 statt. Dabei wurden im Raum Marseille zehn weitere Personen festgenommen, neun junge Männer im Alter zwischen 17 und 25 Jahren sowie die Mutter von Logan Alexandre Nisin. Gegen acht von ihnen wurde ein Strafverfahren eingeleitet.

Nisin war anderthalb Jahre lang bei der »Action francaise« (AF) aktiv, die im Raum Marseille in jüngerer Zeit einige Gewaltaktionen gegen politische Gegner, vor allem an den Universitäten, verübte. Laut *Le Monde* vom 19. Oktober 2017 war Logan Alexandre Nisin unterdessen im März 2017 angeboten worden, die Leitung einer Jugendgruppe des Front National von Le Pen zu übernehmen. Und zwar in Marignane, einer Stadt zwischen Vitrolles und Marseille, die in der Vergangenheit bereits einen extrem rechten Bürgermeister hatte. Nisin schlug dieses Angebot aus, engagierte sich jedoch daraufhin zeitweilig im 2017er-Wahlkampf von Marine Le Pen. Ihre unerwartet deutliche Niederlage in der Stichwahl am 7. Mai 2017 soll, Informationen von *Le Monde* zufolge, einen Beitrag zu seiner verstärkten Radikalisierung geleistet haben.

Im selben Zeitraum, in dem die beiden Verhaftungen im potenziell rechtsterroristischen Milieu von Ende Juni 2017 stattfanden, erhielt die in Nizza niedergelassene Anwältin Mireille Damiano Morddrohungen. Damiano tritt häufig als Verteidigerin von Migrantinnen und Migranten, die über die nahe italienisch-französische Grenze kommen – etwa sudanesische und eritreische Staatsangehörige – in Erscheinung. Sie ist Aktivistin der Vereinigung Roya citoyenne. Diese Bürgerinitiative kümmert sich um Geflüchtete, die über ein lang gestrecktes Tal an der Grenze zwischen Südostfrankreich und Italien ins Land kommen. Es liegt im gebirgigen Küstenhinterland in rund fünfzig Kilometern Entfernung von Nizza.

Seitdem die Grenze auf der Meeresseite zwischen Menton im Westen und Vintimille auf der italienischen Seite für Migranten fast hermetisch abgeriegelt wurde, wählen viele »illegale« Grenzgänger diese Route. Eine Reihe von Einwohnern, unter ihnen viele ortsansässige Landwirte, haben sich in Initiativen sowie einem dahinter stehenden informellen Netzwerk zusammengeschlossen. Sie transportieren Hilfsbedürftige in ihren Autos, verstecken sie bei sich zu Hause oder in leer stehenden Gebäuden vor den Behörden, erlauben ihnen die Weiterreise innerhalb Frankreichs und verhindern ihre Rückschiebung nach Italien im Rahmen der Dublin-Vereinbarung. Von Frankreichs Rechten werden die Helfer gehasst.

Die Anwältin der Organisation, Damiano, erhielt am 26. Juni 2017 anonyme Post. Darin war ein Schwarz-Weiß-Foto aus der Zeit des Zweiten Weltkriegs, das eine Frau am Galgen zeigt. Die Aufschrift auf dem Schild um den Hals der Erhängten wurde abgeändert in: »Ich habe einen Migranten aufgenommen.«

In dem Drohschreiben befand sich auch die Nachahmung eines Flugblatts, wie die französische Widerstandsbewegung, die Résistance, sie gegen Kollaborateure des zwischen 1940 und 1944 mit dem Deutschen Reich zusammenarbeitenden Vichy-Regimes verwendete. Der verfremdete Text lautete:»Wo immer sie sind, was immer sie tun, die Verräter werden bestraft werden!«

Angesichts dieser gravierenden Drohungen gegen eine Verteidigerin erklärten sich der Nationale Dachverband der Anwaltskammern sowie die französische Rechtsanwälte-Gewerkschaft SAF im Juli 2017 solidarisch mit Mireille Damiano. Bisher konnte der Urheber der Botschaft nicht ausfindig gemacht werden.

Am 30. Juni 2017 verwüsteten ein Dutzend Personen im südwestfranzösischen Montpellier Räumlichkeiten der Sozialvereinigung RAIH (Réseau accueil insertion Hérault), einer Organisation, die unbegleitete minderjährige Flüchtlinge im Verwaltungsbezirk Hérault betreut. Dabei wurden auch mündliche Todesdrohungen ausgestoßen. Verletzt wurde bei der Aktion zwar niemand, doch Unterstützer gehen davon aus, dass sie bei den Minderjährigen – die in angrenzenden Räumlichkeiten leben – große Angst hervorgerufen hat. Unmittelbar danach bekannte sich im Internet die Ligue du Midi zum Überfall. Die Ligue du Midi gehört zur»Identitären Bewegung« in Frankreich, die sich politisch in mehrere Fraktionen aufgespalten hat. Die Ligue du Midi ist sehr aktionistisch. Andere Unterströmungen der französischen»Identitären« betreiben inzwischen eher Parlamentspolitik über den Front National. Die Mitarbeiter der attackierten Vereinigung für Minderjährige in Montpellier erstatten Strafanzeige.

Nach dem Scheitern des Front National bei den Präsident-
schaftswahlen breitet sich innerhalb der französischen extremen Rechten eine große Frustration aus. Aufgeheizte Sympathisanten sehen die politische Arbeit um Jahre zurückgeworfen.
Ein gefährliches Klima für rechte Gewalt gedeiht.

Militante Neonazigruppen, zu deren Strategie Gewaltbereit-
schaft an zentraler Stelle zählt, wie die im Juni und Juli 2013
verbotenen Vereinigungen Troisième Voie (»Dritter Weg«) und
Jeunesses nationalistes révolutionnaires (JNR, »Revolutionäre
nationalistische Jugend«) unter Serge Ayoub, agieren weniger
auffällig weiter. Den Verboten vorausgegangen war der gewaltsame Tod des jungen Antifaschisten Clément Méric. Der 18-jäh-
rige Student einer Elite-Universität war von Anhängern der
JNR im neunten Pariser Bezirk angegriffen worden. Der bekennende Antifaschist hatte zusammen mit zwei Freunden in einem
Bekleidungsladen eingekauft; dort entstand infolge verbaler
Sticheleien ein Streit, und die Neonazis holten telefonisch Verstärkung herbei. Am Ausgang entstand eine Prügelei, die aufgrund der körperlichen Kräfteverhältnisse schnell zu einer ein-
seitigen Attacke durch die beteiligten Naziskins wurde. Méric,
von einem Schlag ins Gesicht getroffen, schlug auf den Boden
und starb wenig später im Krankenhaus an einem Hirntod. Ungeklärt ist, ob dabei ein Schlagring oder »Totschläger« benutzt
wurde.

Der frühere JNR-Chef Ayoub hält sich seit dem Verbot offiziell politisch bedeckt und gründete 2015 neben einem Motorrad-
club den in der Picardie ansässigen Verein »MC Praetorians«.

Bereits im April 2017 waren im nordfranzösischen Lille drei
gewaltbereite extreme Rechte festgenommen worden. Unter ihnen befindet sich Yohan Mutt, ein früheres führendes Mitglied
der beiden verbotenen Gruppierungen Troisième Voie und JNR.
Die Ermittlungs- und Justizbehörden prüfen seither, ob sich der

Verdacht erhärten lässt, dass Mutt und seine Kumpanen in den Todesfall des Antifaschisten und Punksängers Hervé Rybarczyk verwickelt sind. Rybarczyk wurde im November 2011 nach einem Konzert tot im nordfranzösischen Deûle-Kanal aufgefunden. Dort schwammen jedoch zwischen Oktober 2010 und September 2011 noch mindestens vier weitere Leichen – die von jungen Männern im Alter zwischen 19 und 33, in ihrer Mehrheit Homosexuellen. Es gab Spekulationen, ein homophober Serienkiller sei am Werk. Doch die Todesfälle wurden polizeilich als Unfälle oder Selbstmorde eingestuft. Nun wird in Teilen der Öffentlichkeit darüber diskutiert, ob sich dahinter nicht eine Mordserie mit einem extrem rechten Hintergrund verbergen könnte. Der 42-jährige Rybarczyk soll den Vorwürfen zufolge zunächst verprügelt und dann sterbend in den Kanal geworfen worden sein. Freunde des Gitarristen der Punkband Ashtones hatten nie an einen Selbstmord geglaubt, sondern waren stets von einer Gewalttat ausgegangen. Dass die Polizei den Mordfall damals schnell zu den Akten legte, hatte für große Empörung gesorgt. Wie die französische Zeitung *Libération* berichtet, waren bereits im März 2017 fast zwanzig Mitglieder einer extrem rechten Gruppe aus Nordfrankreich namens White Wolf Klan wegen einer Serie von Gewalttaten verurteilt worden. Im Rahmen der Ermittlungen soll ein Beteiligter den Mord seinen »Kameraden« angelastet haben. Die drei Angeklagten hatten die Tat offensichtlich gut geplant und beispielsweise die Sim-Karten ihrer Telefone herausgenommen, damit die Polizei kein Bewegungsprofil des Abends erstellen konnte, hieß es kurz nach den Festnahmen von Ende April 2017. Seitdem befinden sie sich in Untersuchungshaft. Zunächst gab es in deutschsprachigen Medien Hinweise darauf, die drei verdächtigen Neonazis gehörten zur Identitären Bewegung Frankreichs. Diese Zuordnung ist nicht ganz richtig: Sie verkehrten aber wohl nur im »Flämischen Haus«, einem damaligen Zentrum der »Identitären« in Nordfrankreich. Allerdings zählten sie nicht selbst zu den »Identitären«, sondern zu einem anderen Flügel der extremen Rechten, ihrem offen neonazistischen gewalttätigen Teil. Beide Flügel arbeiteten im Raum Lille jedoch jahrelang zusammen und unterhielten eine gemeinsame Bündnisorganisation, welche sie »Solidaristische Volksfront« nannten. Einer von deren Sprechern war Neonazi-Anführer Serge Ayoub.

Speziell in Frankreich sind es die tiefe Orientierungskrise des Front National und dessen unerwartet deutliche Wahlniederlage, die extrem rechte Gewalt freisetzen. Vorher scheint die Partei das militante und gewaltbereite Potenzial stärker kontrolliert zu haben.

Im Schatten der Bedrohung durch islamistische Gruppen sind neonazistischer und rassistischer Terror zur internationalen Bedrohung geworden. Das Feindbild der Angreifer sind offene Gesellschaften und Minderheiten. Auffällig ist, dass die Welle organisierter rechter Anschläge und Attentate mit dem politischen Rechtsruck und der steigenden Akzeptanz nationalistischer Ideale einhergeht. Gewalt gilt in diesen Reihen als legitimes Mittel, politische Ziele zu erringen. Mörderische extrem rechte Einzelkämpfer oder Netzwerke fühlen sich nicht isoliert, sondern als Speerspitze einer politischen Bewegung, die ihnen ihre Bluttat dankt.

Co-Autor: Bernard Schmid

Chronik August 2017

01.08. Halle (ST) Ein Mann ruft auf dem Marktplatz verfassungsfeindliche Parolen und schubst einen 74-Jährigen zu Boden. Wenig später beleidigt der Täter einen Mann aus Sierra Leone rassistisch und schlägt ihn mit einer Bierflasche. Die Polizei nimmt den Angreifer in Gewahrsam.

01.08. Alzenau (BY) Ein 49-jähriger »Reichsbürger« schreit in einem Krankenhaus herum und reagiert aggressiv gegenüber dem Personal. Er beschimpft die eintreffende Polizei und versucht, einen der Beamten zu schlagen. Der andere Beamte kann den Angreifer daran hindern.

01.08. Berlin-Neukölln (BE) Ein 28-Jähriger und ein 44-Jähriger Mann beleidigen einen Mann rassistisch und bedrängen ihn. Zwei Personen greifen ein und werden von den Tätern geschlagen und mit einer Flasche beworfen.

01.08. Berlin-Marzahn (BE) Zwei unbekannte Männer beleidigen einen 30-jährigen Geflüchteten rassistisch. Sie schlagen ihm mit der Faust ins Gesicht und treten ihn. Sie versuchen, ihn dazu zu zwingen, eine Wurst aus Schweinefleisch zu essen.

03.08. Moosburg (BY) Eine unbekannte Fahrradfahrerin attackiert eine 27-jährige Frau, die mit ihrer zehn Monate alten Tochter unterwegs ist. Sie sagt: »Wie laufen Sie herum, was haben Sie an, gehen Sie zurück in ihr Land.« Dann fährt sie mit dem Fahrrad gegen den Kinderwagen, rempelt die junge Mutter an und wirft eine Perlenkette nach ihr.

05.08. Elsterwerda (BB) Drei Männer beleidigen eine Gruppe Jugendlicher rassistisch. Dann greifen sie die Jugendlichen an und verletzen sie.

05.08. **Berlin-Marzahn (BE)** Ein 31-jähriger Gast eines Lokals bewirft eine 51-jährige Frau mit einem Stuhl, trifft sie aber nicht, und beleidigt die Betroffene rassistisch.

05.08. **Rostock (MV)** Aus einer Gruppe von zehn Personen heraus wird auf einen 17-Jährigen eingeschlagen. Die Tat ist rassistisch motiviert. Der junge Mann flieht, wird von der Gruppe verfolgt, umringt und weiter verprügelt. Zeugen stoppen den Übergriff.

05.08. **Schwerin (MV)** Ein »Reichsbürger« greift einen Paketboten und seinen Transporter an. Der Betroffene wird dadurch an der Hand verletzt. Der Angreifer flüchtet vor der Polizei in sein Wohnhaus und widersetzt sich den Maßnahmen der Polizei. Er hetzt verbal gegen Staat und Polizei. Gegen den Angreifer wird wegen Körperverletzung, Nötigung und Widerstand gegen Vollstreckungsbeamte ermittelt.

05.08. **Pirna (SN)** Sieben Männer greifen drei junge afghanische Geflüchtete an den Elbwiesen an. Die Täter sprechen die Betroffenen zunächst auf bedrohliche Weise an und schlagen dann auf sie ein. Zwei der Betroffenen erleiden Verletzungen. Einem wird der Rucksack gestohlen. Die Opferberatungsstelle »RAA Sachsen« bewertet diesen Vorfall als rechte Tat.

05.08. **Altötting (BY)** Am späten Abend greifen ein 32- und ein 33-jähriger Mann einen 41-Jährigen aus rassistischer Motivation heraus an. Die beiden schlagen mit Fäusten zu und verletzen den Betroffenen dadurch leicht. Passanten werden durch die Hilfeschreie des Opfers aufmerksam und rufen die Polizei. Diese ermittelt zwei polizeibekannte und mutmaßlich der rechten Szene zugehörige Männer als Tatverdächtige.

06.08. **Schwandorf (BY)** In der Nacht schlägt ein Unbekannter einen Geflüchteten auf dem Marktplatz zusammen. Die Amadeu Antonio Stiftung und Pro Asyl werten diesen Vorfall als flüchtlingsfeindlich.

07.08. **Berlin-Lichtenberg (BE)** Ein unbekannter Mann beleidigt

an einer Haltestelle einen 27-Jährigen rassistisch. Dann schlägt
er ihm ins Gesicht und tritt gegen seinen Kopf.

07.08. Berlin-Treptow (BE) Eine Gruppe Männer beleidigt einen
38-Jährigen rassistisch, schlägt ihn und bewirft ihn mit einer
Bierflasche.

09.08. Eggesin (MV) Ein Mann brüllt rechte Parolen und attackiert eine Gruppe Jugendlicher. Einem jungen Mann schlägt er
dabei ins Gesicht und verletzt ihn.

11.08. Zehdenick (BB) Ein Pick-up-Truck fährt mit hoher Geschwindigkeit auf einen pakistanischen Geflüchteten zu. Maskier-
te Täter springen aus dem Auto und schlagen ohne Vorwarnung
auf den 30-jährigen Mann ein. Sie nehmen ihm sein Bargeld,
Mobiltelefon und Ausweis weg. Die Amadeu Antonio Stiftung
und Pro Asyl werten diesen Vorfall als flüchtlingsfeindlich.

12.08. Berlin-Schöneberg (BE) Der Türsteher eines Clubs beleidigt einen 21-Jährigen rassistisch und greift ihn an.

13.08. Düsseldorf (NW) Während einer Anti-AfD-Demonstration
beim Auftakt des Bundestagswahlkampfes der Partei tritt ein
AfD-Anhänger einen Fotografen.

13.08. Halle (ST) Vor dem Hausprojekt der rassistischen Gruppe
»Kontrakultur Halle« greifen zwei Rechte zwei Linke an. Sie
stoßen die beiden vom Fahrrad. Die Betroffenen flüchten.

14.08. Leipzig (SN) Ein 24-Jähriger liegt betrunken und regungs-
los auf der Straße. Als Polizisten ihn ansprechen und einen Rettungswagen rufen, wird der Mann ausfallend und ruft Neonazi-Parolen. Weil er sich nicht beruhigen lässt, wird er in Handschellen gelegt. Im Streifenwagen der Polizei randaliert er.

14.08. Halle (ST) Zwei stark alkoholisierte Männer beschädigen
das Auto eines Mannes. Dabei rufen sie Parolen wie »Scheiß
Ausländer« oder »Sieg Heil« in die Richtung vermeintlicher
Migranten. Als eine Frau die Männer aufhalten will, versuchen
die beiden, sie zu schlagen. Die Polizei ermittelt gegen die beiden Täter wegen Körperverletzung.

15.08. Niedergörsdorf (BB) Zwei Männer fahren an einem 25-jährigen Bewohner einer Geflüchtetenunterkunft mit dem Fahrrad vorbei und bespucken ihn. Dann hält ein Auto neben ihm, vier Männer steigen aus und schlagen den Geflüchteten zusammen. Sie stehlen sein Mobiltelefon. Der 25-Jährige flüchtet, die Täter halten erneut neben ihm und schlagen auf ihn ein. Die Opferberatungsstelle »Opferperspektive« wertet diesen Vorfall als rechte Tat.

15.08. Grimmen (MV) Ein Mann bedrängt eine Frau und versucht, ihr Kopftuch herunterzureißen. Die Frau wird durch den Übergriff verletzt. Die Opferberatungsstelle »Lobbi MV« wertet diesen Vorfall als rechte Tat.

17.08. Berlin-Wedding (BE) Ein unbekannter Mann beleidigt eine 33-jährige Frau rassistisch, bedroht und schlägt sie.

18.08. Schweinfurt (BY) Ein Unbekannter stellt einen Sprengsatz auf das Fensterbrett einer Geflüchtetenunterkunft. Es handelt sich um ein Honigglas, das mit Knallkörpern und mehreren Glasscherben befüllt ist. Zu einer Zündung kommt es nicht.

19.08. Königshütte (ST) Zwei Unbekannte sprechen einen 15-jährigen Geflüchteten an. Dann hält einer der beiden den Jugendlichen fest, während der andere ihn mit einem Messer am Oberarm verletzt. Der Betroffene kann sich losreißen und flüchtet.

19.08. Kempten (BY) Ein 28-Jähriger beleidigt einen 24-Jährigen als »Nigger«. Es kommt daraufhin zu einer körperlichen Auseinandersetzung der beiden.

20.08. Jena (TH) Vier jungen Männern aus Syrien wird der Zutritt zu einer Bar verwehrt. Ein Mann vom Sicherheitspersonal greift einen der Syrer an, Letzterer bricht sich dabei zwei Finger. Dann greifen Sicherheitsdienstmitarbeiter zwei weitere Syrer an, die ebenfalls verletzt werden. Die Opferberatungsstelle »ezra« wertet diesen Vorfall als rechte Tat.

20.08. Karlsruhe (BW) Aus einem Haus heraus werden in der Nacht Passanten mit einer vollen Glasflasche beworfen. In der

Wohnung veranstalten mehrere Personen eine Geburtstagsfeier. Sie rufen extrem rechte Parolen aus dem Fenster und hören laut Musik. Die eintreffende Polizei wird bedroht und beschimpft. Die Beamten brechen die Eingangstür auf, durchsuchen die Wohnung und nehmen 13 Personen fest.

21.08. Waren (MV) Zwei junge Männer werden rassistisch beleidigt, bedroht und geschlagen. Einer von beiden wird dabei im Gesicht verletzt.

22.08. Königs Wusterhausen (BB) Rechte Personen beleidigen und bedrohen einen jungen Mann aus Kamerun rassistisch. Sie werfen eine Bierflasche nach ihm.

24.08. Vacha (TH) Nach einer Kundgebung der CDU mit Angela Merkel wird ein 21-jähriger Wahlkampfhelfer von einem Unbekannten angepöbelt. Der Angreifer verfolgt ihn und schlägt dann auf ihn ein.

25.08. Berlin-Charlottenburg (BE) Ein 33-Jähriger beleidigt einen 21-Jährigen rassistisch. Der Täter greift einen weiteren Mann an, der sich einmischt.

25.08. Bad Belzig (BB) Neonazis wollen sich Zutritt zum antirassistischen Infocafé »Der Winkel« verschaffen. Es kommt zu einer Schlägerei, eine Person wurde verletzt.

25.08. Flensburg (SH) Ein Unbekannter schlägt in der Nacht auf einen Obdachlosen ein. Der 74-jährige Geschädigte berichtet, ein großer Mann habe auf seinen Kopf eingeschlagen und sich danach mit einem Fahrzeug entfernt. Die Opferberatungsstelle »Zebra« hält einen politischen Hintergrund der Tat für möglich.

25.08. Neckartenzlingen (BW) Zwei antifaschistische Aktivisten sprechen in einem Supermarkt zwei Neonazis auf ihre rechten Klamotten an. Die beiden Neonazis bedrohen die Aktivisten daraufhin und werden körperlich übergriffig.

26.08. Berlin-Mitte (BE) Ein unbekannter Mann beleidigt einen 17-jährigen Jugendlichen rassistisch und besprüht ihn mit Reizgas.

26.08. **Neubrandenburg (MV)** Zwei Männer beleidigen am Rande des Stadtfestes einen anderen Mann rassistisch und schlagen ihn zusammen. Zeugen greifen nicht ein. Die Polizei will vor Ort keine Anzeige aufnehmen.

26.08. **Plauen (SN)** Auf dem Postplatz schlägt ein Deutscher einen Iraker und beleidigt diesen und einen weiteren Mann »fremdenfeindlich«.

27.08. **Berlin-Kreuzberg (BE)** Ein 40-Jähriger beleidigt einen 56-Jährigen rassistisch und bedroht ihn mit einem Messer.

28.08. **Türkheim (BY)** Es kommt im Schlossgarten zu einer Schlägerei zwischen Syrern und einer Gruppe Jugendlicher. Die Polizei schließt einen »fremdenfeindlichen Hintergrund der Tat« nicht aus.

29.08. **Gera (TH)** Ein Mann greift eine Politikerin der Linkspartei in ihrem Büro an. Er schlägt ihr mit einem Heft ins Gesicht, wirft einen Plakataufsteller auf eine Mitarbeiterin und greift einen 63-jährigen Mann an, der leicht verletzt wird. Politiker verschiedener Parteien verurteilen den Angriff und sprechen von einer »Verrohung der Sitten im politischen Meinungsstreit«. Die Opferberatungsstelle »ezra« wertet diesen Vorfall als rechte Tat.

30.08. **Türkheim (BY)** Am Abend halten vier oder fünf Unbekannte einen 18-jährigen Radfahrer an und schlagen ihn zusammen. Die »Antifaschistische Informations-, Dokumentations- und Archivstelle München« vermutet einen rassistischen Tathintergrund. Der Betroffene erleidet leichte Verletzungen.

30.08. **Neuruppin (BB)** Eine Gruppe Rechter beleidigt in einer Bar eine Gruppe Linker. Einer der Rechten steht auf und schlägt einem der Linken mehrfach ins Gesicht.

Dokumentation des Terrors. Ehrenamtliche Helfer protokollieren Prozesse und Untersuchungsausschüsse

Freitagmorgen, 10.30 Uhr, hessischer Landtag, Wiesbaden. Es ist der 9. Juni 2017. Eigentlich sollte die 54. Sitzung des NSU-Untersuchungsausschusses pünktlich beginnen, doch die Öffentlichkeit bleibt ausgeschlossen, weil sich die Abgeordneten noch intern beraten. Die wartenden Zuschauer stehen vor den verschlossenen Türen des Sitzungssaals und tauschen Einschätzungen darüber aus, wie der neue Sitzungstag aus ihrer Sicht verlaufen könnte. Werden die geladenen Zeugen aus der extrem rechten Szene erscheinen und wenn, wird u. a. Corryna Görtz aussagen oder sich verweigern?

An diesem Tag, kurz vor dem Wochenende, herrscht ausnahmsweise reges Treiben, denn Zeugin Görtz ist eine schillernde Figur: Sie steckte tief in der militanten Szene in Kassel. In einer Wohnung, in der sie mit einem anderen Neonazi lebte, wurden vor Jahren Panzerfaust und Totschläger gefunden. Es wird jedoch kaum erwartet, dass die Frau, die als Prostituierte arbeitet und sich gerade in Haft befindet, etwas mehr Licht ins Dunkel um den Mord an Halit Yozgat in Kassel bringen könnte – die meisten Befragten hatten auffällig viele Erinnerungslücken, gerade dann, wenn es spannend wurde und Tatzusammenhänge deutlicher hätten werden könnten.

Der letzte rassistisch motivierte Mord des »Nationalsozialistischen Untergrunds« (NSU) nimmt eine Schlüsselrolle ein. Bis heute ist die Frage ungeklärt, warum die Mordserie des NSU 2006 in Hessen endete. Acht Männer mit türkischen und ein Mann mit griechischen Wurzeln waren in Nürnberg, München, Hamburg, Rostock, Dortmund und Kassel mit derselben tschechischen Waffe, einer Česká, hingerichtet worden – bevor in Heilbronn 2007 die aus Thüringen stammende Polizistin Michèle Kiesewetter sterben musste. Kiesewetter soll ein Zufallsopfer gewesen sein, so die Verlautbarung der Generalbundesanwaltschaft in Karlsruhe. In der Anklageschrift von 2012 gegen fünf mutmaßliche Hauptverantwortliche des NSU wird folgende politische Motivation zugrunde gelegt: Gezielt sollten die neun Tötungen durch den Gebrauch *einer* Tatwaffe als »serienmäßige Hinrichtungen« wahrgenommen werden. Langfristiges politisches Ziel sei es, dadurch die »Verunsicherung in den Bevölkerungsteilen mit Migrationshintergrund« zu verstärken sowie »das Vertrauen in den Staat« zu schwächen und »die ausländischen Mitbürger« schließlich zum Wegzug zu veranlassen.

Während zwischen den einzelnen Morden seit dem Jahr 2000 größere zeitliche Abstände lagen, erfolgten die beiden letzten der Serie Schlag auf Schlag. Sie wirkten insgesamt aufgeregter, in Kassel gab es sogar Zeugen. Halit Yozgat starb nur zwei Tage nach der Ermordung des Dortmunder Kioskbesitzers Mehmet Kubaşik Anfang April. Der Tatort lag auf dem Rückweg aus Nordrhein-Westfalen Richtung Unterschlupf im sächsischen Zwickau. Die Ermittler gingen sehr einseitig zunächst dem Verdacht nach, Yozgat könnte mit der Mafia oder dem Drogenhandel zu tun gehabt haben – was jedoch nicht stimmte. Auf Neonazis als Täter kamen die Polizisten nicht. Erst 2011, nach dem Fund der Mordwaffe, konnte auch diese Tat dem NSU zugeschrieben werden. Endlich waren die Opferfamilien aus einer latenten Verdächtigung entlassen.

Die beiden verstorbenen Haupttäter des NSU, Uwe Mundlos und Uwe Böhnhardt, sollen am späten Nachmittag in das Internetcafé der Yozgats in der Holländischen Straße marschiert sein und im Beisein von sechs Besuchern in den Kabinen den jungen Mann hinter seinem Schreibtisch regelrecht hingerichtet haben. Warum sich zum Tatzeitpunkt ausgerechnet auch ein Mitarbeiter des hessischen Verfassungsschutzes, der die Neonazi-Szene in Kassel kannte, vor Ort befand, ist eine der wichtigsten ungeklärten Fragen. Sowohl der Beamte des Landesamtes für Verfassungsschutz, Andreas Temme, als auch seine Behörde spielen eine durchaus zwielichtige Rolle – zur Aufklärung des Falles tragen sie aber nicht bei.

Temme, Aliasname Thomsen, machte sich bereits 2006 verdächtig, weil er, der erfahrene Schütze, die Schüsse nicht gehört haben will und auch den am Boden liegenden, sterbenden Halit Yozgat angeblich nicht gesehen hat. Der Geheimdienstbeamte meldete sich auch nicht nach der Tat als Zeuge bei den Mordermittlungen. Er wurde ausfindig gemacht, eine Zeit lang nach dem Mord in Kassel abgehört, doch seine Rolle und die seines Dienstes bleiben bis heute undurchsichtig. »Ich sage ja jedem, wenn er weiß, dass irgendwo so etwas passiert, bitte nicht vorbeifahren«, hatte der damalige hessische Geheimschutzbeauftragte des Landesamts für Verfassungsschutz Temme bei einem Anruf Wochen nach dem Mord im Mai 2006 mitgeteilt. Der Satz fiel beiläufig, das Telefonat wurde von der Polizei mitgeschnitten. Die Anwälte der Familie Yozgat sehen in dieser Aussage ein Indiz, dass Andreas Temme nicht zufällig und, wie er selbst und die hessische Landesregierung behaupten, privat am Tatort gewesen sei. Die Bundesanwaltschaft streitet diese Lesart des Gespräches ab. Temme hatte kurz vor der Tat elf Minuten mit einem Neonazi-Spitzel telefoniert und war dann direkt von seiner Dienststelle zum Internetcafé im Norden der Stadt gefahren. Angeblich, um auf Sexseiten zu surfen. In unmittelbarer Nähe des Internetcafés der Yozgats befindet sich eine Moschee, die 2006 auch Beobachtungsobjekt des hessischen Verfassungsschutzes war. Wusste Andreas Temme, dass etwas geschehen würde, oder wurde er in eine Falle gelockt? Ingesamt steht die schwarz-grüne Regierung in Hessen unter Druck: Zu viele Ungereimtheiten nähren den Verdacht, Andreas Temme und das Amt könnten in dem Mordfall Wichtiges verschweigen. Die hessische Regierung weigerte sich, Akten herauszugeben, und blockierte die Aufklärung. Temmes Lügenmärchen im Zeugenstand vor Gericht und vor den Ausschüssen blieben bisher allerdings ohne Folgen. Ein Strafverfahren gegen ihn läuft jedoch bereits – im März 2017 hatte die hessische Linksfraktion Anzeige erstattet.

Schließlich stellt sich auch dem hessischen Landtagsuntersuchungsausschuss die Frage, die vor allem die Hinterbliebenen nicht zur Ruhe kommen lässt: Warum musste ausgerechnet der 21-jährige Halit Yozgat aus Kassel sterben? Und warum die anderen? Wer hatte sie ausgewählt, wer hatte Notizen und Skizzen vom Tatort angefertigt? Gab es nicht doch Helfer vor Ort? Um vor allem dieser Frage nachzugehen, wurde auch die Zeugin Corryna Görtz geladen. So abwegig ist die Theorie nicht. Dem NSU-Kerntrio Böhnhardt, Mundlos und Zschäpe war beim Abtauchen in den Untergrund 1998 von Neonazis aus dem militanten »Blood & Honour«-Netzwerk geholfen worden. Wohnungen wurden beschafft, Ausweispapiere organisiert. Schließlich auch einige der Waffen. In Hessen gab es zu dieser Zeit Ableger der elitären Skinhead-Organsiation. Kassel galt als eines der Zentren. Half jemand aus deren Reihen bei der Vorbereitung der rassistischen Tat?

Auch um diesen unaufgeklärten Komplex, in dem nicht nur Neonazi-Zeugen falsch aussagen, sondern auch Polizisten und Geheimdienstler sich schwertun, geht es am 9. Juni 2017 in Wiesbaden.

Medien und Zuschauer sind auffällig zahlreich vertreten. Das ist nicht immer so. Insbesondere, wenn Beamte gehört und befragt werden, die zu kleinteiligen Fragen, zum genauen Vorgehen der Behörden bei den Ermittlungen oder den Abläufen beim Verfassungsschutz befragt werden, sind die Sitzreihen im Zuschauerraum oft gähnend leer. Einzig einige Journalisten, eine Wissenschaftlerin und die Mitglieder von »NSU-Watch Hessen« zeigen Durchhaltevermögen, sie begleiten regelmäßig das Geschehen. Sonja Brasch ist eine von ihnen. Die junge Frau protokolliert gemeinsam mit einem festen Stamm von Leuten für die Initiative »NSU-Watch Hessen« Wort für Wort den Ablauf eines jeden Sitzungstages. Zusammenfassende Texte gehen zeitnah auf einem speziellen Blog online – in deutscher und türkischer Sprache. Acht der Opfer des NSU sind türkischer oder kurdischer Herkunft, eine breite Community auch in der Türkei interessiert sich für die Aufklärung der Neonazi-Verbrechen. Sonja Brasch ist eigentlich Mitarbeiterin der »Zeitgeschichtlichen Dokumentationsstelle« in Marburg, nebenher engagiert sie sich bei »NSU-Watch Hessen«.

Als im Frühjahr 2014 absehbar wurde, dass der Landtag gegen den erklärten Willen der schwarz-grünen Landesregierung einen eigenen Untersuchungsausschuss zur Mordserie des NSU einsetzen würde, schloss sich eine Gruppe von Menschen aus unterschiedlichen politischen Kontexten zusammen. »NSU-Watch Hessen« arbeitet ehrenamtlich und unabhängig von den Parteien im Landtag, die Stelle finanziert sich über Spenden. Seit der ersten öffentlichen Sitzung im Februar 2014 war immer einer ihrer weiblichen und männlichen Protokollanten dabei.

»NSU-Watch Hessen« ist Teil einer bundesweiten »NSU-Watch«-Struktur, die diverse Parlamentarische Untersuchungsausschüsse und den Prozess gegen die Angeklagten um Beate Zschäpe in München begleiten. »Wir tauschen Informationen und Hintergrundrecherchen aus, halten uns gegenseitig mit neuen Entwicklungen auf dem Laufenden und versuchen, Ergebnisse länderübergreifend und parteiunabhängig zusammenzutragen«, sagt Sonja Brasch. Ihre Arbeit sei sowohl tagesaktuell wichtig, für all diejenigen, die sich über den Stand der Parlamentarischen Aufklärung informieren wollen, als auch für die Zukunft. »Uns ist klar, dass die Aufklärung des NSU-Komplexes und die Verstrickungen der Geheimdienste noch Jahrzehnte in Anspruch nehmen werden. Hierfür sammeln und dokumentieren wir akribisch jedes Detail, um es der Öffentlichkeit zugänglich zu machen.«

In Sachsen unterstützt »NSU-Watch« die Prozessbeobachtung des Vereins »Regionale Arbeitsstellen für Bildung, Integration und Demokratie« (RAA Sachsen) e.V, deren weibliche und männliche Mitarbeiter den langwierigen Terrorprozess gegen die »Gruppe Freital« in Dresden dokumentieren. Diese Protokolle werden zeitnah beim RAA online gestellt und so öffentlich zugänglich gemacht. Jeder Prozesstag erlangt Transparenz. Danilo Starosta, Mitarbeiter des »Kulturbüros Sachsen«, hebt die Bedeutung des Watch-Projekts für die Prävention hervor. Aus den vorliegenden Informationen über die Strukturen der regionalen Neonazi-Szene beispielsweise können Bildungsangebote angepasst oder entsprechend neu formuliert werden. »Im Prozess ›Gruppe Freital‹ sind einige Straftaten angeklagt, die ein Mitwirken eines ganzen Netzwerkes mit organisierten Neonazis in Dresden nahelegen. Im Prozess werden diese Verbindungen offengelegt, diese Kenntnisse zu erlangen ist für unsere Arbeit wichtig«, erklärt der Dresdener Präventionsexperte.

Allzu schnell wird antifaschistisches Engagement wie das von NSU-Watch misstrauisch beäugt, argwöhnisch in die linke parteipolitische Ecke gepackt, doch die Professionalität des Projekts überzeugt. Die Initiative erfährt viel Lob, 2013 wurde das Bundesprojekt NSU-Watch mit dem Otto-Brenner-Medienprojektpreis ausgezeichnet, danach erhielt es den Alternativen

Medienpreis in Nürnberg, und 2014 würdigte die Stiftung Auschwitz-Komitee ihr Wirken mit dem Hans-Frankenthal-Preis. 2017 zeichnete das »Bündnis für Demokratie und Toleranz« NSU-Watch im Wettbewerb »Aktiv für Demokratie und Toleranz« aus. Im Juli 2015 erklärte der hessische SPD-Vorsitzende Thorsten Schäfer-Gümbel, das Projekt leiste »einen wichtigen Beitrag zur Information der Öffentlichkeit«.

Neben den üblichen Presseberichten bieten die Archive von NSU-Watch Interessierten einen Zugang zum Ausschussgeschehen. Wie auch in München wird in Wiesbaden live aus den Sitzungen getwittert. Zudem stehen die Protokollanten von NSU-Watch für Vorträge und Diskussionen zur Verfügung.

Zur Motivaton von »NSU-Watch Hessen« erklärt Sonja Brasch: »Wir sind davon überzeugt, dass eine unabhängige Beobachtung des Geschehens in dem Ausschuss eine politische Notwendigkeit ist. Wir finden es wichtig, sämtliche Vorgänge im Untersuchungsausschuss möglichst umfassend zu dokumentieren. Es geht uns um Transparenz und darum, eine weitere Aufklärung der Ereignisse rund um den Terrorismus des NSU möglich zu machen.« Dafür werden zudem Interviews geführt und es gibt eigene Analysen. Ein Novum und vor allem ein beeindruckendes Plädoyer für zivilgesellschaftliches Engagement.

»Wir verstehen uns durchaus auch als politisches Projekt«, erklärt sie, »wir wollen uns auch einmischen, die Betroffenen und Hinterbliebenen in ihren Anliegen unterstützen, uns trauen, das auszusprechen, was andere Medien vielleicht nicht äußern.« Das Motto lautet: »Aufklären und Einmischen – Aydınlatma ve Müdahale«. Brasch zufolge stammen die meisten ehrenamtlichen Dokumenteure aus unterschiedlichen antirassistischen und antifaschistischen Zusammenhängen und vermissen in der öffentlichen Debatte um den NSU die Einordnung der Mordserie in einen gesellschaftlichen Zusammenhang. Ohne den institutionellen Rassismus, der in Ermittlungsbehörden, Öffentlichkeit und weiten Teilen der deutschen Gesellschaft vorherrscht, wäre das Geschehen um die Mordserie anders verlaufen.

Endlich gehen am 9. Juni 2017 die Türen auf, die Sitzung unter Ausschluss der Öffentlichkeit ist beendet, der für alle zugängliche Teil beginnt. Eilig strömen die Zuschauer hinein. Der Raum, in dem der UNA 19/2 stattfindet, so der behördliche Name des hessischen NSU-Untersuchungsausschusses, ist nicht sehr groß. Er besteht aus zwei Teilen: Rechts sitzen die zuständigen Abgeordneten der verschiedenen Fraktionen mit ihren Mitarbeiterinnen und Mitarbeitern in einem großen »U« aus Tischen, links ist der Zuschauerraum. Die vorderen Plätze sind für die Presse reserviert, deren Vertreter die Laptops aufklappen und angespannt warten. Der Tisch für die Zeugen ist so ausgerichtet, dass sie den Vorsitzenden des Ausschusses, Hartmut Honka (CDU), anschauen.

Der erste Zeuge der heutigen Sitzung betritt den Raum und nimmt Platz, begleitet von akkreditierten Kamerateams, die nur zu Beginn der Sitzung kurz filmen dürfen. Philip Tschentscher ist bereits zum zweiten Mal vor den Ausschuss geladen. Der Mann aus Hofgeismar, der 1981 in Kassel geboren wurde, soll zur extrem rechten Szene in Nordhessen vor und bis zum Tatzeitraum 2006 Auskunft geben. Als Neonazi-Liedermacher unter dem Namen »Reichstrunkenbold« kam er viel herum. Der Titel eines seiner Lieder lautet: »Brauner Terrorist«, er singt: »Das deutsche Volk hat die Schnauze voll und findet meine Anschläge auf ihre Feinde echt toll. Die Kaffer müssen um ihr Leben rennen; denn trotz der hohen Spritpreise sind ihre Häuser am Brennen. Ja, so langsam wird es wieder wie früher. Und das deutsche Volk verlangt nach einem großen Führer. Ich bin ein Attentäter, bestrafe all die Volksverräter. Ich bin ein Rassist, so ein richtig brauner Terrorist.«

Tschentscher hatte enge Kontakte zu Manfred Roeder, einem der bekanntesten deutschen Neonazis, der 2014 mit 85 Jahren im Schwalm-Eder-Kreis starb. Als junger Mann hielt er sich häufig auf dem »Reichshof« von Roeder auf. Der fanatische, vorbestrafte Alt-Nazi ist für den Ausschuss spannend, weil auch die Thüringer Uwe Mundlos und Uwe Böhnhardt ihn früh bewunderten. Die beiden NSU-Terroristen gehörten zu einer Gruppe von Anhängern des »Thüringer Heimatschutzes« (THS), die Roeder 1997 bei einem Prozess in Erfurt mit einem Transparent unterstützten. Doch auch der Zeuge selbst, Philip Tschentscher, ist eine spannende Figur innerhalb der internationalen gewaltbereiten Neonazi-Strukturen.

Der Ausschussvorsitzende Hartmut Honka eröffnet die öffentliche Sitzung und begrüßt den Zeugen. Im Gegensatz zu Untersuchungsausschüssen in einigen anderen Bundesländern, wo die Opposition den Vorsitz innehat, sitzt in Hessen die Regierungsfraktion dem Ausschuss vor und bestimmt damit nicht unwesentlich das Geschehen. Einen besonderen Kritikpunkt der Oppositionsfraktionen stellen fehlende Akten dar. Der hessische Verfassungsschutz gab zwar an, alle Akten nach Hessen geliefert zu haben, bei einer Sitzung im NSU-Ausschuss des Bundestags am nächsten Tag kamen dann aber hessische Akten zur Sprache, die dem hessischen Ausschuss nicht vorgelegen hatten. Außerdem ließe sich mit den vorliegenden Akten nur schwer arbeiten, kolportiert die Opposition. Die Beamten des Landesamts für Verfassungsschutz schwärzten Unmengen von Namen und Stellen darin. Hinzu kommt, dass die Akten nur in einem speziellen Raum im Landtag eingesehen werden dürfen. Das stellt bei der Menge an Material eine große Herausforderung dar.

Die NSU-Ausschuss-Sitzungen sind in ihrem Ablauf immer gleich geregelt. Zuerst beginnt der Vorsitzende mit seinen Fragen. Danach wechselt das Fragerecht zu den einzelnen Fraktionen ihrer Größe nach, also CDU, SPD, Grüne, Linke und FDP. Allen Fraktionen stehen maximal 15 Minuten zur Verfügung, darauf folgt eine zweite Runde Fragen, wieder jeweils 15 Minuten. Zuletzt gibt es eine offene Fragerunde, die zeitlich nicht begrenzt ist.

Bei der Aussage von Philip Tschentscher am 9. Juni geht es vor allem darum, seine Aussagen der ersten Ladung zu prüfen, da es den dringenden Verdacht gibt, dass er in der Vergangenheit vor dem Ausschuss gelogen hat. Dem 36-Jährigen in Thor-Steinar-Kleidung werden seine damaligen Aussagen noch einmal vorgelegt, er wird mit neuen Unterlagen konfrontiert. Um abschließend zu klären, ob es sich bei einigen von Tschentschers Angaben um Falschaussagen handelt, wird nun die Staatsanwaltschaft mit Ermittlungen beauftragt. Ansonsten mag er sich kaum an Namen, geschweige denn an Nachnamen betroffener Kameraden erinnern. Tschentscher ist rhetorisch geschickt und weiß sehr genau, wo die Grenzen des legal Sagbaren verlaufen. Als er beginnt, gängige rechte Verschwörungstheorien zum NSU-Kerntrio zum Besten zu geben, wird seine Vernehmung abgebrochen.

Die Einsetzung eines Untersuchungsausschusses in Hessen wurde nicht einstimmig beschlossen, das stellt im bundesweiten Vergleich eine Ausnahme dar. Die Regierungsfraktionen CDU und Grüne schlugen statt eines Parlamentarischen Ausschusses nur eine Enquetekommission vor, die mit noch begrenzteren Mitteln arbeiten würde. Sonja Brasch erklärt: »Das liegt vor allem an der Frage, inwieweit die einzelnen Fraktionen selbst involviert sind. Sind oder waren sie in der Regierung und dementsprechend mitverantwortlich für die Aufklärung rund um die NSU-Verbrechen, sind sie skeptisch, wenn es um die Bildung eines Ausschusses geht.«

Besonders stark wurde das bemerkbar bei der Ladung des

Ministerpräsidenten Volker Bouffier von der CDU, der 2006 zur Zeit des Mordes an Halit Yozgat als hessischer Innenminister direkt involviert war. Die Opposition setzte den Ausschuss mit der nötigen Einfünftelmehrheit im Parlament durch. Seither ist zu beobachten, dass die einzelnen Fraktionen mit sehr unterschiedlicher Gewichtung agieren. Hinsichtlich des Stellenwertes, den sie zum Beispiel der Frage nach einem extrem rechten Unterstützernetzwerk beimessen, wird dies deutlich. SPD und Linkspartei zogen neben geladenen Fachleuten aus Wissenschaft und Medien sowie Beamten des Verfassungsschutzes eine weitere Quelle heran. Sie entschieden sich, aktive Neonazis und mutmaßliche Szene-Aussteiger vor den Untersuchungsausschuss zu laden. Insbesondere deren Befragungen verdeutlichten den hohen Vernetzungsgrad der Neonazi-Szene in Nordhessen und wie wenig davon öffentlich bekannt war. Es kamen spannende Spuren auf zu braunen Netzen in die Grenzregionen nach Niedersachsen und Thüringen, aber vor allem zum weiteren NSU-Tatort Dortmund.

Aus diesem Grund warten alle mit großer Spannung auf die dritte Zeugin des Tages: Corryna Görtz. Sie ist bisher die einzige Frau, die im nordhessischen Kontext befragt wird, und sie ist eine, die nebenher auch über Kontakte ins kriminelle Rocker- und Rotlichtmilieu verfügt. Görtz war seit Mitte der 1990er-Jahre eine zentrale Figur in der nordhessischen Naziszene. Ihr damaliger Freund war regionaler Anführer der verbotenen Freiheitlichen Deutschen Arbeiterpartei (FAP), einem Sammelbecken von Neonazis, die sich nah an der Illegalität bewegten. Sie selbst hatte – ebenso wie NSU-Terrorist Uwe Mundlos – Kontakt zur inzwischen verbotenen »Hilfsorganisation für nationale Gefangene und deren Angehörige« (HNG) in Mainz. Zudem belasten sie zwei andere Zeugen. Der ehemalige Sänger der Kassler Neonazi-Band »Hauptkampflinie« Oliver Podjaski und der ehemalige V-Mann des Bundesamtes für Verfassungsschutz

Michael See sagen aus, dass ihr aus der Szene am ehesten Bombenbau zuzutrauen sei. Außerdem sei sie laut See die Richtige, um weitergehende Fragen zur nordhessischen Naziszene zu beantworten. Die Spannung reißt ab, als der Vorsitzende Hartmut Honka verkündet, Görtz habe sich mit einem unzureichenden Attest krankgemeldet. Es wird ein Ordnungsgeld gegen sie verhängt, im September 2017 erneut geladen, erscheint sie dann.

In Handschellen wird Corryna Görtz in den Sitzungsraum geführt, sie verbüßt eine Strafe in einem Frankfurter Gefängnis. Routiniert versucht sie zunächst die Rolle des unbedarften Anhängsels eines führenden Neonazis zu spielen, doch die nimmt ihr niemand ab. Sie könne sich nicht erklären, warum sie damals als einzige Frau neben der NSU-Hauptangeklagten Beate Zschäpe in einer Liste des Thüringer Landeskriminalamtes als »Gewalttäter rechts« geführt wurde. Als sich bereits das Ende der Vernehmung abzeichnet, folgt ein Paukenschlag: Der CDU-Abgeordnete Holger Bellino fragt die Zeugin, ob sie mal im Internetcafé von Halit Yozgat war. Zum Erstaunen aller berichtet sie, dass sie ungefähr dreimal dort war, in der Zeit ihres offenen Vollzugs in der JVA Baunatal. Das war etwa ein halbes Jahr vor dem Mord 2006. Sie sei mit Mitgefangenen dort gewesen, es sei angeblich das nächstgelegene Internetcafé damals gewesen. Ein Blick auf die Karte von Kassel zeigt, dass das nicht stimmt.

Mit dieser Zeugenaussage lässt sich erstmalig ein direkter Kontakt zwischen der Kassler Neonazi-Szene und dem Internetcafé herstellen. In den Überresten der in Brand gesteckten Wohnung in der Zwickauer Frühlingsstraße 26, in der Mundlos, Böhnhardt und Zschäpe bis zuletzt gelebt hatten, war 2011 auch eine handgezeichnete Skizze vom Kassler Tatort gefunden worden. Wer sie angefertigt hat, ist bisher unklar. Ob Corryna Görtz womöglich für das Kerntrio den Tatort ausspähte und die Informationen weitergab, ist bisher nicht zu belegen. Oder war Görtz womöglich diejenige, die beschlossen hatte, dass Halit Yozgat sterben musste, weil sein Internetcafé das migrantische Leben in Kassel symbolisierte? Das sind Fragen, die sich die Beobachter von »NSU-Watch Hessen« jetzt stellen. Fakt ist: Der Untersuchungsausschuss muss dieser neuen Spur nachgehen. Ob die Frage nach dem Unterstützernetzwerk jedoch in der kurzen Zeit, in der die Beweisaufnahme noch läuft, geklärt werden kann, bleibt anzuzweifeln. Das Ende des Ausschusses naht, doch die Aufklärung über Verflechtungen und Motive darf nicht enden. Wie es weitergeht in Hessen, ist unklar.

Im September 2017 ist nicht mehr aus der Zeugin Corryna Görtz herauszubekommen. Sie wird abgeführt. Ihre politische Einstellung scheint »Conny« nicht geändert zu haben. Bei Facebook zeigt sie sich im Shirt mit der Aufschrift: »Defend Europe – No Compromise – No Surrender«. Ein Motto der Rechten gegen Einwanderung.

Zurück zur Sitzung im Juni 2017. Wie ernüchternd und zäh die Arbeit des NSU-Untersuchungsausschusses in der Praxis aussieht, zeigt sich anhand des letzten Zeugen des Tages. Christian Wenzel ist der Stiefbruder des Neonazis, den Verfassungsschutzmitarbeiter Andreas Temme als V-Mann mit dem Aliasnamen »Gemüse« führte: Benjamin Gärtner. Wenzel selbst zählte zum Spektrum von »Blood & Honour« und war Gründungsmitglied der »Kameradschaft Kassel«. Kein leichtes Unterfangen für die parlamentarischen Vernehmer, deren Autorität von diesen Zeugen immer wieder infrage gestellt wird. Als Christian Wenzel den Raum betritt, staunen die meisten Anwesenden. Er trägt Glatze und dazu einen langen Rauschebart. Vorne auf seinem T-Shirt ist ein Wikinger aufgedruckt, hinten ein riesiger Thorshammer aus der nordischen Mythologie. Mit breitem nordhessischen Akzent beginnt er, auf die Fragen der

Landtagsabgeordneten zu antworten. Er wolle keine Namen nennen, wolle niemanden »reinreiten«, sagt er. Erst auf beharrliche Nachfrage der Abgeordneten beginnt er konkreter in seinen Erzählungen zu werden. Doch wie schon andere Zeugen aus der extrem rechten Szene vor ihm, spielt der Mann die Strukturen als unpolitisch herunter. Ähnlich der Zeugenaussage seines Halbbruders klingt die »Kameradschaft Kassel« eher nach einem Grill- und Musikverein statt nach der gewaltbereiten, rassistischen Vereinigung, die sie war. Berüchtigt für Schlägereien und Bedrohungen. Fahrten zu Konzerten des »Blood & Honour«-Netzwerkes Ende der 1990er-Jahre werden von ihm als spaßiges Freizeitvergnügen ohne politischen Gehalt abgetan. Und außerdem, so Wenzel, sei er ja schon lange raus aus der Szene. Auf die parlamentarische Nachfrage, wie er denn heute politisch stehe, lautet die Antwort, er habe ein Problem mit »Masseneinwanderung«.

»NSU-Watch Hessen« kritisierte früh, dass die Angehörigen des Opfers und ihre Erfahrung mit Rassismus im Wiesbadener Ausschuss zu kurz kommen würden. Der nordrhein-westfälische NSU-Untersuchungsausschuss zum Beispiel hörte Betroffene und Hinterbliebene der zwei Sprengstoffanschläge in Köln sowie des Mordes in Dortmund direkt nach den Sachverständigen an. Semiya Şimşek beschreibt in ihrem aufrüttelnden Buch »Schmerzliche Heimat«, dass bei der Aufklärung des Verbrechens an ihrem Vater der Spur »Rassismus« nie ernsthaft nachgegangen wurde. Stattdessen konstruierten die Ermittler neue Mordmotive: Polizisten durchsuchten die Wohnung der Şimşeks nach Waffen. Die Familie wurde verhört, verdächtigt, ausspioniert. Die Fahnder vermuteten, der Blumenhändler hätte seine wöchentlichen Fahrten nach Holland zum Blumenkaufen als Vorwand benutzt, um Drogen zu schmuggeln. Sie rückten mit Spürhunden an. Die Nachbarn tuschelten, Enver Şimşek habe sein Geld als Dealer verdient. »Elf Jahre durften wir nicht einmal reinen Gewissens Opfer sein«, erinnert sich seine Tochter Semiya Şimşek. Ähnliche Erfahrungen schildern andere Angehörige. Die Wut der Autorin trifft auch die Medien. Durch zum Teil hetzerische Schlagzeilen wurden die NSU-Morde jahrelang als »Döner-Morde« diskreditiert.

Sonja Brasch glaubt nicht an Pannen in der Behörde, für sie ist der Umgang mit dem NSU-Komplex Ausdruck einer Staatsräson. Sie sieht sich nicht als Journalistin, ihr Engagement sei zivilgesellschaftlich, betont sie. Abschließend, am Ende des Tages, erzählt die Marburgerin noch, dass der Vater des von Neonazi-Terroristen ermordeten jungen Mannes, Ismail Yozgat, erst nach über drei Jahren Ausschussarbeit geladen worden sei.

Chronik September 2017

01.09. Türkheim (BY) Unbekannte werfen Steine gegen eine Geflüchtetenunterkunft.

02.09. Berlin-Zehlendorf (BE) Aus einem Auto heraus feuern Unbekannte aus zwei Waffen mehrere Schüsse auf eine Geflüchtetenunterkunft ab. Es soll sich dabei, laut Polizei, um Schreckschusswaffen gehandelt haben.

02.09. Wurzen (SN) Im Vorfeld einer antifaschistischen Demonstration hängt eine Strohpuppe mit der Aufschrift »AFA/FCK« (Antifa/Fuck) und einem durchgestrichenen Antifa-Symbol von einer Brücke. Während der Demonstration versuchen Neonazis immer wieder, sich dem marschierenden Zug zu nähern. Mehrere Journalisten berichten, dass sie von Neonazis bedrängt wurden. Ein Fotograf wird bei einer Rangelei getreten.

02.09. Dresden (SN) Ein 28-Jähriger belästigt in einem Regionalzug andere Fahrgäste. Als die Polizei ihn im Bahnhof zum Verlassen des Zuges auffordert, skandiert er rechte Parolen und zeigt den Hitlergruß. Er versucht, einen Polizeibeamten mit Kopfstößen zu attackieren.

02.09. Türkheim (BY) Unbekannte werfen Steine gegen eine Geflüchtetenunterkunft.

03.09. Leipzig (SN) Unbekannte treten so lange auf einen Mann ein, bis er bewusstlos wird. Der Betroffene wird erheblich im Gesicht verletzt und muss in einer Klinik operiert werden. Die Polizei vermutet, dass die Kleidung des Opfers Grund für den Angriff gewesen sein könnte. Der Mann trug einen Pullover des linken Fußballclubs St. Pauli.

03.09. Dortmund (NW) Ein Mann provoziert in der Nacht einen 16-Jährigen und seine Freunde am Hauptbahnhof. Er schlägt dem jungen Mann ins Gesicht und schubst ihn in die Gleisanlagen. Der 16-Jährige wird dadurch leicht verletzt.

03.09. Mihla (TH) Zwei Polizisten wollen einen Haftbefehl gegen einen 53-jährigen »Reichsbürger« vollstrecken. Dieser flüchtet in sein Auto und versucht, mit diesem zu fliehen. Er wird von den Beamten gestoppt. Die beiden Polizisten werden bei dem Einsatz leicht verletzt. Der »Reichsbürger« wird anschließend in eine Justizvollzugsanstalt gebracht.

03.09. Türkheim (BY) Unbekannte werfen Steine gegen eine Geflüchtetenunterkunft. Die Bewohner sehen einen 20- bis 25-jährigen Tatverdächtigen wegrennen.

03.09. Potsdam (BB) 15 bis 20 rechte Fußballfans schlagen einen Mitarbeiter des Fanshops des antirassistischen Fußballclubs SV Babelsberg 03 und versuchen, die Fensterscheiben des Ladens zu zerstören.

04.09. Bad Krozingen (BW) Mehrere Täter beleidigen einen jungen Mann aufgrund seiner Hautfarbe und schlagen unvermittelt auf ihn ein. Der Betroffene kann flüchten. Er wird am Auge verletzt und erleidet einen Riss im Trommelfell.

05.09. Neudietendorf (TH) Ein Mann attackiert erst seine Lebensgefährtin und später andere Mitreisende in einem Regionalexpress. Die Polizei ermittelt gegen den Mann unter anderem wegen Beleidigungen mit »fremdenfeindlichem Hintergrund«.

07.09. Niedergörsdorf (BB) Am Abend spricht ein Rechter in der Bahn einen Mann aus Pakistan an und fragt, woher dieser kommt. Nach dessen Antwort beschimpft er den Betroffenen rassistisch und schlägt ihm mehrfach mit der Faust ins Gesicht.

07.09. Bernau (BB) Drei Rechte greifen einen Linken an. Er flüchtet in ein Büro der Linkspartei. Die Angreifer versuchen gewaltsam in die Räumlichkeiten einzudringen und rufen dabei volksverhetzende Beleidigungen und Bedrohungen.

08.09. Berlin-Lichtenberg (BE) Ein 40 und ein 43 Jahre alter Mann schlagen und treten einen 40-Jährigen aus rassistischer Motivation.

09.09. Brandenburg an der Havel (BB) Ein 43-Jähriger bedroht einen 24-jährigen Geflüchteten mit einem Messer und versucht, auf ihn einzustechen. Die Polizei ermittelt wegen versuchter gefährlicher Körperverletzung und Volksverhetzung.

10.09. Wahrstorf (MV) Unbekannte verstecken mit Hakenkreuzen und Reichsadlern bedruckte Scherben im Rasen des antirassistischen Fußballclubs »IFC Rostock«. Die eingegrabenen Scherben werden vor Spielbeginn entdeckt.

11.09. Dresden (SN) Ein 19-jähriger Pegida-Anhänger attackiert während einer Demonstration eine gleichaltrige Gegendemonstrantin. Erst zerrt er an ihrem Plakat, dann versucht er, die Frau zu schlagen.

11.09. Dresden (SN) Unbekannte beschädigen die Eingangstür des Büros der Linkspartei und versuchen diese in Brand zu stecken. Das Feuer erlischt von selbst. Das »Operative Abwehrzentrum« übernimmt die Ermittlungen.

12.09. Jena (TH) Anhänger der AfD greifen auf einer Demonstration eine Politikerin der Linkspartei sowie einen Journalisten an.

12.09. Halle (ST) Am späten Abend beschimpfen eine Frau und ein Mann einen Mann dunkler Hautfarbe rassistisch und schlagen ihn mit Fäusten. Kurz darauf stoppt ein Auto, die beiden Insassen gehen mit Holzknüppeln auf den Betroffenen los. Dieser flüchtet in ein Lokal. Die Angreifer rufen weiter rassistische Parolen.

13.09. München (BY) In der Nähe eines Pegida-Standes wird ein Gegendemonstrant von zwei Pegida-Teilnehmern beschimpft und tätlich angegriffen.

15.09. Neubrandenburg (MV) Unbekannte zünden einen Rollstuhl in dem Treppenhaus eines Mehrfamilienhauses an, in dem auch viele Zuwanderer leben. Einen politisch motivierten Hintergrund der Tat will die Polizei nicht ausschließen.

15.09. Erfurt (TH) Eine Frau beleidigt einen Radfahrer und ruft rechtsradikale Parolen. Dann greift sie eine 25-jährige Frau an und schlägt mit einem Gegenstand auf die Betroffene ein.

15.09. Kulmbach (BY) Am Abend tauchen drei 19 bis 24 Jahre alte Männer und eine junge Frau vor einem Döner-Imbiss auf. Sie rufen rassistische Parolen, werfen Flaschen gegen das Geschäft und schleudern Stühle umher. Die Polizei kann die Gruppe in der Nachbarschaft verhaften.

16.09. Berlin-Spandau (BE) Ein Mann, der Flyer für die AfD verteilt, schlägt einem 25-jährigen Mann, der Flyer für die CDU verteilt, von hinten gegen den Kopf.

16.09. Berlin-Hohenschönhausen (BE) Ein unbekannter Mann bedroht einen elf und einen zwölf Jahre alten Jungen massiv. Er handelt aus rassistischer Motivation. Der Mann hält die beiden fest, tritt und kratzt sie. Die beiden Kinder werden durch den Übergriff verletzt.

16.09. Bautzen (SN) Um drei Uhr morgens rüttelt es am Fensterrollo einer syrischen Familie. Als der 34-jährige Vater und sein 13-jähriger Sohn die Haustür öffnen, beschimpft sie ein Mann, ruft rechte Parolen und zeigt den Hitlergruß. Dann kommen zwei weitere Personen dazu. Einer schlägt dem Vater ins Gesicht, der andere attackiert den Jungen. Die Polizei kann zwei Tatverdächtige vorläufig festnehmen.

16.09. Köthen (ST) Drei Unbekannte zünden die Tür eines Hauses an, in dem sich ein Jugendclub und eine Wohnung für minderjährige Geflüchtete befinden. Die Bewohner bemerken das Feuer und können es löschen.

17.09. Berlin-Schöneberg (BE) Eine unbekannte Frau beleidigt eine 20-jährige Frau aus antimuslimischer Motivation. Sie versucht, ihr das Kopftuch runterzureißen und zieht sie dabei an den Haaren.

17.09. **Braunschweig (NI)** Ein 45-jähriger Mann pöbelt an einer Haltestelle zwei Frauen mit dunkler Hautfarbe an. Er sagt unter anderem:»Damals waren es sieben Millionen Juden – bald seid ihr es!« In der Straßenbahn schlägt er einer der beiden unvermittelt ins Gesicht. Die Betroffene muss mit einem Rettungswagen ins Krankenhaus gebracht werden. Der Beschuldigte gibt die Körperverletzung bei der polizeilichen Vernehmung zu.

17.09. **Hagenow (MV)** Ein »Reichsbürger« schlägt bei einer Polizeikontrolle um sich und beschimpft die Beamten als Verbrecher.

18.09. **Burg (ST)** Eine Gruppe Deutscher beschimpft einen 16-jährigen Syrer. Einer von ihnen, der sich als Nazi vorstellt, sagt:»Was glotzt du so, Kanake? Du hast hier nix zu suchen! Raus aus Deutschland!« Dann attackiert er den Jugendlichen mit Faustschlägen gegen den Kopf und mit Tritten in den Genitalbereich. Der Betroffene muss im Krankenhaus behandelt werden. Die Polizei ermittelt gegen einen 27-jährigen polizeibekannten Mann.

19.09. **Hallbergmoos (BY)** Eine acht- bis neunköpfige Personengruppe fordert zwei junge Geflüchtete dazu auf, »auf der Stelle zu verschwinden«. Kurz darauf schlagen drei Personen aus der Gruppe auf die beiden ein. Die Täter fliehen unerkannt.

21.09. **Berlin-Prenzlauer Berg (BE)** Ein 32-Jähriger schlägt eine 17-Jährige und beleidigt sie rassistisch.

22.09. **Cottbus (BB)** Ein älterer Mann sticht unvermittelt einem 16-jährigen Afghanen mit einem Regenschirm gegen den Oberkörper.

22.09. **Eschweiler (NW)** Ein Mann beleidigt ein minderjähriges Mädchen und verängstigt es. Als ihr 19-jähriger Bruder den Täter zur Rede stellen will, beschimpft dieser ihn rassistisch und greift ihn mit einer Eisenstange an. Der Betroffene wird leicht verletzt. Passanten kommen zu Hilfe und alarmieren die Polizei.

22.09. Nohra (TH) Ein Mitarbeiter des Bahnhofs will ein Plakat der AfD entfernen, da es zu nah an einem Wahllokal angebracht ist. Das Plakat ist an den Ecken mit Klingen eines Cuttermessers versehen. Der Mann wird dadurch an der Hand verletzt.

23.09. Cottbus (BB) Ein junges Paar läuft Händchen haltend durch die Stadt. Sie ist Deutsche, er Afghane. Ein Unbekannter fragt den Jugendlichen: »Ist das eine Deutsche?« Dann fährt er mit dem Fahrrad gegen das Knie des jungen Mannes und schlägt ihm ins Gesicht.

23.09. Wuppertal (NW) An einem Informationsstand schubst ein AfD-Politiker einen Mann, der nach hinten fällt und mit dem Kopf auf die Straße aufschlägt. Er blutet und wird in ein Krankenhaus gebracht.

23.09. Oranienburg (BB) Am Rande einer NPD-Kundgebung schlägt ein Teilnehmer einer Frau ins Gesicht, die zuvor auf ein Plakat der Partei gespuckt hat.

23.09. Mühlheim (NW) Nach einem Regionalliga-Spiel randalieren rund 50 Fußballfans in einem Zug. Sie beleidigen mitreisende Fahrgäste rassistisch und greifen dann Sicherheitsdienstmitarbeiter der Bahn mit Flaschen an.

24.09. Leipzig (SN) Ein Fotograf wird grundlos von der AfD-Wahlparty im Stadtrat verwiesen. Eine Person schlägt dabei gegen die Kamera des Journalisten.

24.09. Halle (ST) In einer Straßenbahn beleidigt eine Frau einen Mann als »Scheiß Araber« und schlägt ihm mit der flachen Hand ins Gesicht. Nachdem der Betroffene aus der Bahn gestiegen ist, wird er von einem Mann verfolgt und mit einer abgebrochenen Bierflasche attackiert. Er erleidet eine zwei Zentimeter lange Schnittwunde am Auge und muss ambulant im Krankenhaus behandelt werden. Die Polizei ermittelt gegen einen 38-Jährigen und eine 21-Jährige.

24.09. Rosenheim (BY) Am frühen Morgen geht eine größere Gruppe, die in bayerischer Tracht gekleidet ist, verbal auf einen

Geflüchteten los. Drei Personen aus der Gruppe schlagen den jungen Mann dann mehrfach mit der Faust ins Gesicht. Als der Betroffene am Boden liegt, wird er in den Brustbereich getreten. Die anderen Anwesenden lachen und greifen nicht ein. Der junge Mann muss im Krankenhaus behandelt werden.

24.09. Frankfurt am Main (HE) Eine Frau beschimpft eine Person und schlägt ihr ins Gesicht. Der Angriff soll laut Opfer rechts motiviert gewesen sein. Die Täterin zeigt anschließend den Hitlergruß und sagt:»Ihr wisst, was ich heute gewählt habe.«

24.09. Kassel (HE) Ein Fahrgast ruft in einer Straßenbahn rassistische Parolen und ist aggressiv. Er versucht, vier jungen Geflüchteten gegenüber handgreiflich zu werden. Augenzeugen können einen Übergriff verhindern.

25.09. Werl (NW) Etwa zehn Personen greifen auf einer Kirmes drei Geflüchtete an, sie schlagen und verletzen die Betroffenen. Zwei von ihnen müssen mit dem Rettungshubschrauber in ein Krankenhaus geflogen werden. Die »Opferberatungsstelle Rheinland« wertet diesen Vorfall als rechte Tat.

25.09. München (BY) Ein 23-Jähriger fängt einen Streit mit einem 32-Jährigen über den Ausgang der Bundestagswahl an. Er beleidigt den Betroffenen rassistisch und schlägt ihm dann unvermittelt ins Gesicht.

26.09. Berlin-Prenzlauer Berg (BE) Ein unbekannter Mann schlägt einen 41-Jährigen und verletzt ihn dadurch. Der Angreifer hatte zuvor in der S-Bahn »Heil Hitler« gerufen, der Betroffene hatte darauf ablehnend reagiert.

27.09. Bad Hersfeld (HE) Ein Mann schlägt gegen die Fahrertür eines Autos, öffnet sie, packt den Fahrer am Hals und drückt ihn gegen die Kopfstütze. Er beleidigt den Betroffenen rassistisch. Augenzeugen greifen ein.

27.09. Schwindegg (BY) Vier Männer pöbeln auf dem Bahnhofsparkplatz einen 23-jährigen Geflüchteten an und beleidigen ihn mehrfach. Dann schlagen sie gemeinschaftlich auf ihn ein und treten zu. Der Übergriff dauert mehrere Minuten. Die Täter flüchten in einem Pkw. Der Betroffene wird durch den Angriff erheblich verletzt.

28.09. Saalfeld (TH) Am Nachmittag greift ein 30-Jähriger einen syrischen Mann in einem Bus an. Er macht ihn für den Verlust seiner Brille verantwortlich. Der Angreifer boxt dem Syrer in den Bauch.

29.09. Nürnberg (BY) Ein 54-jähriger »Reichsbürger« gerät in einem Lokal in Streit mit einem 47-jährigen Mann: Er sprüht ihm mit einer Pistole Reizgas ins Gesicht. Bei einer anschließenden Hausdurchsuchung bei dem Mann finden die Polizisten mehrere Waffen und Munition, für die der Mann keine Erlaubnis besitzt.

30.09. Bad Segeberg (SH) Ein Unbekannter bricht in das Haus eines Syrers ein und klaut Bargeld. Am Tatort hinterlässt er Hakenkreuze, die Schriftzüge AfD und eine Deutschlandfahne.

30.09. Tettnang (BW) Unbekannte verüben einen Brandanschlag auf eine Geflüchtetenunterkunft im Bau. Bereits am 27. September 2017 hatte der Sicherungskasten gebrannt.

Dank

Von ganzem Herzen Kraft und Zusammenhalt wünschen wir den Familien und Angehörigen, die mit den Folgen rechter Gewalt leben und zurechtkommen müssen.

Unsere außerordentliche Anerkennung gilt allen engagierten Mitarbeiterinnen und Mitarbeitern der Beratungsstellen für Betroffene; Hochachtung möchten wir auch den Menschen ausdrücken, die sich darum bemühen, dass jedes einzelne rassistisch motivierte Verbrechen nicht in Vergessenheit gerät – hier seien exemplarisch die »Initiative für die Aufklärung des Mordes an Burak B.«, die »Initiative in Gedenken an Oury Jalloh«, »Keupstraße ist überall« und das Gedenken für die NSU-Opfer genannt.

Aufrichtig danken möchten wir unseren Kollegen Florian Manz und Christoph Reis für ihre Hilfe bei der Erstellung der Chronik und dem kleinen Kreis von Kolleginnen und Kollegen, die bei Neonazi-Veranstaltungen wie in Themar trotz aller Widrigkeiten Woche für Woche filmen, fotografieren und dokumentieren. Chapeau!!

Robert Schiedewitz von LOBBI MV, Helga Seyb von Reach-Out Berlin, Joschka Fröschner von Opferperspektive und Birgit Rheims von der Opferberatung Rheinland nahmen sich trotz Arbeitsüberlastung viel Zeit für unsere Chronik, wir fühlen uns sehr verbunden.

Folgende Menschen und Gruppen haben uns bei der Arbeit an diesem Buch in vielfältiger Weise unterstützt: Katharina, Jürgen, Teidel, Martin, Volkmar, Ernst, Tobi, Diether, Andreas, Fabian,

Danilo, die Autonome Antifa Freiburg, Reiko, Tilo, Volkmar, Quassy, Günther, Oliver, Wiebke, Steffen, Michael, Martina, Patrick, Axel, das Antifa Recherche Team Dresden und viele andere. Wir danken auch ihnen, sie haben uns immer wieder viel Mut gemacht und geholfen, bei der Dynamik der Ereignisse nicht den Überblick zu verlieren.

Die Kompetenz unserer Fachkolleginnen und -kollegen war wieder einmal herausragend: Heike Kleffner, Sonja Brasch, Kristin Pietrzyk, Julian Feldmann, Michael Klarmann, Bernard Schmid, Lucius Teidelbaum und Jan Raabe sowie Felix Korsch, Birgit Mair und Andreas Kemper, die sich immer wieder – auch kurzfristig – Zeit nahmen, eine Besonderheit, wir wissen das sehr zu schätzen. Den im Buch zitierten Wissenschaftlerinnen, Experten, Politikerinnen und Autoren schenken wir zudem enorme Anerkennung für Fachwissen und Engagement, auch ihnen ein Dankeschön!

Der Verlag gab uns die Chance, die »Jahrbücher« zu schreiben; insbesondere Stefan Ulrich Meyer und dem Sachbuch-Team gilt unser Dank. Unsere Lektorin Nadine Lipp war sehr einfühlsam, geduldig und hat uns immer wieder ermuntert.

Ihnen allen möchten Sebastian Heidelberger und ich von Herzen danken. Die intensive Beschäftigung mit dem Thema ist zeitintensiv und geht sehr unter die Haut. Ohne unsere Familien wäre es kaum durchzuhalten, dafür gebührt ihnen der größte Dank!

Argumentationshilfen

Von den vielen Präventionsangeboten können wir uns hier nur auf einige Beispiele beschränken.

Interaktives Projekt: Kein Raum für rechts.
Informationen über die »geheime Welt der Neonazis«:
www.kein-raum-fuer-rechts.de

Informationsmaterial über Neonazis, Präventionsangebote, Beratung und Ausstellungen:
www.arug-zdb.de

Demokratiefördernde Bildungs- und Beratungsarbeit, Projekte an Schulen, Erklärfilme, Argumentations- und Handlungstraining:
www.netzwerk-courage.de

Argumente gegen rechts:
www.netz-gegen-nazis.de/category/lexikon/argumente
www.aktiv-gegen-diskriminierung.info/argumentationshilfen
www.mut-gegen-rechte-gewalt.de/projekte/praxistipps/klare-absage-rechte-parolen-2014-09

Aktuelle Informationen zu rechten und
neonazistischen Aktivitäten:
Fachportal »Blick nach rechts«:
www.bnr.de

Wir müssen reden. Über Nazis. Ein Blog:
http://blog.zeit.de/stoerungsmelder

Aufklären und Einmischen! Informationsblog
zur Aufarbeitung der Verbrechen des NSU:
www.nsu-watch.info

Quellen

Vielen Dank an alle Organisationen, Gruppen und Personen, die uns bei der Recherche unterstützt haben.

Bundesweit
Amadeu Antonio Stiftung
Novalisstr. 12
10115 Berlin
030 / 24 08 86 10
mut@amadeu-antonio-stiftung.de
www.amadeu-antonio-stiftung.de
www.mut-gegen-rechte-gewalt.de

Bundesverband Mobile Beratung e.V.
Bautzner Str. 45
01099 Dresden
0351 / 50 05 41 6
kontakt@bundesverband-mobile-beratung.de
www.bundesverband-mobile-beratung.de

Bayern
BEFORE
Mathildenstr. 3c
80336 München
089 / 46 22 46 70
kontakt@before-muenchen.de
www.before-muenchen.de

Antifaschistische Informations-, Dokumentations-
und Archivstelle München e. V. (a.i.d.a.)
Postfach 400 123
80701 München
089 / 21 55 26 08
info@aida-archiv.de
www.aida-archiv.de

Berlin
ReachOut
Beusselstr. 35
10553 Berlin
0175 / 54 47 56 7
030 / 69 56 83 39
info@reachoutberlin.de
www.reachoutberlin.de

Mobile Beratung gegen Rechtsextremismus Berlin
Gleimstraße 31
10437 Berlin
030 / 81 79 85 81 0
info@mbr-berlin.de
www.mbr-berlin.de

Baden-Württemberg
LEUCHTLINIE
Beratung für Betroffene von rechter Gewalt
in Baden-Württemberg
Reinsburgstr. 82
70178 Stuttgart
0711/88 89 99 30
info@leuchtlinie.de
www.leuchtlinie.de

Brandenburg
OPFERPERSPEKTIVE
Rudolf-Breitscheid-Str. 164
14482 Potsdam
0331 / 81 70 00 0
info@opferperspektive.de
www.opferperspektive.de

Bremen
pro aktiv gegen rechts
Mobile Beratung in Bremen und Bremerhaven
Bornstr. 14/15
28195 Bremen
0421 / 96 03 84 93
proaktiv@vaja-bremen.de
www.vaja-bremen.de

Hamburg
Schriftliche Kleine Anfrage der Abgeordneten
Christiane Schneider (Die Linke)
an die Bürgerschaft der freien und Hansestadt Hamburg
Lilienstr. 15
20095 Hamburg
040 / 42 83 12 05 5
christiane.schneider@linksfraktion-hamburg.de
www.linksfraktion-hamburg.de

Hamburger Bündnis gegen rechts
Hamburger Aufruf: »Keine Stimme den Nazis«
Hein-Hoyer-Str. 41
20359 Hamburg
kontakt@keine-stimme-den-nazis.org
www.keine-stimme-den-nazis.org

Hessen

beratungsNetzwerk hessen

Gemeinsam für Demokratie und gegen Rechtsextremismus

Wilhelm-Röpke-Str. 6

35032 Marburg

06421 / 28 21 11 0

kontakt@beratungsnetzwerk-hessen.de

www.beratungsnetzwerk-hessen.de

MBT Hessen

Richard-Roosen-Str. 11

34123 Kassel

0561 / 86 16 76 6

0151 / 65 16 53 08

info@mbt-hessen.org

www.mbt-hessen.org

response

Hansaallee 150

60320 Frankfurt

069 / 56 00 02 41

kontakt@response-hessen.de

www.response-hessen.de

Mecklenburg-Vorpommern

LOBBI

www.lobbi-mv.de

LOBBI West

Hermannstr. 35

18055 Rostock

0170 / 52 82 99 7

0381 / 20 09 37 7

west@lobbi-mv.de

LOBBI Ost
Tilly-Schanzen-Str. 2
17033 Neubrandenburg
0160 / 84 42 18 9
0395 / 45 50 71 8
ost@lobbi-mv.de

Niedersachsen
»ju:an« – Praxisstelle antisemitismus-
und rassismuskritische Jugendarbeit
Otto-Brenner-Str. 1
30159 Hannover
0511 / 89 73 43 33
www.projekt-ju-an.de

Mobile Beratung für Opfer rechter Gewalt
Chüdenstr. 4
29410 Salzwedel
0170 / 29 04 11 2
nordwest@mobile-opferberatung.de
www.mobile-opferberatung.de

Zentrum Demokratische Bildung Wolfsburg
Heinrich-Nordhoff-Straße 73–77
38440 Wolfsburg
05361 / 89 13 05 0
info@zdb-wolfsburg.de
www.zdb-wolfsburg.de

Mobile Beratung Niedersachsen
gegen Rechtsextremismus für Demokratie
Regionalbüro Nord/West
IBIS-Interkulturelle Arbeitsstelle e.V.

Kaiserstraße 14
26122 Oldenburg
0441 / 92 05 82 81
01573 / 28 83 58 9
rex@ibis-ev.de

RespAct –
Solidarisch mit Betroffenen rechter Gewalt
0157 / 76 46 42 14
hannover@respact-nds.de
oldenburg@respact-nds.de.

Nordrhein-Westfalen
OBR c/o IDA-NRW
Volmerswerther Straße 20
40221 Düsseldorf
0211 / 15 92 55 66
info@opferberatung-rheinland.de
www.opferberatung-rheinland.de

Antifaschistisches Bildungsforum Rheinland (ABR)
bildungsforum@gmx.de

Mobile Beratung gegen Rechtsextremismus NRW
www.mobile-beratung-nrw.de

Mobile Beratung im Regierungsbezirk Münster
Gegen Rechtsextremismus, für Demokratie (mobim)
Kaiser-Wilhelm-Ring 28
48145 Münster
0251 / 49 27 10 9
kontakt@mobim.info
www.mobim.info

BackUp –
Beratung für Opfer rechtsextremer
und rassistischer Gewalt
c/o BackUp – ComeBack e.V.
Königswall 36
44137 Dortmund
0231 / 95 65 24 82
contact@backup-nrw.org

LOTTA – Antifaschistische Zeitung aus NRW,
Rheinland-Pfalz und Hessen
Am Förderturm 27
46049 Oberhausen
www.lotta-magazin.de/nrwrex

Rheinland-Pfalz
Für ein buntes Trier –
gemeinsam gegen rechts e.V.
Palaststraße 13
54290 Trier
0651 / 99 18 92 25
info@buntes-trier.org

Saarland
Adolf-Bender-Zentrum e.V.
Gymnasialstraße 5
66606 St. Wendel
06851 / 80 82 79 0
info@adolf-bender.de
www.adolf-bender.de

Sachsen

Opferberatung des RAA Sachsen e.V.
www.raa-sachsen.de

Beratungsstelle Dresden
0351 / 88 94 17 4
0172 / 97 41 26 8
opferberatung.dresden@raa-sachsen.de

Beratungsstelle Leipzig
0341 / 22 54 95 7
0178 / 51 62 93 7
opferberatung.leipzig@raa-sachsen.de

Beratungsstelle Chemnitz
0371 / 48 19 45 1
0172 / 97 43 67 4
opferberatung.chemnitz@raa-sachsen.de

Kulturbüro Sachsen e.V.
Bautzner Str. 45
01099 Dresden
0351 / 27 21 49 0
buero@kulturbuero-sachsen.de
www.kulturbuero-sachsen.de

Sachsen-Anhalt

Mobile Beratung für Opfer rechter Gewalt
www.miteinander-ev.de

Anlaufstelle Nord
Chüdenstr. 4
29410 Salzwedel
03901 / 30 64 31
0170 / 29 04 11 2
opferberatung.nord@miteinander-ev.de

Anlaufstelle Mitte
Erich-Weinert-Str. 30
39104 Magdeburg
0391 / 62 07 75 2
0170 / 29 48 35 2
opferberatung.mitte@miteinander-ev.de

Anlaufstelle Süd
Platanenstr. 9
06114 Halle
0345 / 22 67 10 0
0170 / 29 48 41 3
opferberatung.sued@miteinander-ev.de

Beratungsstelle für Opfer rechter Gewalttaten
Parkstr. 7
06846 Dessau-Roßlau
0340 / 66 12 39 5
0177 / 62 82 86 0
opferberatung@datel-dessau.de
www.opferberatung-dessau.de

Schleswig-Holstein
zebra – Zentrum für Betroffene rechter Angriffe e.V.
Postfach 4508
24044 Kiel
0431 / 30 14 03 79
info@zebraev.de
www.zebraev.de

Thüringen
ezra
Mobile Beratung für Opfer rechter, rassistischer
und antisemitischer Gewalt
Juri-Gagarin-Ring 96/98
99084 Erfurt
0361 / 21 86 51 33
info@ezra.de
www.ezra.de

Beratungsteam MOBIT
Schillerstr. 44
99096 Erfurt
0361 / 21 92 69 4
mail@mobit.org
www.mobit.org